北航高研院·治道文丛 ②

礼法与国体

两汉政治的历史与经验

邱立波 ◎ 著

中央编译出版社
Central Compilation & Translation Press

图书在版编目 (CIP) 数据

礼法与国体：两汉政治的历史与经验／邱立波著．—北京：中央编译出版社，2018.2
ISBN 978-7-5117-3458-7

Ⅰ. ①礼…
Ⅱ. ①邱…
Ⅲ. ①法制史－中国－汉代－文集
Ⅳ. ① D929.34-53

中国版本图书馆 CIP 数据核字 (2017) 第 304980 号

礼法与国体

出 版 人：	葛海彦
出版统筹：	贾宇琰
责任编辑：	王丽芳
责任印制：	刘　慧
出版发行：	中央编译出版社
地　　址：	北京西城区车公庄大街乙 5 号鸿儒大厦 B 座 (100044)
电　　话：	(010) 52612345（总编室）　　(010) 52612349（编辑室）
	(010) 52612316（发行部）　　(010) 52612346（馆配部）
传　　真：	(010) 66515838
经　　销：	全国新华书店
印　　刷：	北京佳信达欣艺术印刷有限公司
开　　本：	880 毫米 ×1230 毫米　1/32
字　　数：	413 千字
印　　张：	16.5
版　　次：	2018 年 2 月第 1 版
印　　次：	2018 年 2 月第 1 次印刷
定　　价：	88.00 元
网　　址：	www.cctphome.com　　邮　箱：cctp@cctphome.com
新浪微博：	@中央编译出版社　　微　信：中央编译出版社 (ID：cctphome)
淘宝店铺：	中央编译出版社直销店 (http://shop108367160.taobao.com) (010) 55626845

本社常年法律顾问：北京市吴栾赵阎律师事务所律师　闫军　梁勤
凡有印装质量问题，本社负责调换，电话：(010) 55626985

治道文丛 序

广川董子云："道者，所繇适于治之路也。"中国之治道，载在五经；百家言尤其儒家之立论，莫不本乎五经，中国治道因此而日新、日日新；依循此道，中国持续生长、扩展，而成为史上规模最大的文明与政治共同体。猗欤盛欤，吾国吾民！

二十世纪初，国势陵替，士心思变，竞逐西方新学，中学之统衰微。尤其是中国治道，少人研习。过去几十年来，依凭先人遗留之文明，借助西方传来之技术，中国再度崛起，人类进入世界历史的中国时刻。然而，已经富裕的中国如何形成优良治理秩序？

子曰："谁能出不由户？何莫由斯道也？"中国现代优良秩序之生成、维系，不能不由千古一贯之中国之道。晚近学界、政界，已有此文化的自觉，中国治道之自觉，而有回向大道之努力。

本丛书应此运而生。所邀作者不限年资中外，要在对中国治道有所体认，又有西学功底，普世视野。所收书目不拘一格，或为专著，或为文集，或为译著，要在学有根底，言之有物。所论议题无所范围，或阐释五经义理，或深究儒学奥蕴，或寻绎观念、制度之演进，要在有所发明，有裨益于明道、行道。

编者惟愿与二三君子强勉学问，以求闻见博而知益明；编者亦祈当世精英于各个领域强勉行道，或可德日起而大有功。

蒲城姚中秋谨识于癸巳秋杪

序

本书收录讨论汉代礼法与国体关系问题相关的论文六篇。

这些论文，最初是作为中国法律史或中国经学史的传统课题被构思的，学与思的过程中，曾尝试过诸如法律社会学、法律史学和思想史等诸多研究工具，但时至今日，我渐渐觉得，将它们放在"封建与郡县"这个旧题目下，结合战国秦汉之际中国国体的大变更来理解，似乎更能穿透被很多学术修辞弄得含混的方面，更能帮助人们回忆起若干更加值得关注的政治——历史课题。——说一句僭越本分的话，这次国体变更，联系着中国人的时空观念与世界意识，也与中国和周边世界的关系息息相关。换言之，为了将这个课题推向深入，人们必须不畏艰险地重启与中国有关的世界—文明—历史的沉思。

本论之后的"两汉郡（国）县长吏行政实况表"，是我理解帝制中国国体的重要基础。这是个纯粹的资料整编，也体现了我在某段时间的学问趣味。开始做得兴起时，我想过将"二十四史"乃至出土文献中所有相关材料蒐集、分类、断代、条理，出一本类似"中国历代地方行政史资料汇编"的东西。但待到后来发现从汉代史籍中整理出来的东西与后世大同小异时，遂逐渐意兴阑珊，在本表范围之外收集的诸多零散史料，也随着几次搬家一次次散失，最终不知所踪。我甚至想过将这份东西也丢弃，但为了鼓励自己，也为了安慰逝去的光阴，我权且冒昧地想：也许正因为这种大同小异，所以时至今日，它至少还有些尝鼎一脔、为学者节省时间的价值。

当初开始这项资料工作时，我还没有学会电脑和互联网这些便利手段，所有内容，皆依照几部"前四史"的人名、地名索引，逐条查找，逐条手抄。由于我在所难免的粗率，它的不完备，理所当然。今日再看这些东西，我仍能回忆起当初在乾嘉汉学的残山剩水中与岁月艰难共处的痕迹，历历在目。

此书，应该用来纪念法学和历史学的学徒阶段，也应该用来作为开启另一个前途未卜新阶段的界石。

一代人有一代人的辛苦和命运：出于情谊，但也非常迟疑，我原本应将这部东西献给几位老师。

本书得以面世，全蒙北京航空航天大学高全喜教授的好意和鼓励，谨致谢忱。

邱立波

2015 年 1 月 12 日深夜

于华东师范大学政治学系、世界政治研究中心

目 录

治道文丛 序 /01

序 /02

两汉史籍中所习见之"吏民（人）"用语 /001

循吏与酷吏——机理与史实的考察 /045

汉代复仇所见之经、律关系问题 /097

秦汉时期君臣关系性格的演化 /129

汉代的吏道与师道 /153

瞿同祖先生的著述与学问 /183

附录：两汉地方长吏行政实况表 /201

两汉史籍中所习见之"吏民(人)"用语①

"吏民(人)"这种用法,频繁地复现于两汉史书关于地方行政史的记载中,数量之多,几可以"俯拾皆是"的成语来形容。但对于这一习见的看似无甚意味的用语,却不见学者对其辞例加以分梳、对其内涵加以深入发掘,人们往往仅就字面意思,简单地从制度分野上把它理解为"吏"和"民"的并称(类似今天所指颇为含混的"干部群众"),使用起来比较随意,掩盖了许多举足轻重的界限。宋人陆象山曾说:

> 官人者,异乡之人;吏人者,本乡之人。官人年满者三考,成资者两考;吏人则长子孙于其间。官人视事,则左右前后皆吏人也。故官人为吏所欺,为吏所卖,亦其势然也。吏人自食而办公事,且乐为之、争为之者,利在焉故也。故吏人之无良心、无公心,亦势使之然也。官人常欲知其实,吏人常不欲官人知之,故官人欲知事实甚难。……盖官人纯得事实,非吏人之利也。②

陆氏从所谓"官人"和"吏人"的对立中,令人惊喜地触及这个问题的某些方面,但是这个说明是以宋代史事为基础,对汉代虽有提示意义,仍嫌间接。

---

① 原文曾摘要发表于《史林》2003年第5期,收入本书时做了若干扩充。
② 《象山集》卷八《与赵推》,"四库全书"本。

一、"吏民（人）"一语辞例的分析①

（一）吏—民的法律界限

吏治的成熟，是战国以来中国政治史上的一件大事。这一现象，适应了君主集权政治的要求。在君主（后来则是皇帝）和各级官吏联合统制之下，整个国家管理和社会控制的方式，比较前代，有了极大的改观。

这个改观，扼要来说就是：在周代，尤其是在宗法制的全盛时期，诸侯、公、卿、大夫等各级领主都有很大的自主性。此时受上级大宗赐予或者分封的各级领主，所得到的不是抽象而陌生的人民，而是和他有着或远或近、或实在或拟制的血缘联系的部众。而恰由于这种联系，他对于这部众和领土，就不是暂时的君临，而是永久的拥有（通过继承制度）；不是冰冷的统治，而是温情的保养——难怪时人称之为"家"的经营。顺理成章，那种境况下的政治原则和管理方式，也往往与调整家族事务的原则合一：家族内的名分既然决定了政治上的地位，家族内的事务往往也就是政治事务。像后世那样（比如在法家者流如商鞅和韩非的言论里），将前者称为"私"、将后者称为"公"的区别，此时还是看不到的。这样一种统治方式，不妨称之为身份型的领主—部众体制。

---

① "吏人"的用法，远在汉代之前就已经出现。《国语·鲁语下》"齐闾丘来盟"条："子服景伯戒宰人曰：'陷而入于恭。'闵马父笑，景伯问之，对曰：'笑吾子之大也。……今吾子之戒吏人曰'陷而入于恭'，其满之甚也。……今吾子之教官僚曰'陷而后恭'，道将何为？'"但是这里的"吏人"可以笼统地理解成官吏，可能是子服景伯的僚属。类似的用法后汉时期还有。如《后汉书》卷四十《班固传》："固不教学诸子，诸子多不遵法度，吏人苦之。"但，这个用法是不是和本文的讨论有实质的关联，有待于进一步的考察。

另外，赵纪彬氏在《论语新探》中，曾经力辩《论语》中"人""民"用法绝不可以混淆，此说颇值得重视。但是到了汉代，在"吏民"和"吏人"的问题上，赵氏所指出的那种区别似乎并不存在，在某些场合，甚至还可以看到两个用法互换的情形。比如，《史记》卷八《高祖本纪》"吏人按堵如故"之"吏人"，《汉书》卷一《高祖本纪》就径直改作"吏民"。所以我也不再详细辨析，对两者不加区别地对待。

而吏治则因为成熟于法家抑制私门、强化君权的变法实践，受法家国家本位思想的影响，标志了另外一种和专制皇权相适应的政治机理。从道理上说，官吏一旦步入政治生活，就不再表现为私人，而是表现为无个性特征的"法人"，他们完全听从君主的意志，以君主所颁布的固定的、统一的、客观的和非人性的律令条品为行动的依据来统治人民。在这种体制下，官吏个人的行动，他在家族领域的表现，就成了和公共政治社会了不相干的私人行为。这种政治统治方式，不妨称之为法理型的吏—民体制。

这样说来，专制皇权之下分别居于统治者和被统治者地位的"吏"和"民"，就脱离了身份型秩序的场合，而成为在法理上彼此隔绝的两类人。这一理念，明确地体现在秦汉时期的官僚制尤其是郡县制中。关于秦汉的官僚制，最完整的记载见诸《汉书·百官公卿表》。对于这个表，别的暂且不谈，单是这一记载本身就已经很能说明问题。它标志着：有一群人被从普通大众之中专门选拔出来，编成了一个独特的系统，奉行着一套独特的法律规则，以协助皇帝意志的实现。至于郡县制，它在理论上被明确提出之初，就被作为身份型政治体制——宗法制的对立面。它的最大特点，就是某一区域的长官，不能再拥有他治理的土地，不再与当地人民之间有什么身份上的关系，他是外人，作为皇帝意志的代行者来到此地。① 他与当地人民之间的关系是抽象的、短暂的、冰冷的、法理型的。

这种在战国时期逐渐明确起来的"吏""民"之间法理上的对立，频繁地见诸两汉史籍，如《汉书》卷二《惠帝纪》"吏所以治民也，能尽其治则民赖之"，卷四《文帝纪》"且夫牧民而导之以善者，

---

① 关于这一问题，可以参看严耕望关于汉代地方长吏籍贯回避制度的研究，《中国地方行政制度史》上编卷上《秦汉地方行政制度》，中央研究院历史语言研究所，1990年版，第345—383页。最近，严氏的高足廖伯源结合新近出土的汉代简牍，对师说有进一步引申，也可参廖伯源：《简牍与制度——尹湾汉墓简牍官文书考证》，（台湾）文津出版社，1998年版，第87—120页。

吏也",都明确地把"吏"作为"民"的对立面来看。尤其是在皇帝赐爵的场合,这种区别就更加具体可见。《汉书》卷八《宣帝纪》记载元康元年诏曰:

……其赦天下徒,赐勤事吏中二千石以下至六百石爵,自中郎吏至五大夫、佐史以上二级,民一级……

二年三月,以凤凰、甘露降集,赐天下吏爵二级,民一级……

三年春,以神爵上数集泰山,赐诸侯王、将军、列侯、二千石金,郎从官各有差。赐天下吏爵二级,民一级……

以上赐爵诸例中,吏和民之间的待遇截然不同,两方面的区别,章章明白。有时,在这类场合,往往有将"吏"和"民"合称的用例,《汉书》卷十一《哀帝纪》:

绥和二年三月,成帝崩。四月丙午,太子即皇帝位,谒高庙……大赦天下,赐宗室王子有属者马各一驷,吏民爵……

但这种合称的用例,绝不意味着两者之间界限的泯没,比较恰当的理解恐怕是称呼上的简省和方便。

(二)吏—民一体化的用例

与上述在肯定吏—民之间有严格法律界限的基础上出于简便的目的将二者合并称呼的"吏民"用例不同,两汉史籍中存在着另外一种泯灭或者无视两者的法律界限的"吏民"用法。

首先，还是让我们通过对"吏民"一语使用场合的分类总结，明确一下这"吏民"的大体轮廓和位置。《史记》卷一百二十二《酷吏列传》：

> 尹齐者……上以为能，迁为中尉，吏民益凋敝。
>
> 自温舒等以恶为治，而郡守、都尉、诸侯二千石（《汉书》卷九十《酷吏·咸宣传》作"郡守尉、诸侯相二千石"）欲为治者，其治大抵尽仿温舒，而吏民益轻犯法，盗贼滋起。……大群至数千人，擅自号，攻城邑，取库兵，释死罪，缚辱郡太守、都尉，杀二千石……

《汉书》卷二十九《沟洫志》：

> 哀帝初……（丞相孔光、大司农何武）奏请部刺史、三辅、三河、弘农太守举吏民能（疏川浚河）者，莫有应者。

同书卷八十六《王嘉传》：

> 其后稍稍变易……二千石益轻贱，吏民慢易之。

同书卷八十九《循吏传序》：

> （宣帝）以为，太守，吏民之本也，数变易则民不安，民知其将久，不可欺罔，乃服从其教化。

《后汉纪》卷十二《孝章帝纪》：

（朱晖明帝时）稍迁临淮太守。……吏民畏爱之。晖刚于为吏，见忌于上，故所在数被劾。

《后汉书》卷四十四《张禹传》：

元和三年，（禹）迁下邳相。徐县北界有蒲阳坂，傍多良田而堙废莫修。禹为开水门，通引灌溉，遂成孰田数百顷，劝率吏民，假与种粮，亲自勉劳，遂大收谷实。

《后汉纪》卷十一《孝章帝纪》：

建初二年，封……楚王英五人为列侯，勿置相臣吏人。

《汉书》卷八十九《循吏·黄霸传》：

字次公，淮阳阳夏人也。……（武、昭之间）察廉为河南太守丞。……为丞，处议当与法，合人心，太守甚任之，吏民爱敬焉。

《三国志》卷五十二《顾雍传》：

字元叹，吴郡吴人也。……孙权领会稽太守，不之郡，以雍为丞，行太守事，讨除寇贼，郡界宁静，吏民归服。

《后汉书》卷七十七《酷吏·樊晔传》：

字仲华，南阳新野人。……（建武初）迁河东都尉……及之郡，诛讨大姓马适匡等，吏人畏之。

《太平御览》卷二百六十七引《东观汉纪》：

> 韩稜字伯师，颍川人也，为下邳令。视事未期，吏民爱慕。

《汉书》卷六十四《贾捐之传》载捐之举杨兴语：

> 为长安令，吏民敬向，道路皆称能。

《后汉书》卷三十八《度尚传》：

> 字博平，山阳湖陆人也。……除为上虞长，为政严峻，明于发摘奸非，吏人谓之神明。

《后汉书》卷二十一《桓帝纪》：

> （永兴二年二月）颍川荀淑对策讥切贵幸，为梁冀所忌，出为朗陵侯相。吏民敬爱，称为"神君"焉。

《汉书》卷八十三《朱博传》：

> 字子元，杜陵人也。……（成帝时）迁冀州刺史。博本武吏，不更文法，及为刺史行部，吏民数百人遮道自言，官寺尽满。从事白请"且留此县录见诸自言者，事毕乃发"，欲以观试博。博心知之，告外趣驾。既自驾办，博出就车见自言者，使从事明敕告吏民："欲言县丞尉者，刺史不察黄绶，各自诣郡。

欲言二千石墨绶长吏者，使者行部还，诣治所。其民为吏所冤，言盗贼辞讼事，各使属亲其部从事。"博驻车决遣，四五百人皆罢去，如神。吏民大惊，不意博应事乃至于此。

《三国志》卷三十九《董和传》：

字幼宰，南郡枝江人也。其先本巴郡江州人。……为巴东属国都尉，吏民老弱相携乞留和者数千人，（刘）璋听留二年。

《后汉书》卷三《肃宗孝章帝纪》：

建初七年九月……至河内……己酉，进幸邺，劳飨魏郡守令以下，至于三老、门阑、走卒，赐钱各有差。劳赐常山、赵国吏人……

十月，西巡狩，幸长安……又幸长平，御池阳宫，东至高陵，造舟于泾而还，每到所幸，辄会郡县吏人，劳赐作乐。

同书卷一下《光武纪》：

（建武十九年九月）南巡狩，壬申，幸南阳，进幸汝南南顿县舍，置酒会，赐吏人，复南顿田租岁。父老前叩头曰："皇考居此日久，陛下识知寺舍，每来辄加厚恩，愿赐复十年。"帝曰："天下重器，常恐不胜，日复一日，安敢远期十岁乎？"吏人又言："陛下实惜之，何言谦也？"帝大笑，复增一岁。

"吏民"间或也有称"民吏"的，《北堂书钞》卷六引谢承《后汉书》：

> 盖勋迁颍川太守，民吏咏叹，不容于口。

同样的，"吏人"间或也有称"人吏"的，《后汉书》卷四十一《第五伦传》：

> （第五伦）迁蜀郡太守。蜀地肥饶，人吏富实，掾史家赀多至千万，皆鲜车怒马，以财货自达。

从以上材料不难看出，"吏民（人）"总是作为某种政治实体的对立面而被提出来的。很清楚，相对于它的对立面，"吏民（人）"总是处于较低的位置，这点从随处可见的"畏爱"、"爱敬"、"爱慕"和"劝率"、"归服"之类的字眼中也可以看出来。但仔细分析起来，"吏民（人）"和与其对立的政治实体之间，似乎又不能简单直接地化归为下级对上级的关系，这两者之间，似乎更有着更加深刻的结构上的断裂与对立。

这种结构上的断裂与对立，若先行加以概括，则可以说是代表皇权的郡县长吏（某些场合下也包括皇帝本身）与体现地方利益的"吏民"之间的断裂与对立。

汉代的地方行政制度，除去在很短的时期内实行过王国封建制外，在总体上都是沿袭秦代郡县制之旧。这一制度，我们在本文开始之初讨论吏—民式管理体制的时候已经说过，其最大特点，就是破除了宗法制度之下领主与部民之间的身份型关系的纽带，由皇帝直接委派某个与被统治区域没有任何关系的人，代表他统治该地。就汉代实际情况来说，就是郡以及与郡平级的王国、县以及与县平级的侯国，其主要的行政长官（如果用汉代人的话来说就是"郡县长吏"）都由皇帝直接任命。郡一级的包括：郡（太）守及丞（边郡又有长史)、郡(都)尉及丞和王国相等(这一级别的长吏,有时可以笼统地称为"二千石");县一级:县令(长)及丞、县都尉及丞和侯国相等。①而所谓的"吏民"与某个政治实体之间的对立,就现有史料来说,只会发生在"吏民"与这些由皇帝直接委派的来自外地的长吏之间,而不会发生在长吏内部之间。——首先不会发生在郡(太)守与郡丞之间,尽管郡丞无论秩次和职权都低于郡(太)守,但郡丞显然不得厕入"吏民"的行列,因为他本身还是"吏民"的对立面。例如黄霸和顾雍都曾以郡丞的身份和"吏民"对立过。其次不会发生在县令(长)与县丞、尉之间,尽管后两者的秩次和职权也都低于县令(长),但因为他们也都是由皇帝直接任命,本身也还是"吏民"对立面。例如上引《朱博传》中,与"吏民"相对立的各方,县丞、尉就是很重要的一方面。再次不会发生在郡级长吏与县级长吏之间。例如《后汉书》卷三十一《羊续传》:

> 中平三年……拜续为南阳太守。当入郡界,乃赢服间行,侍童子一人,观历县邑,采问风谣,然后乃进。其令长贪洁,吏民良猾,悉逆知其状,郡内惊竦,莫不震慑。

本例中,作为南阳郡太守的羊续就是分别与其治下的令长和"吏民"对立,则此"吏民"断不应当仅以上下级的观点,将县一

---

① 到东汉后期,原先作为一种中央朝廷派驻地方的监察机构刺史渐渐改变性质,也蜕变成为一级地方行政机关。因为这个蜕变完成的具体时间尚未完全清楚,所以本文没有把刺史单独条理出来研究。不过,若从机理上加以推测的话,仍然可以断定州一级政府与"吏民"的关系,也应该和郡、县两级政府相同。本文零星引用的史料也可以印证这一点。

级的长吏——"令长"们包括在内，他们应该属于另一系统。① 其次，如同书卷六十三《李固传》注引谢承《后汉书》："（赵戒）迁南阳太守，纠豪杰，恤吏人，奏免中官子弟为令长贪浊者。"也是在一个南阳郡太守之下，分列县一级的"令长"与"吏人"，并不将二者混淆。在此如《汉书》卷六十六《陈咸传》载咸为南阳太守时，"操持掾史，郡中长吏皆争闭门自敛，不得逾法"，一指掾史，一指长吏，泾渭分明，绝不混淆。最后，若根据上引《汉书》卷八十三《朱博传》，这种对立亦不可能发生在刺史与郡县长吏之间，原因就是在彼处，刺史是分别与郡县长吏和"吏民"相对的。

至此，所谓"吏民"的轮廓和位置，也就大体可以明白。

但是问题也因此接踵而至。因为，那些与"吏民"对立的由皇帝直接任命的郡县长吏们，他们本身不也正是"吏"吗？他们不也被明白地记入《百官公卿表》之内吗？就具体事例来说，前引朱晖任临淮太守，得"吏民敬爱"，但下句就又讲"晖刚于为吏"云云。又如《汉书》卷十一《成帝纪》：

---

① 与此相类似的，我们可以回忆一下《汉书》卷七十六《王尊传》中的记载："以高弟擢为安定太守。到官，出教告属县曰'令长丞尉奉法守职，为民父母……'又出教敕掾功曹……"在这里，作为皇权代表的县级长吏与出身当地的"掾功曹"也是被分别对待的。

说起王尊，不妨做一文字游戏——

汉书卷七十六《王尊传》记载尊任东郡太守时，"河水盛溢，泛滥瓠子金堤，老弱奔走，恐水大决为害"。王尊"躬率吏民，投沉白马，祀水神河伯"，并且"亲执圭壁，使巫策祝，请以身填金堤，因止宿，庐居堤上。吏民数千万人争叩头救止尊，尊终不肯去"。后来"水盛堤坏，吏民皆奔走，唯一主簿泣在尊旁，立不动"。最终"水波稍却迴还"。"吏民嘉壮尊之勇节，白马三老朱英等奏其状。"朝廷"下有司考，皆如言。于是制诏御史……数岁，卒官，吏民纪之"。

这段事迹，周天游先生《八家后汉书辑注》引谢承《后汉书·陈宣传》也曾经提到，陈宣曾在进谏光武帝时说："昔东郡金堤大决，水欲没郡，令、吏、民散走，太守王尊正身敕以住立不动，水应时自消。"（《八家后汉书辑注》（上），上海古籍出版社1986年版，第209页）

这里有趣的是"令吏民散走"这句话的句读。它可以直接按原样读，即把"令"释为动词（"使得""逼迫"），意为"迫使吏民四散逃走"。但周先生的读法是"令、吏、民散走"，即把"令"释为名词（"县令"），意为"县令和吏民四散逃走"。若参照《汉书·王尊传》，前一种释读的可能性要大一些，但即便陈尊认为周先生错了，那也是个不无证据的、内行的错误。

（建始三年）秋，关内大水。……吏民惊上城。九月，诏曰："乃者郡国被水灾，流杀人民，多至千数，京师无故讹言大水至，吏民惊恐，奔走乘城，殆苛暴之吏未息，元元冤失职者众。"

本段材料中，同样也有一个与"吏民"不同的"吏"存在。若依照上引诸例，这里的单独出现的"吏"尽管没有明说，我们也可以指定其为郡县的长吏。

如果说，郡县长吏的范围与性质可以比较容易确定，那么，"吏民"之吏又是一种什么样的独特存在呢？

答案的根本点是清楚的："吏民"用法中的"吏"指的是郡县长吏以下的地方掾史类官吏，也就是《汉书·百官公卿表》中所说的"少吏"。——他们有时也被称为"小吏"，是和长吏截然不同的两种人，《后汉书》卷三《肃宗孝章帝纪》：

建初元年春正月，诏三州郡国："方春东作，恐人稍受禀，往来烦剧，或妨耕农。其各实核尤贫者，计所贷并与之。流人欲归本者，郡县其实禀，令足还到，听过止官亭，无雇舍宿。长吏亲躬，无使贫弱遗脱，小吏豪右得容奸伪。诏书既下，勿得稽留，刺史明加督察尤无状者。"

本则史料中，"长吏"是一类人，"小吏"和"豪右"是一类人（详见下文），两者有着泾渭分明的界限。

秦汉时期，皇权直接触及的面其实有限，表现就是由它直接委任的官吏范围也很有限，只能达到郡、县长吏一级。在此之下的大量的地方事务性官吏，皇帝是没办法直接任命的，而往往由郡、县长吏根据地方的实际情况,从当地人之中确定合适的人选。① 而这部分游离出籍贯回避制度之外却支撑了国家绝大多数行政事务运作的地方事务性官吏,尽管在名义上都称为"吏",在制度上和理论上都一体地从属于官僚体制,都一体地服务于皇权,但在社会联系上,其实与地方人民的关系更为密切,甚至在许多情况下,相对于皇权以及直接代表皇权的郡县长吏,表现出很大的独立性。

在这方面,除了以上罗列的语言逻辑方面的证据,还有更加直接的史料。

(三)两汉地方社会"吏""民"关系密切的几方面证据

第一方面的证据,是当某一地方的"吏民"在某个人的带领下反抗皇权时,皇帝若欲平息事端,恢复地方秩序,则他往往是对这个首领和当地"吏民"区别对待的。《汉书》卷六十三《武五子·燕剌王传》载燕王刘旦谋反事发后:

> 有赦令到,王读之,曰:"嗟乎!独赦吏民,不赦我。"

《后汉书》卷一下《光武纪》载建武六年五月诏曰:

> 惟天水、陇西、安定、北地吏人为隗嚣所诖误者……自殊死以下,皆赦除之。

同书卷十二《张步传》:

---

① 正因为选用本地人担任掾史僚属是常例,所以如下的例子就显得特殊:《汉书》卷七十五《京房传》:(石显等疾房,建言宜试以房为郡守)"元帝于是以房为魏郡太守,秩八百石,居得以'考功法'治郡。房自请:'愿无属刺史,得除用他郡人,自第吏千石以下,岁竟乘传奏事。'天子许焉。"在这里,京房之"除用他郡人"担任僚属是作为特殊要求提出来的。

字文公，琅邪不其人也。汉兵之起，步亦聚众数千，转攻傍县，下数城，自为五将军，遂据本郡。更始遣魏郡王闳为琅邪太守，步拒之，不得进。闳为檄，晓谕吏人降，得赣榆等六县，收兵数千人与步战，不胜。

同书卷七十《孔融传》：

字文举，鲁国人，孔子二十世孙也。……时黄巾寇数州，而北海最为贼冲，（董）卓乃讽三府同举融为北海相。融到郡，收合士民，起兵讲武，驰檄飞翰，引谋州郡。贼张饶等群辈二十万众从冀州还，融逆击，为饶所败，乃收散兵保朱虚县。稍复鸠集吏民为黄巾所误者四万余人，更置城邑。

以上诸例，各地"吏民"要么是受了"诖误"，要么是受了胁迫，在某个人的煽动领导下反抗皇权，而皇权在处理这类问题时，除对首恶者决不容贷外，对于这些"吏民"却往往是笼而统之地加以宽恕的。由此不难看出：整体的外在的政治环境可以变化，外来的统治力量也可以更替，但"吏民"作为一个统一而强固的组合，却是任何人都必须郑重其事地对待，小心谨慎地合作的。①

第二方面的证据，与第一方面的情形正相反对，是当受到外在力量的冲击时，"吏民"也往往是作为一个整体而受到冲击。《汉书》卷四《文帝纪》：

> （后元年）六月……诏曰："……间者累年，匈奴并暴边境，多杀吏民，边臣兵吏又不能谕其内志，以重吾不得。"

《汉书》卷六《武帝纪》：

> 元光六年，匈奴入上谷，杀略吏民。

《汉书》卷十《成帝纪》：

---

① 本文讨论问题的范围，限制在郡县制度之内，但是就这一方面的证据来说，在汉初实行王国封建制的时候就有，试列举如下，《汉书》卷一下《高帝纪》：

> 十二年，陈豨降将言："豨反时，燕王卢绾使人之豨所阴谋。上使辟阳侯审食其迎绾，绾称疾。食其言绾反有端。春二月，使樊哙、周勃将兵击绾。"诏曰："燕王绾与吾有故，爱之如子，闻与陈豨有谋，吾以为亡有，故使人迎绾，绾称疾不来，谋反明矣。燕吏民非有罪也，赐其吏六百石以上爵各一级，与绾居，去来归者，赦之，加爵亦一级。"

同书卷四《文帝纪》：

> （三年）济北王兴居闻帝之代，欲自击匈奴，乃反，发兵欲袭荥阳。……秋七月，上自太原至长安，诏曰："济北王背德反上，诖误吏民，为大逆。济北吏民，兵未至先自定，及以军城邑降者，皆赦之，复官爵。与王兴居去来者，亦赦之。"

同书卷五《景帝纪》：

> （三年）六月，诏曰："乃者吴王濞等为逆，起兵相胁，诖误吏民，吏民不得已。今濞等已灭，吏民当坐濞等及逋逃亡军者，皆赦之。"

卷三十四《卢绾传》：

> 汉十年秋，太上皇崩，上因是召豨。豨称病，遂与王黄等反，自立为代王，劫略赵代。上闻，乃赦吏民为豨所诖误劫略者。上自击豨，破之。

（永始三年）十一月，尉氏男子樊并等十三人谋反，杀陈留太守，劫略吏民，自称"将军"。（按：请留意此处陈留太守与"吏民"之间的对立）

同一件事情，《汉书》卷二十六《天文志》是这样记载的：

永始三年十二月己卯，尉氏男子樊并等谋反，贼杀陈留太守严普及吏民，出囚徒，取库兵，劫略令丞，自称"将军"，皆诛死。（按：请留意此处陈留太守和令丞这些地方长吏与"吏民"之间的对立）

《汉书》卷五十四《苏建传》：

（李）陵复至北海上，语武："区脱（注：匈奴边境罗落守卫官也）捕得云中生口，言太守以下吏民皆白服。"武闻之，南向号哭，呕血，日夕临。

《汉书》卷八十四《翟方进附子义传》：

初，三辅闻翟义起，自茂陵以西至汧二十三县盗贼并发，赵明、霍鸿等自称将军，攻烧官寺，杀右辅都尉及斄令，劫略吏民众十余万，火见未央宫前殿。（按：请留意此处"右辅都尉及斄令"与吏民之间的对举）

《汉书》卷九十四上《匈奴传》：

> 元朔三年……匈奴右贤王……数寇盗边,及入河南,侵扰朔方,杀略吏民甚众。

同卷下:

> 是后,单于……入塞寇盗……杀雁门、朔方太守、都尉,略吏民畜产不可胜数,缘边虚耗。

以上诸例中的"吏民",从《汉书》《文帝纪》《成帝纪》《翟义传》和《匈奴传》(下)等将之与由皇帝直接任命的地方长吏相对这样一点来说,其中的"吏"是不应该包括这些人的。因此,"吏民"云者,只能是某种地方性的土著性的存在。

关于这一点,其实还能找到另外两方面的佐证。

第一方面的佐证,是在以上诸例的场合,当地方长吏遭遇某种特殊变故时,这些人是被特别地单独地指出的。随便举例来说,《汉书》卷六《武帝纪》这样记载:元朔元年,"秋,匈奴入辽西,杀太守;入渔阳、雁门,败都尉,杀略三千余人";三年,"夏,匈奴入代,杀太守;入雁门,杀略千余人";五年,"秋,匈奴入代,杀都尉"。"元封二年,朝鲜王杀辽东都尉,乃募天下死罪击匈奴。"同书卷九十四上《匈奴传》:"元朔二年……其夏,匈奴数千骑入代郡,杀太守共友,略千余人。"

第二方面的佐证,是在以上诸例的场合,"吏民"往往可以被替换成一般的称呼:"人"或"人民"。随便举例来说,如《汉书》卷六《武帝纪》:"元朔元年秋,匈奴……入渔阳、雁门,败都尉,杀略三千余人。"又同书卷九十四上《匈奴传》:"(文帝)十四年,匈奴单于十四万骑入朝那萧关,杀北地都尉卬,虏人民畜产甚多,遂至彭阳……匈奴日以骄,岁入边,杀略人民甚重,云中、辽东最甚,郡万余人。"

第三方面的证据与第二方面密切相关，是当地方社会受到外来的干涉与侵犯而又缺乏有力的外在的政治庇护的时候，"吏民"往往作为自主自卫的整体存在。这方面的特点，在国家丧乱之际，如两汉之交和东汉末年，表现得格外突出。试举一例说明，《后汉书》卷二十六《赵憙传》：

> （建武初）时江南未宾，道路不通，以憙守简阳侯相，憙不肯受兵，单车驰之简阳，吏民不欲内憙，憙乃告譬，呼城中大人，示以国家威信，其帅即开门面缚自归，由是诸营壁悉降。

本例中，简阳侯国的"吏民"以营壁为屏障，相聚自保①，并且还对抗外来的政治权威，俨然是一个独立王国。

同一件事情，《后汉纪》卷八《光武皇帝纪》"建武二十七年"条的记载是这样的：

> 时江南未通，以憙守简阳侯相，将给兵骑之官，憙自请不愿，"请单骑驰往，度其形式，临敌制宜。若将兵骑往，彼必为吏民所疑"。上许之。憙至简阳，民闭城门，不肯纳。憙便止城门外，问国中大夫素为百姓所亲信者，乃召问之。对曰："夫拥兵欲以自守，而至于为贼，恐惧不能自反耳。"憙因告以仓卒之时，非国家所疾，无自疑阻，恳为陈恩信，贼遂自缚诣憙降。

---

① 从秦始皇统一天下以来，强悍的君主无不注意破坏地方的城郭营垒，以保持中央政权对地方有足够的控制力，这只要回忆一下秦始皇的隳坏天下城郭和后汉光武帝之破除地方壁垒就可以了。可实在来说，这些举措并没有收到长久的效果，乃至到东汉末年的时候，"坞壁"成了人民的重要聚落形式，成了割据势力的巢穴，其间变化的轨迹，值得重视。

(四)小结

总起来说,虽然自战国以来,专制皇权开始超越传统的血缘身份的限制,用"吏"实现了对整个国家与社会的新的整合,但直接秉承皇帝意志的吏的范围毕竟有限。表现在秦汉官僚制下,就是大量的除郡县长吏以外的地方事务性官吏,都是从当地人中间选举出来的,这些人尽管从法律上来说是超越出地方秩序之外,但至少从上述史料所提供的一般信息来说,这些人却并未脱尽与当地人民的干系。相反,对"吏民"一语用例的笼统归纳分析,倒是使我们看到,这群地方官吏实已挣脱出法律概念的单一性,而与当地人民形成某种坚韧的利益组合,而这一组合,也已在实际上偏离了皇权的机理,表现出某种自主自律的端倪。不过,为了说明这种自主和自律的特征,还是先让我们追溯一下这现象出现的历史渊源。

二、"吏民"现象出现的历史渊源

(一)秦季"吏民"的突出

出身于当地的各种事务性的吏与当地的民一道,与作为皇权代表的郡县长吏相对立,这样一种结构性断裂的大规模的出现,就现有史料来说,较早出现在秦末丧乱的时候。当时许多地方的民众,苦于皇权的压迫,纷纷起事,谋求解放。而这些起事者所针对的方向,就各个具体的事件来说,无一不是由皇帝直接任命的各类"秦吏",具体说,就是由皇帝直接任命的守、尉、监和令等地方郡县长吏。《史记》卷六《秦始皇本纪》:

> (二世元年)七月,戍卒陈胜等反故楚地,为"张楚",胜自立为王,居陈,遣诸将徇地,山东郡县少年苦秦吏,皆杀其守尉令丞反,以应陈涉。

《史记》卷四十八《陈涉世家》(《汉书》卷三十一《陈胜传》略同)：

> 攻陈，陈守令皆不在，独守丞与战谯门中，弗胜，守丞死。……陈涉乃自立为王，号为"张楚"。当此时，诸郡县苦秦吏暴，皆杀其长吏，杀之以应陈涉。
>
> 狄人田儋杀狄令，自立为齐王。

《汉书》卷四十二《周昌传》：

> 周昌者，沛人也，其从兄苛，秦时皆为泗水卒史。及高祖起沛，击破泗水守监，于是苛、昌以卒史从沛公，沛公以昌为职志，苛为客。

《史记》卷九十五《樊哙传》：

> （樊哙）从（高祖）攻胡陵，方与，还守丰，击泗水监丰下，破之。

《汉书》卷四十三《叔孙通传》：

> 薛人也。……陈胜起，二世召博士诸儒生问曰："楚戍卒攻蕲入陈，于公何如？"……通前曰："……此特群盗鼠窃狗偷，何足置齿牙哉？郡守尉今捕诛，何足忧？"

《汉书》卷三十二《张耳陈余列传》：

今陈王奋臂为天下倡始，莫不响应，家自为怒，各报其怨：县杀其令丞，郡杀其守尉。

《汉书》卷四十五《蒯通传》：

范阳人也，本与武帝同讳。楚汉初起，武臣略定赵地，号武信君。通说范阳令徐公曰："臣，范阳百姓蒯通也，窃闻公之将死，故吊之。虽然，贺公的通而生也。"徐公再拜曰："何以吊之？"通曰："足下为令十余年矣，杀人之父，孤人之子，断人之足，人之首，甚众。慈父孝子所以不敢倳刃于公之腹者，畏秦法也。今天下大乱，秦政不施，然则慈父孝子将争接刃于公之腹，以复其怨而成其名。此通所以吊者也。"

以上七条史料，记录了秦末天下大乱时民众起事所攻击诛杀的各类对象。这些人，或被笼统地称作"秦吏""长吏"，或被明确而集体地交代为"守尉令丞"、县令和"守、监"等①，**总之无一例外地是由皇帝直接任命，代表皇帝颁布"秦法"，施行"秦政"的一群人。**

那么，与这些秦吏相对立的起事者，他们的情况大体怎样呢？若需先用一句话简单地加以概括，不妨也可以说是地方社会某种

---

① 需要指出的是，"监"即监御史，它不是地方长吏，而直接由皇帝派遣，在研究皇权与地方秩序的关系这一问题之下，仍不算离题太远，况后来它还有向地方官演变的趋势。根据樱井芳朗的研究，它应该是"御史从殿中外出，最初派遣亲近的御史作为天子的代理人，以后成为制度，产生监察地方官吏的称为监御史的特别官"，它"与守、尉并置"，"郡的守、尉、监无疑是与中央政府的丞相、太尉、御史大夫相当的"，"主要行使监察，但也协助郡部处理军务"。樱井推测："监起初是作为监察官派遣的，后来又同时具有郡守副手的性质。"详见樱井芳朗：《御史制度的形成》，田人隆译，收入中国秦汉史研究会主编：《秦汉史研究译文集》（第一辑），无出版日期和出版机构，第196—247页，特别是第200—201页。

"吏"与"民"的结合。下面让我们举例来说明一下。《汉书》卷三十一《项籍传》：

> 字羽，下相人也。初起，年二十四。其季父梁，梁父即楚名将项燕者也。……梁尝杀人，与籍避仇吴中，吴中贤士大夫皆出梁下。每有大徭役及丧，梁常主办，阴以兵法部勒宾客子弟，以知其能。……秦二元年，陈胜起。九月，会稽假守通，素贤梁，乃召梁计事……籍遂拔剑击斩守，梁持守头，佩其印绶，门下惊扰，籍所击杀数十百人，府中皆慴伏，莫敢复起。梁乃召故人所知豪吏，谕以所为，遂举吴中兵，使人收下县，得精兵八千人，部署豪杰为校尉、侯司马。
>
> 陈婴者，故东阳令史（按：属于地方事务性官吏），居县，素信，为长者。东阳少年杀其令，相聚数千人，欲立长，无适用，乃请陈婴，婴谢不能，遂强立之，县中从之者得二万人。

《汉书》卷三十三《田儋传》：

> 狄人也，故齐王田氏之族也。从弟荣，荣弟横，皆豪杰，宗强，能得人。陈沛使周市略地，北至狄，狄城守。儋阳为缚其奴，从少年之廷，欲谒杀奴，见狄令。因击杀令，而召豪吏子弟曰："诸侯皆反秦自立，齐，古之建国；儋，田氏，当王。"遂自立为齐王。

《汉书》卷四十二《周昌传》：

> 沛人也。其从兄苛，秦时皆为泗水卒史（按：属于地方事

务性官吏）。及高祖起沛，击破泗水守监。于是苛、昌以卒史从沛公。

亡秦的力量，用秦汉之际人们的话说，是"山东豪俊"和"豪杰"之类。但这个说法其实比较模糊，掩盖了许多细微但重要的差别。通过以上的几条史料，人们大概可以容易地看出：要么就是豪杰倚仗自己在地方上的影响，本身就是当地的豪吏，要么就是豪杰本身虽然不是官吏，但他们在起兵之初，绝不能没有地方上官吏的支持。在这方面，刘邦集团也不例外。据《汉书》卷一上《高帝纪》，刘邦在起事之前，已经当过维持地方治安的小吏亭长，并且和当地其他有影响的官吏过从甚密，这显然是日后起兵时重要的人际关系支持。如萧何与曹参，都是沛地的"主吏"，刘邦起事之初，很大程度上靠的都是这些"少年豪吏"收拢沛地子弟。

（二）汉高祖集团与"吏民"的合作

既然秦末豪杰起事的性质，从社会结构的角度来看，表现为以"吏民"为主导的地方社会秩序与以郡县长吏为代表的皇权秩序之间的冲突，因此，各路豪杰在起事过程中，无不注意吸取秦法对地方社会弹压过度的教训，纷纷谋求与各地豪杰，与"吏民"的合作。在这方面做得最成功的，无疑应是汉高祖集团。《汉书》卷一《高祖纪》：

> （秦二世三年）六月，（沛公）与南阳守齮战于犨东，破之。略南阳郡，南阳守走，保城守宛。……（沛公）围宛城三匝。南阳守欲自刭，其舍人陈恢曰："死未晚也。"乃逾城见沛公，曰："臣闻足下约：先入咸阳者王之。今足下留守宛，宛郡县连城数十，其吏民自以为降必死，故皆坚守乘城。今足下尽日止

攻,士死伤者必多;引兵去宛,宛必随足下。足下前则失咸阳之约,后有强宛之患。为足下计莫若约降,封其守,因使止守,引其甲卒与之西。诸城未下者,闻争声开门而待足下,足下通行无所累。"沛公曰:"善。"

本段史料中,陈恢说动刘邦退兵去宛的唯一理由,就是如果刘邦逼人太甚,宛城"吏民"势必众志成城,负隅顽抗,从而影响刘邦的大局。而刘邦最后的决策,是与宛城"吏民"合作。同纪载高祖入关后:

(高祖元年)十一月,召诸县豪杰曰:"父老苦秦法久矣:诽谤者族,耦语者弃市。吾与诸侯约:先入关者王之,吾当王关中。与父老约,法三章耳:杀人者死,伤人及盗抵罪,余悉除去秦法。吏民按堵如故(引者按:"吏民",《史记》作"吏人")。凡吾所以来,为父兄除害,非有所侵暴,毋恐。"

沛公与(项)伯约为婚姻,曰:"吾入关,秋毫无所敢取,籍吏民,封府库,待将军。"

这两段材料,说的是刘邦入关后与关中"吏民"合作的情形。

他凭此获得了关中豪强的支持，乃至他们"唯恐沛公不为秦王"①。

汉高祖与"吏民"的合作，极具象征意义，它标志着：汉代的皇权，若想获得稳固的政权基础，与地方吏民间建立良好的合作是举足轻重的。后来的起事者，没有人能够超越这套逻辑行事。比如，新莽末年，刘秀之所以能够在纷繁复杂的政治局面之下，从众多的豪强势力中脱颖而出，平定天下，这是与他最大限度地获得了包括出身当地的地方事务性官吏的各地豪强的支持分不开的。随便举例来说，《后汉书》卷一上《光武纪》：

> （更始二年）五月……诛王郎，收文书，得吏人与郎交关毁谤者数千章，光武不省，会诸将军烧之，曰："令反侧子自安。"

而这也恰从反面说明，虽然是"吏"，但出身当地的地方事务性官吏，其实往往并不完全符合皇权运作的机理。

---

① 阎步克先生《士大夫政治演生史稿》第七章第二节《"恍惚"与"恬淡"："君人南面术"的限度》指出："黄老政治为社会提供了一个休养生息的机会，但……此方针的实践意义，仅是把专制官僚机器的转速降至最低，政策上的'无为'伴随着体制上的'汉承秦制'，文吏政治并没有发生根本性的变化。……早在高祖入关之时便宣布'诸吏人皆案堵如故'，仅除秦苛法，而对其官吏体系则不加破坏地予以承袭的态度，灼然可见。这与此前关东在在可见的'刑其长吏'、'皆杀其守尉令丞反'的做法，已颇有不同。"按：根据我上文的分析，人们不难推论，"案堵吏人"针对的是民间秩序，而刑杀长吏针对的则是秦朝的皇权体制，这是两个不同质的问题，不具有可比性。阎先生径直类比列，似乎失察。其实，从我对文献的引证，已经不难看出，像"案堵吏人"这类与民间秩序妥协的做法，是刘邦集团的一贯政策，是他从群雄逐鹿中脱颖而出的重要前提。

顺便我还想到日本学者大庭脩在论乡啬夫时对宫崎市定的一个驳论：宫崎曾指出，乡啬夫这类地方事务性吏的选拔和任命是"参照乡人的意向而决定……反映出乡的舆论"，大庭则认为"听取民众反映不过是官吏变动的借口。他们终究是与民众对立的官僚，与民众之间有着越来越深的鸿沟。这就是说……乡啬夫是啬夫这一官等中的一种职务，属于官僚体系中的下级，他们也是官僚之一"。这两种观点的对立反映出两种分析秦汉官僚制度的立场：宫崎是社会史的立场，他显然注意到了官僚体系的内在矛盾与断裂，看到的是实然的一面；而大庭是制度史的立场，强调了官僚体系的法理，看到的是应然的一面。就各自的研究领域来说，两说不妨共存，大庭的考辨虽然绵密，断案则似乎失之偏颇。大庭的见解见于他的大著《秦汉法制史研究》，林剑鸣等译，上海人民出版社1991年版，第401—423页。

那么，地方社会"吏民"之"吏"所反映的机理是什么呢？让我们通过这些"吏"的社会关系对此加以探讨。

三、"吏民"的构成与机理

（一）"吏民"的构成

直观地看，"吏民"似乎只由当地的事务性官吏和一般平民这两类人组成，但仔细追究起来，这个观察其实非常笼统，在史籍中，还有两类人物被特别标示出来，被作为代表人物。

其一是所谓父老、父兄和三老等这些地方头面人物。①《汉书》卷一上《高帝纪》：

> 秦二世元年七月，陈涉起蕲……郡县多杀长吏以应涉。九月，沛令欲以沛应之。掾、主吏萧何、曹参曰："君为秦吏，今欲背之，帅沛子弟，恐不听。愿君召诸亡在外者，可得数百人，因以劫众，众不敢不听。"乃令樊哙召高祖，高祖之众已数百人矣。于是樊哙从高祖来，沛令后悔，恐其有变，乃闭城城守，欲诛萧曹。萧曹恐，逾城保高祖。高祖乃书帛，射城上，与沛父老曰："天下苦秦久矣，今父老虽为沛守，诸侯并起，今屠沛。沛近共诛令，择可立立之，以应诸侯，即室家完。不然父子俱屠，无为也。"父老乃帅子弟共杀沛令，开城门迎高祖，欲以为沛令。高祖曰："天下方扰，诸侯并起，今置将不不善，一败涂地。吾非敢自爱，恐能薄，不能完父兄子弟。此大事，愿更择可者。"萧曹皆文吏，自爱，恐事不就，后秦种族其家，

---

① 对于"父老"等现象的探讨，可以参看日本学者守屋美都雄氏的论文《父老》，此处不具论。守屋氏论文收入刘俊文主编：《日本学者研究中国史论著选译》（上古秦汉卷），中华书局1993年版，第564—584页。

尽让高祖。诸父老皆曰："平生所闻刘季奇怪，当贵，且卜筮之，莫如刘季，最贵。"高祖数让，众莫肯为，高祖乃立为沛公。……于是少年豪吏如萧曹、樊哙等皆收沛子弟，得三千人。

这则材料，说的是沛县吏民在反秦起事之初的大略情形。其中出现了两类人物值得特别注意：一类是以刘邦、萧何和曹参等人为代表的地方豪吏；一类是沛父老（父兄）。这两类人物，应该都是地方上极具影响的头面人物。从概念上说，这两类人物之间有很大的区别，最重要的一点，就是父老等不是吏，与"豪吏"等有严格的法律上的区别。但是，在述及地方社会整体的场合，这两类概念是可以相互自由兑换的，有时则径直将两者一体对待，概以"吏民"（人）之类的名词相称。《后汉书》卷一下《光武纪》：

（建武十九年九月）南巡狩，壬申，幸南阳，进幸汝南南顿县舍，置酒会，赐吏人，复南顿田租岁。父老前叩头曰："皇考居此日久，陛下识知寺舍，每来辄加厚恩，愿赐复十年。"帝曰："天下重器，常恐不任，日复一日，安感远期十岁乎？"吏人又言："陛下实惜之，何言谦也？"帝大笑，复增一岁。

《汉书》卷二《显宗孝明帝纪》：

（永平五年冬十月）与赵王栩会邺。常山三老言于帝曰："上生于元氏，愿蒙优复。"诏曰："丰、沛、济阳，受命所出，加恩报得，适其宜也。今永平之政，百姓怨结，而吏人求复，令人愧笑。重逆此县之拳拳。其复元氏县田租更赋六岁，劳赐县掾史及门阑走卒。"

《汉书》卷四十一《寒朗传》：

> 章和元年，上行东巡狩，三老吏人上书陈朗前政治状……

以上三则材料，在第一则中，先是"父老前叩头"，请求皇帝"赐复十年"，在遭到光武帝婉拒后，这些地方上的代表人物并不气馁，而是继续请求，但在记载中，这时的字眼已经变成了"吏人又言"云云；在第二则材料中，开始是"常山三老言于帝"，表示"愿蒙优复"，但这件事被诏书转述时，却成了"吏人求复"；在第三则材料中，则径直将三老与吏人并称。总之，原本不能算是"吏"的"三老"或者"父老"，处在某种和"吏"的界限很模糊的地位上；相应的，地方的事务性官吏之"吏"的身份，无疑就因此减弱了。

第二类需要注意的人物就是所谓"豪强"、"大人"或者"大夫"、"士大夫"。① 让我还是引用上文已经提到的两段材料说明。除了上文《后汉书》卷三《肃宗孝章帝纪》将"小吏"和"豪右"并称的例证，不妨再看上文已引用过的《后汉书》卷二十六《赵憙传》：

> （建武初）时江南未宾，道路不通，以憙守简阳侯相，憙不肯受兵，单车驰之简阳，吏民不欲内憙，憙乃告譬，呼城中大人，示以国家威信，其帅即开门面缚自归，由是诸营壁悉降。

同一件事情，《后汉纪》卷八《光武皇帝纪》"建武二十七年"条的记载是这样的：

---

① 关于"士大夫"，日本学者东晋次曾经有初步的说明，可以参看东晋次：《后汉的选举与地方社会》，徐世虹译，见刘俊文主编：《日本学者研究中国史论著选集》（上古秦汉卷），中华书局1993年版，第572—601页。

时江南未通，以喜守简阳侯相，将给兵骑之官，喜自请不愿，"请单骑驰往，度其形式，临敌制宜。若将兵骑往，彼必为吏民所疑。"上许之。喜至简阳，民闭城门，不肯纳。喜便止城门外，问国中大夫素为百姓所亲信者，乃召问之。对曰："夫拥兵欲以自守，而至于为贼，恐惧不能自反耳。"喜因告以仓卒之时，非国家所疾，无自疑阻，恳为陈恩信，贼遂自缚诣喜降。

这两则材料先后说到"大人"和"大夫"。从上下文来看，这两个用语的含义无疑是相同的。据《后汉书》卷十七《岑彭传》注："大人谓大家豪右。"也就是说，这些人都是出身于当地的豪族。从政治影响上来说，他们的好恶可以在很大程度上决定当地普通民众的立场。作为外来人的赵憙，如欲在当地立足，第一要紧的是和他们达成谅解，赢得他们的支持，舍此途径，尽管可以武力打破他们的营垒，亦必将"为吏民所疑"，要实现长治久安是不可能的。

父老和豪强是两汉时期地方秩序的主持者，史籍中的记载在在可见。在这里我还想补充两点。一是父老与豪强的共通性，这一点在非常状态往往体现得尤其清楚。《史记》卷四十八《陈涉世家》记载陈涉入据陈后："数日，号令召三老、豪杰与皆来会计事。三老、豪杰曰：'将军身披坚执锐，伐无道，诛暴秦，复立楚国之社稷，功宜为王。'"此段材料中，父老是和豪强被一体对待的，两者对秦和对陈涉的态度也是一致的。同书卷八《高祖本纪》记载汉元年十月，沛公军至霸上，"乃召诸县父老豪杰曰：'父老苦秦苛法久矣，诽谤者族，偶语者弃市。……与父老约，法三章耳：杀人者死，伤人及盗抵罪。余悉皆除去秦法。诸吏人皆案堵如故。凡吾所以来，为父老除害，非有所侵暴，毋恐！……'"在这里，上文说的是召"父老豪杰"，下文刘邦在说话时却单称"父老"；并且这个召"父老豪杰"在《汉书》卷一《高祖本纪》里便直接地改笔为"召诸县豪杰曰"云云——更可见父老与豪杰在维持地方秩序上的共通性。日本学者东晋次曾经极力把地方秩序分析为父老主导的一面和豪强主导的另外一面，并认为两者之间有不可忽视的矛盾。① 我认为他对以上这些重要材料有误解，说不可从。

第二个要强调的方面是父老、豪强这两者和地方掾史僚属有共通性，这可以从如上所引用《赵憙传》的材料直观地看出来。另外，也可以从反面来看，就是当地方长吏对某一个地方豪强势力进行镇压以后，总是能够引起这个地方"吏民"的总体反应。比如《史记》卷一百二十二《酷吏列传》：

> （义纵）自河内迁为南阳太守……至郡，遂案（豪族）宁氏，尽破碎其家。宁成坐有罪，及孔、暴之属皆奔亡（按，宁、孔、暴三姓为南阳著姓），南阳吏民重足一迹。……军数出定襄，定襄吏民乱败，于是徙纵为定襄太守。纵至，掩定襄狱中重罪轻系二百余人，及宾客子弟私相入相视亦二百余人（由此可知打击的是大姓）。纵一捕鞫，曰："为死罪解脱。"是日皆报杀四百余人。其后郡中不寒而栗，猾民佐吏为治。

《后汉书》卷七十七《酷吏·黄昌传》：

> 字圣真，会稽余姚人也。……后拜宛令，政尚严猛，好发奸伏。人有盗其车者，昌初无所言，后乃密遣亲客至门下掾贼曹家掩取得之，悉收其家，一时杀戮。大姓战栗，皆称神明。

---

① 东晋次：《汉代的家族和乡里——以宇都宫清吉的汉代家族·乡里论为中心》，孙言诚译，见中国秦汉史研究会编：《秦汉史研究译文集》（第一辑），无出版日期和出版机构，第313—330页。

以上两个事例中,作为郡守的义纵直接打击的是南阳和定襄两郡的豪族,但先是"南阳吏民重足一迹",后是定襄"猾民佐吏为治",然则地方事务性官吏与豪强间的密切关联,自不难想见。

又《史记》卷一百二十二《酷吏列传》说宁成解官归家后:

> 买陂田千余顷,假贷民,役使数千家。……致产业数千金,为任侠,持吏长短,出入数十骑。其使民重于郡守。

《汉书》卷七十六《尹翁归传》:

> (尹翁归宣帝时)征为东海太守,过辞廷尉于定国。定国家在东海,欲属托邑子两人,令坐后堂待见。定国与翁归语终日,不敢见其邑子。既去,定国乃谓邑子曰:"此贤将,汝不任事也,又不干以私。"翁归治东海,命察郡中吏民贤不肖及奸邪罪名,尽知之,县县各有记籍。自听其政,有急名则稍缓之;吏民小懈,辄披籍。县县收取黠吏豪民,案致其罪,高至于死。收取人必于秋冬课吏大会中,及出行县,不以无事时。其有所取也,以一警百,吏民皆服,恐惧,改行自新。东海大豪郯许仲孙为奸猾,乱吏治,郡中苦之,二千石欲捕者,辄以力势变诈自解,终莫能制。翁归至,论弃仲孙市,一郡皆怖栗,莫敢犯禁,东海大治。

这两个事例,前者讲到宁成"持吏长短",后者讲到"东海大豪郯许仲孙为奸猾,乱吏治"①,也应该都是豪强与地方事务性官吏之

---

① 类似所谓"乱吏治"的例子,还可以举出《汉书》卷七十六《王尊传》:"长安宿豪大猾东市贾万、城西万章、翦张禁、酒赵放、杜陵杨章等皆通邪结党,挟养奸轨,上干王法,下乱吏治,并兼役使,侵渔小民,为百姓豺狼。"

间存在密切关系的例证。

第二次世界大战以后,日本史学界非常注意对地方社会秩序机理的研究,"父老"和"豪强"都是学者注目的显题(可以守屋美都雄为代表)。尽管在细节问题上人们分歧不少,但这两类人物是地方社会的主持者,确是大多学者的共识。我在这里重新提起这两个话题,就是想在此基础上,通过显示他们与地方事务性官吏的密切联系,指出这个结论借着郡县制影响于官僚体制的一个方面。

不过,以上的讨论还略嫌浅近,在两汉,地方事务性官吏和地方社会的连接,其实还有更加深刻的一面。让我通过实例对此加以说明。

(二)"吏民"的深层组织机理

首先得能找到有价值的"吏民"组合加以分析。在这方面,以《隶释》为代表的传世碑刻材料有非常高的利用价值。① 在这部由宋代人洪适整理的原本是金石学著作的史料集子里,保存了大量的地方掾史属僚(或者故吏)纪念郡县长吏的碑铭。这些碑,许多都是由当地的"吏民"所立;② 而这些"吏民",大多又都在碑阴上留有姓名。统计这些碑阴资料,应该可以看出一些问题。试举几个有代表性的例子加以说明:

《隶释》卷五《酸枣令刘雄碑》碑阴共列出立碑者一百八十人,其中有姓氏和官职、身份可考者一百五十五人。对此,日本学者东

---

① 文对照参考了"四部丛刊"和"四库全书"两个版本的《隶释》。
② 之所以选定立碑的人们作为"吏民"组合的原型,是因为这些碑刻材料本身就是这样表示的。如《隶释》卷五《酸枣令刘雄碑》:"吏民爱若慈父,畏如神明,悔□令德,清越孤竹,德牟产奇,诚宜褒显,照其宪则,乃相□咨度诹询,采摭谣言,刊□诗三章。其辞曰……"再如《金石录》卷十五《汉平舆令薛君碑》:"吏民其咨,咨君之德,乃建碑石,于墓之侧。"又如同书卷十九《汉赵相雍劝碑》:"故吏民汉中太守邯郸□等恋慕恩德,刊石称颂焉。"这段话,说的是"吏民"立碑的缘起,而这些"吏民"的姓氏和出身等事项,在碑阴都有记载,内容虽说单调简略,但就我们的分析目的来说,已经够用了。

晋次曾经列表加以统计①,今仿照其体例,订正其讹误,列表如下:

	李	苏	王	仇	颜	杨	尹	左	马	张	其他
故华县长		1									戴(华长)
故郎中											许
故州从事				2							
故守令长丞尉	3	2	1	1			1				樊、诚
故五官掾			1								
都邮	2	1			1	1		1			
郡曹史	1	1	2	1	1	1					
故郡列掾	1										
故河堤从事	1										
故州书佐							1				
故郡文学	1										
故主簿										1	卫
从掾位	2		1			1	2	1		2	景、宋、陈彭(缺一)
故县功曹	3	4		1	1	2	2	1		2	邴、三、毛、皮殷、常、田
好学	8	1	1			3	1			3	江(2)、焦(2)、宋(2)、赵(2)、韩、鲁、阎、诚寇、雄、毛、稽、许、程、卫(缺一)、崔
处士	4	5	2		1	1	6	1	3	2	殷(3)、许(2)、杜(2)、宋、焦、纪、董、屈、邵、崔、雄、韩、桃、曹、樊
德行		1									

正如碑名所示,刘雄担任的是酸枣县的县令,因此他属下的

---

① 见前揭刘俊文主编书。

"吏",严格说来只能是故功曹、故主簿和从掾位等三类人。其余的人,如故华县长、故郎中、故州从事……直到故州书佐,尽管都曾经仕宦为吏,但都不是在酸枣令的属下,他们在立碑时的身份,应该是去职闲居的"民"。

从这个表,不难看出一种地方政治权势高度集中的情况。本来,这一百五十五名在当地有着重大影响的"吏民",分布于四十多个姓氏。可是,光是李、苏、王、仇、颜、尹、杨、左、马、张等十个姓氏,就占了这一百五十五个名额中的九十八人;其中,尤以李、苏二姓的势力为最大,他们分别占有二十六人和十六人。

《隶释》卷九《繁阳令杨君碑》碑阴共列立碑者一百三十四人,今仿照东晋次之例,再列表如下:

	申	玉	张	冯	程	成功	杜	魏	段	李	樊	其他
功曹史	1	8	2	4	2	2		2			2	滕屠、王、刘、良、公乘、董(2)
主簿			1		4							
故吏	11	4	6	2		2	1	1	3	1		尹、滕屠、韩、武、鲁、常、宋、邵、许、关、马、鞠、薛、焦、骆、梁
门下佐							1					邓、路、公孙
门下史												杨
故民		4	5	1		1	1		2	2	1	长沮、公乘、富、刘、关、侯、雯、周(2)、赵、隗、武、杨
处士			1									黄、范、逯
至孝												涅

上表所列一百三十四人，共分布于三十三个姓氏，其中有十一个姓氏占据了七十六人，而这十一个姓氏中，又以玉、张、申、冯、程等五姓人数为最多，分别有16人、16人、12人、7人和6人，总数则有57人。由此也不难看出当地权势集中于豪门大姓的情形。

对于上表所列这些姓氏的政治影响问题，有另外的史料可以相互参证。如冯氏，据《后汉书》卷二十六《冯勤传》："字伟伯，魏郡繁阳人也。曾祖父扬，宣帝时为弘农太守。有八子，皆为二千石。赵、魏间荣之，号曰'万石君'焉。"今按，据碑文，杨君卒于熹平三年，即公元174年，此碑之立，不得早于此年；而宣帝驾崩在黄龙元年，即公元前49年，冯勤曾祖父之任弘农太守不得晚于此年。然则冯氏在繁阳的政治望族地位，维持期间当不少于200年。又据同传："（勤）初为太守铫期功曹……期常从光武征伐，政事一以委勤。勤同县冯巡等举兵应光武，谋未成而为豪右焦廉等所反。"这段话透露出两个信息：一是冯氏家族在繁阳的巨大政治影响。铫期政事"一以委勤"就是明证。这个与冯勤同县而又起兵响应光武帝的冯巡，想必是冯勤的族人；他的这番举动，该是与冯勤倾向于光武的政治态度有关。第二个信息便是繁阳"豪右焦廉"的问题。想必这个焦廉和《杨君碑》里的故吏焦某都是繁阳焦氏的成员。可以认为，焦氏在繁阳的政治影响至少在整个东汉时期都是保持的。当然其间可能有地位的升降。

另外，《隶释》卷十《太尉陈球碑》碑阴共记录陈球任繁阳令时的故吏和故民十二人，其中有姓氏可以辨识者六人，计严氏一人、李氏二人、刘氏二人、张氏一人。这六人中，除严氏为《杨君碑》所未见外，另外三姓在《杨君碑》中均有其例。这种联系，想来不会是偶然的吧。

《隶释》卷十七《南阳太守秦颉碑》碑阴列记立碑者共十七人，

其中有籍贯和姓氏可以辨识者八人，列表如下：

籍　贯	姓　氏	出　身
安众县	刘　略	孝　廉
	张　俭	孝　廉
新野县	阴　刚	孝　廉
顺阳县	郭　仪	孝　廉
叶　县	虞　某	孝　廉
宛　县	史　琬	孝　廉
	卓　韶	上计掾
平氏县	朱　谅	上计掾

根据五井直弘的意见①，这八个人之中，可以推断为出身豪族的共四人。首先是刘略，他可能出自安众刘氏。关于这个姓氏，《后汉书》卷二十二《刘隆传》："字元伯，南阳安众侯宗室也。"即这个姓氏可能和安众的宗室有关。其次是阴刚，他可能出自新野阴氏。《后汉书》卷三十二《阴识传》："字次伯，南阳新野人也，光烈皇后之前母兄也。其先出自管仲。管仲七世孙修，自齐适楚，为阴大夫，因而氏焉。秦汉之际，始家新野。""管仲七世孙"云云固不可信，这个姓氏渊源已久，在新野地区有长久的历史，则不必怀疑。而其支脉也至为绵远，据同传："初，阴氏世奉管仲之祀，谓为'相君'。宣帝时，阴子方者，至孝有仁恩，腊日晨炊而灶神形见，子方再拜受庆。家有黄羊，因以祀之。自是已后，暴至巨富，因有田七百余顷，舆马仆隶，比于邦君。子方常言：'我子孙必将强大。'至识三世而遂繁昌。"这繁昌的标志，就是伴随着阴氏与刘氏皇族的联姻，到东汉初期，阴氏已经是"侯者凡四人"的政治望族了。并且，政治巨大的影响，至迟到东汉的末期仍有相当的遗存。例证除了这里

---

① 五井直弘：《秦汉帝国にちける郡縣民支配と豪族》，载《人文论集（静冈大学）》1961年第12期，第47—101页。以下引五井见解均出该论文。五井此文承蒙留学于日本庆应大学的郑浩澜女士提供，谨致谢忱。

提到的阴刚,另据《三国志》卷十三《钟繇传》注引谢承《后汉书》"南阳阴脩为颍川太守",这个阴脩就应该出自南阳新野阴氏。第三个出身豪族的人是卓韶,他可能出自宛县卓氏。关于这个姓氏,《后汉书》卷二十五《卓茂传》有间接的记载:"字子康,南阳宛人也。父祖皆至郡守。"而卓茂本人,也曾经仕郡为门下祭酒。更始皇帝即位后,为侍中祭酒;光武帝即位后,更被任命为太傅,封褒德侯。综合起来看,宛县的卓氏无疑也是在当地有着久远影响力的豪族。第四个可能出身豪族的人是朱谅,他可能出自平氏朱氏。关于这个姓氏,《汉书》卷九十《酷吏·义纵传》曾稍有提及,传文说到义纵为南阳太守时,为镇压南阳豪族,以"平氏朱彊"等人为"爪牙之吏",想来这个姓氏在平氏县绝非势单力薄的单家。相关的佐证见于《后汉书》卷四十三《朱晖传》:"字文季,南阳宛人也,家世衣冠。"注引《东观记》曰:"其先宋微子之后也,以国氏姓。国衰,诸侯灭宋,奔砀,易姓为朱,后徙于宛。"

《隶释》卷八《博陵太守孔彪碑》碑阴列记立碑者"故吏"十二人,其中有姓名和籍贯可以辨识者十二人,仍仿前例,列表于下:

籍　贯	姓　氏	出　身
安平县	崔　烈	司徒掾
	崔　恢	不　详
	王　沛	乘氏令
	刘　麟	五官掾
	王　培	五官掾
	孟　循	五官掾
安国县	刘　惪	司空掾
	刘　杨	外黄令
	刘　机	五官掾史
高阳县	史　应	五官掾
南深泽县	程　祺	五官掾
	程　祚	五官掾

这十二人中,崔烈和刘悫是三府掾史,王沛和刘杨是外县长吏,这四人均已不在博陵郡任职,但考虑到他们都曾经是孔彪的故吏,则其曾任职于本郡应无疑义,所以仍不妨拿来做观察地方行政实况的参考。

同样是参考五井直弘的意见,可以推定这十二人中有六人是出身豪族。首先是崔烈与崔恢,出自安平崔氏。这个姓氏,五井直弘参照《新唐书》卷七十二下《宰相世系表》和《后汉书》卷四十二《崔骃列传》的有关记载,断定博陵崔氏自东汉以来就已经相当有影响,并且这影响一直持续到隋唐时期。

安平县的孟循也应该是出自地方大姓。佐证是《三国志》卷十六《杜恕传》注引《魏略》有孟康字公休,安平人,魏正始中出为弘农太守,领典农校尉。嘉平末,从渤海太守徵入为中书令,后转为监。

安国县的刘氏是在当地有极大影响的皇族,证据见《后汉书》卷六十七《党锢·刘祐传》:"字伯祖,中山安国人也。"注引谢承《后汉书》曰:"祐宗室胤绪,代有名位。"《孔彪碑》中安国的故吏都出自刘氏,看来绝非偶然。

另外,南深泽县的两名故吏都出自程氏,程氏也应该是该县的豪族。

最后须补充一点,以上我们对地方掾史与当地豪族关系的实证考察,都是以《隶释》的材料为主,参考其他史料完成的。想来,以上各表所列人物中应当还有不少人物出身豪族,只不过由于史籍的限制,许多人的详情无法考实而已。

(三)小结

通过以上分析,大概可以得出这样几个结论:

首先，尽管"吏民"由于有着形式上的宽泛性，似乎应当包括某一行政单位之内的所有掾史和全体人民，但在实际生活中，尤其是从西汉宣、元时代放松了对地方秩序的控制以后，这一用法逐渐体现出强烈的豪强支配性格。就已为故君立碑这一件小事来说，显然就不是所有的"吏"和"民"都可以参与其中的。就"少吏"的方面来说，每个地方的掾史属僚数目绝不会只有上面几个表格所列的那样少，这些列名碑阴的官吏无疑是经过推选别择的地方首领。就"故民"、"处士"、"好学"和"德行"等属于民的角色来说，他们显然也是出身于地方的豪强之家。最明显的一点，就是这些人物的姓氏分布与掾史属僚的姓氏分布有极大的重合性，也就是说，这些"民"也是在地方有影响的"民"，绝非普通的民众。① 他们或者是已经致仕还乡的旧官僚，或者是有着光明政治前途的预备官僚。

其次，与"吏民"这一用语日益狭窄指称在地方上有着举足轻重的政治影响的各色人等的同时，我们还可以看到一种地方政治权势日益集中于少数几个大姓手中的事实。人们逐渐看到，从西汉宣、元时代以后，来自外地的郡县长吏，若不能够取得当地豪强大族的支持与配合，要实现有效的统治是不可想象的。其实，即便是在皇权最强悍的汉武帝时代，忠实秉承皇帝意志、极力弹压地方豪强势力的"酷吏"们，其行事的逻辑，也并未超出族姓的限制，他们往往在打倒一派豪强势力的同时，又扶植起另外一批新的豪强势力。何况就连这种利用一派打倒另一派的事例，到后来也很少见到了。

再次，顺理成章的，如果某个地方的某些姓氏在社会和政治上

---

① 后汉时期日益频繁地出现于史籍的所谓"名士"，应该就是这些人，他们没有实际的政治名分，却能够通过主持地方舆论而对当地政治有巨大的影响，根本的原因，学养是一个方面，他们和同姓家族中实际担任地方掾史僚属的人们的联系，也是不可忽视的甚或更加重要的方面。关于大姓——地方僚佐（有时候还走出乡里担任守相公卿）——名士间的重合关系，可以参看唐长孺：《东汉末期的大姓名士》，见《魏晋南北朝史论拾遗》，中华书局1983年版，第25—52页。此文所论，虽然只限于东汉末年，其实也可依例向上追溯。

的影响能够长期维持，他自身的族姓意识会强化和凝固起来（关于此点，人们不妨回顾东汉以来蔚为大观的家族史编纂潮流，以及类似后世《颜氏家训》等著作的出现），从而在某种程度上超越皇权制度下官僚体制的机理，而呈现出某种独立性。越到后来，地方豪族之占据地方事务性官吏的位置，就越发摆脱了郡县长吏的个人志趣，而表现出某种凝固化与客观化的倾向。换言之，不管外来的郡县长吏是谁，某些姓氏总能得到重用，并在实际上主持地方事务。这一点，尤其明显地体现在某些姓氏在当地往往可以维持几百年政治影响，可以如史书所说"世仕州郡"这一事实上。

这样，某地掾史僚属的选用，就与当地豪强家族的姓氏之间逐渐形成一种深刻对应的关系：某人之被礼请担任地方事务性官僚，皆因为他出身豪族；某些豪族产生的地方掾史类官吏特别多，皆因这个姓氏在当地有着持久而巨大的影响。这种观念的后果是清楚的，那就是族姓自觉的日益兴起和族姓认同的日益增强。尽管国家在总体形式上已经摆脱了身份性秩序，但在地方社会，身份性的血缘的原理仍然是举足轻重的。

就是这样一种族姓认同意识，就是这样一种实际存在的地方掾史与某个姓氏之间的对应关系，打破了"吏"之概念的法律单一性，从而使"吏"和"民"之间，首先通过他所自出的姓氏，建立了一种比法理的统一性更加有力的身份统一性。

这样，"吏"就处于两种秩序的交叉点上。首先，吏是皇帝的从属，是皇帝意志的体现者和实行者。但与此同时，"吏"又都是地方秩序的一部分，它在从法理上属于天子的同时，还构筑起一种以地方豪族的族姓意识为主导的地方秩序。①

复次,《后汉书》卷二十五《卓茂传》载卓茂于西汉元帝时任河南密县县令,"劳心谆谆,视人如子,举善而教,口无恶言,吏人亲爱而不忍欺之"。有一次,县民某举发某亭长收受米肉,卓茂私下问举报者,这些礼物,是亭长向你索要的,还是你有事请托送他的,还是并无理由,只是出于恩义送他的?此人说,是我主动送他的。卓茂说,你送他收,两厢情愿,为何还要举发?此人答,我听说,"贤明之君使人不畏吏,吏不取人。今我畏吏,是以遗之,吏既卒受,故来言耳"。卓茂说,"汝为敝人矣"——

> "凡人所以贵于禽兽者,以有仁爱,知相敬事也,今邻里长老尚致馈遗,此乃人道所以相亲,况吏与民乎?吏顾不当乘威力强请求耳。凡人之生,群居杂处,故有经纪礼义以相交接,汝独不欲修之,宁能高飞远走,不在人间邪?亭长素善吏,岁时遗之,礼也。"人曰:"苟如此,律何故禁之?"茂笑曰:"律设大法,礼顺人情。今我以礼教汝,汝必无怨恶;以律治汝,何所措其手足乎?一门之内,小者可论,大者可杀也。且归念之。"于是人纳其训,吏怀其恩。

---

① 本文的分析只达到郡县的层次,其实这样的地方大姓与掾史僚属之间的对应关系,不仅局限在这个层次,更加深刻植根于地方社会的最基底里。以前的史家限于材料不能做翔实的分析,最近的出土材料为此提供了新的佐证。1973年,河南偃师出土了被学术界题名为《汉侍廷里父老僤买田约束石券》的石券(立券明确标明时间为东汉章帝建初二年),此券就"侍廷里"父老的担任问题缔结了一个"约束"。"约束"详情我们暂且不谈,但石券所列举的组成地方自治团体——"父老僤"的二十五人的姓氏分布引人注目。这二十五人中,于姓九人,单姓三人,尹姓三人,锜姓三人,周姓三人,左姓二人,文姓、王姓各一人,显然也呈现出和郡县僚属的姓氏构成相似的结构。尤其是,僤中成员的若干权利,是可以由其后代继承的,这不能不让人深思,注意到基层社会的族姓力量。关于父老僤的相关文献,可以参考洛阳地区行署文物处:《河南偃师县发现汉代买田约束石券》,载《文物》1982年第12期,第17—20页。宁可:《关于〈汉侍廷里父老僤买田约束石券〉》,同前揭《文物》,第21—27页。

"律设大法"，从法律上讲，吏和民的确有明显界限，吏可以"高飞"，民可以"远走"，泾渭不容混淆，冰炭无法同器，但"礼顺人情"，从礼俗上讲，亭长与你同处一地，"群居杂处"，岂能无仁爱敬事，岁时之遗？这段材料的精要处是，它指出了礼—法与吏—民这两对关系的共振联系。

《后汉书》卷二十六《韦彪传》记载，"彪以世承二帝吏化之后，多以苛刻为能，有置官选职，不必以才，因盛夏多寒，上疏谏曰"：

> 臣闻政化之本，必顺阴阳。伏见立夏以来，当暑而寒，殆以刑罚刻急，郡国不奉时令之所致也。农人急于务而苛吏夺其时，赋发充常调而贪吏割其财，此其巨患也。夫欲急人所务，当先除其所患。
>
> 天下枢要，在于尚书，尚书之选，岂可不重。而间者多从郎官超升此位，虽晓习文法，长于应对，然察察小慧，类无大能。宜简尝历州宰素有名者，虽进退舒迟，时有不逮，然端心向公，奉职周密。宜鉴嗇夫捷急之对，深思绛侯木讷之功也。往时楚狱大起，故置令史以助郎职，而类多小人，好为奸利。今者务简，可皆停省。
>
> 谏议之职，应用公直之士，通才謇正，有补益于朝者。今或从徵试辈为大夫。
>
> 御史外迁，动据州郡，并宜清选其任，责以言绩。其二千石视事虽久，而为吏民所便安者，宜增秩重赏，勿妄迁徙。惟留圣心。

类似议论，贯穿两汉始终。

韦彪上疏的背景，是光武、明帝时期的"吏化"，而"吏化"的内涵，则见于他对尚书的批评，即"晓习文法""长于应对"，这种现象，不妨说对应着一个特别的"法律人群体"，这些人"察察小慧""类无大能""类多小人"。作为例证，韦彪回顾了西汉文帝时的旧事。文帝曾临幸皇家动物园，并向动物园副手（上林尉）问起动物的详情，尉不能对，旁边的老虎饲养员却"从旁代对，响应无穷"，文帝大悦，打算拜他为动物园园长（上林令），谁知随行的司法部部长张释之说，此人喋喋利口，恰不能用，您倒是应该多启用绛侯周勃、东阳侯张相如这类"言事不能出口"的忠厚长者。换句话说，您不能为苛刻之察，而是要睁只眼闭只眼。

韦彪的应对之策，落脚点重在尚书和地方长吏。关于改良尚书，他提出的要害又在拣选"尝历州宰素有名者"，而这事实上与改良地方长吏时的"为吏民所便安"同一道理。说白了，关键不是吏、民的分别，而是与二千石相对的那个"吏民"的"便安"。历史告诉我们，这里隐含着秦汉帝国陟落起伏、治乱分合的秘密，在汉代的政治语言中，这甚至关联着阴阳寒暑的宇宙秩序。

四、简单的结论

秦汉帝国的建立，在中国历史上的特殊地位有目共睹。在这一点上，无论人们的历史见解有多大的区别，总归没有太大出入。不宁唯是，人们重视这个时代变局的原因也没有多少分歧，多集中于以皇帝制度为中心的郡县—官僚制度，瞩目在皇帝之下官吏和民众之间的对立。① 自来秦汉史的研究集中在制度史方面，事非偶然，这

---

① 这种吏—民对立的体制在很大程度上决定了包括秦汉在内的帝制中国的外观，乃至很多研究家把这个对立看作是帝制中国的主要矛盾，比如，主张所谓"东方专制主义"的卡尔·魏特夫就说传统中国是"二千年官吏与农民的国家"，主张以"官僚政治"归纳中国历史特性的王亚南也说官民的对立是封建中国的主要矛盾。二说可以参看王亚南：《中国官僚政治研究》，中国社会科学出版社1987年版。

一研究趋向其实暗含了对作为中国历史之新现象的法理型社会控制方式的独特重视。"二战"以后,日本的秦汉史学界以西嶋定生为代表,更加有把秦汉帝国法理性层面加以理论化的倾向。

但这样一种研究问题的方式也附带产生了大量的疑难,其中比较尖锐的一个问题就是,这样一个透过制度史研究凸显出来的制度严密的帝国,何以后来竟会发展到魏晋六朝那样的分裂局面呢?自赵翼以来,出于对皇帝制度和郡县制度特殊重要性的认识,出于对从先秦到秦汉社会控制方式巨大转折的深刻洞察,所谓汉代的"布衣将相之局",所谓"平民的文治政府",成了学者耳熟能详的常识。但,寻常百姓之家,何以飞出王谢堂前之燕?如此这般的帝国,何以后来竟能演化出以家族为核心的"贵族政治"局面?这些"新贵"产生的土壤何在、机理为何?第二次世界大战以后,日本多有学者(以增渊龙夫为代表)注意到民间秩序的重要地位,也有学者(以川胜义雄、谷川道雄等为代表)主张在"他律性"的政治世界之外,还有一个民众的"自律的生活世界",这个"民间秩序""自律的生活世界"成了他们解释从秦汉向魏晋六朝过渡的枢纽。但就现有成果来说,把两者截然划分开来是其主要的缺点,"民间秩序"、民间"自律世界"向政治推进、蚕食乃至鲸吞的细节仍不清晰。

或许,我们可以在不那么精确的意义上,将本文所探究的那种与皇权既接触又相对独立的秩序体称为"吏民共同体"或者"乡党共同体",而本文所提供的对于这个共同体的略显迂曲的考察,也许可以在某种程度上弥补这些缺陷。

循吏与酷吏
——机理与史实的考察

自来关于汉代循吏和酷吏的研讨已有很多,但有一个问题似乎久未为学者挑明,那就是,在两汉(早期不是这样),在循吏和酷吏场合下所讨论的"吏",绝大多数是地方长吏这类亲民官,而不能再向下延伸至地方掾史属僚,或者向上推及三公九卿之类中央朝廷的官吏:原因就在于前者是地方秩序的构成因素(关于这点,上篇已有集中讨论),后者则和地方秩序没有亲近接触。这一范围的划定本身就在暗示,这两类人物在被提出之初,就隐含了皇权与地方秩序关系的问题。

一、循吏与酷吏

(一)释名:"循吏""酷吏"

"循吏"这一名词,传世史籍中最早的使用者是司马迁,《史记》卷一百一十九就是为这一类人物立的专传。在详细展开之前,且看一下他对这类人物的描述。《循吏列传》序言说:

> 太史公曰:法令所以导民也,刑罚所以禁奸也。文武不备,良民惧然身修者,官未曾乱也。奉职循理,亦可以为治,何必威严哉?

《太史公自序》则说:

> 奉法循理之吏，不伐功矜能，百姓无称，亦无过行。作《循吏列传》第五十九。

以上是笼统的说明，再看本传的一个实例：

> 公仪休者，鲁博士也。以高第为鲁相。奉法循理，无所变更，而百官自正。

这三段引文里的"奉法循理"和"奉职循理"，给人们一个提示，"循吏"之得名，该是源于此。

这种简明扼要的归纳，可以分作两部来认识：一是"奉法（职）"，一是"循理"。"奉法（职）"之奉，《说文》："承也。"职，《说文》："记微也。"段注：

> ……记犹识也。纤微必识曰职。《周礼》太宰之职、大司徒之职，皆谓其所司。凡言司者，谓其善伺也；凡言职者，谓其善听也。《释诂》曰，职，主也。《毛诗》同。

解说稍嫌牵强，但仍然可以看出大概是今语"职司"或者"职责"一类的意思。"奉职"就是尽好自己职责的意思。值得注意的是"奉职"的另外一个说法是"奉法"，可见职责所寄，是源于国家的法令的。法令与职责，其实是一个事物的两个方面。

这"奉法（职）"的一面，乃是所有官吏必具备的基本素养，不是循吏的特质。不妨看一下韩非子对理想臣子的设计，《孤愤》：

> 人臣循令而从事，案法而治官，非谓重人也。

《用人》:

> 明主之表易见，故约立；其教易知，故言用；其法易行，故令行。三者立而上无私心，则下得循法而治，望表而动，随绳而斫，因攒而缝。

《定法》:

> 术者，因任而授官，循名而责实……

以上两类理想的法家官吏也是有所"循"的，只不过"循"的是"令"、"法"和"名"而已，这些都是固定而严明的法律。因此若说韩非子有所取的话，那只会是"守法"和"守职"①，而不是逾越此范围，再去循什么"理"。不妨再联想一下司马迁在《酷吏列传·赞》里的几句话："自郅都、杜周十人者，此皆以酷烈为声。……然此十人中……虽惨酷，斯称其位矣。"其中讲到酷吏们的"称其位"，这是和"奉职"相同的特征，强调的都是作为官吏，奉公守法、尽职尽责的一面，这是作为吏所共有的基本要求。可见，如果要探究循吏的特质，不能从这一面入手。

接下来就是"循理"的一方面。循，《说文》："行也。"段注以为原意是循行，"引申为抚循，为循循有序"，即顺遂之意。理，《说文》："治玉也。"段注以可引申为"自然之分理"的意思。这两个字的意思合并起来，表示了某种为政治民的风格，这风格以顺遂某

---

① 《韩非子·主道》："群臣守职，百官有常，因能而使之，是谓习常。"《外储说左上》："信名则群臣守职，善恶不逾，百事不怠……"《诡使》："守法固，听令审……"《忠孝》："故人毋称尧舜之贤，毋誉汤武之伐，毋言烈士之高，尽力守法，专心于事主者为忠臣。"作为守法之臣的实例，可以参看《外储说右上》的楚国的廷理，他得到了楚王的如下赞誉："前有老主而不逾，后有储主而不属，矜矣。是真吾守法之臣也。"

种自然的分理为特征。——不过,这种字面的理解仍嫌模糊,为求真确,不得不进而考虑到这一用法的上下文,不得不结合某些具体的实例来认识。

首先可以确定的,是循吏施行法令的谨慎。从一开始引用的《循吏列传》序言"何必威严"的反问中就可以窥知这方面的消息。另据本传对叔孙敖"政缓禁止,吏无奸邪,盗贼不起"的赞美,也可以知道循吏之为政并不是纯任文法的。

其次,循吏这种谨慎,乃是基于对某种固有秩序的尊重,也是想力求与这种秩序间求得一种和谐。叔孙敖"三月为楚相,施教导民,上下和合,世俗盛美"。有一次楚王想改变币值,结果"百姓不便",叔孙敖以为这样会使得"民莫安其处,次行之不定",主张"复如故"。还有一次,"楚民俗好卑车,王以为卑车不便马,欲下令使高之","令数下,民不知所从,不可",即使要改,也只能通过"教闾里使高其梱,乘车者皆君子,君子不能数下车",这样百姓自然会"高其车"。

子产做郑国相之前,"上下不亲,父子不和",可是——

> 为相一年,竖子不戏狎,斑白不提挈,僮子不犁畔。二年,市不豫贾。三年,门不夜关,道不拾遗。四年,田器不归。五年,士无尺籍,丧期不令而治。治郑二十七年而死,丁壮号哭,老人儿啼,曰:"子产去我死乎!民将安归?"

上面这三位国相,都因为尊重了某种民间固有秩序的存在,所以在施政的过程中,都不妄用刑罚和文法,而是注意通过教化,通过自身的道德楷模作用,通过调和法令与民间秩序("俗")的办法来统和社会,所谓"上下和合"是也。

比较引人注目的还有楚相石奢。

石奢者，楚昭王相也。坚立廉正，无所阿避。行县，道有杀人者，相追之，乃其父也。纵其父而还自系焉。使人言之王曰："杀人者，臣之父也。夫以父立政，不孝也；废法纵罪，非忠也。臣罪当死。"王曰："追而不及，不当伏罪，子其治事矣。"石奢曰："不私其父，非孝子也；不奉主法，非忠臣也。王赦其罪，上惠也；伏诛而死，臣职也。"遂不受令，自刎而死。

这类以忠孝关系为核心的话题，从春秋中后期以后就非常之多①，这里司马迁是在循吏的语境下提出问题的。比较韩非子等法家

---

① 随便举例来说，《孟子·尽心上》：

桃应问曰："舜为天子，皋陶为士，瞽瞍杀人，则如之何？"孟子曰："执之而已矣！""然则舜不禁与？"曰："夫舜恶得而禁之？夫有所受之也。""然则舜如之何？"曰："舜视弃天下，犹弃敝蹝也。窃负而逃，遵海滨而处，终身䜣然乐而忘天下。"

《吕氏春秋·高义篇》：

荆昭王之时，有士焉，曰石渚。其为人也，公直无私，王使为政廷。有杀人者，石渚追之，则其父也。还车而还，立于廷曰："杀人者，仆之父也。以父行法，不忍，阿有罪，废国法，不可。失法伏罪，人臣之义也。"于是乎伏斧锧，请死于王。王曰："追而不及，岂必优罪哉？子复事矣。"石渚辞曰："不私其亲，不可谓孝子；事君枉法，不可谓忠臣。君令赦之。上之惠也；不敢废法，臣之行也。"不去斧锧，殁头乎王廷。正法枉必死，父犯法而不忍，王赦之而不肯：石渚之为人臣也，可谓忠且孝矣。

《说苑》卷四《士节篇》：

楚有士申鸣者，在家而养其父，孝闻于楚国，王欲授之相，申鸣辞不受。其父曰："王欲相汝，汝何不受乎？"申鸣对曰："舍父之孝子而为王之忠臣，何也？"父曰："使有禄于国，立义于庭，汝乐，吾无忧矣，吾欲汝之相也。"申鸣曰："诺。"遂入朝楚王。居三年，白公为乱，杀司马子期，申鸣将往死，父止之曰："弃父而死，其可乎？"申鸣曰："闻夫仕者，身归于君而禄归于亲。今既去子仕君，得无死其难乎？"遂辞而往，因以兵围之。白公谓石乞曰："申鸣，天下之勇士也。今以兵劫我，吾为之奈何？"石乞曰："申鸣，天下之孝子也。往劫其父以兵。申鸣闻之，必来，因与之语。"白公曰："善。"则往取其父，持之以兵。告申鸣曰："子与吾，吾与子分楚国；子不与吾，子父则死矣。"申鸣流涕而应之曰："始，吾父之孝子也；今，吾君之忠臣也。吾闻之也：食其食者死其事，受其禄者毕其能。今吾已不得为父之孝子矣，乃君之忠臣也。吾何得以全身？"援桴鼓之，遂杀白公，其父亦死。王赏之金百斤，申鸣曰："食君之食，避君之难，非忠臣也；定君之国，杀臣之父，非孝子也。名不可两立，行不可两全也。如是而生，何面目立于天下？"遂自杀也。

人物，司马迁的态度已经有了很大的后退，不再那么坚持法理秩序的独特性。石奢，尽管"坚直廉正，无所阿避"，是忠臣，但循吏之为循吏，并不仅仅是这一方面而已，他还要是孝子。"不奉主法"尽管不好，但是也不能忘却了血缘的情分。所以他最后选择了自杀。这个例子有点极端，石奢寻求两套秩序原理之间的手段也未免苦涩，但也极其清晰地使人们看到了司马迁的理想。

综括以上的例子，不难看出，作为"循吏"特质的所谓"循理"，就是在"无所变更"民间秩序的前提下，尽最大可能地顺遂那套秩序的固有逻辑来行事。法律和职守当然还是在的，但不必表现得那么咄咄逼人，而是力求与民间秩序相互谅解，和平共处。"奉法（职）"与"循理"两者之所以会融合为一体，秘密在此。

那"酷吏"呢？

根据司马迁的描述，至少可以看出两个特点。《史记》卷一百二十二《酷吏列传》（《汉书》卷九十《酷吏列传》略同）：

> 自郅都、杜周十人者，此皆以酷烈为声，然郅都抗直，引是非，争天下大体。张汤以知阿邑人主，与俱上下，时数辩当否，国家赖其便。赵禹据法守正。杜周从谀，以少言为重。自张汤死后，网密，多诋严，官事浸以耗废，九卿碌碌奉其官（引者按，《汉书》作"奉职"），救过不赡，何暇论绳墨之外乎？然此十人者，其廉者足以为仪表，其污者足以为戒，方略教导，禁奸止邪，一切亦彬彬，质有其文武焉。虽酷，称其位矣。至若蜀守冯当暴挫，广汉李贞擅磔人，东郡弥仆锯项，天水骆璧椎成，河东褚广妄杀，京兆无忌、冯翊殷周蝮鸷，水衡阎奉朴击卖请，何足数哉！何足数哉！

对比"循吏"，"酷吏"的特征是非常明显的，所谓"引是非，争天下大体"、"辩当否"、"碌碌奉其官（《汉书》作'奉职'）"和"称其位"等，都是明证，也就是说，这些是坚持法律的严肃性的，严格信守，决不"论绳墨之外"，极端的例子就是像杜周那样，"前主所是著为律，后主所是疏为令，当时为是，何古之法乎"，完全以君主意志、以可见的实定法为转移。也就是说，决不像循吏那样，奉法之外，还有"循理"一项。《史记》卷一百一《袁盎晁错列传》（《汉书》略同）：

> 迁为御史大夫，请诸侯之罪过，削其地，收其枝郡。……错所更令三十章，诸侯皆喧哗疾晁错。错父闻之，从颍川来，谓错曰："上初即位，公为政用事，侵削诸侯，别疏人骨肉，人口议多怨公者，何也？"晁错曰："固也，不如此，天子不尊，宗庙不安。"错父曰："刘氏安矣，而晁氏危矣，吾去公归矣！"遂饮药死，曰："吾不忍见祸及吾身。"

《郅都传》说（《汉书》卷九十《酷吏·郅都传》略同）：

> 都为人，勇有气，公廉，不发私书，问遗无所受，请寄无所听。常称曰："已背亲而出，身固当奉职，死节官下，终不顾妻子矣。"

"背亲而出""不顾妻子"，何其果断决绝！可以把以下两个酷吏的作为和上面的石奢做些对比，酷吏之主张法理的严格性、隔绝血缘与政治的风格自然清楚。这是第一方面的特征。

"酷吏"之酷还表现在，当法律的推动力遭民间秩序阻拦的时候，他会以一种非常强悍的姿态来保证法律的施行，决不给地方秩序丝毫的空间。表现在司马迁的记载里，就是严酷打击地方豪强势力。《酷吏传》说：

> 济南瞷氏宗人三百余家，豪猾，二千石莫能制，于是景帝乃拜（郅）都为济南太守。至则族灭瞷氏首恶，余皆股栗。居岁余，郡中不拾遗。

宁成为中尉——

> 其治效郅都……宗室豪杰人人惴恐。

周阳由——

> 所居郡，必夷其豪。

义纵——

> 迁为长陵及长安令，直法行治，不避贵戚。以案捕太后外孙修成君子仲，上以为能。迁为河内都尉。至则族灭其豪穰氏之属，河内道不拾遗。……自河内迁为南阳太守……至郡，遂案宁氏，尽破碎其家。……为定襄太守……掩定襄狱中重罪轻系二百余人，及宾客子弟私相入相视亦二百余人。纵一捕鞠，曰："为死罪解脱。"是日皆报杀四百余人。

王温舒——

> 迁至广平都尉……快其意所欲得，此人有百罪，弗法；即有避，因其事夷之，亦灭宗。

这个过程，是伴随着严刑酷罚而行进的。《酷吏传》"赞"中所提到的那几个恐怖人物，"蜀守冯当暴挫，广汉李贞擅磔人，东郡弥仆锯项，天水骆璧椎成，河东褚广妄杀，京兆无忌、冯翊殷周蝮鸷，水衡阎奉朴击卖请"，就是明证。

司马迁为"循吏"和"酷吏"所确定的这些特征，后来班固和范晔在撰写前后《汉书》的时候，都遵从不替。

二、两汉地方行政风气的转化①

早有学者注意到，《史记·循吏列传》总共为五个人立传，可没有一个是汉朝人；《酷吏列传》总共为二十二人立传，可仅汉武帝一朝，就有十九人。司马迁曾经向董仲舒请教过公羊春秋，自然明白"春秋笔法"的道理，然则，《史记》的这一番笔削功夫意味着什么，不也就清楚了吗？

汉武帝为发动对匈奴的战争，剪除国内的分裂势力，全面动用法律利器，强化皇权，使整个国家都处于一种准军事的高度集权的体制之下，一方面耗费了大量的社会财富，导致民怨沸腾，另方面也激起了地方豪族的广泛反抗。武帝晚年认识到了自己统治的危局，曾经很清醒地承认自己现在的状况和嬴秦晚期相去不远，已经准备改弦更张。不过他还没有来得及这样做就驾崩了。昭帝时候，在霍光主持之下，召开了有名的"盐铁会议"，承认了地方势力的某些要求；后来又通过宫廷政变，消灭了主张强硬手腕的桑弘羊等人。到

---

① 严耕望在《秦汉地方行政制度》中对此问题有概括的论述。参见中央研究院历史语言研究所集刊之四十五，第四〇九页至四二六页。

宣帝时期，一方面放松了严酷刑罚①，另方面放松对地方的控制，"循吏"的迅速增加②，祥瑞也接踵而至③。从此以后，"循吏"在汉代政治中的地位迅速提高，几乎成了汉代政治的代名。这方面的例证非常之多，欲知详情，可以参考本书附录，这里仅举有代表性的事例以便说明问题。《汉书》卷八十九《循吏·黄霸传》载霸为颍川太守时的为官哲学：

> 凡治道，去其泰甚者耳。

《后汉书》卷五十六《王龚附子畅传》：

> 字叔茂……（桓帝时）拜南阳太守。前后二千石逼惧帝乡贵戚，多不称职。畅深疾之，下车奋厉威猛，其豪党有衅秽者，莫不纠发，会赦，事得散。畅追恨之，更为设法：诸受赃二千万以上不自首实者，尽入财物；若其隐伏，使吏发屋伐树，埋井夷灶，豪右大震。功曹张敞奏记谏曰："五教在宽，著之经典；汤去三面，八方归仁；武王入殷，先去炮格之刑；高祖鉴秦，唯定三章之法；孝文感一缇萦，蠲除肉刑。卓茂、文翁、

---

① 《汉书》卷八《宣帝纪》地节四年：

夏五月，诏曰："父子之亲，夫妇之道，天性也，虽有祸患，犹蒙死而存之。诚爱结于心，仁厚之至也，岂能违之哉？自今子首匿父母，妻匿夫，孙匿大父母，皆勿坐。其父母匿子，夫匿妻，大父母匿孙，罪殊死，皆上廷尉以闻。"

春二月，诏曰："导民以孝，则天下顺。今百姓或遭衰经凶灾，而吏繇事，使不得葬，伤孝子之，朕甚怜之。自今诸有大父母、父母丧者勿繇事，使得收敛送终，尽其子道。"

② 汉武帝末期到宣帝初起汉朝廷的政策演变的曲折过程，可以参考田余庆：《论轮台诏》，见《秦汉魏晋史探微》，中华书局1993年版，第28—58页。西嶋定生：《武帝之死》，见刘俊文主编：《日本学者研究中国史论著选译》（上古秦汉卷），李开元译，中华书局1993年版。

③ 汉人相信政治与天象之间的对称关系，而宣帝时期祥瑞的急剧增多（这从他在位时期年号的更易上可以直接地看出来），无疑反映了宣帝对自己施政政策的标榜。

召父之徒，皆疾恶严刻，矜崇温厚，仁贤之政，流闻后世。夫明哲之君，网漏吞舟之鱼，然后三光明于上，人物悦于下。言之若迂，其效甚近。发屋伐树，将为严烈，虽欲惩恶，难以远闻。以明府上智之才，日月之曜，敷仁惠之政，则海内改观，实有折枝之易，而无挟山之难。郡为旧都侯甸之国，园庙出于章陵，三后生于新野，士女沾教化，黔首仰风流。自中兴以来，功臣将相，继而隆。愚以为恳恳用刑，不如用恩；孳孳求奸，未若礼贤。舜举皋陶，不仁者远；随会为政，晋盗奔秦；虞芮入境，让心自生。化人在德，不在用刑。"畅深纳敞谏，更崇宽政，慎刑简罚，教化遂行。

郡中豪族多以奢靡相尚，畅常布衣皮褥，车马羸败，以矫其敝。同郡刘表时年十七，从畅受学，进谏曰："夫奢不僭上，俭不逼下，循道行礼，贵处可否之间，蘧伯玉耻独为君子。府君不希孔圣之明训，而慕夷齐之末操，无乃皎然自责于世乎？"畅曰："昔公仪休在鲁，拔园葵，去织妇；叔孙敖相楚，其子被裘刈薪。夫以约失之者鲜矣。闻伯夷之风者，贪夫廉，懦夫有立志。虽以不德，敢慕遗烈。"

《三国志》卷六《刘表传》注引谢承《后汉书》：

表受学于同郡王畅，畅为南阳太守，行过乎俭，表时年十七，进谏曰："奢不僭上，俭不逼下，盖中庸之道也。是故蘧伯玉耻独为君子。府君若不师孔圣之明训，而慕夷齐之末操，无乃皎然自遗于世！"畅答曰："以约失之者鲜矣，且以矫俗也。"

《后汉书》卷三十八《法雄传》：

字文疆，扶风郿人也。……迁南郡太守，断狱省少，户口益增。郡滨带江沔，又有云梦薮泽。永初中，多虎狼之暴，前太守赏募张捕，反为所害者甚众，雄移书属县曰："凡虎狼之在山林，犹人民之居城市。古者至化之世，猛兽不扰，皆由恩信宽泽，仁及飞走。太守虽不德，敢忘斯义！记到，其毁坏槛穽，不得妄捕山林。"数岁，岁常丰稔。元初中卒官。

卷三十五《曹褒传》：

（肃宗时）迁圉令，以礼理人，以德化俗。时它郡盗徒五人来入圉界，吏捕得之，陈留太守闻而疾恶，风县杀之。……（褒）不为杀，严奏褒软弱，免官归郡，为功曹。

《王堂传》（《北堂书钞》卷十五引谢承《后汉书》略同）：

字敬伯，广汉郪人也。……（顺帝永建四年后）迁汝南太守，搜才礼士，不苟自专，乃教掾史曰："古人劳于求贤，逸于任使，故能化清于上，事缉于下。其宪章朝右，简覆才职，委功曹陈蕃；匡政理务，拾遗补阙，任主簿应嗣：庶循名责，察言观效焉。"自是委诚求当，不复妄有辞教，郡内称治。时大将军梁商及尚书令袁汤以求属不行，并恨之。

《文选》二五卢子谅赠刘琨诗注引张璠《后汉纪》：

王堂为汝南太守，教掾史曰："其宪章朝右，委功曹陈蕃也。"

卷三十一《王堂传》：

> 字敬伯，广汉郪人也。……（安帝永建）四年……拜鲁相，政存简一，至数年无辞讼。

《后汉纪》卷二三《孝灵帝纪》：

> 陈实，字仲弓，颍川许人。……辟黄琼府，除闻喜、太丘长，其政不严而治，百姓爱敬之。长子纪，字元方……纪子群，名重魏晋。文帝尝问群："卿何如父祖？"群对曰："臣祖实，不言而治；臣父纪，言而行之；至于臣群，有其言而必行。"

《后汉书》卷八十一《独行·赵苞传》载苞任辽西太守时，母亲与妻子为鲜卑劫持。后来赵苞与鲜卑对峙时，"贼出母示苞"：

> 苞悲号谓母曰："为子无状，欲以微禄奉养朝夕，不图为母作祸。昔为母子，今为王臣，义不得顾私恩，毁忠节，唯当万死无以塞罪。"母遥谓曰："威豪（赵苞字），人各有命，何得相顾，以亏忠义？昔王陵母对汉使伏剑以固其志，尔其勉之！"苞即时进战，贼悉摧破。其母妻皆为所害。苞殡殓母毕，自上归葬，灵帝遣策吊慰，封鄃侯。苞葬讫，谓乡人曰："食禄而避难，非忠也；杀母而全义，非孝也。如是，有何面目立于天下？"遂呕血而死。

《三国志》卷十一《邴原传》注引《原别传》：①

---

① 赵苞和邴原的事例颇有意义，作为对比，不妨回忆一下司马迁举到的石奢的例子，回忆一下汉代酷吏隔绝血缘原理和法理的极端作为。

> 魏太子（曹丕）为五官中郎将……（太祖）乃转原五官长史……太子宴，众宾百数十人，太子建议曰："君父各有笃疾，有药一丸，可救一人，当救君邪？父邪？"众人纷纭，或父或君。时原在坐，不与此论。太子咨之于原，原悖然对曰："父也。"太子亦不复难之。

《隶释》卷九《司隶校尉鲁竣碑》：

> 君讳峻，字仲严，山阳昌邑人。……体纯和之德，秉仁义之操。治鲁《诗》，兼通《颜氏春秋》，博览群书，无物不采，学为儒宗，行为士表。汉□始仕佐职牧守，敬恪恭俭，州举孝廉。……辟司徒府，举高第，侍御史、东郡顿丘令。视事四年。比踪豹、产，化行如流。……迁九江太守。□残酷之刑，行循吏之道。统政□载，穆若清风，有黄霸、召信臣在颖南之歌，以公事去官。

以上史料，循理的一面讲得多，奉法的一面讲得少，时势的更革，风气的变异，不言自明。

三、老、孔关系问题

从钱穆的大著《先秦诸子系年》问世并力主孔子先于老子、孔子不可能像传说的那样向老子问学以来，老子和孔子的先后关系问题，一直就是学术界争论的显题，可以说是绵延近百年而不辍，直到最近还有学者在结合考古等方面的新证据，继续就这个问题发表见解。我在这里重新提及老孔关系，并不是想为这桩公案再进一解，只是想看一下这对关系在汉代的政治意义。①

首先人们会自然地想起司马迁的一段话,《史记》卷六十三《老子韩非列传》:

> 世之学老子者绌儒学,儒学亦绌老子:"道不同不相为谋",岂谓是耶?

这里说到"世",说明司马迁描述的这种儒学与老子学互绌的局面,至少他本人是目睹过的。

证据就在《史记》这部书里面。学老子者主要代表人物是淮南王、汲黯和郑当时,学儒学的重要代表是公孙弘和张汤。争论的焦点在于对地方社会秩序的态度:学老子者主张无为,学儒学者(其实主要是学公羊春秋)则对有关的儒学教义做出适合于君权的解释,以配合酷吏对民间秩序的摧残和对民间财富的盘剥。不妨先看看学儒学者的行径。《史记》卷一百二十二《酷吏·张汤列传》:

> 时上(汉武帝)方向文学,汤决大狱,欲傅古义,乃请博士弟子治《尚书》、《春秋》,补廷尉史、亭疑决法。……依于文学之士,丞相公孙弘数称其美,及治淮南、衡山、江都反狱,皆穷根本。

卷一百二十一《儒林列传》:

> (儿宽学《尚书》)补廷尉史。是时张汤方向学,以为奏谳

---

① 朱维铮先生曾经从思想史的角度,就这一问题发表过若干不同于习惯见解的看法,参看《"儒术独尊"的转折过程》,见顾廷龙主编:《上海图书馆建馆三十周年纪念论文集》,第291—305页。

掾，以古法议决疑大狱，而爱幸宽。……及汤为御史大夫，以儿宽为掾，荐之天子。

同传：

（董仲舒弟子温吕步舒）至长史，持节使决淮南狱，于诸侯擅专断，不报，以《春秋》之义正之，天子皆以为是。

卷三十《平准书》：

自公孙弘以《春秋》之义绳臣下取汉相，张汤用峻文决理为廷尉，于是见知之法生，而废格沮诽穷治之狱用矣。其明年，淮南、衡山、江都王谋反迹见，而公卿寻端治之，竟其党与，而坐死者数万人，长吏益惨急而明察。

学老子者的行状则是另外的面貌。这派人物在政治上最大的代表是汲黯。《史记》卷一百二十《汲郑列传》（《汉书》卷五十《汲黯传》略同）：

字长孺，濮阳人也。……（汉武帝时）以数切谏，不得久留内，迁为东海太守。黯学黄老之言，治官理民，好清静，择丞史而任之。其治，责大指而已，不苛小。黯多病，卧闺阁内不出。岁余，东海大治，称之。上闻，召以为主爵都尉，列于九卿。治务在无为而已，弘大体，不拘文法……

居数年，会更五铢钱，楚地尤甚。上以为淮阳，楚地之郊，乃召拜黯为淮阳太守，黯伏谢，不受印，诏数强予，然后奉诏。诏召见黯，黯为上泣曰："臣自以为填沟壑，不复见陛下，不意陛下复收用之。臣常有狗马病，力不能任郡事，臣愿为中郎，出入禁闼，补过拾遗，臣之愿也。"上曰："君薄淮阳邪？吾今召君矣。顾淮阳吏民不相得，吾徒得君之重，卧而治之。"黯既辞行，过大行李息，曰："黯弃居郡，不得与朝廷议也。然御史大夫张汤智足以拒谏，诈足以饰非，务巧佞之语，辩数之辞，非肯正为天下言，专阿主意。主意所不欲，因而毁之；主意所欲，因而誉之。好兴事，舞文法。内怀诈以御主心，外挟贼吏以为威重。公列九卿，不早言之，公与之俱受其僇矣。"息畏汤，终不敢言。黯居郡如故治，淮阳政清。

《淮南子》是汉武帝即位之年淮南王刘安赴京师献上的，是一部谏书。虽是成于众门客之手，却是反映的淮南王的政治观点。《泰族训》：

> 若不修其风俗，而纵之淫僻，乃随之以刑，绳之以法，虽残贼天下，弗能禁也。

《氾论训》：

> 法度者，所以论民俗而节缓急也。

《主术训》：

> 刑罚不足以移风。

和汲黯一样，刘安也是主张放缓对地方的压力的。所以，很自然的，他就容易和汲黯声息相通。《史记》卷一百二十《汲郑列传》：

> 淮南王谋反，惮黯，曰："好直谏，守节死义，难惑以非。至如说丞相弘，如发蒙振落耳。"

上举《汲郑列传》说，楚地"吏民"不相得的时候，武帝派汲黯到"楚地之郊"的淮阳去做太守，显然也是考虑到汲黯与楚地人士政治观念上的一致这个原因的。

司马迁本人也参与了这场斗争，不过不是用实际的政治行动，而是用他的著作。他在《史记》中处处体现出对老子学者政治观念的同情和对所谓儒学者与酷吏的合并批评。随便举几处来说：《史记》卷九《吕太后本纪》，太史公曰：

> 孝惠皇帝、高后之时，黎民得离战国之苦，君臣俱欲休息乎无为，故惠帝垂拱，高后女主称制，政不出房户，天下晏然。刑罚罕用，罪人是希，民务稼穑，衣食滋殖。

《史记·循吏列传》序：

> 太史公曰：法令所以导民也，刑罚所以禁奸也。文武不备，良民惧然身修者，未曾乱也。奉职循理，亦可以为治，何必威严哉？

《史记·酷吏列传》序说：

> 子曰："导之以政，齐之以刑，民免而无耻。导之以德，齐之以礼，有耻且格。"老氏称："上德不德，是以不失德；下德不失德，是以无德。""法令滋章，盗贼多有。"太史公曰：信

哉斯言也！法令者，治之具，而非制治清浊之源也。昔天下之网尝密矣，然奸伪萌起，其极也，上下相遁，至于不振。当是之时，吏治若救火扬沸，非武健严酷，乌能胜其任而愉快乎？言道德者，溺其职矣。故："听讼，吾犹人也，必也使无讼乎？""下士闻道大笑之。"非虚言也。汉，破觚而为圈，斫雕而为朴，网漏于吞舟之鱼，而吏治烝烝，不至于奸，黎民艾安。由是观之，在彼不在此。

总起来说，在司马迁笔下，双方冲突的焦点所在是明显的，儒学者是配合酷吏的，主张皇权对于民间秩序实行有利的干涉和再造，而老子学者则普遍地主张对地方实行容忍的政策。在武帝一朝，双方的斗争是很激烈的。这主要表现在汲黯对讲儒学的公孙弘、尊"儒术"的汉武帝和张汤等辈的批评上。比如本传里面记载他骂张汤"取高皇帝约束纷更之"，"天下谓刀笔吏不可以为公卿，果然。必汤也，令天下重足而立，侧目而视矣"。"常毁儒，而面触弘等徒怀诈饰智以阿人主取容，而刀笔吏专深文巧诋，陷人入罪，使不得反其真，以胜为功。上愈益贵弘、汤，弘、汤深心疾黯……"他讽刺汉武帝之尊儒术，"内多欲而外施仁义，奈何欲效唐、虞之治乎"。

儒学者与老子学者斗争的如上这些方面，历来的研究是比较清楚的。

不过在这里要弄清楚的一个问题是，和老子学者对立的究竟是哪一种性质的儒学。这个问题并不多余，而是于史有征的。《史记》卷九十九《刘敬叔孙通列传》说叔孙通打算"颇采古礼与秦仪杂就之"为汉高祖起草朝仪的时候：

> 于是叔孙通使征鲁诸生三十余人。鲁有两生不肯行，曰："公所事者且十主，皆面谀已得贵。今天下初定，死者未葬，伤

者未起,又欲行礼乐。礼乐所由起,积德百年而后可兴也。吾不忍公所为。公所为不合古,吾不行。公往矣,无污我!"叔孙通笑曰:"若真鄙儒也,不知时变。"

卷一百二十一《儒林列传》:

申公者,鲁人也。……(汉武帝)使使束帛加璧安车驷马迎申公,弟子二人乘传从,至,见天子,天子问治乱之事。申公时年八十余,老,对曰:"为政不在多言,顾力行何如耳。"时天子方好文词,见申公对,默然。

《史记》卷一百二十一《儒林列传》:

董仲舒为人廉直。是时方外攘四夷,公孙弘治《春秋》不如董仲舒,而弘希世用事,位至公卿。董仲舒以弘为面谀,弘疾之。

董仲舒《公羊决狱》:①

罪疑惟轻,刑故无小,眚灾肆赦,怙终贼刑,阅实其罪,意苟不恶,释而无罪。

甲无子,拾道旁弃儿乙,养之以为子。及乙长,有罪杀人,以状语甲,甲藏匿乙,甲当何论?断曰:甲无子,振活养乙,虽非己出(或作"所生"),谁与易之?《诗》云:"螟蛉有子,蜾?负之。"《春秋》之义,父为子隐,子为父隐,甲宜匿乙而

---

① 董仲舒《公羊决狱》,前人辑佚版本很多,今依《北堂书钞》卷四十四、马国翰《玉函山房辑佚书》、黄奭《黄氏佚书考》(王谟《汉魏遗书钞》全抄黄书,错误亦同)、洪颐煊《经典集林》、程树德《九朝律考·汉律考》等书集合而成,不专主一家。

不当坐。

甲乙与丙争言相斗,丙以佩刀刺乙,甲即以杖击丙,误伤乙,甲当何论?或曰:殴父也,当枭首论。曰:臣愚以为,父子至亲也,闻其斗,莫不有怵惕之心,扶杖而救之,非所以欲诟父也。《春秋》之义:许止父病,进药于其父而卒,君子原心赦而不诛。甲非律所谓殴父,不当坐。

甲有子乙,乞丙,乙后长大,而彼所成育。甲因酒色谓乙:"汝是吾子。"乙怒,杖甲二十。以乙本是其子,不胜其忿,告于县官。断之曰:甲生乙,不能长育,以乞丙,于义已绝矣。虽杖甲,不应坐。

君猎得麑,使大夫持以归。大夫道见其母随而鸣,感而纵之。君愠,议罪未定,君病恐死,欲托孤幼,乃觉之:大夫其仁乎! 遇麑以恩,况人乎?乃择之以为子傅。议何如?

《春秋繁露·精华》:

《春秋》之听狱也,必本其事而原其志:志邪者不待成,首恶者罪特重,本直者其论轻。是故逢丑父当斩,而辕涛涂不宜执,鲁季子追庆父,而吴季子释阖庐:此四者罪同论异,其本殊也。俱欺三军,或死或不死;俱弑君,或诛或不诛。听讼折狱,可无审邪?故折狱而是也,理益明,教益行;折狱而非也,闇理迷众,与教相妨。教,政之本也;狱,政之末也;其事异域,其用一也,不可不以相顺,故君子重之也。

《吕思勉读史札记》论古之断狱重情说:[①]

[①] 《吕思勉读史札记》,上海古籍出版社1982年版,第386—389页。类似论述,还可参看吕思勉:《中国制度史》,上海教育出版社1985年版,第805—808页。李泽厚:《说儒法互用》,见《己卯五说》,中国电影出版社1992年版,第71—103页。

古之听狱，所以异于后世者何与？曰：古者以其情，后世则徒以其事而已矣。……古之断狱，所以能重其情者，以其国小民寡而俗朴，上下之情易得而其诚意易相孚也。……然此惟国小民寡而俗朴之世为能。……听狱者之诛事而不诛意，果何自始哉？……盖风气稍变，德与礼之用穷，而不得不专恃法。夫法之与德礼，其初本一也，而后卒至于分歧者，则以民俗渐漓，表里不能如一也。人藏其心，不可测度，何以穷之？其不得不舍其意而诛其事，亦势也。故人不能皆合乎礼，而必有刑以驱之，而法之为用由是起。其初则犹兼问其意也，卒至于尽舍其意而诛其事，而法之体由是成。

《盐铁论·周秦篇》：

父母之于子，虽有罪，犹匿之，岂不欲服罪？子为父隐，父为子隐，未闻父子相坐也。

《全后汉文》卷七十四蔡邕《陈留太守行县颂（并序）》：
《行小黄县》：

大显为政，建时春阳，我君劝止，戾兹小黄。济济群吏，摄齐登堂，乃训乃厉，示之宪方：原罪以心，察狱以情，钦于刑滥，惟务求轻，有辠小罪，放死纵生，玄化洽矣，黔首用宁……

《行考城县》：

申戒群僚，务在宽平，罪人赦宥，囹圄用情。

《后汉书》卷四十三《何敞传》：

> 字文高，扶风平陵人也……（永元之际）迁汝南太守，敞疾文俗吏以苛刻求当时名誉，故在职以宽和为政。立春日，常召督邮还府（注：督邮主司察愆过，立春阳气发生，故召归），分遣儒术大吏行属县，显孝悌有义行者，及举冤狱，以《春秋》义断之。是以郡中无怨声，百姓化其恩礼。其出居者，皆归养其父母，追行丧服，推财相让者二百许人。置立礼官，不任文吏。又修理鲖阳旧渠，百姓赖其利，垦田增三万余顷。共刻石，颂敞功德。

同书卷七十七《孙宝传》：

> 鸿嘉中，广汉群盗起，选宝为益州刺史。广汉太守扈商者，大司马车骑将军王音姊子，软弱不任职。宝到郡，亲入山谷，谕告群盗，非本造意，渠率皆得悔过自出，遣归田里。自劾矫制，奏商为乱首，《春秋》之义，诛首恶而已。① 商亦奏宝所纵或有渠率当坐者。商徵下狱，宝坐失死罪免。益州吏民多陈宝功效，言为车骑将军所排。

综括以上材料，大体可以说，从汉代"儒术"受到皇权的重视以后，儒学可分为两派，以配合皇权对地方秩序干涉为己任的叔孙通、公孙弘之流，只是儒学的一个部分，绝不可以以偏概全，把这

---

① 何敞和孙宝是西汉时期有名的循吏，不妨把他们这种运用春秋之义的风格和汉武帝时期"残急"的地方长吏做些对比。类似例子还有，卷二十六《赵憙传》：(建武时) 迁平原太守。时平原多贼贼，憙与诸郡讨捕，斩其渠帅，余党当坐者数千人。憙上言："恶恶止其身，可一切徙京师近郡。"帝从之，乃悉移置颍川、陈留。于是擢举义行，诛锄奸恶。后青州大蝗，侵入平原辄死。岁屡有年，百姓歌之。

派儒学者当成儒学的全部;从而也不能把《春秋》学和刑律的结合使用简单地看成是用《春秋》的某些理论作残酷的诛心之论。毋宁可以说,董仲舒之讲"春秋决狱",不是站在单纯的"政"的立场上来讲的,而是结合着"教"的角度来讲的。他理论的基础不是残暴的皇权,而是在民间仍然分布广泛的血缘身份秩序。他之强调听狱"重情",与酷吏之深文周纳绝对不可以同日而语,而毋宁是在坚持着"礼治"之德性的特征,以人格的养成为理想。这就是"教"的特征。而"政",并不把人性的改造作为问题,而只是按照法律条文字面的要求,追求外在秩序的统一。历来若干的研究家,把酷吏的行径直接地归结到董仲舒,可说是天大的误会。① 其实,在司马迁的记载里面,董仲舒和公孙弘不和,很早就被排斥出中央朝廷。② 最后,公羊春秋并不必然就会倒向残酷的皇权,反倒更有利于地方社会,上面举到的蔡邕的文章,就是显例;同时作为汉代民间秩序力量表现之一端的"复仇",也与公羊学的理论有深刻的渊源关系。③

所以顺理成章地,随着汉武帝以后地方势力的复活与张大,公羊春秋之亲近于地方秩序的一面必然突出,它与对地方持放任态度

---

① 马端临可以算是这误会的重要代表。《文献通考》卷一八二:

决事比之书与张汤相授受,度亦灾异对之类耳。(武)帝取之驭下,以深刻为明;汤之决狱,以惨酷为忠。而仲舒乃以经术傅会之。王(锅)、何(宴)以老庄宗旨释经,昔人犹谓其深于桀纣,况以圣经为缘饰淫刑之具,道人主以多杀人乎? 其罪又深于王何矣。又按汉刑法志言,自公孙弘以春秋之义绳下,张汤以峻文决理,于是见知腹诽之狱兴。汤传又言,汤请博士弟子治春秋尚书者补廷尉史。盖汉人专务以春秋决狱,陋儒酷吏随得因缘假饰。往往见二传(公羊、谷梁)中所谓"责备"之说、"诛心"之说、"无将"之说,与其所谓巧诋深文者相类耳。圣贤之意岂有是哉?

近代以来,随着戴震影响的扩大,秉持此议者屡见不鲜,如章太炎就是很著名的一例。若干背景性的说明,可以参考朱维铮:《尊荀与派荀》,见《求索真文明——晚清学术史论》,上海古籍出版社1997年版,第333—350页。章氏的相关论述,可以参看《訄书》《尊荀》、《儒法》和《商鞅》等篇。以上诸文,均见朱维铮校点:《章太炎全集》(第三卷),上海人民出版社1984年版。

② 卢瑞荣对相关事实有详细考察:《儒家"通经致用"实践之考察——以西汉朝廷"春秋决事"为中心的探讨》,载《文史哲学报》47期(1997年12月),第109—138页。

③ 关于公羊春秋与汉代复仇盛行风俗之间的关系,可以参考第一章的有关论述。

的老子学之结合自然也是情理中事。

这个儒学与老子学的争论,其实不独汉武帝时候有过,在整个汉代政治史上都有贯穿。比如后汉初,据《后汉书》卷一下《光武皇帝纪》:

> 初,帝在兵间,久厌兵事,且知天下疲耗,思乐息肩。自陇蜀平后,非儌急,未尝复言军旅。皇太子尝问攻战之事,帝曰:"昔卫灵公问阵,孔子不对,此非尔所及。"每旦视朝,日昃乃罢。数引公卿郎将,讲论经理,夜分乃寐。皇太子见帝勤劳不怠,承间谏曰:"陛下有禹汤之明,而失黄老养性之福。愿颐养精神,优游自宁。"帝曰:"我自乐此,不为疲也。"虽身济大业,兢兢如不及,故能明慎政体,总揽权纲,量时度力,举无过事。退功臣而进文吏,戢弓矢而散马牛。虽道未方古,斯亦止戈之武焉。

《后汉纪》卷八《光武皇帝纪》"建武二十六":

> 上常听朝至于日昃,讲经至于夜分。或与群臣论政事,或说古今言行,乡党旧故,及忠臣孝子、义夫节妇,侍对之臣莫不凄怆激扬,欣然自得。虽非大政,进止之宜,必遣问焉,所以能劝群能也。皇太子从容言曰:"陛下有禹汤之明,而失黄老养性之福。今天下乂安,愿省思虑,养精神,优游以自宽。"上答曰:"吾自以为乐矣。"

汉光武帝是一代能主,登基之初,就发起诸如度田、频繁调换地方长吏、隳坏各地梧壁等打击地方豪族势力的活动。其排斥老子学之对地方的优容,自是情理中事。

思想界对老子学的抨击，可以举出班固骂司马迁的例子。《汉书》卷六十三《司马迁传·赞》：

> 又其是非颇谬于圣人：论大道则先黄老而后六经，序游侠则退处士而进奸雄，述货殖则崇势利而羞贱贫，此其所以蔽也。

这其实也不是班固个人的私见，而是自汉末以来许多集权论者的共识。同书卷八十七《扬雄传》：

> 雄见诸子各以其知舛驰，大氐诋訾圣人，即为怪迂，析辩诡辞，以挠世事，虽小辩，终破大道而惑众，使溺于所闻而不自知其非也。及太史公记六国，历楚汉，讫麟止，不与圣人同，是非，颇谬于经。故人时有问雄者，常用法应之，譔以为十三卷，象《论语》，号曰《法言》。

> （王莽时）大司空王邑，纳言严尤闻雄死，谓桓谭曰："子尝称扬雄书，岂能传于后世乎？"谭曰："必传。顾君与谭不及见也。凡人贱近而贵远，亲见扬子云禄位容貌不能重于人，故轻其书。昔老聃著虚无之言两篇，薄仁义，非礼学，然后世好之者尚以为过于五经，自汉文景之君及司马迁皆有是言。今扬子之书文义至深，而论不诡于圣人，若使遭遇时君，更阅贤知，为所称善，则必度越诸子远矣。（按：要注意非议司马迁的人物的政见的法家气质）

扬雄和桓谭都是著名的集权论者。前者参加了王莽的高度专制的新政，后者则在光武帝初被举荐上书，坚持维护法律的严格性，比如主张严禁复仇等。

不过，司马迁虽然已经死去，却并不意味着老子学没有人坚持，光武帝的太子就是一例，当然还有后来才成名的王充的《论衡》。

更主要的，比思想有力的是行动，从西汉中后期，已经有许多地方长吏实行着老子的教诲，对地方社会的豪族势力装着糊涂，逐渐放任他们的许多作为，比如上面讲到的黄霸，尽管无比地精明，不也在宣扬着"凡治道，去其泰甚"的论调吗？这种风气，在后汉更加兴盛起来①，例证除了前面提到王堂、陈实之外，还可以举出很多，比如卷七十七《孙宝传》：

> 字子严，颍川鄢陵人也。……征为京兆尹。故吏侯文以刚直不苟合，常称疾不肯仕。宝以恩礼请文，欲为布衣交，日设酒食，妻子相对，文求署为掾，进见如宾礼。数月，以立秋日署文为东部督邮。入见，敕曰："今日鹰隼始击，当顺天气，取奸恶，以成严霜之诛，掾部渠有其人乎？"文卬曰："无其人不敢受空职。"宝曰："谁也？"文曰："霸陵杜稚季。"宝曰："其次？"文曰："豺狼当道，不宜复问狐狸。"宝默然。稚季者，大侠，与卫尉淳于长、大鸿胪萧育等皆厚善。宝前失车骑将军（指违背车骑将军王音意，举奏扈商事），与红阳侯有隙，自恐见危。时淳于长方贵幸，友宝，宝亦欲附之。始视事而长以季托宝，故宝穷，无以复应文。文怪宝气索，知其有故，因曰："明府素著威名，今不敢取稚季，当且闺阁，勿有所问。如

---

① 陈寅恪《述东晋王导之功业》曾经引《世说新语·政事类》："丞相（王导）晚年略不复省事，正封籙诺之，自叹曰：人言我愦愦，后人当思此愦愦。"
同书《规箴类》："王丞相为扬州遣八部从事之职，顾和时为下传见，同时俱见，诸从事各奏二千石官长得失，至和独无言。王问顾曰：卿何所闻？答曰：明公做辅，宁使网漏吞舟，何缘采听风闻，以察察为政？丞相咨嗟称佳，诸从事自视缺然也。"
陈氏并且评论说："东汉末年曹操、袁绍两人行政之方法不同，操刑网峻密，绍宽纵大族……东晋初年既欲笼络孙吴之士族，故必仍循宽纵大族之旧政策，顾和所谓'网漏吞舟'，即指此而言。王导自言'后人当思此愦愦'，实有深意。"
陈氏此说实则暗含了对东汉以来所谓老子学的政治内涵的深刻洞见。见陈文：《金明馆丛稿初编》，《陈寅恪全集本》，生活·读书·新知三联书店2001年版。

此竟岁，吏民未敢诬明府也。即稚季而谴它事，众口喧哗，终身自堕。"宝曰："受教。"稚季耳目长，闻知之，杜门不通水火，穿舍后墙为小户，但持锄，自治园，因文所厚自陈如此。文曰："我与季幸同土壤，素无睚眦，顾受将命，分当相直。诚能自改，严将不治前事；即不更心，适趣祸耳！"季遂不敢犯法，宝亦竟无所谴。明年，稚季病死。宝为京兆尹三岁，京师称之。会淳于长败，宝与萧育等皆坐免官，文复去吏，死于家。稚季杜苍，字君敖，名出季右，在《游侠》中。

《后汉书》卷七十六《党锢列传》注引谢承《后汉书》：

> 宗资字叔都，南阳安众人也。家代为汉将相名臣。……拜……汝南太守，署范滂为功曹，委任政事，推功于滂，不伐其美。任善之名，闻于海内。

卷七十六《循吏·张玄传》：

> 字君夏，河内河阳人也。……建武初，举明经，补弘农文学掾（按："三辅"掾史类官员也可使用外地人担任，此现象值得注意），迁陈仓县丞。清静无欲，专心经书，方其讲问，乃不食终日。乃有难者，辄为张数家之说，令择从所安。诸儒皆伏其多通，著录千余人。
>
> 玄初为县丞，尝以职事对府，不知官曹处，吏白门下责之。时右扶风琅邪徐业，亦大儒也，闻玄诸生，试引见之。与语，大惊："今日相遇，真解矇矣。"遂请上堂，难问极日。

卷八十下《文苑·张升传》：

字彦真，陈留尉氏人，富平侯敖之孙也。…仕郡为纲纪，以能出守外黄令。吏有受赇者，即论杀之。或讥升："守领一时，何足趣明威戮乎？"遇党锢去官，后竟见诛。年四十九。

卷八十三《逸民·陈留老父传》：

陈留老父者，不知何许人也。桓帝世，党锢事起，守外黄令陈留张升去官归乡里，道逢友人，共班草而言。升曰："吾闻赵杀鸣犊，仲尼临河而反；覆巢竭渊，龙凤逝而不至。今宦官日乱，陷害忠良，贤人君子其去朝乎？夫德之不建，人之无援，将性命之不免，奈何？"因相抱而泣。老父趣而过之，太息言曰："吁！二大夫何泣之悲也！夫龙不隐鳞，凤不藏羽，网罗高悬，去将安所？虽泣何及乎？"二人欲与之语，不顾而去，莫知所终。（按：老父之"龙不隐鳞，凤不藏羽"云云，适可与本传"或人""趣明威戮"之讥相足而观，从中可见外黄乡人的幸灾乐祸之情。）

卷四十一《第五伦传》：

（建武中）为宕渠令，显拔乡佐玄贺，贺后为九江、沛二郡守，以清洁称，所在化行。

卷七十六《循吏·刘宠传》：

字祖荣，东莱牟平人。……拜会稽太守。山民愿朴，乃有白首不入市井者，颇为官吏所扰。宠简除烦苛，禁察非法，郡中大化,微为将作大匠。山阴县有五六老叟,眉皓发,自若邪山谷中出,人赍百钱以送宠。宠劳之曰:"父老何自苦?"对曰:"山谷鄙生,未尝识郡朝,它守时,吏发求民间,至夜不绝,或狗吠竟夕,吏不得安。自明府下车以来,狗不夜吠,民不见吏,年老遭值圣明。今闻当见弃去,故自扶奉送。"宠曰:"吾政何能及公言邪?勤苦父老!"为人选一大钱受之。

卷四十六《陈宠传》:

字昭公,沛国人也。……后转广汉太守。西州豪右并兼,吏多奸贪,诉讼日百数。宠到,显用良吏王涣、镡显等以为腹心,讼者日减,郡中清静。先是,雒县城南每阴雨常有哭声闻于府中,积数十年。宠闻而疑其故,使吏案行。还言:"衰世乱世,此下多死亡者,而骸骨不得葬,倘在于是?"宠怆然矜叹,即敕县尽收敛葬之。自是哭声遂绝。

卷七十六《王涣传》:

字稚子,广汉人也。……为太守陈宠功曹,当职割断,不避豪右。宠风声大行,入为大司农。和帝问曰:"在郡何以为理?"宠顿首曰:"臣任功曹王涣以简贤选能,主簿镡显拾遗补阙。臣奉宣诏书而已。"帝大悦。

《北堂书钞》七五引谢承《后汉书》:

虞因(应作延)迁日南(应作南阳)太守,广宣德化,勤修政教,宽刑宥罚,囹圄空虚,盗贼弥息。

《东观汉记》：

> 沈丰字圣达，为零陵太守。为政慎刑重杀，罪法辞讼，初不历狱，嫌疑不决，一断于口，鞭杖不举，市无刑戮。僚友有过，初不暴扬，有奇谋异略，辄为谈述曰"太守所不及也"。到官一年，甘露降，芝草生。

卷二十五《刘宽传》：

> 桓帝时……为东海相……温仁多恕，虽在仓卒，未尝疾言遽色，常以为"齐之以刑，民免而无耻"，有过，但有蒲鞭罚之，示辱而已，终不加苦。事有功善，推之自下；灾异或见，引身克责。每行县，止息亭传，辄引学官祭酒及处士诸生执经对讲。见父老，慰以农里之言；少年，勉以孝悌之训。人感德兴行，日有所化。

卷四十五《袁安传》：

> （永平十五年）徵为河南尹。政号严明，然未尝以赃罪鞠人，常称曰："凡学仕者，高则望宰相，下则希牧守。锢人于圣世，尹所不忍为也。"闻之者皆感激自励。在职十年，京师肃然，名重朝廷。建初八年，迁太仆。

通过这些事例，问题应该很清楚了：一面是有利于地方民间秩序的儒学教义的推行，一面是政治上对地方豪强的宽容乃至弛纵，司马迁所看到的那种儒、老互绌的局面，势必不能长久。在司马迁时代，时代已经普遍相信孔子曾经向老子问礼的传说，在这样的时代风气下，这则传说流传得更加广泛，例证不仅在文献，也见于出土的汉代的画像石和画像砖。今天的河南、山东、陕西和四川，是汉代画像石和画像砖出土格外集中的地区，其中都有孔子向老子问礼的画像出现。①

据《后汉书·孔融传》，后汉时李膺享有高名，"以简重自居，不妄接士宾客"，命令门者"非当世名人及与通家"，都不得通报。年仅十岁的孔融久仰李氏名声，前去拜访，对李家的门者说，"我是李君通家子弟"。获准进见后，李膺发现自己并不认识孔融，就问所谓"通家"的来由。孔融回答说，我的祖上是孔子，你的祖上是李耳（老子），他们二人"同德比义，而相师友"，因此我们两个可说是"累世通家"，渊源不浅。于是李膺和在座的客人纷纷释然。这则传说流传很广，之所以如此，恐怕该是少年人的狡猾可喜使人心动。但透过孔融那无伤大雅的小谎言，却也可以窥见时代风气的移易。

四、颍川郡地方行政史略②

为以上所述问题的具体而微的说明，我愿意对史料较为充实的两汉时期颍川郡历任太守和县令的行政实况做一研究。

（一）所谓"刻害余烈"与"贪遴争讼"

战国时期，两汉时称为颍川的这片区域，主要处于韩国的统治

---

① 关于这方面的考古发现，可以参看以下几种著作：《汉代的画像石与画像砖》《画像石与汉代社会》《山东嘉祥武氏祠汉画选》等。
② 现有对汉代颍川郡地方行政史的研究，以日本学者好并隆司的论述最为全面，详见《秦汉帝国史研究》第四篇第二章"Ⅱ 颍川郡统治变迁"，未来社1978年3月31日，第411—418页。本章的写作即受其著作的提示。但好并氏注意的时间段是西汉后半期，本章则是贯穿两汉。

之下。从历史文化地理的角度来说，战国时代包括韩国在内的所谓三晋地区，是法家学说的孕育地①，颍川自然也不得不受这种风气的影响。且看汉代人对这一带士风的描述，《汉书》卷二十八《地理志》：

> 颍川、南阳，北夏禹之国。夏人上忠，其蔽鄙朴。……颍川，韩都，士有申子、韩非刻害余烈，高仕宦，好文法，民以贪遴争讼为失。韩延寿为太守，先之以敬让；黄霸继之，教化大行，狱或八年亡重罪囚。……颍川好争讼分异，黄韩化以笃厚。"君子之德风也，小人之德草也"，信矣。

这是西汉末年人们的总结。尽管这评语的结语对颍川加以好评，但不管怎样，一开始却是稍带讥讽语气的，所谓"刻害余烈"，所谓"民以贪遴争讼为失"，都是这种情绪的反映。不过，至少，在《史记》时代，在司马迁眼里，情况还没有这么糟。《史记》卷一百二十九《货殖列传》：

> 颍川、南阳，夏人之居也。夏人政尚忠朴，犹有先王遗风。颍川敦愿。

可见，从《史记》到《汉书》，对于颍川的风俗，先后是有两种不同的观感的，并且，就是《汉书》那段简短的叙述里，也有着先后态度的变化。这当中转折的奥妙何在呢？

首先应予考虑的转折是从所谓的"夏人政尚忠朴，犹有先王遗风"到所谓的"刻害"的转折。《汉书》把责任推给申不害和韩非。

---

① 张有智：《先秦三晋地区的社会与法家文化研究》，人民出版社2002年版。相关问题，参考朱维铮先生为此书所作的序言。

这是两汉人的惯伎,虽说不无问题,却引导人们去注意战国时代韩国的法术主义的政治措施。不妨看一点《韩非子》对韩昭侯行政实况的记载。《内储说上·七术》:

(1) 韩昭侯使人藏弊裤,侍者曰:"君亦不仁矣,弊裤不以赐左右而藏之。"昭侯曰:"非子之所知也。吾闻明主之爱,一嚬一笑,嚬有为而嚬,而笑有为而笑。今夫裤,岂特嚬笑哉?裤之与嚬笑远矣,吾必待有功者,故收藏之,未有予也。"

(2) 韩昭侯曰:"吹竽者众,吾无以知其善者。"田严对曰:"一一而听之。"

(3) 韩昭侯握爪而伴亡一爪,求之甚急,左右因割其爪而效之。昭侯以此察左右之诚不。

(4) 韩昭侯使骑于县,使者报,昭侯问曰:"何见也?"对曰:"无所见也。"昭侯曰:"虽然,何见?"曰:"南门之外,有黄犊食苗道左者。"昭侯谓使者曰:"毋敢泄吾所问于女。"乃下令曰:"当苗对,禁牛马入人田中,固有令。入而吏不以为事,牛马甚多入人田中。亟举其数上之,不得,将重其罪。"于是三乡举而上之。昭侯曰:"未尽也。"复往审之,乃得南门之外黄犊。吏以昭侯为明察,皆悚惧其所而不敢为非。

《内储说下·六微》:

(5) 韩昭侯之时,黍种常贵甚。昭侯令人覆廪,吏果窃黍种而粜之甚多。

《内储说左上》:

（6）韩昭侯谓申子曰："法度甚不易行也。"申子曰："法者，见功而与赏，因能而授官。今君设法度而听左右之请，此所以难行也。"昭侯曰："吾自今以来，知行法矣，寡人奚听矣。"一日，中子请仕其从兄官，昭侯曰："非所学于子也。听子之谒，败子之道乎？亡其用子之谒。"申子避舍请罪。

第一、六两则材料，说的是君主对臣下的"赏誉"，应该与臣下的功劳相称，应该有客观的依据，而断不可以高下随心，任意赏罚。第二则材料，是"滥竽充数"故事的韩国版，和《汉书·地理志》说到的颍川民"生分"的风俗关系甚大。它在教育君主，要真正实现对臣民的掌握，就必须打破地方共同体（恐怕主要是氏族共同体）的整体统一性，解析它、分化它，使每个部分之间在君主面前分别袒露出来，这样把握起来会很方便、很省力。必要时甚至挑拨离间，使之相互争斗，而由君主坐收渔翁之利。第三、四则材料，是要君主不傻装糊涂，在知道答案的情况下给臣下出难题，在他们辛苦奔命之际观察其忠诚程度。第五则材料，则是在教导君主"事起而有所利，起尸主之"，警告君主在财源利薮之处注意监督臣子的一举一动。这些故事，近乎小说家言，其间容有不实之处，但中间蕴涵的精神想必有实在的历史依据，未可遽然完全以托古目之。总之，在像韩昭侯和申不害这样的君臣为代表的法家的推动下，颍川故地之"忠朴""敦愿"的先王遗风势必让位于明察秋毫、洞若观火的政治权术，而当地之风俗（上文说过，法家对俗是持改造的立场的），受了这种哲学的影响而走向"生分"和"争讼"，可说不足为奇。

不过，《地理志》之对颍川做出"争讼生分"或"争讼分异"的酷评，更有着西汉特殊的政治背景，有着强烈的政治批判意味。《汉书》卷七十六《赵广汉传》：

（宣帝初）迁颍川太守，郡大姓原、褚宗族横恣。[1]宾客犯为盗贼，前二千石莫能禽制，广汉既至，数月，诛原、褚首恶，郡中震栗。

先是，颍川豪杰大姓相与为婚姻，吏俗朋党，广汉患之，厉使其中可用者受记，出有案问，既得罪名，行法罚之。广汉故泄露其语，令相怨咎。又教吏为缿筩，及得投书，削其主名，而托以为豪杰大姓子弟所言。其后，强宗大族家家结为仇雠，奸党散落，风俗大改。吏民相告讦，广汉以为耳目，盗贼以故不发，发又辄得。壹切治理，威名流闻。

这则材料，解释了颍川民俗"争讼生分"的根本原因乃在于汉代皇权对地方"吏民"共同体的强行肢解。本来，颍川的情形是"豪杰大姓相与为婚姻，吏俗朋党"，也就是说，当地的豪族之间相互联姻，通过这种手段相互支持，在政治上占据郡县要职，与皇权周旋，并联手把持着地方秩序。同书卷五十二《灌夫传》也提供了这方面的佐证。传文说："（灌）夫不好文学，喜任侠，已然诺，诸所交结无非豪杰大猾。家累数千万，食客日数十百人。陂池田，宗族宾客为权利，横颍川。颍川儿歌之曰：'颍水清，灌氏宁；颍水浊，灌氏族。'"——所记与《赵广汉传》的说法如出一辙，说的都是地方豪族相互勾结，坚实而稳固地把持地方秩序的情形。而赵广汉的应对之计，乃是师法韩非子的故智，故意在"吏民"共同体的主持者之间构造矛盾，使之相互疏远反目，从而为皇权的深入，为实现皇权对地方的切实把握制造罅隙。《韩非子·内储说上·七术》"众端参观"条：

---

[1] 原氏的族大宗强，还有另外的佐证，《汉书》卷九十二《游侠·原涉传》：字巨先，祖父武帝时自（颍川）阳翟徙茂陵。涉父哀帝时为南阳太守。天下殷富，大郡二千石死官，送丧皆千万以上，妻子通共受之，以定产业。时又少行三年丧者，及涉父死，涉还南阳赙送。行丧冢庐三年，繇是显名京师。

> 鲁哀公问于孔子曰："鄙谚曰：'莫众而迷'，今寡人举事与群臣虑之，而国愈乱，其故何也？"孔子对曰："明主之问臣，一人知之，一人不知也，如是者，明主在上，群臣直议于下。今群臣无不一辞同轨乎季孙者，举鲁国尽化为一，君虽问境内之人，犹不免于乱也。"

一曰：

> 晏子聘鲁，哀公问曰："语曰：'莫三人而迷'，今寡人与一国虑之，鲁不免于乱，何也？"晏子曰："古之所谓'莫三人而迷'者，一人失之，二人得之，三人足以为众矣。故曰'莫三人而迷'。今鲁国之群臣以千百数，一言于季氏之私。数非不众，所言者一人也，安得三哉？"

韩非子汲汲以臣下的集结抱团为戒，以为这是大臣架空君主的先导，而力主在上者应努力破解这种政治堡垒，使臣子们在相互的猜忌中消耗力量，从而也使他们在与君主面对时显其弱小。赵广汉之于颍川，可谓尽得韩非三昧。

所以，颍川风俗，尽管有战国时代处于韩国治下时受法家政治影响而导致的败坏的一面，但至少到汉宣帝时代，这责任已不能再轻易地推给历史。

（二）君子德风，小人德草

《汉书》卷七十六《韩延寿传》：

> 字长公，燕人也，徙杜陵。……（昭帝时）徙颍川太守。颍川多豪强，难治，国家常为选良二千石。先是，赵广汉为太

守，患其俗多朋党，故构会吏民，令相告讦，一切以为聪明。颍川由是以为俗，民多冤仇，延寿欲更改之，教以礼让。恐百姓不从，乃召郡中长老为乡里所信向者数十人，设酒具会，亲与相对，接以礼意，人人问以谣俗，民所疾苦，为陈和睦亲爱销除怨咎之路，长老皆以为便，可施行。因与议定嫁娶丧祭仪品，略依故礼，不得过法。延寿于是令文学校官诸生皮弁执俎豆，为吏民行丧嫁娶礼，百姓遵用其教，买偶车马下里伪物者，弃之市道。数年，徙为东郡太守，黄霸代延寿居颍川。霸因其迹而大治。

与赵广汉费尽心机地解构地方上强大的"吏民"共同体不同，韩延寿的做法，乃在于承认地方秩序的基础上，因势利导，与之实现良性合作。上文中的"古礼"云云称为"略依"，则其粗疏也略可想见，总之都是形式，"议定嫁娶丧葬仪品"也不过是回避实质问题之后而不得不找的一个话题。问题的关键在于"以礼意"延请"吏民"共同体的首脑人物即长老们，"为陈和睦亲爱销除怨咎之路"，也就是希望地方上的各路豪杰消弭前嫌，齐心协力的赞成太守。韩延寿大概认识到了，如果不向地方豪强在长期交往中形成的"吏民"共同体秩序妥协，而是硬性地对其加以分解，那各派之间的内耗固然是君权高踞的一个有利条件，但那纷纷攘攘的残局也是太守难以收拾的一个恶果。上文已经说过，这个问题不是局部的，而是全局性的，这是汉代皇权自身不能克服的一个内在局限。类似赵广汉那样的举动，《汉书》赵广汉本传讥以"壹切治理"，《韩延寿传》说是"一切以为聪明"，都表明了和韩延寿、黄霸等人相近的立场。《汉书》卷八十九《循吏·黄霸传》：

> 字次公，淮阳阳夏人也。以豪杰役使徙云陵。霸少学律令，

喜为吏。……（宣帝时）为颍川太守，秩比二千石。……时上垂意于治，数下恩泽诏书，吏不奉宣。太守黄霸为选择良吏，分部宣布诏令，令民咸知上意，使邮亭乡官皆畜鸡豚，以赡鳏寡贫穷者，然后为条教，置父老、师帅、伍长，班行之于民间，劝以为善防奸之意，及务耕桑，节用殖财，种树畜养，去食谷马。米盐靡细，初若烦碎，然霸力能推行之。吏民见者，语次寻绎，问它阴伏，以相参考。尝欲有所司察，择长年廉吏遣行，属令周密。吏出，不敢舍邮亭，食于道旁，乌攫其肉。民有欲诣府口言事者适见之，霸与语，道此。后日吏还谒霸，霸见迎劳之曰："甚苦食于道旁，乃为乌所盗肉！"吏大惊，以霸具知其起居，所问毫厘不敢有所隐。鳏寡孤独有死无以葬者乡官部书言，霸具为区处：某所大木可以为棺，某亭猪子可以祭，吏往，皆如言。其识事聪明如此，吏民不知所出，咸称"神明"。奸人去入他郡，盗贼日少。

霸力行教化而后诛罚，务在成就全安长吏。许丞老，病聋，督邮白欲逐之，霸曰："许丞廉吏，虽老，尚能拜起送迎，正颇重听，何伤？且善助之，毋失贤者意。"或问其故，霸曰："数易长吏，送故迎新之费及奸吏缘绝簿书盗财物，公私费耗甚多，皆当出于民，所易新吏又未必贤，或不如其故，徒相益为乱。凡治道，去其泰甚者耳。"

霸以外宽内明得吏民心，户口岁增，治为天下第一。征为京兆尹，秩二千石。坐发民治驰道不先以闻，又发骑士诣北军，马不适士，劾乏军兴，连贬秩。有诏归颍川太守官，以八百石居治如其前，前后八年，郡中愈治。是时凤凰、神爵数集郡国，颍川尤多。天子以霸治行终长者，下诏称扬曰："颍川太守霸，宣布诏令，百姓向化，孝子、弟弟、贞妇、顺孙日以多，田者让畔，道不拾遗，养视鳏寡，赡助贫穷，狱或八年无重罪囚，吏民向于教化，兴于行谊，可谓贤人君子矣。《书》不云乎？'股肱良哉！'"其赐爵关内侯，黄金百斤，秩中二千石。"而颍川孝弟、有行义民、三老、力田，皆以差赐爵及帛，后数月，征霸为太子太傅，迁御史大夫。

　　汉宣帝曾自道"汉家"的统治法度是"杂霸王道而用之"，绝不纯用儒生，施周政。就实行层面来说，黄霸在颍川太守任上的所作所为，是深得宣帝法度之妙谛的。首先，他不像赵广汉之类的酷吏那样不知变通，那样凡事硬来。他"内明"，也就是说他足够聪明，知道颍川地方秩序的强固，知道"吏民"共同体对皇权的掣肘，所以他会用韩非子"众端参观"的办法使他们相互检举，用"挟知而问"的伎俩使他们有所忌惮。关键处他一步不让，"务在成就全安长吏"，维持皇权秩序的足够稳定就是一例；紧要处他丝丝入扣，设立"靡密""烦碎"的条教，效法商鞅推行什伍之制就是明证。——但同时他①又"外宽"，知道凡事不可太过操切，不管怎么对当地"吏民"不信任，但事情毕竟得通过他们来做，否则只会一事无成。所以他会"行教化而后诛罚"，尊重一点"吏民"的特殊之处，将原先会强梁作梗的豪强变为父老之类，将可能会激起民变的奸人化为孝子之流，也就是说部分地承认一点他们在"吏民"共同体中的指导作用，以保证它的相对稳定，保证它和皇权的妥协。而在此以前的法家，是根本不认可地方共同体的首领人物用什么"名行"来收拢民心的，那样只能败坏律令秩序。他们的心传是"不尚贤，使民不争"，他们只认可经过法律衡量的"功"和"能"这些中性的实在可见的可以用法律衡量的东西。

---

① 卷八十六《何武传》："字君公，蜀郡郫县人也……（元帝绥和元年稍前）迁沛郡太守。……为人仁厚，好进士，奖称人之善，为楚内史厚两龚，在沛郡厚两唐，及为公卿，荐之朝廷。此人显于世者，何侯力也，世以此多焉。然疾朋党，问文吏必于儒者，问儒者必于文吏，以相参验。欲除吏，先为科例，以防请托，其所居亦无赫赫名，去后常见思。"

黄霸在《汉书》中是列入《循吏列传》的，但若以东汉的标准来衡量，他其实只能算是酷吏和循吏的结合型或过渡体。但即便如此，在老式的酷吏思维看来，他对地方秩序、对吏民共同体的让步仍是不能容忍的。就让我们看一下酷吏对黄霸的评价。《汉书》卷九十《酷吏·严延年传》：

> 是时张敞为京兆尹，素与延年善。……时黄霸在颍川，以宽恕为治，郡中亦平，屡蒙丰年，凤凰下，上贤焉，下诏称扬其行，加金爵之赏，延年素轻霸为人，及比郡为守，褒赏反在己前，心内不服，河南界中又有蝗虫，府丞义出行蝗，还见延年，延年曰："此蝗岂凤凰食耶？"义又道司农中丞耿寿昌为常平仓，利百姓，延年曰："丞相御史不知为也，当避位去，寿昌安得行此？"

《汉书》卷八十九《循吏·黄霸传》：

> 五凤三年，（黄霸）代丙吉为丞相……霸材长于治民，及为丞相，总纲纪号令，风采不及丙、魏、于定国，功名损于治郡。时京兆尹张敞舍鹖雀飞集丞相府，霸以为神雀，议欲以闻。敞奏霸曰："窃见丞相与二千石博士杂问郡国上计长吏守丞，为民兴利除害成大化条其对，有耕者让畔，男女异路，道不拾遗，及举孝子、弟弟、贞妇者为一辈，先上殿，举而不知其人数者次之，不为教条者在后叩头谢。丞相虽口不言，而心欲其为之也。长吏守丞对时，臣敞舍有鹖雀飞止丞相府屋上，丞相以下见者数百人，边吏多知鹖雀者，问之，皆佯不知。丞相图议上奏，曰：'臣问上计长吏守丞以兴化条，皇天报下神雀。'后知从臣敞舍来，乃止。郡国吏窃笑丞相仁厚有知略，微信奇怪

也。……臣敞非敢毁丞相也,诚恐群臣莫白,而长吏守丞畏丞相指归,舍法令,各为私教,务相增加,浇淳散朴,并行伪貌,有名无实,倾摇懈怠,甚者为妖。假令京师先行让畔异路,道不拾遗,其实亡益廉贪贞淫之行,而以伪先天下,固未可也;即诸侯先行之,伪声轶于京师,非细事也。汉家承敝通变,造起律令,所以劝善禁奸,条贯详备,不可复加。宜令贵臣明饬长吏守丞,归告二千石:举三老、孝弟、力田、孝廉、廉吏,务得其人,郡事皆以义法令检式,毋得擅为条教;敢挟诈伪以奸名誉者,必先受戮,以正明好恶。"天子嘉纳敞言,使侍中临饬如敞指意。霸甚惭。

严延年是宣帝时期有名的酷吏,历任涿郡和河南等郡太守,到处以打击豪强为务,以刑杀为威,有"屠伯"的恶名。张敞则曾历任胶东相和京兆尹,为政虽缘饰以儒术,时有纵舍,但内里其实与酷吏声息相通,他之与严延年交好,不约而同地对黄霸向"吏民"共同体妥协的做法明嘲暗讽,就是极好的例证。就像严延年力主百姓可以饿死,但国家律令法式不可逾越一样,张敞也对高居于相位的黄霸对昔日的行政风格恋恋不舍,鼓励全国各地的"长吏守丞"多多变通律令,因地制宜,设立"条教"的做法大不以为然。他认为,律令作为皇权的现实化,其绝对尊严地位不容置疑,其高度统一的内在逻辑不容破坏,正所谓"劝善禁奸,条贯详背,不可复加"。而"舍法令",设"私教",除了会制造一批"有名无实"的奸伪之徒,除了会破坏国家律令秩序的统一,全无是处。①

---

① 近代史家如吕思勉也从法家立场对韩延寿、黄霸之流在地方的做法痛加贬斥。他曾自述思想凡经三变:"成童时,最信康(有为)、梁(启超)之说……十七岁以后,相信法家中'术家'之说,以为凡事皆当假借政治之力改良之,然政治上之弊病,则皆由于执政者之自利,故非有督责之术,一切政事皆不能行。"参看汤志钧:《现代史学家吕思勉》,载《中国史研究动态》1980年第2期,后收入《蒿庐问学记》,生活·读书·新知三联书店1996年版,第3页。

我们在本节开始之初提到的《地理志》的说法，看起来立场恰与张敞和严延年等人的酷吏立场正相反对，而对韩延寿和黄霸的做法心有戚戚。我们在前文说到，《地理志》对颍川做出"争讼生分"的酷评，有两汉特殊的政治背景，指的就是宣帝以后，有越来越多的地方长吏开始照顾到"吏民"共同体特殊利益的背景；我们还说这个评价有着强烈的政治批判意味，指的就是在宣帝以后日益浮出水面的循吏、酷吏行政风格的论战中，《地理志》的作者显然是从"吏民"共同体的立场出发，站在韩延寿和黄霸等循吏一边，对一味推行律令的酷吏持批评的态度。

在宣帝时代，尽管皇权有高度的警觉，尽管酷吏推行律令仍不遗余力，但地方豪强既已复起，局面就不是一个简单的"霸道"和纸面上的律令所能够收拾。且看西汉末期的颍川。《汉书》卷七十七《何并传》：

> （何并）徙颍川太守，代阳陵严诩。诩本以孝行为官，谓掾史为师友，有过则闭阁自责，终不大言。郡中乱，王莽遣使征诩，官属数百人设祖道，诩据地哭。掾史曰："吾哀颍川士，身岂有忧哉？我以柔弱征，必以刚猛代；代到，将有僵仆者，故相吊耳。"诩至，拜为美俗使者。是时颍川钟元为尚书令，领廷尉，用事有权。弟成为郡掾，赃千金。并为太守，过辞钟廷尉，廷尉免冠为弟请一等之罪，愿蚤就髡钳。并曰："罪在弟身与君律，不在太守。"元，驰遣人呼弟。阳翟轻侠赵季、李款多畜宾客，以气力渔食闾里，至奸人妇女，持吏长短，纵横郡中，闻并且至，皆亡去。并下车求勇猛晓文法吏且十人，使文吏治三人狱，武吏往捕之，各有所部。敕曰："三人非负太守，乃负王法，不得不治。钟威所犯多在赦前，驱使入函谷关，勿令民间；不入关，乃收之。赵李桀恶，虽远去，当得其头，以

谢百姓。"钟威负其兄,止雒阳,吏格杀之。亦得赵李他郡,持头还,并皆悬头及其具狱于市。郡中清静,表善好士,见纪颍川,名次黄霸。性清廉,妻子不至官舍。数年,卒。

这里可注意的约有二端。一是严诩的"以孝行为官",说明地方"吏民"共同体的伦理规范得到了皇权的承认,他甚至成了官吏任用的标准;而所谓"谓掾史为师友",则说明这些按照民间秩序原理得任用的人,到了郡县长吏的任上,不再简单地按照律令规范的死板规定,纯粹以上下级的关系推行中央政策,而是超越出君臣伦理的要求,甚至是平等地对待这些地方豪吏,尊重他们对当地事务的主持。① 第二点可注意的是何并的态度。他表面看起来气势汹汹:下车伊始,即以"王法"名义"求勇猛晓文法吏且十人",追究钟威、赵季、李款等三人的罪责,但推敲之下即不难发现此人城府之深。他在走马上任之前,在明知钟威罪状的情况下,以"君律"到廷尉钟元处兴师问罪,这无异于暗示钟元先走漏风声,而他后来之格杀钟威,实在乃是因为恼怒于后者的不识抬举。至于他之诛杀赵李二人,初看似乎颇有为民除害的快意,但赵李二人本身之"持吏长短,纵横郡中"的细节不应被忽视,照直说,何并杀掉的,不过是见弃于当地豪强的少数派而已。总之,对于颍川地方从宣帝以来就日益凝固化的秩序本身,何并是无力也无心去碰触的。他的这番举动,至多只能算是对当地"吏民"所做的一个虚泛的姿态,只能算是对王莽的敷衍。在豪强们暂时收敛、"郡中清静"之后,他自己不也"表善好士,见纪颍川,名次黄霸"了吗?这又和严诩有多大区别呢?

时至东汉,颍川郡豪族的成长壮大更其迅速,而他们对地方事务的主见也日益增强,史籍中开始充斥着皇权退步的记载。《后汉

---

① 关于"师友"问题的详细分析,可以参看第三章有关内容。

书》卷四十五《韩棱传》:

> 字伯师,颍川舞阳人……世为乡里著姓。……初为郡功曹,太守葛兴中风,病不能听政,棱阴代兴视事,出入二年,令无违者。兴子尝发教,欲署吏,棱拒执不从,因令怨者章之。事下案验,吏以棱掩蔽兴病,遂致党锢。显宗知其忠,后诏特原之。

此事颇为有趣:一个太守因病丧失了听政的能力,可地方事务竟然可以在地方豪强的主持下自主运作达两年之久。关于颍川舞阳韩氏,除了这里的记载以外,《后汉书》卷六十二又有韩韶及其子韩融的传记:韩韶"少仕郡,辟司徒府",后为嬴县长,"以病卒官"。"同郡李膺、陈寔、杜密、荀淑等为立碑颂焉。"韩融"名甚盛,五府并辟,献帝初,至太仆"。可见这里说韩氏为"乡里著姓",所言非虚。值得注意的是韩棱之主持地方事务的出发点,这可以从他拒绝太守葛兴之子的署吏条教中看出来;他是不会随随便便就接受某个外来力量的干预的,他必须得考虑地方舆论的立场。后来陷害他的人以"党锢"的罪名对他飞章相告,原因就在于此。此事发生在君权尚称强悍的东汉明帝时代。

还可以再看一个例子。《后汉书》卷六十二《陈寔传》:

> 字仲弓,颍川许人也。……家贫,后为郡西门亭长,寻转功曹。时中常侍侯览托太守高伦用吏,伦教署为文学掾,寔知其非人,怀檄请见,言曰:"此人不宜用,而侯常侍不可违。寔乞从外署,不足以尘明德。"伦从之,于是乡论怪其非举,寔终无所言。伦后被征为尚书,郡中士大夫送至轮氏传舍,伦谓众人言曰:"吾前为侯常侍用吏,陈君密持教还,而于外白署。比闻议者以此少之,此有故人畏惮强御。陈君可谓善责称君,

过则称己者也。"寔固自引愆,闻者方叹息。由是天下服其德。

在这里,可以明白看到"乡论"即地方舆论在掾史任用上的巨大作用。其实,即便是违背乡论的陈寔,据同卷《钟皓传》,他本来出身单微之家,在仕途上发达的可能很小,若无颍川著姓钟皓的举荐,他之居于地方掾史的顶峰——功曹是不可想象的。另外,必须注意乡论的豪强支配特色。就本例来说,乡论时时与"郡中士大夫"们,与高伦的故吏们相联系,他们是地方的豪强,也是乡论中的"议者"。对于地方豪强们的作用,像葛兴这样的丧失行为能力的人固然不得不听之任之,即便神智清醒的郡县长吏也往往喜欢端拱无为,乐得清闲。《后汉书》卷六十七《党锢·杜密传》:

> 字周甫,颍川阳城人也。……去官还家,每谒县令,多所陈托。同郡刘胜,亦自蜀郡告归乡里,闭门扫轨,无所干及。太守王昱谓迷曰:"刘季陵清高士,公卿多举之者。"密知昱激己,对曰:"刘胜位为大夫,见礼上宾,而见善不荐,闻恶无言,隐情惜己,自同寒蝉,此罪人也。今志义力行之贤而密进之,违道失节之士而密纠之,使明府赏刑得中,令闻休扬,不亦万分之一乎?"昱惭服,待之弥厚。

杜密辞气铿锵,大言不惭,以进贤黜不肖为己任,以乡党秩序的主持者自居。而对他的这番话,太守竟也"惭服,待之弥厚"。

地方豪强对当地事务的领导,不是通过律令条品的媒介,而是通过伦理规范的媒介。上例杜密讥讽刘胜"见善不荐,闻恶无言",同时又自诩"志义力行之贤而密达之,违道失节之士而密纠之",用的都是伦理的语言而非冷冰冰的法律,鼓吹的都是超人的德性而非精干德才能。在东汉的颍川,郡县长吏大多也放弃了律令的单纯运

用,而适应地方社会的组织机理,推行起"礼治"来。《后汉书》卷七十九上《儒林·宋登传》:

> 字叔阳,京兆长安人也。……(顺帝时)为颍川太守。市无二价,道不拾遗。

《三国志》卷十三《钟繇传》注引谢承《后汉书》:

> 南阳阴修为颍川太守,以旌贤擢俊为务。举五官掾张仲方正,察功曹钟繇,主簿荀彧,主记掾张礼,贼曹掾杜佑,孝廉荀攸,计吏郭图为吏,以光国朝。

(三)颍川郡的律令学及其变质

上题之初,我引用《汉书·地理志》对颍川故地自战国以来士风的评价,说是"士有申子、韩非余烈,高仕宦,好文法,民以贪遴争讼生分为失"。由此可以看出,最晚自战国末期起,适应着韩国法家政治的推行,伴随着传统氏族身份制度的解体,"文法"成了社会政治生活的基本语言,文法之学也构成韩地士子学养的基干。

汉初,在经历了短暂的对地方势力的放任之后,文法学便在皇帝强化中央集权的过程中,慢慢地复兴了,而这复兴之地,首当其冲的便是原先的三晋故地。如文帝时期的名人贾谊就出身于这一地区的洛阳。颍川旧属三晋,自然也不得例外。《史记》卷一百一《晁错传》:

> 颍川人也。学申商刑名于轵张恢先所,与洛阳宋孟及刘礼同师。

晁错是景帝时期主张削夺诸侯王领地，逐步消除封建制残余影响的重臣，他和贾谊一样，都是汉代中央集权史上值得大书特书的人物。关于他的行状，同传有"峭直刻深"的酷评，还录有一段他父亲的断语：

> 上初即位，公为政用事，侵削诸侯，别疏人骨肉，人口议多怨公者，何也？

晁错父认为他之以刑名为政，是离析人家"骨肉"的丑事。这个说法，恰好与上述《地理志》对颍川士风的批评相映成趣，都反映了颍川士子在文法刑名的熏陶之下逐渐与身份型秩序原理脱节的独特性格。西汉时期颍川士人传习律令的，见诸记载的还有一个钟元。上题引《汉书·何并传》说到何并在赴颍川太守任之前，先去拜访当时的廷尉钟元，此人就是颍川人。他既然官居廷尉，按照两汉的一般惯例，自然应晓习律令。

《后汉书》卷六十二《钟皓传》：

> 字季明，颍川长社人也。为郡著姓，世善刑律。皓少以笃行称，公府连辟，以二兄未仕，避隐密山，以《诗》、《律》教授门徒千余人。……前后九辟公府，征为廷尉正、博士、林虑长，皆不就。时皓及荀淑并为士大夫所归慕。李膺常叹曰："荀君清识难当，钟君至德可师。"

又《三国志》卷十三《钟繇传》注引《先贤行状》：

> 钟皓字季明，温良笃慎，博学《诗》、《律》，教授门徒千有余人，为郡功曹。

这两段材料，说到钟皓"为郡著姓，世善刑律"，从而引致千余门徒前来学习，我怀疑，西汉末的那个钟元应该和东汉的钟皓同属于一个家族，而律令学是这个家族的家学。

《后汉书》卷二十六《侯霸传》注《东观汉纪》，说霸在西汉末"从钟宁君受《律》"。从时间上说，这个教授侯霸律令的钟宁君与钟元恰巧同时，或者，两者竟是一人？或者，这钟宁君也出自颍川钟氏？不管怎样，颍川钟氏家族的律令学，最晚在西汉末已经有了超出颍川郡的巨大影响了。

颍川郡有着长远而广大影响的律令学家族，除去钟氏之外，还有闻名海内的大姓荀氏。《太平御览》卷六三八引《会稽典录》：

> 董昆字文通，余杭人也。少游学，事颍川荀季卿，受《春秋》，治律令，明达法理，又才能拨烦，县长潘松署功曹史。刺史卢孟行部，垂念冤结，松以孟明察于法令，转署昆为史。孟到，昆断刑法，甚得其平。孟问昆："本学律令，所师为谁？"昆对："系荀寄卿。"孟曰："吏与刺史同师。"孟又问昆从何职为狱吏，松具以实对。孟叹曰："刺史学律，犹不及昆。"召之，署文学。

这个荀季卿，分明出于颍川荀氏，并且律学修养很高，声名远播，乃至远在会稽的董昆都负笈前来学习。《后汉书》卷六十二《荀淑传》说颍川荀氏源自荀子，然则这家族之重视律学，或许与此有关？但查《后汉书》卷六十二荀氏专传所列人物，未见以律学名世者，或者是他们的经学修为更受推崇的缘故。

汉代颍川郡最声名卓著的律令学世家，恐怕要数阳翟郭氏。根据《后汉书》卷四十六郭氏专传，这个家族自郭弘之后，"家世衣冠"，

> 数世皆传法律，子孙至公者一人，廷尉七人，侯者三人，刺史、二千石、侍中、中郎将者二十余人，侍御史、正、监、平者甚众。

另外，《后汉书》卷二十《王霸传》记载：

> 王霸字元伯，颍川颍阳人也，世好文法（注引《东观记》曰：祖父为诏狱丞），父为郡决曹掾。霸亦少为狱吏。

可见，王霸也是出身于世代传习律令的豪族。

在现有史料范围内，关于汉代尤其是西汉末以后颍川士人传习律令的记载，大体就是这些，或许显得零散，但仍可说，在整个汉代尤其是西汉末以来，大概没有哪个地方像颍川这样，产生了如此之多的历史悠久、影响巨大的律令学家族。

若从历史渊源和区域文化气质的角度来说，人们当然可以推论：颍川郡律令学的发达，得拜申韩以来韩国故地习尚文法的士风所赐。但如就近追究起来，自韩延寿和黄霸以来，由于皇权放松对颍川的控制，当地豪强支配下的"吏民"共同体内部协调自律的功能也日趋强化，而此种共同体内部自律的实现，越来越多的是通过身份型秩序的"礼"的机理达到的。所以，从那以后的颍川律令学，与皇权强悍时代对地方秩序强行分解后而导致当地人"争讼分异"的性格已大大不同，它越来越多地受到地方"礼"的因素的影响，越来越多地带上了德性的率先垂范的色彩。

例如王霸，《后汉书》本传在交代了他的律令学家学渊源后，马上又说："霸少为狱吏，常慷慨不乐吏职，其父奇之，遣西学长安。"所谓"吏职"，无非期会簿书，头会箕敛之类，在这场合，律令学正好派得上用场，可王霸偏偏厌倦了这套东西，另谋出路去了。这事发生在西汉末与新莽之际。

再如颍川郭氏，最早从郭弘开始，"习《小杜律》。太守寇恂以弘为决曹掾，断狱至三十年，用法平。诸为弘所决者，退无怨情，郡内比之东海于公"。似乎律令到了郭弘之手，不复是争权夺利、较量锱铢的利器，反倒成了弥缝裂痕、化解干戈的温言。这和"高仕宦，好文法""以贪遴争讼为失"的旧习相比，简直可说是判若云泥。在他以后，郭躬"家世掌法，务在宽平，及典理官，（指躬自元和三年起拜为廷尉事），决狱断刑，多依矜恕"；郭贺"当嗣爵，让与小弟时而逃去"；郭禧"少明习家学，兼好儒学，有名誉"。这些人物，都已经不是简单的"文法之吏"，不再一味地听从法律条文的摆布，而开始带上了乡党秩序原理的味道。关于他们，范晔有一段评论：

> 曾子云："上失其道，民散久矣，如得其情，则哀矜而勿喜。"夫不喜于得情则恕心用，恕心用则可寄枉直矣。夫贤人君子断狱，其必主于此乎？郭弘起自佐史，小大之狱必察焉。原其平刑审断，庶于勿喜者乎？若乃推己以议物，舍状以贪情，法家之能庆延于世，盖由此也！

这里提到恕心，讲"推己以议物"，都是从人己合一或人己同一的立场才会有的说法，显然与基于法律立场破解地方共同体的思维方式截然不同。

又如钟氏和荀氏。从很早的时候起，钟皓和荀淑就"并为士大夫所归慕"，成为郡人的道德楷模。《后汉书》卷六十二《钟皓传》：

> 皓兄子瑾母，（李）膺之姑也。瑾好学慕古，有退让风，与膺同年，俱有声名。膺祖太尉常言："瑾似我家性，邦有道不废，

邦无道免于刑戮。"复以膺妹妻之。瑾辟州府，未尝屈志。膺谓之曰："孟子以为'人无是非之心，非人也'。弟何期不与孟轲同耶？"瑾常以膺言白皓，皓曰："昔国武子好昭人过，以致怨本。卒保身全家，尔道为贵。"其体训所安，多此类也。

这个世传刑律的望族，也开始以"好昭人过，以致怨本"为戒了。则东汉时代律令学气质变化之大，可见一斑。

《后汉书》卷六十二《陈寔传》：

> 字仲弓，颍川许人也。……时有杀人者，同县杨吏以以疑寔，县遂逮系，考掠无实，而后得出。及为督邮，乃密托许令，礼召杨吏。远近闻者，咸叹服之。……在乡里，平心率物，其有争讼，辄求判正，晓譬曲直，退无怨者。至乃叹曰："宁为刑罚所加，不为陈君所短。"时岁荒民俭，有盗夜入其室，止于梁上。寔阴见，乃起自整拂，呼命子孙，正色训之曰："夫人不可不自勉。不善之人未必本恶，习以性成，遂至于此。梁上君子者是矣！"盗大惊，自投于地稽颡归罪。寔徐譬之曰："视君状貌，不似恶人，宜深克己反善。然此当由贫困。"令遗绢二匹。自是一县无复盗窃。

本例中，陈寔先是礼遇仇家，后是纵舍盗贼，行事的逻辑都已超越了文法的局限。而颍川郡人在"刑罚所加"与"陈郡所短"之间宁择后者的乡谚，更表明"吏民"共同体的内在组织之德性机理是高于文法的精确性的——到了这里，人们还能看出"贪遴争讼生分"的性格吗？

汉代复仇所见之经、律关系问题[①]

一

秦在统一六国之前，就以严禁私斗鼓励公战著名。秦汉统一帝国的形成，更实现了对暴力的空前垄断，其最大成果是结束了原先诸侯国之间的无序征战，实现了中国范围的"永久和平"。但集团性战争虽然结束，仍有一种日常化的源远流长的"私人化战争"继续留存，那就是复仇。通过研究复仇与国家暴力间的进退关系，可以帮助人们看清秦汉帝国国家权力的范围和限度，了解帝国结构的一般特征。

本文即将涉及的问题有两个：一是汉代的复仇；一是汉代的经、律关系。两者都是传统中国法律文化研究中备受瞩目的显题，直接或间接的讨论更仆难数。这里之所以旧话重提，目的在于将这两个问题综合研究，或可补先贤之未备。

唐代韩愈《复仇议》引敕文：

> 复仇：据《礼经》则义不同天[②]，征法令则杀人者死。礼、法二事，皆王教之端，有此异同，必资辩论。

可见，复仇问题，于经（礼）于律都有莫大关联，以此为桥梁，

[①] 原文曾摘要发表于《史林》2005年第3期，后全文收入韩廷龙主编：《法律史论集》第6卷，法律出版社2006年版。
[②] 典出《礼记》《曲礼》和《檀弓》二篇。

当可展示出经(礼)、律关系的若干方面。

经学是汉代的统治学说,影响渗透于国家政治生活的各个方面,自然也及于律令。所谓汉代的"引经注律",包括在复仇问题上的经、律关系,自来就有学者进行研究,但多停留于浮表,要害始终未被触及。症结的最关键处,就是所谓的"经"被研究者僵化而笼统地对待了,其具体所指为何,尚未见到有学者加以深入分析。① 从清代以来被诸多经学史研究家逐渐明确起来的汉代经今、古文学之争②,更是没有成为人们讨论这一问题的起点。乃至于到了今天,仍然有不少人不顾汉代经学史的实际,认为"引经注律"之"经"就是普通所说的"十三经"③!以至于提到"引经注律",在相当多人的头脑中仍然还只是一幅儒生为法律提供合理性依据的单调图景,经学内部复杂的历史和大量的矛盾因此而被掩盖,相关的论说也是陈陈相因。

至于汉代的复仇,20世纪日本学者牧野巽的研究论文值得特别指出,并应给予高度评价。④ 首先,传世文献中相关的史料已被搜罗殆尽,读者由此可以很容易获得一个汉代复仇风行的全面印象;其次,复仇在中国社会所映现的独特问题,即家族伦理和国家法律秩

---

① 周天游先生曾经试图论述传世儒家经典与汉代复仇之间的关系,并已觉察到《春秋》学与对汉代复仇的盛行影响重大。但其论说对于各种经典參量齐观,没有历史地考察真正影响汉代复仇观念的是何种经典,即便对《春秋》学的重要性有所认识,但其论述其实仅止于《公羊》学,而对另外一个《春秋》学的派别——《左传》学的观点未曾注意,失之偏颇。周说见《两汉复仇盛行的原因》,载《历史研究》1991年第1期,第121—135页。

② 汉代经今、古文学之争,头绪繁多,本文仅就论述需要加以涉及,不拟缕述。作为入门性的介绍,可以参看周予同:《经今、古文学》、《经学史与经学之派别——皮锡瑞〈经学历史〉序》、《"经"、"经学"、"经学史"——中国经学史论之一》、《关于中国经学史中的学派问题——中国经学史论之二》、《有关中国经学史中的几个问题》和《中国经学史讲义》等论文,分别收入朱维铮编:《周予同经学史论著选集》(增订本),上海人民出版社1996年版,第1—39页、第92—107页、第649—661页、第662—678页、第694—704页、第830—944页。

③ 关于汉代经学史的一般面貌,简明扼要的说明可以参看周予同:《中国经学史讲义》,同上注。

④ 牧野巽:《漢代における復讐》,见《牧野巽著作集》第二卷,《中国家族研究》(下)(原题《支那家族研究》),御茶の水書房1980年版,第3—59页。

序之间的冲突,也被明白指出。该文对于传世儒家文献中的复仇见解也有比较全面的收集,但因为作者的志趣所在,复仇与经学的关系问题却未被深入讨论。

二

正如牧野氏提供的材料所显示:汉帝国对待复仇的态度非常矛盾,并且在整个两汉时期,帝国始终都在这矛盾的两端之间盘桓。一方面,国家法典对于复仇是禁止的,从法律的立场来看,出于复仇目的的杀伤人和出于其他目的的杀伤人并没有本质的区别,两者都是对国家暴力垄断的蔑视,自然也都是违法,理应受到法律的制裁。但是另一方面,自从汉武帝"罢黜百家,独尊儒术"以后,被官方认可为"大经大法"的传世儒家经典之中,支持和同情复仇的文字却又随处可见。汉代复仇的盛行自然有深刻的历史依据和社会结构上的原因,然而经典文字的支持,却也是使复仇成为风俗并迫使法律让步的不可或缺的依托。

从清代以来,经过不少经学研究家的归纳和条理,传世儒家经典之中论说复仇的文字已经基本清楚,《春秋公羊传》《春秋左传》《周礼》《大戴礼记》和《礼记》等文献中所有涉及复仇的文字,都得到了细密透彻的笺注和解说,给后人的研究带来了极大的便利。①但在利用这些成果展开论述之前,有几点需要特别说明。一是,这

---

① 《公羊传》分别见鲁隐公十一年冬十一月"壬辰,公薨"条,鲁庄公四年夏"纪侯大去其国"条,四年冬"公及齐人狩于禚"条,九年"八月庚申,及齐师战于乾时,我师败绩"条,和定公四年"冬十有一月庚午,蔡侯以吴子及楚人战于伯莒,楚师败绩,囊瓦出奔郑"条。解说可以参看〔清〕陈立:《公羊义疏》,见《清经解续编》本,下文凡引何休对《公羊传》的解说亦出自此本。《周礼》分别见《地官》"调人"和《秋官》"朝士"条,解说可以参看〔清〕孙诒让:《周礼正义》,中华书局1996年版,第1024—1033页。《大戴礼记·曾子制言篇》,解说可以参看〔清〕孔广森:《大戴礼记补注》,《清经解》本;王聘珍:《大戴礼记解诂》,中华书局1998年版,第91页。《礼记》之《曲礼》和《檀弓》二篇,解说可以参看〔清〕朱彬:《礼记训纂》,中华书局1996年版,第42页,第98—99页;〔清〕孙希旦:《礼记集解》,中华书局1998年版,第87—88页,第200—201页。

许多种经典关于复仇的说法并不协调,"彼此异同"之处很多,曾有学者试图调和其间的差异以便获得一个统一的结论,但是都没有成功。所以,问题的关键不应再像许多经学研究者那样,沉浸在孔子制经的迷信里面,从原本矛盾的文献丛棘中推求所谓孔子关于复仇的本意,而应从历史的角度,客观分析在某个特定的场合里,是哪一种说法在影响着人们的意识,在发挥着实在的作用。二是,这诸种文献,尽管今人可以"经典"二字笼统称之,但是他们在两汉政治和学术中的地位其实并不一致,在历史上的影响程度也绝非一成不变。《春秋公羊传》是诸种经典中历时较久、师说较为完备的一种,所以很早就为皇帝承认,成为最早立于学官的两种经典中的一种[①],成为汉代今文经学的主要文献,贯穿两汉都维持着巨大的影响。《春秋左传》和《周礼》是汉代古文经学的两种重要文献,但长期只是在民间流传,到西汉末年才因为刘歆等人的鼓吹,逐渐得到官方学者的认可,到东汉更是因为皇帝的暗中支持,盛行起来。不过由于以《公羊》学为主的今文经学的反对,这两种典籍都没有能够获得稳定持久的官方地位。[②] 至于《大戴礼记》和《礼记》,它们只是汉代立于学官的礼学经典《仪礼》的两种辅助材料,其中汇集了大量古代学者关于礼学的学说,作为《仪礼》的解说材料,它们固然重要,但也一直没有立于学官,影响也相对有限。三是,我这里讨论的是汉代"经学"与律令的关系,关注的重点是汉代学者关于经典的解说,而此种解说,往往与学者考虑的某种具体问题息息相关,所以逸出经典本文的约束而增入某种现实内容的情况非常多见。因为经典形成自有其特殊的年代和背景,未必能够和汉代的状况完全契合,所以此种创造性的解说自然是情理中事。因此后世的

[①] 沈文倬:《黄龙十二博士的定员和太学郡国学校的设置——〈两汉经学史论丛〉之一》,见《上海图书馆建馆三十周年纪念论文集》,上海图书馆编印1983年版,第264—290页。
[②] 《汉书》卷三十六《楚元王附刘歆传》,见《后汉书》卷三十六《郑范陈贾张列传》。

读者切不可以单纯的字面文本来批评汉人解经的是非，而应从同情的立场揣摩其现实的用意。

在两汉，真正从同情民间身份关系的立场出发，给复仇风俗以支持的，是《春秋公羊传》学的见解。

《春秋公羊传》本文，讲到复仇的共有五处，即鲁隐公十一年冬十一月"壬辰，公薨"条，鲁庄公四年夏"纪侯大去其国"条，四年冬"公及齐人狩于禚"条，九年"八月庚申，及齐师战于乾时，我师败绩"条，和定公四年"冬十有一月庚午，蔡侯以吴子及楚人战于伯莒，楚师败绩，囊瓦出奔郑"条。这些传文都给复仇以不同程度的褒奖，是汉代人为自己复仇行动寻找根据的主要来源。但是，经典本文是一回事，汉代人具体的理解又是一回事。

不妨先看一则事例，《后汉书》卷八十三《逸民·周党传》：

> 字伯况，太原广武人也。……至长安游学。初，乡佐尝众中辱党，党久怀之。后读《春秋》，闻复仇之义，便辍讲而还，与乡佐相闻，期克斗日。既交刃，而党为乡佐所伤，困顿。乡佐服其义，舆归养之，数日方苏，既悟而去。自此敕身修志，州里称其高。

周党复仇的事发生在西汉末年，此事流播广远，并且到了东汉仍然有人在传说。这里引人注意的是他复仇的依据。据本传记载，说是因为"读《春秋》，闻复仇之义"的缘故。对此章怀太子节引《春秋公羊传》庄公四年夏齐襄公为九世祖哀公复仇的事例，做了如下的注释："《春秋经》书'纪侯大去其国'，《公羊传》曰：大去者何？灭也。孰灭之？齐灭之。曷为不言齐灭之？为襄公讳也。齐襄公九世祖哀公烹于周，纪侯谮之也，故襄公仇于纪。九世犹可复仇乎？虽百世可也。"根据《公羊传》的说法，齐襄公九世祖哀公，由于纪侯的谗言，被周天子懿王烹煮而死，后来齐襄王为哀公报仇。《公羊传》对此持赞赏的态度，在章怀太子看来，周党正是因为《公羊传》的这种赞赏态度，才找昔日的仇人也就是乡佐复仇。章怀太子的这个理解是错误的，错误的理由，就是他没有注意到《公羊传》紧接着"虽百世可也"，其实还有这样一段下文："家亦可乎？曰，不可。国何以可？国君一体也。先君之耻，犹今君之耻也。今君之耻，犹先君之耻也。国君何以为一体？君以国为体，诸侯世，故国君为一体也。"简单来说，据《公羊传》，所谓复九世仇云云，只能适合于诸侯国之间，次于诸侯国的大夫卿尚且不可，身为庶人的周党自然更加不可。并且，周党本传所说的只是因为己身受辱而找乡佐报复，不牵连他的先人，和复九世仇也了不相干。

或许是因为意识到了章怀注的这个缺陷，所以后来王先谦在《后汉书集解》中注"乡佐服其义"的时候，采纳惠栋的意见，援引了另外一个说法："案《春秋》之义，'复仇以死，败为荣'，故乡佐服其义也。义见何氏《公羊》。"确如惠氏所说，所谓"复仇以死，败为荣"，正出自东汉著名《公羊》学家何休。何休是在注《公羊传》庄公九年"八月庚申，及齐师战于乾时，我师败绩"条时说这番话的。

但即便惠栋之说符合周党本人的实际，其实也与经义不合，理由见于应劭《风俗通义》卷四《过誉篇》："《孝经》：'身体发肤受之父母，不敢毁伤，孝之始也。'……仇者，谓为父兄耳，岂以一朝之忿而肆其狂怒者哉？既远《春秋》之义，殆令先祖不复血食，不孝不智，而两有之，归其义勇，其义何居。"应劭对周党的做法不以为然，认为他的举动非但与出于身份认同复仇的儒家理念风马牛不相及，而且他在报复乡佐的过程中身受重创，险些令父母绝嗣，反而是不孝的表现。他引据《春秋》复仇之义为说，完全是断章取义，牵强附会，为自己的违法举动缘饰。应劭的这个见解，可谓一针见血。

尽管有这样的牵强附会处,周党复仇的故事仍被广泛传颂,后来,甚至还有人将之拿来作为为亲属复仇辩护的依据。《后汉书》卷五十二《申屠蟠传》:

> 字子龙,陈留外黄人也。……同郡缑氏女玉为父报仇,杀夫氏之党,吏执玉以告外黄令梁配。蟠时年十五,为诸生,进谏曰:"玉之节义,足以感无耻之孙,激忍辱之子,不遭明时,尚当旌表庐墓,况在清听,而不加哀矜?"配善其言,乃为谳,得减死论。乡人称美之。

章怀太子注引司马彪《续汉书》:

> 同县大女缑玉为从父报仇,杀夫之从母兄李士,姑执玉以告吏也。

《后汉书集解》引惠栋曰:

> (杜预)《女记》载蟠奏记于县曰:伏闻大女缑玉为父报仇狱已决,不胜感悼之情,敢陈所闻:昔太原周党感《春秋》义,辞师复仇,当时论者犹高其节。况玉女弱,耳无所闻,心无所激,内无同生之谋,外无交游之助,直推父子之情,奋发怒之心,手刃刺仇,僵尸流血。当时闻之,人无勇怯,莫不强胆增气,轻身殉义,攘袂高谈称羡。今闻玉幽执阱槛,罪名已定,皆心低气沮,怅怅长叹。蟠虽愚昧,以为玉之节义,历代未有,足以感无耻之孤,激忍辱之子。假玉不值明时,尚望追旌闾墓,显其后嗣,况事在清听?不加八议哀矜之贷,诚为朝廷痛之也。

尽管周党复仇的事情与《公羊传》阐发的复仇原理全不相干，但仍被申屠蟠拿来作为请求减免缑玉罪责的理由，而这个理由，竟然得到了乡党舆论——用上引史料的话说就是"乡人""当时论者"和"当时"——的"称美"①，也得到了朝廷的认可。可见，后世的人们走得更远了。

由周党复仇的事例及其引发的后果，人们不难看出，《公羊传》的复仇原理一方面鼓动了民间的复仇，另方面，民间的复仇实践又扩张了《公羊传》复仇原理的内涵。因此正如上文业已指出的，关键不在于经典本身的内容如何，而在乎当时人的理解如何。人们关心的只是《公羊传》对于复仇的支持态度，至于细节上的文字，当它不足以支撑人们实践的时候，经典的诠释者是不惮于"误读"文字，做出合乎自己意向的解说的。

与上述对经典的误读相比，《公羊传》定公四年对伍子胥复仇的褒扬显然更具危险性。

《春秋经》："冬十有一月庚午，蔡侯以吴子及楚人战于伯莒，楚师败绩，囊瓦出奔郑。"对这段经文，《公羊传》解释说：

> 吴何以称子？夷狄也而忧中国。其忧中国奈何？伍子胥父诛乎楚，挟弓而去楚，以干阖庐，阖庐曰："士之甚，勇之甚。"将为之兴师而复仇于楚，伍子胥复曰："诸侯不为匹夫兴师。且臣闻之：事君犹事父也。亏君之义，复父之仇，臣不为也。"于是止。蔡昭侯朝乎楚，有美裘焉，囊瓦求之，昭公不与，为是拘昭公于南郢，数年然后归之，于其归焉，用事乎河，曰："天下诸侯，苟有能伐楚者，寡人请为之前列。"楚人闻之怒，

---

① "当时""论者"和"时人"等习惯性的用法，在两汉史籍中，大多是用来指称以士大夫为主导的民间舆论的。此点对认识汉代民间秩序问题极为重要。因为材料极其繁多，此处仅略微提及，详论留待他日。初步的论述可以参考〔日〕东晋次：《后汉的选举与地方社会》，徐世虹译，见刘俊文主编：《日本中青年学者论中国史》（上古秦汉卷），中华书局1993年版，第572—601页。

为是兴师,使囊瓦将而伐蔡,蔡请救于吴,伍子胥复曰:"蔡非有罪也,楚人为无道,君如有忧中国之心,则若时可矣。"于是兴师而救蔡。曰:事君犹事父也,此其为可以复仇奈何?曰:父不受诛(何休注:"不受诛,罪不当诛也"),子复仇可也;父受诛,子复仇,推刃之道也。……

起初,楚平王因为听信了谗言,将伍子胥的父亲伍奢杀害。子胥辗转逃奔吴国,投靠吴王阖庐,伺机报仇。吴王阖庐一开始就要为子胥发兵,但是被子胥以"事君犹事父也"的理由推辞了。按照当时人的看法,"诸侯不为匹夫兴师",因此子胥认为,尽管吴王发兵可报父仇,却陷吴王于不义。所以他说,"亏君之义,复父之仇,臣不为也"。也就是说,不能只考虑父道而不顾及君道。后来,蔡昭侯因为受楚国囊瓦的侮辱,怀恨在心,表示如果哪个国家能够讨伐楚国,他可以"为之前列"。子胥认为如果此时出兵,乃是响应诸侯的号召讨伐不义的举动,和单纯为一己报仇而发兵本质不同,因此他乘机劝吴王发兵讨楚,大败楚师,自己也报了父仇。

但问题也就因此而生:既然说"事君犹事父也",既然劝吴王为匹夫兴师是"亏君之义,复父之仇"的不义之举,那么,作为复仇对象的楚王昔日不也曾经是自己的君上吗?不也该以父道来对待吗?然则复仇于故国故君,算不算不义呢?

《公羊传》的结论非常明确:无论什么条件下,子报父仇都是合理的。且不说子胥的父亲无辜被杀即所谓"父不受诛",子胥可以复仇,即便父亲犯了罪,儿子为父亲报仇也合乎"推刃之道"[①]。

[①] 何休注:"子复仇,非当复讨其子。一往一来曰推刃。"何注之所谓"一往一来",陈立无疏,今按典自《礼记·曲礼》:"礼尚往来。往而不来,非礼也;来而不往,亦非礼也。"在何休看来,即便父亲犯罪被杀,儿子也应该复仇,这正符合"礼尚往来"的古训。而对于此种复仇行为,法律也不应当再追究下去了,否则就会来往反复,没有穷尽。

相比普通的复仇情形，这种境况下的复仇有极大的特殊性。一般复仇的对象是平民，这里面对的却是君主和法律。如果说在普通情况下复仇者和法律之间也有某种对立，但是那种对立是间接的，是因为先有了对某个第三方的报复，而官方出于维护国家暴力的垄断权而给报仇者以某种刑罚产生的。但在子胥复仇所提示的状况之下，报仇者则和君主和法律之间有了直接的对立的冲突，因为报复所指，直接就是君主和以君主名义发布的法律本身。然则《公羊传》的这个立场会产生什么样的后果，不就非常清楚了吗？

在《公羊传》的鼓吹之下，伍子胥的故事以及由这个故事体现出来的身份伦理哪怕面对君权和律令也不屈挠的绝对性，终两汉之世都有很大的影响。《史记》卷六十六《伍子胥传》太史公曰：①

> 怨毒之于人甚矣哉！王者尚不能行之于臣下，况同列乎？向令伍子胥从　俱死，何异蝼蚁？弃小义，雪大耻，名垂于后世。悲夫！方子胥窘于江上，道乞食，志岂尝须臾忘郢哉？故隐忍就功名，非烈丈夫孰能致此哉？

这里太史公提到"向令伍子胥从俱死"，说的是伍子胥兄伍尚的事。据《左传》：起初，楚王刚刚把伍奢囚禁的时候，有人提醒说，伍奢的两个儿子都是不同寻常的人物，如果杀死伍奢而不同时将他的两个儿子剪除，一定会留下很大的后患。所以，楚王就派遣使者诓骗伍尚和伍子胥兄弟，说如果他们投奔楚王，就可以赦免伍奢。接到使者的报告以后，兄弟两人都知道这不过是个骗局，但是伍尚说："尔适吴，我将归死。吾知不逮，我能死，尔能报。闻免父之命，不可以莫之奔也；亲戚为戮，不可以莫之报也。奔死免父，

---

① 《史记》中关于伍子胥复仇的记载，还可参看卷三十一《吴太伯世家》卷四十《楚世家》。

孝也；度功而行，仁也；择任而往，知也；知死不辟，勇也。父不可弃，名不可废，尔其勉之！相从为愈。"①将复仇的重任委托给弟弟，自己去见楚王，结果被杀害。伍尚的这个举动，在太史公看来却是无异于蝼蚁的"小义"。报父仇，雪大耻，名垂后世，才是"烈丈夫"的行为。太史公曾从董仲舒问《公羊》学，这段议论很清楚地是站在《公羊传》的立场上而发的。

这只不过是当时人头脑中的意识，与此种意识相映的实践，则有更加令人惊骇的一面。

本来，秦末农民战争的爆发，在当时人的观念里，就是天下各路豪杰报秦吏杀父兄之仇的举动。《史记》卷八十九《张耳陈余列传》：

> 范阳人蒯通说范阳令曰："窃闻公之将死，故吊。虽然，贺公得通而生。"范阳令曰："何以吊之？"对曰："秦法重，足下为范阳令十年矣，杀人之父，孤人之子，断人之足，黥人之首，不可胜数。然而慈父孝子莫敢倳刃公之腹中者，畏秦法耳。今天下大乱，秦法不施，然则慈父孝子且倳刃公之腹中，以成其名，此臣之所以吊公也。今诸侯畔秦矣，武信君兵且至，而君坚守范阳，少年皆争杀君，下武信君。君急遣臣见武信君，可转祸为福，在今矣。"

---

① 《左传》昭公二十年。继《史记》之后，汉代对伍子胥复仇事件的完整叙述还见诸两种成书于东汉时期的地方史著作，即赵晔的《吴越春秋》（卷一《王僚使公子光传》，卷二《阖闾内传》）和袁康、吴平的《越绝书》（卷一《荆平王内传》，卷三《吴内传》，卷六《外传纪策考》，卷十五《叙外传记》）。和早期的记载相比，这两种著作对子胥复仇的叙述更加踵事增华，出现了许多体现复仇快意的夸张性细节。诚如《四库全书总目》所说，二书文字"纵横蔓衍"，颇多小说家言，可能是掺杂了大量吴越故地传说的缘故。特别是《越绝书》，更是明确接受《公羊传》的观点，嘉许子胥复仇的举动。参看二书之"四库全书"本。四库馆臣对二书的评论，可以参考〔清〕永瑢等：《四库全书总目·史部》"载记类"，中华书局1995年版，第582—583页。

又同传载二人随武臣略赵地时（《汉书》卷三十二《张耳陈余传》略同）：

> （张耳陈余）至诸县，说其豪杰，曰："秦为乱政虐刑，以残贼天下，数十年矣，北有长城之役，南有五岭之戍，外内骚动，百姓罢敝，头会箕敛，以供军费，财匮力尽，民不聊生。重之以苛法峻刑，使天下父子不相安。陈王（胜）奋臂为天下倡始，王楚之地，方二千里，莫不响应，家自为怒，人自为斗，各报其怨而攻其仇：县杀其令丞，郡杀其守尉。……因天下之力而攻无道之君，报父兄之怨而成割地有土之业，此士之一时也。"豪杰皆然其言。

在这两节史料中，蒯通以"杀人之父，孤人之子"，作为严格行秦法的范阳令的罪状，以"慈父孝子且傅刃公之腹中"作为恐吓他的理由；张耳、陈余则以秦苛法"使天下父子不相安"感激群豪，以"报父兄之怨"作为鼓动他们的说辞。由此不难看出，在秦汉之际，血亲复仇的合理性是高于君权律令体制的。

这种状况即便到了在汉代也并未随着统一专制政权的建立而立即消失，且看几个实例，《汉书》卷二十八下《地理志》（《后汉书》卷二十《王霸传》注引《汉书》略同）：

> 太原、上党多晋公族子孙，以诈力相倾，矜夸功名，报仇过直，嫁取送死奢靡。汉兴，号为难治，常择严猛之将，或任刑杀为威。父兄被诛，子弟怨愤，至告讦刺史、二千石。①

---

① 对于汉代太原郡的复仇以及周党复仇的经学依据问题，日本学者增渊龙夫曾经借助讨论郡县制的地域差别有所涉及，可以参考氏著：《中国古代の社会と国家》（新版），岩波书店1997年版，第537—566页。

《汉书》卷七十六《张敞传》载敞宣帝时：

> 守太原太守，满岁为真，太原郡清。……敞所诛杀太原吏家怨敞，随至杜陵，刺杀敞中子璜。

同卷《赵广汉传》：

> ……守京兆尹。会昭帝崩，而新丰杜建为京兆掾，护作平陵方上。建素豪侠，宾客为奸利，广汉闻之，先风告。建不改，于是收案致法。中贵人豪长者为请，无不至，终无所听，宗族宾客谋欲篡取。广汉尽知其计议主名起居，使吏告白："若计如此，且并灭家。"令数吏将建弃市，莫敢近者。京师称之。

《汉书》卷八十四《翟方进传》①：

> 会北地浩商为义渠长所捕（按：父渠县属北地郡），亡，长取其母，与猴猪连系都亭下。商兄弟会宾客，自称司隶掾，长安县尉，杀义渠长妻子六人，亡。……浩商捕得，伏诛，家属徙合浦。

《汉书》卷九十《酷吏·尹齐传》：

> 尹齐，东郡茌平人也。以刀笔吏稍迁至御史。……后复为淮阳都尉……所诛灭淮阳甚多。及死，仇家烧其尸，妻亡去，归葬。

---

① 事又见《汉书》卷九十《酷吏·尹赏传》。

《后汉书》卷十一《刘盆子传》:

天凤元年,琅邪海曲有吕母者,子为县吏,犯小罪,宰论杀之。吕母怨宰,密聚客,规以报仇。母家素丰,赀产数百万,乃益酿醇酒,买刀剑衣服,少年来酤者,皆赊与之,视其乏者,辄假衣裳,不问多少。数年,财用稍尽,少年欲相与偿之。吕母垂泣曰:"所以厚诸君者,非欲求利,徒以县宰不道,枉杀吾子,欲为报怨耳。诸君宁肯哀之乎?"少年壮其意,又素受恩,皆许诺,其中勇士自号"猛虎",遂相聚得数十百人,因与吕母入海中,招合亡命,众至数千,吕母自称将军,引兵还,攻破海曲,执县宰,诸吏叩头为宰请。母曰:"吾子犯小罪,不当死,而为宰所杀。杀人者当死,又何请乎?"遂斩之,以其首祭子冢,复还海中。

《后汉书》卷七十六《循吏·任延传》:

建武初……拜武威太守。……既之武威,时将兵长史田绀,郡之大姓,其子弟宾客为人暴害,延收绀系之,父子宾客伏法者五六人。绀少子尚,乃聚会轻薄数百人,自号将军,夜来攻郡。延即发兵破之,自是威行境内,吏民累息。

《后汉书》卷七十七《酷吏·董宣传》:

迁北海相。到官,以大姓公孙丹为五官掾。丹新造居宅,而卜工以为有当死者,丹乃令其子杀道行人,置尸舍内,以塞其咎。宣知,即收丹父子杀之。丹宗族亲党三十余人操兵诣府,称冤叫号。丹以宣前附王莽,虑交通海贼,乃悉收系剧狱,使门下佐水丘岑尽杀之。青州以其多滥,奏宣考岑……

《三国志》卷六十《贺齐传》:

字公苗,会稽山阴人也。少为郡吏,守剡长。县吏斯从轻侠为奸,齐欲治之,主簿谏曰:"从,县大族,山越所附,今日治之,明日寇至。"齐闻大怒,便立斩从。从族党遂相纠合,众千余人,举兵攻县。齐率吏民,开城门突击,大破之,威震山越。

在上述诸例中,代表皇权的郡县地方长吏依法行事,给不法之徒以惩处,结果却遭到了来自宗族势力的形式不同的反弹。我无意于把所有这些事例都附会解释为《公羊》学的流行的结果,但是可以想见的是,如果《公羊》学关于伍子胥复仇问题的看法存在一天,类似的复仇行为就不能完全被取消合理性,则其存在就会有充分的理论支持。

三

鉴于《公羊》学说可能引发的复仇的泛滥,鉴于《公羊》学说对于君权和法律潜藏着如此严重的威胁和蔑视,从很早以来就有人以不同的形式对之加以反驳,强调君权的绝对性和法律的严格性。有些强调是非常直接的,对《公羊》学说的驳斥也是针锋相对的。如东汉和帝时期,张敏就针对复仇过滥的局面,意识到在《公羊》学说的鼓动下复仇之义解说混乱的问题。《后汉书》卷四十四《张敏传》载张敏上和帝书说:"《春秋》之义,'子不报仇,非子也',而法令不为之减者，以相杀之路不可开故也。今托义者得减，妄杀者有差，使执宪之吏得设巧，非所以导'在丑不争'之义。"这里说到的《春秋》之义，出自《春秋公羊传》隐公十一年。据张敏的说法，这一理论成了"托义者得减，妄杀者有差，使执宪之吏得设巧诈"的借口，因此必须加以控制，以保证法律的严明和统一。

不过，既然被奉为正统的儒家学说并不主张纯粹的法治，而是侧重所谓"德教"，则更多的对《公羊》学复仇理论的反驳，就不能完全从纯粹法理的角度展开，更多的还是要借着对经典的重新解说来实现。这很容易理解。因为既然儒术已经"独尊"了，那它就是人们讨论一切问题的渠道。韩非子时代可以不加掩饰地诃诋孔子，对不合法律条文的一切现象尽情挞伐，在汉代却不能这样做。人们唯一能够做的，就是改装圣人和经典，来包裹自己想表达的政见。

反对《公羊》学复仇理论的声音主要来自两个方面，一是《春秋左传》学者，一是《周礼》学者。这两种学问在汉代都被称为古文经学。

《春秋左传》学对《公羊》学复仇理论的反驳，主要集矢于伍子胥复仇事件。就《春秋左传》的本文来说，对于伍奢被害、子胥逃奔吴国而后协助吴国伐楚等一系列事实，都有比较详细的记载[①]，但唯独对于子胥复仇这件事情本身，始终没有正面触及。就在子胥实现为父亲报仇夙愿的定公四年，《左传》仅有非常简单的记载："伍员为吴行人以谋楚。"只是以客观的态度叙述两个诸侯国之间的战事，无一字提及复仇问题，更没有像《公羊传》那样对子胥有那么多直白的褒扬字眼。在《左传》里出现的子胥，不是充满复仇义愤

---

① 参考《左传》昭公二十年、昭公三十年、昭公三十一年和定公四年等年份的有关记载。台湾学者简宗梧对这一事件所涉及的《左传》传文有比较全面的整理，可以参考氏著：《〈左传〉伍子胥的形象》，载《孔孟学报》1983年4月，总第四十五卷，第213—223页。

的人子,而似乎只是一个奉君命行事的诸侯国将领而已。那么,汉代的《左传》学者反对《公羊》学复仇理论的依据在哪里呢?

定公四年的《左传》讲伍子胥复仇的时候,重点强调了这样两件事情:

第一件事:吴国出兵伐楚以后,战事进展非常顺利,迅速就攻占了楚国的国都。楚昭王仓皇出逃,投奔郧公(鬭)辛:

> 王奔郧……郧公(鬭)辛之弟(鬭)怀,将弑王,曰:"平王杀吾父,我杀其子,不亦可乎?"辛曰:"君讨臣,谁敢仇之?君命,天也。若死天命,将谁雠?《诗》曰:'柔亦不茹,刚亦不吐。不侮矜寡,不畏强御。'惟仁者能之。违强陵弱,非勇也;乘人之约,非仁也;灭宗废祀,非孝也;动无令名,非知也。必犯是,余将杀汝。"

这里鬭怀提到的"平王杀吾父",是指鲁昭公十四年,楚平王杀死鬭辛和鬭怀的父亲鬭成然。这和伍子胥的情况如出一辙:都是父亲被君主杀害,都面临着复仇大义和君臣名分的矛盾。然则鬭辛对弟弟的回答,也就俨然是对伍子胥的谴责,"君讨臣,谁敢仇之?君命,天也。若死天命,将谁雠",就是说,君主的命令是绝对的,臣子无论如何都只能忍受,而绝不可以父子私情摇撼君臣名分。

第二件事:

> 初,伍员与申包胥友。其亡也,谓申包胥曰:"我必复楚国!"申包胥曰:"勉之!子能复之,我必能兴之。"及昭王在随,申包胥如秦乞师,曰:"吴为封豕长蛇,以荐食上国,虐始于楚,寡君失守社稷,越在草莽,使下臣告急。曰:'夷德无厌,若邻于君,疆场之患也。逮吴之未定,君取其分焉。若

楚之遂亡，君之土也。若以君灵抚之，世以事君。'"秦伯使辞焉，曰："寡人闻命矣。子姑就馆，将图而告。"对曰："寡君越在草莽，未获所伏，下臣何敢即安？"立依于庭墙而哭，日夜不绝声，勺饮不入口，七日。秦哀公为之赋无衣，九顿首而坐。秦师乃出。

这个故事说的是伍子胥朋友申包胥舍身赴秦国求救以复兴楚国的事。申包胥虽然是子胥的朋友，但在复仇问题上，他却正好处在子胥的对立面上：子胥要的是复仇，君臣名分在所不顾；而申包胥却要坚守君臣名分，宁可牺牲友谊也决不动摇。

就是这两个故事，提供了后来《左传》学者反驳《公羊》学的罅隙。①

早在西汉成帝时期，在刘向的《说苑》和《新序》中，就出现了偏离《公羊传》而同情申包胥的倾向，对于子胥的行为，也只是在复仇之外加以理解。两书涉及伍子胥的篇章有《说苑·至公篇》和《新序·善谋篇》。②《至公篇》讲到吴王阖庐准备为伍子胥复仇，子胥以"诸侯不为匹夫兴师"的理由谢绝了，对此刘向评论说："如子胥可谓不以公事趋私矣。"《善谋篇》讲的是子胥善于观察时机，能够及时抓住楚、蔡两国的矛盾，劝吴王出兵，成就霸业，强调的重点是子胥的谋略而不是报仇的决心，相反对于吴王准备为他发兵复仇的时候，该篇再次引用了"诸侯不为匹夫兴师"的话。总之在

---

① 《左传》与《公羊传》虽都自称是孔子笔削的《春秋》经的诠释，但是风格迥异。《公羊传》多议论，多圣人"笔法"和"微言大义"的分析，而《左传》多纪实，圣人立意的讨论比较仅是只言片语。所以自从二传的对立明确以后，《公羊》学者无不断言《左传》不传《春秋》。但是《左传》学者并不受此约束，他们结合有关的记事，也提取、发挥出了不少义理。可以参考周予同：《〈春秋〉与〈春秋〉学》，前揭朱维铮先生书，第492—507页。

② 向宗鲁：《说苑校证》，中华书局2000年版，第361—362页。石光瑛：《新序校释》，中华书局2001年版，第1144—1153页。另外，《说苑·奉使篇》也有褒奖子胥复仇的文字，却是出自齐国人，用以羞辱楚国出使齐国的使节，所以不能代表刘向本人的观点。见前揭向书，第307—308页。

这两篇文献的着重点都不在复仇,而在于子胥作为吴国将领所具有的干才和气度。两书涉及申包胥的篇章有《说苑·至公篇》和《新序·节士篇》①,两者除了与《左传》中略同的情节之外,还增加了楚复国后申包胥谢绝楚王封赏的言辞,更加突出了他作为人臣"治官事则不营私家,在公门则不言货利"的方面。

刘向是"谷梁"学家②,他对子胥回避复仇的限制性理解显然来自《春秋谷梁传》③,但申包胥的事情不见于《谷梁传》,他之强调作为子胥对立面的申包胥,无疑是受了《左传》的提示。

较早以古文学家身份出来批评子胥复仇是西汉末年的扬雄。④《法言·重黎篇》⑤:

> 胥也俾吴作乱,破楚入郢,鞭尸藉馆,皆不由德。

到东汉初年,随着古文经学的进一步兴起,《左传》反对《公羊》学复仇的言论甚至成为学者主张立《左传》于学官的重要理由。《后汉书》卷三十六《贾逵传》载"建初元年,诏逵入讲北宫白虎观、南宫云台,帝善逵说,使出《左氏传》大义长于二传者,逵于是具条奏之":

> 臣谨摘出《左氏》三十事尤著明者,斯皆君臣之正义,父

---

① 向宗鲁:《说苑校证》,中华书局 2000 年版,第 352—354 页;石光瑛:《新序校释》,中华书局 2001 年版,第 890—903 页。
② 《汉书》卷三十六《楚元王附刘向传》。
③ 《谷梁传》在定公四年十一月,只述及吴国军队侵入楚国,对于子胥,只说"诸侯不为匹夫兴师",其他无一语说到复仇。显然它也是不以子胥复仇为然的,所以虽然赞成子胥鼓动吴王讨伐楚国不义之举的谋略,但是对于子胥复仇却绝口不提,隐含贬义。此意唐人杨士勋早有发挥,可以参看〔清〕钟文烝:《春秋谷梁经传补注》,中华书局 1996 年版,第 684—686 页。
④ 关于扬雄的古文学立场,可以参看《汉书》卷八十七下《扬雄传》,《后汉书》卷二十八上《桓谭传》。其中《汉书》扬雄本传中的这样一段尤其值得注意:"……太史公记六国,历楚汉,讫麟止,不与圣人同,是非颇谬于经。故人时有问雄者,常以法应之,撰以为十三卷,像《论语》,号曰《法言》。"可见,《法言》之作,在很大程度上是为了反驳司马迁的议论。关于子胥复仇,扬雄自然也是针对司马迁立论的。
⑤ 汪荣宝:《法言义疏》,中华书局 1987 年版,第 330 页。

子之纲纪。其余同公羊者十有七八，或文简稍异，无害大体。至如祭仲、季纪、伍子胥、叔术之属，《左氏》深于君父，《公羊》多任权变，其相殊绝，固已甚远，而冤抑积久，莫肯分明。……今《左氏》崇君父，卑臣子，强干弱枝，劝善戒恶，至明至切，至直至顺。①

---

① 对贾逵提到的伍子胥，章怀太子有如下的注释："《左传》：楚平王将杀伍奢，召伍奢子伍尚、伍员，曰：'来，吾免而父。'尚谓员曰：'闻免父之命，不可以莫之奔；亲戚为戮，不可以莫之报。父不可弃，名不可废。'子胥奔吴，遂以吴师入郢。卒复父仇。《公羊传》曰：父受诛，子复仇，推刃之道也。《公羊》不许子胥复仇，是不深父也。"今按章怀太子误解二传，亦误解贾逵。之所以说他误解二传，是因为对伍子胥复仇持赞赏态度的不是《左传》而是《公羊》，说已见上文。王先谦注《后汉书》时已经发现这一纰缪，所以《集解》引桑舆："……伍子胥传有'父不受诛，子可复仇'之文，是固以复仇许之也。"而之所以说他误解贾逵，是因为实际在贾逵看来，之所以扬《左传》而抑《公羊》，根本正在于后者以复仇许子胥而对抗君权，而《左传》则因为有上举鬬辛"君命天也"的言论，其实是对伍子胥复仇持否定意见。这也可以由下文许慎提供的东汉《左传》学家的普遍意见明白说明。章怀太子却没有看到这层意思，误以为贾逵支持《左传》，是因为贾逵认为《左传》支持伍子胥复仇。真是大错特错。其实章怀太子在注下文"《左氏》崇君父，卑臣子"时，已经注意到《左传》"君命天也，天可仇乎"的议论，此处却又以为它许子胥复仇，前后正相矛盾，殊不可解。

受李贤误解《后汉书》的影响，后世对这段文字也颇有误读。如皮锡瑞《经学通论》四《春秋》"论贾逵奏《左氏》义长于《公羊》，以已所附益之义为《左氏》义，言多诬妄"条："《后汉书·贾逵传》，帝善逵说，使出《左氏》大义长于二传者，逵于是具条奏之曰（具见正文）……李贤注（具见上文）……锡瑞案：《春秋》大义在诛乱臣贼子，贾逵以义深君父为重，自是正论，而所举数事，则无一合者。……贾责以背兄复仇，《左氏》有此说乎？《左氏》序子胥亦未加断语，而鬬辛有君讨臣，谁敢雠之之言，忠孝不能两全，二人各行其是。若如贾逵之说，正可以《左氏》载鬬辛语为不深父矣。《公羊》借子胥明复仇之义，谓父不受诛，子复仇可也；父受诛，子复仇，此推刃之道。是泛言人子应复仇、不应复仇之之通义。子胥之父，以忠获罪，正不受诛应复仇者，《公羊》未尝不许子胥复仇。贾逵乃不引其上句与事合者，乃引其下句与事不合者，妄断为不深父，不犹胥吏之舞文乎？……何休《解诂》序称贾逵缘隙奋笔，以为《公羊》可夺，《左氏》可兴。贾逵《春秋左氏长义》二十卷，见于《隋书·经籍志》者，今佚不存，其所摘三十事，不可考，如所引祭仲、纪季、伍子胥事，皆不足为《左氏》深君父、《公羊》任权变之证。《公羊》于祭仲之外，未尝言权，逵乃以缘隙奋笔之私心，逞舞文弄法之谬论，欲抑《公羊》而莫能抑，欲伸《左氏》而莫能伸，乃必以为《左氏》义长，而此三事《左氏》止纪实而未尝发义，不知其长者安在？逵以已所附益之义为《左氏》义，以难《公羊》，上欺其君，而下欺后世。东汉之治古学贵文章者，大率类此，惜何休、李贤未能一一驳之。"皮氏说见《经学通论》，中华书局1998年版，第37—38页。上述意见间或有可取之处，但大体来说有可以商榷之处有二：一是他出于今文经学的立场，力主《左传》不传《春秋》，这点与本题关联不大，姑置不论；二是他在李贤错解史书的基础上走得更远，那就是进一步把李贤对贾逵的误解误认为是贾逵本人的意见，从而大加挞伐。其实，贾逵何尝不知《左传》不主复仇而《公羊》力主复仇呢？

贾逵是东汉古文经学的重要奠基人物,他显然不同意《公羊传》褒扬伍子胥的立场,而主张发挥《左传》中的若干否定性言论,以"强干弱枝,劝善戒恶"。

在东汉初年由皇帝钦定的《白虎通义》里面,也明确出现了禁绝向君主报仇的文字。该书《诛伐篇》①:

> 子得为父报仇者,臣子之于君父,其义一也。忠臣孝子所以不能已,以恩义不可夺也。……父母以义见杀,子不复仇者,为往来不止也。《春秋传》曰:父不受诛,子不复仇,可也。

和其他论述复仇的传统儒家经典相比,《白虎通义》最大的特点就在于它转变了复仇的理念基础,在于它设定了君主的某种绝对性。根据儒家传统的意见,父子是一种比君臣更具优越性的关系。臣下对于君主的忠,从根本上是来源于对父的孝,所谓"求忠臣于孝子之门",一直就是儒家传统的意见。何休在注"父不受诛,子复仇可也"的时候,也是先引用《孝经·士章》之文,说:"《孝经》曰:资于事父以事君,而敬同。本取事父之敬以事君,而父以无罪为君所杀,诸侯之君与王者异,于义得去。君臣已绝,故可也。"可是在《白虎通义》看来,子辈为父母复仇,其根据不是自然的情感,而是基于父与君的相似性,也就是所谓的"臣子之于君父,其义一也"。换言之,是为君主复仇的绝对性保证了为父母报仇的合理性。既然君权成为理由,那它也会成为界限,所以,《白虎通义》乃径改《公羊传》文,提出了"父母以义见杀,子不复仇"和"父不受诛,子不复仇,可也"的理论,将《公羊传》认为可以复仇的两种情形

---

① 相应解说,参考〔清〕陈立:《白虎通疏证》,中华书局1997年版,第219—222页。

统统予以否定。①

这成为后来东汉《左传》学家们反对《公羊》学复仇理论的定见，影响绵延整个东汉。徐幹《中论·夭寿篇》引北海孙翱②：

> 身体发肤，受之父母，不敢毁伤，孝之至也。若夫求名之徒，残疾厥体，冒厄危戮，以徇其名，则曾参不为也。子胥违君而适雠，悖人臣之礼，长畔弑之原。

至于徐幹本人，也认为子胥有"讐君之过"。

不过，《公羊》学并没有随着古文学的兴起立即放弃自己的见解，它和《左传》学之间在这一点上的争论贯穿整个东汉。《礼记·曲礼》疏引许慎《五经异义》③：

> 凡君非理杀臣，《公羊》说：子可复仇，故子胥伐楚，《春秋》善之。《左氏》说：君命天也。是不可复仇。

许慎是倾向于《左传》说的。不过传世文献中也保留了郑玄驳斥他的见解："子思云：'今之君子，退人若将坠诸渊，毋为戎首，不亦善乎？'子胥父兄之诛，坠渊不足喻伐楚。使吴首兵，合于子思之言也。"④陈立认为郑玄的见解合乎《公羊》。⑤许、郑二人都是东汉末年著名的学者，由此可见，这个争论到东汉晚期还在继续。

尤其引人兴味的是，这一争论没有停留于纸面，也不仅局限于

---

① 陈立以为此段《白虎通义》文与《公羊》说同，误。
② 徐幹：《中论》，"四部丛刊"初编第 59 本。
③ 〔清〕陈寿祺：《五经异义疏证》，〔清〕皮锡瑞：《驳〈五经异义〉疏证》，见《续修四库全书》，第 171 册。
④ 同上。
⑤ 见前揭陈立书。

政治理论的范围,而是更进一步地影响到实际案件的判断。《后汉书》卷三十一《苏章附兄子不韦传》:

> 字公先。父谦,初为(扶风)郡督邮。时魏郡李暠为美阳令,与中常侍具瑗交通,贪暴为民患,前后监司畏其势援,莫敢纠问。及谦至,部案得其赃,论输左校。谦累迁至金城太守,去郡归乡里。汉法,免罢守令,自非诏征,不得妄到京师,而谦后私至洛阳,时暠为司隶校尉,收谦诘掠,死狱中,暠又因刑其尸,以报昔怨。
>
> 不韦时年十八,征诣公车,会谦见杀,不韦载丧归乡里,瘞而不葬,仰天叹曰:"伍子胥独何人也!"乃藏母于武都山中,遂变名姓,尽以家财募剑客,邀暠于诸陵间,不克。会暠迁大司农,时右校刍廥在寺北垣下,不韦与亲从兄弟潜入廥中,夜则凿地,昼则逃伏。如此经月,遂得傍达暠之寝室,出其床下。值暠在厕,因杀其妾并及小儿,留书而去。暠大惊惧,乃布棘于室,以板籍地,一夕九徙,虽家人莫知其处。每出,辄剑戟随身,壮士自卫。不韦知暠有备,乃日夜飞驰,竟到魏郡,掘其父阜冢,断取阜头,以祭父坟,又标之于市曰:"李君迁父头。"暠匿不敢言,而自上退位,归乡里,私掩塞冢椁,捕求不韦,历岁不能得,愤恚感伤,发病呕血死。
>
> 不韦后遇赦还家,乃始改葬行丧。士大夫多讥其发掘冢墓,归罪枯骨,不合古义,唯任城何休方之伍员。太原郭林宗闻而论之曰:"子胥虽云逃命,而见用强吴,凭阖庐之威,因轻悍之众,雪怨旧郢,曾不终朝,而但鞭墓戮尸,以舒其愤,竟无手刃后主之报。岂如苏子单特孑立,靡因靡资,强仇豪援,据位九卿,城阙天阻,官府幽绝。埃尘所不能过,雾露所不能沾。不韦毁身燋虑,出于百死,冒触严禁,陷族祸门,虽不获逞,

为报已深。况复分骸断首,以毒生者?使嘉怀忿结,不得其命,犹假手神灵以毙之也。力唯匹夫,功隆千乘,比之于员,不以优乎?"议者于是贵之。

……初,弘农张奂睦于苏氏,而武威段颎与嘉素善,后奂、颎有隙。及颎为司隶,以礼辟不韦,不韦惧之,称病不诣。颎既积愤于奂,因发怒,乃追咎不韦前报嘉事,以为嘉表治谦事,被报见诛,君命天也,而不韦仇之。又令长安男子告不韦多将宾客夺舅财物,遂使从事张贤等就家杀之。……贤到扶风,郡守使不韦奉谒迎贤,即时收执,并其一门六十余人尽诛灭之,诸苏以是衰破。①

结合《后汉书·宦者列传》,可以考定苏谦案治李嘉和李嘉报复苏谦的这两件事,均应发生在东汉桓帝延熹二年至八年间。本案如果纯粹从法律上来看,苏谦违背了"免罢守令,自非诏征,不得妄到京师"的旧法,李嘉后来施以报复,虽说有个人之私愤掺杂其间,却不能说于法无据。然而为人子的苏不韦却不顾及此点,一句"伍子胥独何人也",就可看出他学宗《公羊》,决定以伍子胥为榜样,为父报仇,哪怕违法犯禁也在所不辞。在掘了李嘉父亲的坟墓并且让李嘉愤恚致死之后,他的举动引起了一场大辩论。有人赞同,也有人反对。有些士大夫"讥其发掘冢墓,归罪枯骨",而他们所用的理由,恰恰是所谓的"不合古义"——古义者,古文经典《春秋左传》之义理也。②赞同他的人,则针锋相对地以《公羊》学立论。而尤其需要指出的是,第一个出来为苏不韦辩护的何休,乃是东汉末年最重要的《公羊》学大师,所谓"方之伍员",就是把不韦比拟作

---

① 该案日本学者川胜义雄曾从汉末清流人士和宦官集团对立的角度有所讨论,可以参阅。见氏著:《六朝貴族制社会の研究》,岩波书店1982年版,第34页。

② 〔清〕刘恭冕:《伍员论》,见《广经室文钞》。

伍子胥，子胥既可以得《公羊传》褒奖于前，自然不韦的行动也可不罹法网于后。最后给这场辩论以定论的郭林宗是当时士大夫舆论的主导人物，他更是踵事增华，将不韦的行为美化，以为不韦之于子胥，乃是有过之无不及。

但后来事情又有变故，那就是李暠的朋友段颎又施计陷害不韦。段颎最初的动机当然不可告人，但据《后汉书》卷六十五段颎本传说他还"好古学"——因此他列举不韦罪状时所据的理由也冠冕堂皇，那就是出自《左传》的"君命天也"，"而不韦仇之"，换言之，苏不韦岂但是违反法律的囚徒而已，更是触犯名教的罪人，真的是死有余辜了！

从本案，不难明了《公羊》学和《左传》学在复仇问题上由理论的对立转向现实斗争的情形。

四

《周礼》是一部分讲职官的书，对复仇的处理问题也曾经结合官吏的职权加以涉及，可能因为这一点，决定了它对复仇见解的立场，要比《公羊传》消极得多，那就是强调由一个公共权威机构对民间私人间的复仇加以控制，并试图通过若干制度设计，尽量减少复仇的负面影响。《地官》"调人"条：

> 调人掌司万民之难而谐和之，凡过而杀伤人者，以民成之，鸟兽亦如之。凡和难，父之仇，辟诸海外；兄弟之仇，辟诸千里之外；从父兄弟之仇，不同国。君之仇视父，师长之仇视兄弟，主友之仇视从父兄弟。弗辟，则与瑞节而以执之。凡杀人有反杀者，使邦国交雠之。凡杀人而义者，不同国，令勿仇，仇之则死。凡有斗怒者，成之；不可成者，则书之；先动者诛之。

又《秋官》"朝士"条：

> 朝士……凡报仇雠者，书于士，杀之无罪。

上面第一段材料，疑点很多，历代注疏家们的解说分歧颇大，难以定论。根据孙诒让的意见，这里谈到的对于复仇的调节，都必须放在"凡过而杀伤人者"这一个总的条件下来理解。这一点是可以接受的。不过这样一来，《周礼》本身对于复仇的调解范围就有了相当的局限。但是，汉代的《周礼》学却似乎溢出了这个局限，从而结合对于《公羊》学的批评，结合时代课题，展示了若干新的方面。《周礼·调人》疏引许慎《五经异义》：

> 《公羊》说：复百世之仇。古《周礼》说：复仇可尽五世之内，五世之外，施之于己则无义，施之于彼则无罪。所复者惟谓杀者之身，乃在被杀者子孙，可尽五世得复之。谨案：鲁桓公为齐襄公所杀，其子庄公与齐桓公会，《春秋》不讥。又定公是鲁桓九世孙，孔子相定公会齐侯于夹谷，是不复百世之仇也。①

这里的所谓"复百世之仇"，如上文所示，出自《公羊传》庄公四年。由于史料的限制，这个说法在汉代是否曾经有人引用来为自己的复仇行为辩护，现在已经不能详考。只是，据《汉书》卷九十四上《匈奴传》，汉武帝时期，为了鼓动臣下支持自己讨伐匈

---

① 同前揭陈寿祺、皮锡瑞书。本段材料中的按语为许慎本人所加，看来他自己是同意《周礼》学的见解的。对此，后世的《公羊》学家如清代的孔广森和陈立等都有反驳，因与本题关系不大，且说颇烦琐，兹不具引，详见前揭有关诸书。

奴的决定，武帝曾下诏提到汉朝廷在高祖和高后时期所受到的来自匈奴的打击和侮辱，其中倒是引用过同样是出自庄公四年《公羊传》的"复九世仇"之说。但这里涉及的是两个政权之间的仇怨，和国内的法制问题无关。不过据《后汉书》卷二十八上《桓谭传》：在给光武帝的上书里面，桓谭曾说过这样的一番话："今人相杀伤，虽已伏法，而私结怨仇，子孙相报，后忿深前，至于灭户殄业，而俗称豪健。"① 由此判断，似乎在汉代民间，确实存在着仇怨持续几代人而不解的现象。或者，这种现象和《公羊》学之间确有某种关联？或许正是针对着这种关联，汉代的《周礼》学者才有如上限制复仇亲等范围的意见？

荀悦《申鉴》卷二：

> 或问："复仇，古义也，曰：纵复仇可乎？"曰："不可。"曰："然则如之何？"曰："有纵有禁，有生有杀。制之以义，断之以法，是谓义法并立。"曰："何谓也？"曰："依古复仇之科，使父仇避诸异州，千里；兄弟之仇，避诸异郡，五百里；从兄弟之仇难避诸异县，百里。弗避而执者，无罪；避而报之，杀。犯王禁者，罪也；复仇者，义也。以义报罪，从王制，顺也；犯制，逆也。以逆顺生杀之。凡以公命行止者，不为弗避。"

《周礼》注引郑众说：

> 今二千石以令解仇怨，后复相报，移徙之。

---

① 有必要附笔说明，作为两汉之交古文经学主要的代表人物之一，桓谭在东汉最早提出对民间复仇加以严格控制。关于他的学养，《后汉书》卷二十八上《桓谭传》说："博学多通，偏习《五经》，皆诂训大义，不为章句。能文章，尤好古学，数从刘歆、扬雄辨析疑义。"同书卷三十六《郑兴传》称："（郑）兴好古学，尤明《左氏》《周官》，长于历数，自杜林、桓谭、卫宏之属，莫不斟酌焉。"他主张控制复仇的奏疏见于本传，虽无指斥今文学的明文，和今文学界限分明却是不言而喻。

以上两条材料,尽管没有明确交代学说的渊源,但其实发挥的都是《周礼》避仇的学说。

避仇的做法起源很早,汉代史籍中的事例也不少。《汉书》卷一上《高祖本纪》:

> 单父人吕公善沛令,辟仇,从之客,因家焉。

《汉书》卷三十一《项籍传》:

> (项)梁尝杀人,与(项)籍避仇吴中。

《汉书》卷八十七上《扬雄传》:

> 扬季官至庐江太守。汉元鼎间避仇复溯江上,处岷山之阳曰郫,有田一廛,有宅一区,世世以农桑为业。

《后汉书》二十二《马武传》:

> 字子张,南阳湖阳人也。少时避仇,客居江夏。

《三国志》卷五十二《顾雍传》:

> 字元叹,吴郡吴人也。蔡伯喈从朔方还,尝避怨于吴,雍从学琴书。

另外,根据《论衡·自纪篇》的说法,王充的祖籍原非会稽郡,他之家于会稽，也是祖上避仇逃难的结果。

以上这些避仇的做法，很难确定是不是全都出于官方的安排，也不能确定是不是都见诸法律条文，似乎也不能确指与《周礼》学说的渊源。但是较晚时代的避仇，若联系上引郑众的《周礼》注文"今二千石以令解仇怨"云云，再考虑到荀悦的制度设计，做出这三点推测，恐怕还是离事实不远的。

五

汉代经学在复仇问题上的争论，大体状况就是这样。总体来说，《公羊》学对于复仇的态度，比较多的站在民间身份关系的立场上，强调复仇的合理性，哪怕有时和君权和律令直接冲突也不让步；而主要以《左传》和《周礼》为依据的古文经学家们，虽然迫于民间强大的族姓力量和流行已久的风俗，不敢悍然主张取消复仇，但他们一则为复仇设立了最高的限度，即不得以君权和律令为复仇对象，再则主张官方对于复仇加以积极干预，所以更多的是站在国家法律秩序的立场立论的。现有史料还不足以断定这两派在汉代的胜负，不过从一般的趋势来看，荀悦出于古文经学的角度提出的所谓"义法并立"之说，是调和民间身份伦理与国家律令条文的中庸之道，将为一般人所接受。不妨看以下事例：《后汉书》卷二十九《郅恽传》：

> 字君章，汝南西平人也。……（建武初）县令卑身崇礼，请以为门下掾。恽友人董子张者，父先为乡人所害，及子张病将终，恽往候之。子张垂殁，视恽，歔欷不能言，恽曰："吾知子不悲天命，而病仇不复也。子在，吾忧而不手；子亡，吾手而不忧也。"子张但目击而已。恽即起，将客遮仇人，取其头

以示子张，子张见而气绝。恽因而诣县以状自首，令应之迟，恽曰："为友报仇，吏之私也；奉法不阿，君之义也；亏君以生，非臣节也。"趋出就狱。令跣而追恽，不及，遂自至狱。令拔刀自向以要恽，曰："子不从我出，敢以死明心。"恽得此乃出。因病去，久之，太守欧阳歙请为功曹。

同书卷六十四《吴祐传》：

> 字季英，陈留长垣人也。……迁胶东侯相。……安丘男子毋丘长与母俱行市，道遇醉客辱其母，长杀之而亡，安丘追踪，于胶东得之。祐呼长，谓曰："子母见辱，人情所耻。然孝子忿必虑难，动不累亲。今若背亲逞怒，白日杀人，赦若非义，刑若不忍，将如之何？"长以械自系，曰："国家制法，囚身犯之。明府虽加哀矜，恩无所施。"祐问长："有妻子乎？"对曰："有妻，未有子也。"即移安丘逮长妻，妻到，解其桎梏，使同宿狱中，妻遂怀孕。至冬尽行刑，长泣谓母曰："负母应死，当何以报吴君乎？"乃啮指而吞之，含血言曰："妻若生子，名之'吴生'，言我临死吞指为誓，属儿以报吴君。"因投缳而死。

同书卷八十四《列女·庞淯母传》：①

> 酒泉庞淯母者，赵氏三女也，字娥。父为同县人所杀，而

---

① 事又见《三国志》卷十八《庞淯传》注引皇甫谧《列女传》。其中对庞淯母投案后甘受刑罚有更加充实细致的描写。先是禄福长要私自放她逃走，她回答说："……雠塞身死，妾之明分也；治狱制刑，君之常典也。何敢贪生以枉官法？"后来，郡太守和都尉也都要放她，她"抗声大言"曰："枉法逃死，非妾本心。今仇人已雪死，则妾分乞得归法，以全国体。虽复万死，于娥亲毕足，不敢贪生为明廷负也。"都尉不听，还是要放她，她坚持说："匹妇虽微，犹知宪制，杀人之罪，法所不纵。今既犯之，义无可逃。乞就刑戮，殒身朝市，肃明王法，娥之愿也。"辞气愈厉，而无惧色"。最后皇帝特赦，才算罢休。

娥兄弟三人，时俱病物故，仇乃喜而自贺，以为莫己报也。娥因怀感愤，乃潜备刀兵，常帷车以候仇家，十余年不能得。后遇于都亭，刺杀之。因诣县自首，曰："父仇已报，请就刑戮。"福禄长尹嘉善之，解印绶，欲与俱亡，娥不肯去，曰："怨塞身死，妾之明分；结罪理狱，君之常理。何敢苟生，以枉公法？"后遇赦得免。

《华阳国志》卷十下《汉中士女》：

> 陈纲，字仲卿，成固人也。少与同郡张宗受学南阳，以母丧归，宗为安众刘元所杀。纲免丧，往复之，值元醉卧，还，须醒乃杀之，自拘有司，会赦免。

以上几位复仇者，都是先报私仇，后就公法；前者就是荀悦之所谓"义"，而后者就是荀悦之所谓"法"。报仇固然是由于私情所不能已，投案也是出乎当事人的自觉。这是今、古文争论后所必须达到的结论。这些事例当然不必怀疑其真实性，但也必须看到其中隐含的某种理想：如不复仇，势必不容于经典所规定的"礼"；如不就"公法"，势必又将破坏国家权威。如此进退维谷的矛盾两端，通过复仇者的死达成了苦涩的统一。

五

根据《晋书》卷三十《刑法志》的记载，汉律后来有许多种不同家派的注释版本，"后人生意，各为章句，叔孙宣、郭令卿、马融、郑玄，诸儒章句十有余家，家数十万言。言数益繁，览者益难"。但是很可惜，由于这些律注都没有能够流传下来，所以直到今天，学者仍然不能通晓诸家所以分别的界限。不过，似乎有必要指出的是，这十几位汉律注释家恐怕都应该是儒者。①鼎鼎大名的马融、郑玄自不必说②，就是叔孙宣、郭令卿也不会只是纯粹地研习律学。人所共知，律文都有某种客观性、稳定性和严格性，倘若仅就律文本身来说，即便人们在理解上有再大的出入，也断然不会相互迥异到各立家派的程度。如果这点臆测还有些许可取之处，那么律学家派的确立应当会与注释家所倚靠的儒家学说的取向有举足轻重的关系，换言之，正是由于在经学上的取舍不同，才导致了律令注释上纷繁复杂的局面。然则由本文如上拙论所显示的汉代经学内部变异与律学之间关系，或可为理解律学家派之一助欤？

---

① 程树德曾经罗列史籍中可考的汉代律家75人，其中大多数都曾有儒学教育的背景。见氏著：《九朝律考》，中华书局1988年版，第178—191页。
② 《后汉书》卷三十五《郑玄传》、卷六十《马融传》。

秦汉时期君臣关系性格的演化[①]

一

在封邦建国、"分土而治"的周代，周王虽然也号称"天子"，在名义上对天下有完全的统治权，也就是所谓的"普天之下，莫非王土；率土之滨，莫非王臣"，但若从实际施政的角度来分析，就可以发现情形远不如字面那么简单直截：他能直接施行权力的区域并不大，仅限于范围很小的"王畿"，而他能直接任免和调遣的官员，也不会超出这一区域。在此范围之外，在占国家面积绝大部分的其他地区，其中的事务他既无权过问，其中的官员他也不能调遣和任免。类似的，周王之下的诸侯王若继续将领土分封，那他们能直接管辖的区域，也往往只是限制在一个很小的领地之内，除此之外的地方，则任由他下面的王侯自行任免官吏，自主管理。

处在这种政权构造下的官员们，由于世代都生活于一个特定的地区，世代都从有着相对固定的继承统系的领主那里领取俸禄，获得土地和爵位，这样就导致：他们往往只是本领地内特定领主的臣子，仅特定地对这个领主负责、效忠，而决不会越出这范围，向更高级的领主甚至周天子负责。[②]受过现代理性化教育、对现代理性官僚制度司空见惯的人们，不能不假思索地援引制度性的逻辑推理说：

[①] 本文曾发表于《社会科学》2006年第11期。
[②] 从"分土而治"的角度对周代君臣关系的简要分析，可以参考周振鹤：《地方行政制度志》，上海人民出版社1998年版，第12—14页。

A是B的臣子，B是C的臣子，从而A就是C的臣子；或者说，一旦进入仕途，就得下级服从上级，就得完全服从于职位和职事的客观逻辑。而只能就事论事、就人论人的说，A只是B的臣子，B只是C的臣子，各自具体地对自己的君主和职事负责。西方学者在归纳欧洲封建制时代官僚制度的特点时，曾有"陪臣的陪臣不是我的陪臣之说"，这也同样适用于周代。这样说来，周代封建制下的君臣关系，只是特定而具体的个人与个人的结合，所以可以称为"具体性君臣关系"①。

这种具体性的君臣关系，若以后世"法理性"的标准来衡量，则可以说具有"非制度性"和"情感性"的特点。但是，自秦朝以来，随着理性化官僚制度的逐渐完备，君臣关系在机理上渐渐摆脱个人之间结合的"私性"的特点，建立在客观法理基础之上的、公共性的、服从职位分类原则的、非人为化的制度，成为人际联结新的媒介和新的"场"。②但在分封制的"礼治"之下，这种关系的维系，靠的却不是这类后来的外在法律强制，而是具体的人际结合。这样一种君臣关系，不是人与职位、从而人与制度关系，而是实在可见的具体人格关系。再加上有宗法制的前提，有家国一体的政治理念，所以，后世人们很熟悉的公域与私域、公务关系与情感关系的明晰划分此时还没有出现③，这两个方面毋宁是一而二、二而一的。这种君臣关系的成立靠的既是具体的人际信赖，那么，一旦这种具体的信赖解体，原先的君臣关系也就不复存在。

---

① 更加细致的解说和更加详实的事例，可以参见杨宽：《试论西周春秋间的宗法制度和宗族组织》"七家臣制度"，见氏著：《古史新探》，中华书局1965年版；何兹全：《读史集》，上海人民出版社1982年版，第31—32页；许倬云：《西周史》，生活·读书·新知三联书店1994年版，第169—170页。

② 〔日〕西嶋定生：《二十等爵制》，武尚清译，国际文化出版公司1992年版；阎步克：《士大夫政治演生史稿》，北京大学出版社1996年版，第12—13、第166—180页。

③ 马克斯·韦伯对此问题有详细的分析，可以参考〔德〕马克斯·韦伯：《经济与社会》，林荣远译，商务印书馆1998年版，第242—251页。

具体性君臣关系的"情感性"特征，因为宗法制度的世卿世禄原则，也因为主从关系与宗族关系的重叠性，而得到加深[①]，这可以从周代的人们将君与父、师并称的习见说法之中窥见端倪。《国语·晋语一》：

> 民生于三，事之如一：父生之，君食之，师教之。非父不生，非食不长，非教不知生之族也；故壹事之。唯其所在，则致死焉。报生以死，报赐以力，人之道也。（韦昭注：三，君、父、师也。如一，服勤至死也。）

《礼记·檀弓上》：

> 事亲有隐而无犯，左右就养无方，服勤至死，致丧三年。事君有犯而无隐，左右就养有方，服勤至死，方丧三年。事师无犯无隐，左右就养无方，服勤至死，心丧三年。

> 资于事父以事君，而敬同。贵贵，尊尊，义之大者也。故为君亦斩衰三年。

上面前一则材料，出自栾共子共叔成之口，他的生活年代是公元前八世纪；后两则材料，最晚形成于战国晚期，来源却应该很早，可以看作是对前者的展开解释，并非后世儒家闭门造车的空想。这种源远流长的将君臣关系与自然性的父子关系类比对待的记载，说

[①] 关于周代君臣关系与宗族关系的重叠性问题，许倬云曾经有详细的说明，可以参考许倬云：《西周史》（增订本）第五章《封建制度》，生活·读书·新知三联书店1994年版，第142—176页，尤其是第170—171页。

明君臣关系仍然有着很强的个人情感色彩。①

正因为有着强烈的情感性特征，具体性君臣关系理念下的附属关系，就不是基于非人格性法律的"管理"、"制约"和"管辖"这一类冷冰冰的、制度性的、上下级的关系（在这种场合下，"上级"可以对"下级"有某种支配，但仅仅限于公务领域，至于在此之外的场合，则人人都是平等的"私人"）②，它乃是臣子对于主上人身与心灵的全部奉献，是臣子对主上整体生命的全部交托，从而具有超脱时空和制度限制的绝对性。③

为了理解上的方便，不妨看《左传》中记载的一个实例，昭公二十年：

> 费无极言于楚子曰："（公子）建与伍奢将以方城之外叛，自以为犹宋、郑也，齐晋又交辅之，将以害楚，其事集矣。"王问之，问伍奢，伍奢对曰："君一过多矣，何信于谗？"王执伍奢，使城父司马奋扬杀太子，未至，而使遣之。三月，太子建奔宋。王招奋扬，奋扬使城父人执己以至。王曰："言出于

---

① 吕思勉曾经在讨论所谓"君臣朋友"的问题时，在实质上注意到了具体性君臣关系的情感内涵。吕思勉：《吕思勉读史札记》，上海古籍出版社1982年版，第250页。

② 不妨回顾一下韦伯对"传统型统治"特点的一点归纳："这种统治团体首先是一个由于教育共性所决定的恭顺的团体。统治者不是'上司'，而是个人的主子，他们的行政管理班子首先不是（由）'官员'（组成），而是他个人的'仆从'，被统治者不（是）团体的'成员'，而是或者1.'传统的同志'……或者，2.'臣仆'。决定行政管理班子同主子的关系，不是事务上的职务职责，而是奴仆的个人忠诚。""不是服从章程，而是由传统或由传统决定的个人……"在这样的情形之下，就君臣关系联系的媒介来说，就不能是官吏法成熟时代的成文法。"在传统政治的纯粹的类型中，不可能有意通过章程，重新'制定'法律和管理原则。因此实际上的重新立法必须被视为历来就适用，只能通过对判例确认，取得合法地位。作为律例发现的遵循手段，只有传统的文件可以考虑：先例和判例。"所有这些叙述，对于观察中国早期具体性的君臣关系无疑也是适用的。

③ 这一点，最明显地表现于"策名委质"礼之中。"策名委质"礼是西周、春秋时期确立君臣关系的一种仪式。对于这种仪式的细节，杨宽曾有非常细致的描述。杨氏并且对于这种仪式的庄严内涵有如下说明，"经过了'策命'和'委质'，确立了君臣关系，做臣下的必须效忠，不能有二心，如有二心，就是犯罪行为。……既经'委质'成为臣属，必须效忠而无二心，直到死为止，不能为了私利，对自己的'质'有所反叛"。由此不难想见这种相互之间全身心奉献关系的绝对性。参看杨宽前揭书，第363—364页。

余口,入于尔耳,谁告建者?"对曰:"臣告之。君王命臣曰:'事建如事余。'臣不佞,不敢苟贰。奉初以还,不忍后命,故遣之。既而悔之,亦无及已。"王曰:"而敢来,何也?"对曰:"使而失命,招而不来,是再奸也。逃无所入。"王曰:"归从政,如他日。"

本例中,公子建遭费无极陷害,逃离楚国,平王派奋扬去捉他。因为奋扬曾经是公子建的旧臣,就网开一面,把他放走了。后来在楚王将要治罪之际,奋扬就以曾经是公子建旧臣的理由为自己辩护,得到了赦免。由此不难看出,公子建与奋扬之间曾经存在过的君臣关系,超越了制度性的逻辑,具有绝对化的性质。他甚至可以冲击国王的政令。

二

考虑到现代性语境的实际状况,也为了说明问题的方便,上文在论述的时候,比较多地强调了周礼之下君臣关系的具体性方面。但这并不等于说周代的君臣关系完全就是今人所意识到的私人关系,更不能说,周代政治除了这些私人关系之外就什么也没有了,而只能说,在现代性的观察尺度下,这些跟私人关系有表面相似性的方面比较容易引起现代人的注意,也比较容易激起现代人的问题意识。但如深究其内里,则可发现,离开公共性谈论政治是根本不可能的(但这个问题牵扯到许多非常复杂的方面,暂时没有办法展开论述,详论留待他日)。其实,对周制全面的理解应该是,这是一种自然性、私人性关系和人为性、公共性关系合一的体制,其实这也是宗法制度的最大特征。前面我们曾经提到所谓"资于事父以事君"的问题,但这绝不意味着,这里的"父"所涵泳的父子关系就是今人在日常生活中所体会的父子关系,从而周代的君臣关系也就等同于今天意味上的父子关系。任何熟悉分封制内涵的人都知道,周代的父子关系其实也脱离了现代人所感受到的日常意味,而带有某种抽象、公共性的政治意味。过分"文学化"地理解,对于周代的父子乃至君臣关系都是极不适当的。

也正是因为有了这种超越性的政治意味,所以尽管在局部上有如上所举像奋扬用旧有君臣之义对抗君王政令的情形存在,整个周代政体还是可以维持一种稳定性。因此,尽管按照今人的尺度,像奋扬这类事例其实是对整个政治体系的威胁,但在宗法政治的黄金时代,人们却看不到对于君臣关系具体性方面的批评。在上举事例中,就连被奋扬行径激怒的楚平王本人最后都对奋扬表示了谅解。

对君臣关系具体性方面的消极性批评始自战国时代"法家"人物,尤其是韩非子。

从表面上来看,战国时代的确如后世许多研究者所说,是一个思想解放、言论自由的时代,但其实也是总体性政治概念被遗忘的时代。也就是说,原先周代总体性、抽象性的政治意识先是淡漠式微,后是荡然无存,唯一剩下来的,只有最简单、最直观的私人关系结合。在这个时代,以"三家分晋"为标志①,首先是各个诸侯国完全从自身立场出发,只知营造对自身有利的君臣关系,而对周王的权威表示漠视;其次是各个诸侯国内部"陪臣执国命"的情形大行其道。并且,这两种情形都贯穿着同一种逻辑,就是淡漠抽象意义上的政治,只认同触手可及的具体性君臣关系。如果这种逻辑无限制地延伸下去,那整个天下所有的,就只是各种具体性关系出于个性而彼此争衡的相对主义世界,政治势必要被虚无化。

对这种状况提出最彻底的批评和解决方案的,是试图重建政治

---

① 参见《资治通鉴》卷一司马光对于"三家分晋"的评论。

概念的韩非子。韩非子未尝不明白周制具体性与抽象性合一的机理，也未尝不知道具体性君臣关系在周代的积极意义，但他面对的时代课题却是：一方面"古""今"的差别是绝对性的，人们根本不可能再在一个只知具体性的世界上重建古老的宗法政治；另方面，当时人除了具体性的君臣关系一无所知，也不愿有所知。因此，尽管如果韩非子生活在周代也会对具体性君臣关系赞不绝口，但，时代的问题和发言对象使对具体性的君臣关系提出了最严厉的批评，并且提出了全新的君臣关系逻辑。

韩非认为，新政治体系的重建，当务之急是要打击"私门"，取消宗法政治时代王侯可以自行任免官员的具体性制度设计。他提出的解决办法是，将惩戒和奖赏臣下的两个手段，亦即所谓"刑"和"德"的"二柄"，完全交由天子一人直接把握，将"君食"的权力统于天子一人之手，从而釜底抽薪，从根本上瓦解私性的、具体性君臣关系的存在基础，以便越过所有的中间性环节，在天子与整个官僚体系之间建立直接的联系，期使这套系统可以全心全意地为天子服务。也就是说，他理解的君臣关系已经摆脱了具体人格关系的限制，而力求使所有的臣子都抽象地服务于天子。

不宁唯是，韩非更进一步，努力要造就一个完全客观化、中性化、非人化的天子。也就是说，天子可以在完全掌握臣子的政治命运之后，不应该再在任何程度上蹈袭旧有的具体性君臣关系伦理，他应该最大限度地将自己从这套伦理之中解脱出去。理想的君主，应该是如同死灰枯木，不在臣子面前展示任何的喜怒哀乐，不和臣子之间有丝毫的情感关系。① 双方的联系媒介是客观的、非人格化的、冷冰冰的法律。这类议论在《韩非子》书中俯拾皆是，随便举例来说，《有度》：

> 故明主使法择人，不自举也；使法量功，不自度也。能者不可弊，败者不可饰，誉者不能进，非者弗能退。则君臣之间明辨而易治，故主仇法可也。

---

① 至于君主基于臣下的功绩而给予他们的赏赐，授予他们官爵，也即所谓"德"，日本史学家增渊龙夫认为这与儒家之所谓"德"在思想性格上并无差异，两者有着共同的"现实的基盘"，有着相同的历史基础，两者都是具体个人之间的恩惠授受关系。举例来说，《韩非子·二柄篇》："明主之所以导制其臣者，二柄而已矣。二柄者，刑、德也。何谓刑、德？杀戮之谓刑，庆赏之谓德。""人主者，以刑德制臣者也。今人主者释其刑德而使臣用之，则君反制于臣矣。故田常上请爵禄而行之群臣，下大斗斛而施于百姓，此简公失德而田常用之也，故简公见弑。"增渊认为，上述场合的"德"与下述用法无论在语言环境还是在社会机理上都是一致的。如《史记》卷六十九《苏秦列传》有燕昭王的话说"先人尝有德苏氏"，这个"德"即指燕国的先王曾经厚遇苏秦这一"具体的恩惠"。同书卷七十九《范雎蔡泽列传》说范雎即秦国相位以后，"一饭之德必偿，睚眦之怨必报"，这个"德"指能困穷之时受到德"具体的恩惠"。同书卷一百《季布栾布列传》载栾布："孝文时，为燕相，至将军。布乃称曰：'穷困不能辱身下志，非人也；富贵不能快意，非贤也。'于是尝有德者厚报之，有怨者必以法灭之。"同书卷七十七《魏公子列传》载信陵君救赵之后，"意骄矜而有自功之色"，门客有人劝他说："夫人有德于公子，公子不可忘也；公子有德于人，愿公子忘之也。"最后这两例"德"的意义，也可以断定其为某种能够指实的"具体的恩惠"。但问题在于，这些描述"具体的恩惠"的"德"，是否与韩非所说之所谓"德"相同？答案恐怕是否定的。西嶋定生曾经批评增渊在研究汉代的秩序构造时不注意公权力与私权力的区别，在论著中往往不经媒介地将从社会基层得出的分析结果引申到国家制度的层面。至少我们目前所讨论的这个问题上，西嶋氏的批评是有力的。尽管从个体的角度我们看不出君主施与臣下的"德"与其他名例的区别，但必须注意的是，在韩非子这里，君主意义的获得，却不是因为他的个体，而是因为他的抽象性的、公法性的存在。君主之德与"具体的恩惠"最大的不同，就在于前者实际已经摆脱了具体性，它的实现依据是法律，臣下爵位赏赐的获得，不是出于具体可见的人际情感，而是客观抽象冷静的文法规则。但后者就不是这样，这种"德"的实现，恰是由于人际温情的存在。正是意识到这个区别，所以韩非会一再告诫君主念念不忘上下之间利益是根本冲突的，所谓"上下一日百战"，君主在臣下面前应该极力掩饰自己的一切好恶，使自己变得不可捉摸。这是法理性秩序理念所导致的人的异化。增渊氏的观点见《戦国官僚制の一性格》，见氏著：《中国古代の社会と国家》，岩波书店1997年版，第225—265页，尤其是第247—255页。西嶋定生的相关观点见于艾廉译《中国古代社会构造特殊性质的问题所在》，见中国秦汉史研究会编：《秦汉史研究译文集》（第一辑），无出版机构和出版日期，第1—47页。另一版本的译文见于西嶋：《二十等爵制》之《序章》，武尚清译，国际文化出版社1992年版，第1—36页。

《二柄》：

人主有二患：任贤，则臣将乘于贤以劫其君；妄举，则事沮不胜。故人主好贤，则群臣饰行以要君欲，则是群臣之情不效；群臣之情不效，则人主无以异其臣矣。故越王好勇，则民多轻死；楚灵王好细腰，而宫中多饿人；齐桓公妒外而好内，故竖刁自宫以治内；桓公好味，易牙蒸其子首而进之；燕子哙好贤，故子之明不受国。故君见恶则群臣匿端，君见好则群臣诬能。人主欲见，则群臣之情态得其资矣。故子之托于贤以夺其君者也，竖刁、易牙因君之欲以侵其君者也。其卒子哙以乱死，桓公冲流出户而不葬。此其故何也？人君以情借臣之患也。人臣之情，非必能爱其君也，为重利之故也。今人主不掩其情，不匿其端，而使人臣有缘以侵其主，则群臣为子之、田常不难矣。故曰："去好恶，群臣见素。"群臣见素，则大君不蔽矣。

《扬权》：

故曰：道不同于万物，德不同于阴阳，衡不同于轻重，绳不同于出入，和不同于燥湿，君不同于群臣。凡此六者，道之出也。道无双，故曰一。是故明君贵独道之容，君臣不同道。下以名祷，君操其名，臣效其形，形名参同，上下和调也。

《奸劫弑臣》：

从是观之，则圣人之治国也，固有使人不得不爱我之道，而不恃人之以爱为我也。恃人之以爱为我者危矣，恃吾不可不为者安矣。夫君臣非有骨肉之亲，正直之道可以得利，则臣尽力以事主；正直之道不可以得利，则臣行私以干上。明主知之，故设利害之道以示天下而已矣。

韩非子既然发现了"本"恶的人性，那么在专制君主的逻辑之下，所有的臣子都是君主假想的敌人。不唯朝廷中的臣子完全不可信任，即便是"左右"近侍亦须时刻防备（关于这点，我们只要回忆一下《内储说》上《七术》里面韩昭侯"佯亡一爪，求之甚急，'左右'因割其爪而效之。昭侯以此察'左右'之诚不"的故事就可以了）。从强化君权的目的来看，君主任何私人的情感表露都可能会给臣下留下算计他的把柄，所以要人君"去好恶"。所以君臣之间应该在情感上绝缘，双方都只是展露自己的"职业的公共性"于法律的场合。所谓君臣"明辨"，所谓"君臣不同道"，所谓"下以名祷，君操其名，臣效其形，形名参同，上下和调也"，说的就是这个道理。

秦始皇统一六国、自称"皇帝"以后，秦帝国以皇帝制度和郡县制度为核心的官僚制度全面建立，法家强调"抽象性"和"公共性"的所谓"霸道"政治理论也因此变成现实。在这套官制之下，所有重要官员均由皇帝直接任免，他们均对皇帝直接负责和效忠，真正实现了韩非子操"刑"和"德"二柄于皇帝一人之手的构想。而尤其值得重视的是，在全国范围建立并实施的郡县制度在政治机理上跟原先的分封制根本不同，最主要的是，天子和各级地方长官之间以及各级地方长官之间，已经没有原先分封制下普遍存在的血缘联系。对比于分封制来说，地方长吏是完完全全的陌生人；他们之被任命，从理论上来说，不是从天子的情感角度来衡量，而是从对于天子和百姓都是客观性的"制度"角度来衡量。也就是说，考虑问题的角度，是像抽象的行政能力这类对天下人都有约束力的逻辑。这套制度施行以后，因为所有郡县长吏均由皇帝直接任免，所谓"普天之下，莫非王土；率土之滨，莫非王臣"，也在比周代大得多也深刻得多的范围和程度上实现了，而一种新的截然不同于周代具体性、特定化君臣理念的新式君臣关系也由此具备了规模。①

在这种新的君臣关系理念下，具体性的君臣关系伦理被排斥净尽，官员之间甚至天子与天下所有官员之间，只允许存在公法性的、制度性的关系。这关系的载体，从秦朝开始时代被称为"文法"。而文法，则具有抽象性、非人性和外在强制性的特点。每个仕宦为吏的人，不再具体地服务于哪个具体的人，他只是这抽象的、客观的、"文法"网络上的一点而已。从法理上说，任何一个职务上的个人，都不应当与别人发生情感上的联系和私人间的交往，而只能有一种客观的、非人性的关系。他的价值只能由其承担的职位客观地加以评价（这尤其明显地体现在秦汉帝国按照职位分类原则设计的俸禄制度上：某人是因为某个理性的职位设计而获取富贵的，这是个人和职位的关系，而非个人和个人的关系）。那么在官场上一度因公务被结合在一起的两个人，一旦因某种原因被分开，他们之间就不应该再有工作上的联系；纵使其间会有某种个人间的情谊残存，那这情谊也不应像上述奋扬的事例那样，对日后的公务、对整个"文法"系统发生影响。这种君臣关系，若与周代的君臣关系模式对比，已经明显摆脱了具体个人之间的情谊结合，具有非个人的、客观的色彩，如果称为"抽象性的君臣关系"，我认为是合适的。②

以上，根据若干历史事实，尝试性地提出了君臣关系自周代以

---

① 秦朝被推翻之后，总结这个强大王朝速亡的教训，很长时间以内都是时髦的话题。在可以看到的教训总结中，说秦始皇有私心，垄断天下于一人之手，是读史者经常可以遇到的指斥。这样的指斥实际上是污蔑，也根本忘却了政治。秦始皇比周天子的权力大得多这是事实，而他通过自己任命的地方长官对帝国实现了比以往任何时代都要严密的控制也是事实，但所有这些并不是基于秦始皇个人的人格，而是基于新式的"皇帝"概念。

② 关于秦汉社会以后官僚制度特质的问题，阎步克先生在说明法家的理论时，有详细切要的说明，详见《士大夫政治演生史稿》，北京大学出版社1996年版，第12—13页，第166—180页。

来所呈现的两个主要侧面。之所以要概括出这两个侧面,当然有方便观察分析的考虑,因此只能说是理想的概念型态,具体的历史过程要纷繁复杂得多。其实,即便是到了抽象性君臣关系相当发达的秦汉时期,历史也没有简单地沿着韩非子所论述的逻辑发展。并且,秦末山东六国的起事,更以直观而强烈的方式表明,韩非子全面阐发在先、秦帝国全面实施在后的强悍的官僚制度,在现实世界遇到了巨大的阻力。这些阻力,若从历史的角度来分析,可以说是周代的宗法国家在总体上解体之后,原先的具体性君臣关系及其伦理表达虽然失去了总体的凭依,但在新的时代氛围下继续存在下来,并且展示出私人性的性格特征;若从实际的社会结构角度来分析,则可以说是秦汉帝国在皇权之外,仍然存在着相当多私人人际结合形式,这些人际结合形式对以皇帝制度为核心的官僚制度构成了巨大的挑战。

  在汉代初年的时候,这些挑战主要来自于战国时期的历史遗产。前文讲过,战国时代,周王已经完全成了一个形式性的存在,到后来则干脆又被不耐烦的秦国推翻。但秦国的这个举措也给现实政治带来了巨大的理论困难,也就是说,虽然政治本质上需要一种超越性的决断,但现在这种决断却被证明为虚空。于是,在实际上,各国的政治都表现出某种苟且的性格,只有靠君主跟臣下的具体性结合才能实现。汉高祖在逐鹿天下的时候,一开始靠的也是自己跟臣下的恩义关系,汉帝国建立之初,由于各方面情形的限制,他还得继续利用这种关系来稳定局势,因此,这些伦理关系并没有立刻烟消云散，而是继续表现出某些影响。①但这类的君臣关系因为与这个帝国的政治逻辑相悖，所以并没有维持太长时间，从汉武帝即位开始，这方面的事例在史籍当中已经很难遇到。

三

最主要的问题是，应该是君主意志忠实体现的官僚机器，也存在着内在的局限，具体说来有两点：一是两汉时期，外戚王公和朝廷高官利用自己的政治影响，要么可以豢养私家的门客，要么可以自行辟除属吏，并且也可以向朝廷推举官员。②第二点也是最根本的一点，就是汉武帝以后，虽说国家在整体上排除了封建制度的残余，都以郡县制的原理统合起来，所以郡县长吏都由皇帝直接任免，但皇权所及的范围，也只能到达郡县长吏，在此以下的大量的地方事务性官吏，皇帝纵然有千头万臂，也势必难以顾及，因此不得不交由地方长吏酌情任命。而恰恰是这两条，从根本上解构了抽象性君臣关系将"刑德"二柄完全统于皇帝一人之手的逻辑基石，从而为

---

① 西汉初年这一类的例证很多。据《汉书》卷一下《高祖纪》、卷二十七《田叔传》和卷三十三《张耳传》，高祖七年，汉高祖过赵，对赵王张敖"箕踞骂詈，甚慢之"，赵相贯高、赵午都曾经是张敖父张耳的旧臣，对汉高祖的做法非常不满，遂对张敖说："今王事皇帝甚恭，皇帝遇王无礼，请为王杀之。"于是阴谋杀害高祖。但没有成功。高祖九年，事发，"汉下诏捕群臣反者，赵敢有随王罪三族"，但即便如此，仍然有"田叔、孟叔等十余人赭衣自髡钳，随王至长安"。后来汉高祖"贤赵臣田叔、孟叔等十人，召见与语，汉廷臣无能出其右者。上悦，尽拜为郡守、诸侯相"。
　　同书卷三十七《季布传》，季布曾经是项羽旧臣，"数窘汉王"。项羽覆灭之后，汉高祖"购求布千金，敢有舍匿，罪三族"。后来，鲁地大侠朱家通过汝阴侯为季布求情，说过这样一条理由："季布何罪？且各为其主用，职耳。"后来季布果然获免。与此形成鲜明对照的是季布的母弟丁公，他也曾为项羽将，"逐窘高祖彭城西，短兵接，汉王急"，求他放掉了自己。后来项羽灭，"丁公谒见，高祖以丁公徇军中，曰：'丁公为项王臣不忠，使项王失天下者也。'遂斩之，曰：'使后为人臣无效丁公也。'"卷四十五《蒯越传》，韩信被杀以后，汉高祖因为听说蒯越曾教韩信反，欲烹之，通曰："狗各吠其主。当是时，臣独知齐王韩信，不知陛下也。"后来汉高祖赦免了蒯越。卷五十《郑当时传》记载，郑当时的祖先"郑君尝事项籍，籍死而属汉。高祖令故项籍臣名'籍'，郑君独不奉诏"。
② 因为这一点的机理跟下文即将讨论的郡县制度相去不远，所以我们不再单独列出来讨论。

具体性君臣关系的存在提供了可能。

必须指出的是，汉代所谓君臣关系的产生，不能简单地理解为上下级之间的关系，而是必须要有这种辟除与被辟除的关系。举例来说，不能把郡太守与县令（长）之间的关系理解为君臣关系，不能因为以太守秩次高而县令秩次低，就认定太守是君，而县令是臣，因为最根本的一点，县令不是由太守辟除或者任命的。这两种地方长吏都由皇帝直接任命，他们共同以皇帝为君，相互之间则不存在君臣关系。

如上两个会导致具体性君臣关系产生的条件，在秦朝的时候应该已经存在，但由于秦朝重视皇帝意志的推行远过于对民间私性伦理的容忍，故而严格奉行酷吏政治，对于地方社会伦理和具体性君臣关系推行高度防范的措施。事实证明这种严格遵照韩非子政治逻辑的施政方针是失败的，证据之一，就是在秦末起事的过程中，反秦力量的构成元素，很大一部分都是地方的事务性官吏；而这些人反"秦"的矛头所指，针对的都是各地的地方长吏。①

汉朝吸取了秦朝的教训，尝试推行一种比较中庸的政治原则：即一方面沿袭秦朝郡县制的政治格局，同时又注意到地方事务性官吏与地方社会尤其是地方豪族之间的密切联系，在实际施政过程中注意调节与他们的关系。这种调节表现在汉代地方官吏从任命到使用的许多环节。

两汉的时候，由于皇权对民间的控制相对放松，地方人士在出任地方事务性官吏的时候，就有了相当的自主性。按照韩非子等法家人物的理论，有能力的人进入仕途是一种必须履行的义务，某人如果被官方挑选却拒绝出仕，那就意味着对天子权威的蔑视，是可

---

① 相关问题的详细讨论，可以参见邱立波：《关于两汉史籍中的"吏民（人）"问题》，载《史林》2003年第5期，第94—103页。

以给予重罚的。① 在汉代的地方长吏中虽说仍然有人在坚持这种理论②，但也有不少地方长吏对地方人士的出仕与否持比较放任的态度。就另一方面来说，两汉时期地方豪族势力广泛存在，所依托的地方社会之基础也非常雄厚，因此，在皇权逐渐放松控制的时候，士大夫在官僚体制之外，有着非常广泛的生存空间，仕宦与否往往与硬性的制度没有太大关系，而是取决于对某个地方长吏人格的接受与否，因此就体现出相当程度的自由，体现出极大的选择余地和个性化色彩。据《后汉书》卷六十六《陈蕃传》：陈蕃为乐安太守时，"郡人周璆，高洁之士，前后郡守招命，莫肯至，唯蕃能致焉，字而不名，特为置一榻，去则悬之"。同书八十一《独行·刘翊传》记载：颍川刘翊"常守志卧疾，不屈聘命"，但他后来却终于愿意出任本郡功曹，原因是，新任的颍川太守是河南种拂，"翊以拂名公之子，乃为起焉"③。在这两个有代表性的事例里面，周璆、刘翊之所以愿意出任当地的属吏，都是基于他们对各自长吏人格的判断，而非基于消弭了个性差异的法理逻辑。因此这种君臣关系的营造，靠的是两个人人格品性之间声气相通的一种具体性的默契。

因为地方事务性官员大多出身于当地豪门，他们对地方长吏的判断往往也会主导地方的舆论，使得那些对地方宽容的长吏比较受欢迎，而那些严格按照法律行事的长吏则比较受冷淡。从根本上分析起来，这其实是地方社会对于皇权的某种"反制"。史籍当中经常可以读到，有些长吏因为对地方豪族的违法犯罪不太容情而获致"酷吏"的恶名，最终不得不离任。④ 这种情形发展到极端，甚至会

---

① 相关例证，可以参见《战国策·齐策》《商君书·算地篇》《韩非子·奸劫弑臣篇》《安危篇》和《守道》等篇。
② 参见《后汉书》卷五十一《桥玄传》，卷八十一《李业传》《李充传》，卷八十三《逢萌传》等。
③ 类似事例还可参见《后汉书》卷五十六《王龚传》、卷七十六《任延传》。
④ 例如《后汉书》卷七十七《阳球传》。

导致某些地方性问题的解决与否、某些地方社会秩序的稳定与否，会完全个性化地跟某个人是否被该地豪族接受为地方长吏联系在一起。据《后汉书》卷二十六《赵憙传》记载："更始即位，舞阴大姓李氏拥城不下，更始遣柱天将军李宝降之，不肯，云：'闻宛之赵氏有孤孙憙，信义著名，愿得降之。'更始乃征憙，憙年未二十……即除为郎中，行偏将军事，使诣舞阳，而李氏遂降。"同卷《伏湛传》①：更始年间，伏湛曾任平原郡太守，"平原一郡，湛所全也"②。建武时，"贼徐异卿等万余人据富平，连攻之不下，唯云'愿降司徒伏公'。帝知湛为青徐所信向，遣到平原，异卿等即日归降，护送洛阳"③。

地方长吏与当地人之间的具体性君臣关系，不仅可以如上举诸例，体现于长吏下车伊始时地方势力对他的反映，也可以体现于长吏卸任后地方百姓对他们的挽留。据《后汉书》卷四十一《宋均传》，宋均为东海相五年，"坐法免官，而东海思均恩化，为之作歌，诣阙乞还者数千人"。而这种"乞还"的做法有时竟然也可以奏效。④

地方社会人际关系的强固和地方豪强的独立性格，导致两汉时期遵从法制、对豪族决不姑息迁就的"酷吏"大多不得善终，也决定了地方长吏的行政风格在总体上都偏向于和地方妥协的"循吏化"。概括来看，自从西汉宣帝以后，除去后汉光武帝、明帝等很短

---

① 《太平御览》四七六、《北堂书钞》七五引司马彪《续汉书》略同。
② 两汉时期，尤其是战乱时期，所谓某郡县长吏以一身保全一郡县的例子并不少见。除伏湛外，另外的例子如《后汉书》卷七十六《第五访传》："迁张掖太守。岁饥，粟石数千，访乃开仓赈给，以救其敝，吏惧遣，争欲上言，访曰：'若上须报，是弃民也。太守乐以一身救百姓。'遂出谷赋人。顺帝玺书嘉之，由是一郡得全，岁余，官民并丰，界无奸盗。"类似场合往往是地方政权君臣之间建立密切关系的契机。
③ 类似的事例还有《后汉书》卷五十六《张纲传》、卷七十七《孙宝传》、《三国志》卷三十二《先主传》。
④ 类似事例，还可参见《隶释》卷五《汉成阳令唐扶颂》和《三国志》卷三十九《董和传》。

的时期有少数忠于文法的"酷吏"以外，绝大多数代行皇权的地方长吏，都很注意避免出于单纯的文法立场与地方豪强发生正面冲突。他们大都承认地方利益的特殊性，松弛严密的律令，从而能和地方的事务性官吏在公务关系之外，建立起深厚的私人情谊。

郡县长吏放松对地方事务性官吏的控制，最主要的表现就是，当这些官吏违法犯罪的时候对他们网开一面，不深入追究。《后汉书》卷四十五《袁安传》记载袁安为河南尹时，"未尝以赃罪鞫人"，常称曰："凡学仕者，高则望宰相，下则希牧守。锢人于圣世，尹所不忍为也。"《北堂书钞》卷七四引华峤《汉后书》：刘宽为南阳太守时，"遇民如子，不曾出詈言也"，"吏有罪，蒲鞭示耻"。①

看起来，两汉时候的具体性君臣关系的深浅，与律令的严密性适成反比。就现存史料来说，君臣之间关系密切的例子大都分布在宣帝以后，东汉以后尤其多，这明显是和宣帝以后朝廷放松了对地方的控制，律令体制的严密性有所松弛，君臣在法令之外以"礼意"相接的时代风气有关。与此形成鲜明对照的，是皇权强悍时期的君臣关系，尤其是酷吏政治当令的汉武帝时期，这种君臣关系融洽的记载是极少见到的。随便检视一下《史记》和《汉书》的《酷吏传》（两书《酷吏传》中记载的人物，多集中在汉武帝时期），酷吏对地方属吏严厉打击的事例比比皆是，这绝非偶然现象，明显跟强悍皇权欲解构具体性君臣关系、强化法令推行效率的施政方针有关。《汉书》卷五十三《中山靖王传》记载：汉武帝为了侵削诸侯国的领地，常常令有司吹毛求疵，寻求诸侯王的罪过，而尤其值得注意的是该传提到，有司为了达到目的，经常会"笞服其臣，使证其君"，也就是说让诸侯王的臣下证实君上的罪过。这里说的尽管是诸侯国的情形，但由此不难看出酷吏政治时代对于具体性君臣关系的态度。至

---

① 《太平御览》卷二六零、《北堂书钞》卷四五引司马彪《续汉书》略同。类似事例还有《北堂书钞》卷七四引谢承《后汉书》载沈丰事。

于酷吏跟属吏关系大多冷漠，可以举《后汉书》卷七十七《阳球传》的记载为例。阳球是东汉末年著名的酷吏，据说他到任平原相之后，曾经发布条教警告地方："昔桓公释管仲射钩之仇，高祖赦季布逃亡之罪，虽以不德，敢忘前义？况君臣分定，而可怀宿昔哉？今一蠲往愆，期诸来效。若受教之后而不改奸伏者，不得复有所容矣。"鉴于他的严酷声威，于是"郡中咸畏服焉"。

但在循吏政治成为时髦的大多数时间里面，地方长吏跟属吏之间则有可能在法律范围之外，另辟一种交往的渠道①，他们之间的关系于是向私人性的方向偏离，开始表现出强烈的个人恩义色彩。《后汉书》卷四十五《周景传》记载周景为河内太守时，"好贤爱士，其拔才荐善，常恐不及。每至岁时，延请举吏入上后堂，与共宴会，如此者四，乃遣之，赠送什物，无不充备。既而选其父兄子弟，事相优异，常称曰：'臣子同贯，若之何不厚！'"②在这则史料里面，太守周景在非常自觉地将君臣关系往父子关系的方向解释。这种观念跟上引韩非"君臣非有骨肉之亲"的话，其间的距离已经不可以道里计了。而结合其他史料来看，《国语·晋语》里面视君父为一的说法，在汉代也是当时人的共识，并不只是周景一人的私见。③

而既然长吏的态度如此宽松，地方属吏自然也就投桃报李，"资于事父以事君"，以一种超出现行制度之外的伦理标准对待地方长

---

① 对具体性君臣关系比较在意的地方长吏往往不太秉承朝廷法令办事，大多按照地方的实际情形，颁布"条教"，这点早在宣帝时期已经有京兆尹张敞提出批评。五凤三年，著名的循吏黄霸被任命为丞相，张敞对黄霸的行政风格向来不满，曾上书指责说，自从黄霸担任丞相之后，"长吏、守丞畏丞相指，归，舍法令，各为私教，务相增加，浇淳散朴，并行伪貌，有名无实，倾摇解怠，甚者为妖"。鉴于此，他建议说，"汉家承敝通变，造起律令，所以劝善禁奸，条贯详备，不可复加。宜令贵臣明饬长吏守丞，归告二千石：举三老、孝弟、力田、孝廉、廉吏，务得其人，郡事皆以义法令检式，毋得擅为条教；敢挟诈伪以奸名誉者，必先受戮，以正明好恶"。

② 《三国志》卷五十四注引张璠《后汉纪》记载周景的话时，"移臣作子，于政何有"。

③ 《华阳国志》卷十上在论列蜀中人物的时候，曾有"在三之义，终始可称"一条，说："人生于三事若一：君、父、师也。言人靡不由初，鲜克有终。（朱）普、（李）磐可谓能终始也。"

吏。而尤其需要指出的是，这种伦理的履行并不仅限于君臣关系存续期间。即便君臣双方都已离开原来的职务场合，他们原先形成的君臣情谊还是会延续，并且还会实实在在地影响人们的行动，甚至还会对皇权形成冲击。前面我们在回顾周代君臣关系状况的时候，曾经提到那时的君臣关系有一种超越时空的绝对性，两汉史籍所记载的君臣关系，渐渐也具备了这样一种绝对性，从而产生了读史者非常熟悉的所谓"故吏"问题。①

比较常见的例子，就是前引《礼记·檀弓》为故君"方丧三年"的做法成了现实。也就是说，地方长吏去世以后，属吏往往会为故主营丧并为之服丧，为故主修造祠堂的也比比皆是。在这方面，杨树达《汉代婚丧礼俗考》有非常完整的资料收集，可以参见。②

特别值得一提的是，有许多官吏都是因为犯法或者得罪权贵而遭陷害致死，但尽管有这类巨大的政治压力，还是有不少故吏在履行臣子之谊。并且这种举动往往还会得到舆论的同情和朝廷的宽宥。③

其次，《论语》里面父子相隐的伦理要求现在也被挪用到君臣之间。《华阳国志》卷十上：

> 朱普字伯禽，广都人也。为郡功曹，太守与刺史王冀有隙，枉见劾，普诣新都狱，掠笞连月，肌肉腐臭，恶同死人，证太

---

① 汉代史籍中，"故吏"的用法一共有两种。一种泛指所有曾经仕宦为吏的人，如《汉书》卷二《惠帝纪》"今史六百石以上父母妻子与同居，及故吏尝佩将军都尉将兵，及佩二千石官印者"；这种用例在同书卷三十三《朱浮传》（"王莽时故吏二千石"）、卷七十七《孙宝传》（"故吏侯文"）也可以找到。另外一种则是跟本文命意密切相关的、特指曾经被某位高官辟除从而具有君臣名分的人。如《汉书》卷六十《杜延年传》，"御史大夫桑弘羊子迁亡，过父故吏侯史吴"。这个侯史吴，被称为桑弘羊的"故吏"，显然是因为他曾经被桑弘羊辟除为属吏。另《后汉书》卷五十四《刘秉传》："自为刺史、二千石，计日受俸，余禄不入私门，故吏赍钱百万遗之，闭门不受，以廉洁称。"这些刘秉的故吏，显然应该是他在地方长吏任上的时候曾经辟除过的属吏。

我们刚刚说到，汉代的君臣关系渐渐具备一种超越暂时性制度和职务场合的绝对性，其实，"故吏"一语之所以能够得名并且被人们广泛接受，恐怕也是这种绝对性的反映。

② 杨树达：《汉代婚丧礼俗考》，上海古籍出版社2000年版，第126—186页。
③ 如《汉书》卷六十四《主父偃传》《后汉书》卷三十七《桓典传》、卷四十三《乐恢传》、卷五十六《王允传》等。

守无事,敕其子曰:"我死,载丧诣阙,使天子知我心。"事得情理,普以烈闻。

若说本例里面,朱普是因为太守"枉见劾"而至死"证太守无事"的话①,那么以下几个事例就有些匪夷所思了。《后汉书》卷八十一《戴就传》(《太平御览》卷四二零、三七零、七六三亦载):

> 字景成,会稽上虞人也。仕郡仓曹掾,扬州刺史欧阳参奏太守成公浮赃罪,遣部从事薛安案仓库簿领,收就钱唐县狱,幽囚考掠,五毒参至,就慷慨直辞,色不变容。……主者以状白安,安呼见就,谓曰:"太守罪秽狼藉,受命考实,君何故以骨肉拒扞邪?"就据地答曰:"太守剖符大臣,当以死报国;卿虽衔命,固宜申断冤毒。奈何诬枉忠良,强相掠理,令臣谤其君,子证其父?薛安庸骏,忸行无义,就考死之日,当白之于天,与群鬼杀汝于亭中;如蒙生全,当手刃相裂!"安深奇其壮节,即解械,更与美谈,表其言辞,解释郡事。徵浮还京师,免归乡里。

卷八十一《周嘉传》:

> 字惠文,汝南安城人也。高祖父燕,宣帝时为郡决曹掾。太守欲枉杀人,燕谏不听,遂杀囚而黜燕。囚家守阙称冤,诏遣覆考。燕见太守曰:"愿谨定文书,皆著燕名,府君但言时病而已。"出谓掾史曰:"诸君被问,皆当以罪推燕。若有一言及于府君,燕手剑相刃。"使者乃收燕系狱,屡被掠楚,辞无屈

---

① 《后汉书》卷八十一《缪肜传》载缪肜证本县令无罪事,与此略同。

挠。当下蚕官，乃叹曰："我平生之后，正公玄孙，岂可以刀锯之余下见先君？"遂不食而死。

《三国志》卷六《董卓传》注引谢承《后汉书》：

> 伍孚字德瑜。少有大节，为郡门下书佐。其本邑长有罪，太守使孚出教，敕曹下督邮收之。孚不肯受教，伏地仰谏曰："君虽不君，臣不可不臣。名府奈何令孚受教，敕外收本邑长乎？更乞授它吏。"太守奇而听之。

在以上三个事例里面，地方长吏或多或少都犯有实际的罪过，而为了考实这些罪过，朝廷都曾经派人讯问这些长吏的属吏，但最后都被这些属吏拒绝了。而有趣的是，这些人拒绝的理由都不是法律的条文或者事实的依据，而是具体性君臣关系之下臣不能证君罪的绝对性伦理。①

再次，复仇的逻辑也从血亲延伸到君臣关系的领域。《汉书》卷五十九《张汤传》记载三位丞相长史朱买臣、王朝和边通等，"故皆居（张）汤右，已而失官，守长史，诎体于汤。汤数行丞相事，知此三长史素贵，常陵折之。故三长史合谋曰：'始汤约与君谢，已而卖君；今欲劾君以宗庙事，此欲代君耳。吾知汤阴事。'"于是就设计把张汤泄露国家机密"及它奸事"向皇帝揭发，既泄私愤，也为故君丞相报仇。另据《北堂书钞》卷一三九引《华阳国志》：

---

① 这类做法看来得到了汉代经典诠释家的支持，《白虎通·谏净》在讨论聘问天子的诸侯使节，当被问及诸侯行政有过误时，曾有如下的言论："诸侯臣对天子，亦为隐乎？然本诸侯之臣。今来者，为聘问天子无恙，非为告君之恶而来也。故《孝经》曰：'将顺其美，匡救其恶，故上下能相亲也。'"显然，《白虎通》是赞同臣为君隐的。需要补说一点的是，汉代的地方长吏尤其是郡太守经常会被人跟宗法政治时代的诸侯类比提及，因此这段看似古旧的言论也是有现实价值的。

郝伯都,阆中人。为郡吏。太守每见之,垂泣。伯都请问其故。太守曰:"亡男为人所杀,汝身似之,故悲感。"伯都问其仇所在。太守曰:"台阁,不可得也。"伯都乃交游京师,与甘春卿为友,共伺仇。(春卿)为吏所得,伯都乃还首,二人争死,会赦得免。

四

以上的论述为了凸显帝国政治时代具体性君臣关系的特性,比较多地考虑了这种关系对比于皇权和法律的"私性"特征,所收集的事例大多反映的都是这种具体关系对于皇权的冲击。但是,汉代的人们在抽象性的郡县制框架之下,在某种程度上又容许具体性的君臣关系存在,开始的时候未必全部是出于私意。并且就实例来看,当时人也没有因为一叶障目而不见森林,用具体性的君臣关系将抽象性的君臣关系完全掩盖,将皇帝与律令的权威完全弃置不顾。《后汉书》卷二十九《郅恽传》:

字君章,汝南西平人也。……县令卑身崇礼,请以为门下掾。恽友人董子张者,父先为乡人所害,及子张病将终,恽往候之。子张垂殁,视恽,歔欷不能言,恽曰:"吾知子不悲天命,而病仇不复也。子在,吾忧而不手;子亡,吾手而不忧也。"子张但目击而已。恽即起,将客遮仇人,取其头以示子张,子张见而气绝。恽因而诣县以状自首,令应之迟,恽曰:"为友报仇,吏之私也;奉法不阿,君之义也;亏君以生,非臣节也。"趋出就狱。令跣而追恽,不及,遂自至狱。令拔刀自向以要恽,曰:"子不从我出,敢以死明心。"恽得此乃出。

《后汉书》卷三十一《苏章传》:

> 顺帝时,迁冀州刺史。故人为清河太守,章行部案其奸赃,乃请太守,为设酒肴,陈平生之好甚欢。太守喜曰:"人皆有一天,我独有二天。"章曰:"今夕苏孺文与故人饮者,私恩也;明日冀州刺史案事者,公法也。"遂举正其罪。

《后汉书》卷五十四《杨震传》:

> 大将军邓骘闻其贤而辟之,举茂才,四迁荆州刺史、东莱太守。当之郡,道经昌邑,故所举荆州茂才王密为昌邑令,谒见,至夜怀金十斤以遗震,震曰:"故人知君,君不知故人。何也?"密曰:"暮夜无知者。"震曰:"天知神知我知子知。"密愧而出。

这几个事例都说明,在汉代人的意识里面,是非常清楚具体性君臣关系之"私恩"与国家"公法"之间的区别的。而当两者之间出现矛盾的时候,上述事例的几个当事人要么用公法泯灭私恩,要么就是在缅怀私恩的同时也绝不放弃公法。这说明,汉代人调和秦制与周制的政治实践,至少在命意上是很高的,那就是,既顾全了国家政治格局的大体,又不完全跟民间生活脱节。汉朝能够在秦朝速亡的焦土上重建长期稳定繁荣的政治,这种"极高明而道中庸"的政治实践,值得重视。

但是,在"道术分裂"的帝国时代,上述命意的完全实现要有两个基本的前提,那就是皇权本身必须要足够地超脱和有力。如果这两个前提消失了,那么,具体性君臣关系的逻辑发展下去的结果,必然是私心的泛滥,必然是总体政治的土崩瓦解。但汉代的问题恰恰是，在皇权的理念上存在着巨大的"私性"隐患，确切地说，汉代皇权在确立自身的同时，往往也会借用具体性君臣关系的伦理。这着重表现在两个方面，一是汉代的地方长吏从出身上来说，许多人都有一个在皇帝身边担任郎官等类"私臣"的经历，这就表明，地方长吏跟天子之间虽然摆脱了周代血缘性原理，但毕竟还是有一种私人化的意味；二是皇帝本身有一种沦落和萎缩的趋向，先是对外戚，后世对宦官这些私性的人际关系寄托了太多的权力，放弃了王朝建立之初"公天下"的政治理想。①六朝分裂割据的出现，在根本上与这种总体性抽象性皇权的式微有关。但在皇权失去了基本的物质屏障，从而韩非所说的"刑""德"二柄旁落权臣，天下人只知忠于具体君主的六朝时期，这个问题是根本不能解决的。②隋唐科举制的出现在新的高度上解决了这个问题，使得天下士子尽入皇帝彀中，从而在新的基础上开启了中国政治的新局面。

---

① 瞿同祖（T'ung-tsu Ch'u），*Han Social Structure,* University of Washington Press, 1972, pp. 168-174, 210-229, 232-243。
② 〔日〕川胜义雄：《门生故吏关系》，见《六朝贵族制社会の研究》，岩波书店1982年版，第257—302页。

汉代的吏道与师道

一

"师"或"夫子"这类称呼,在商周时代,除了后代习知的知识传授者的意义,还有另外的一层更重要的含义:他们还是受业者的军事长官。①

周代学在王官且世卿世禄。当时的年轻贵族,只要具备一定的家族背景,到适当年龄,自然可以入仕,并在此过程中向自己的君长学习若干从政的技能(主要是军事上的技能)。此时,作为周天子之吏的有关君长,也就是传授从政技能的"师":吏和师是合一的。同样,仕宦的过程也就是学习的过程;仕宦和学习也是合一的。没有一个游离出政治体制之外以追求学术自由为目的的、职业化的教育机构,也没有一群游离出官制体系之外的、相对独立的、职业化的教育从业人员。②除了政治上的合理性,教育没有自身的合理性可言。

与"吏—师"合一现象并行并且同等重要的是"政统"与"道

---

① 杨宽:《我国古代大学的特点及其起源》,见《古史新探》,中华书局1965年版,尤其是第212—217页。

② 先秦史籍中保留了许多这方面的记载,《尚书·泰誓》:"天佑下民,作之君,作之师。"伪孔传解释此语说,"天佑下民,为立君以正之,为立师以教之",稍嫌含混,后来朱子有更直白晓畅的解说,"作之君就是作之师"。《国语·晋语》:"民生于三,事之如一:父生之,师教之,君食之。非父不生,非食不长,非教不知。"《礼记·学记》:"君子知至学之难易而知其美恶,然后能博喻;能博喻然后能为师;能为师然后能为长;能为长然后能为君。故师也者,所以学为君也。是故择师不可不慎也。"这段话时代稍后,但其中师、长和君三者之间一气呵成,有着顺理成章的接续关系,其历史基础该是这三者之间曾经有过的合一的形态。以上所说的历史现象,章学诚曾以"官师治教合"表述这一现象,可谓简明扼要。

统"的合一。在周代政治里面,人们还看不出后世那种"事实性"与"规范性"之间的对立。也就是说,由于当时人的观念里面还没有公共政治领域与日常生活领域的两分,还没有政治与社会的两分,因此,除了作为仪式被人们世代遵行的政治自身的逻辑之外,并没有一种逻辑可以超越性地对政治提出合法性上的要求。没有哪种道德批评可以成为政治的合法性资源,因为道德本身也隶属于政治。这一现象的后果是,在社会整合方面,没有必要在硬性的政治法令之外,另外动用软性的道德教化手段。德性人的造就本身就是政治的目标。也没有必要在比如经济生活、法制生活这类"纯粹"的政治目标之外,另外设立一个道德教化的目标。面向所有生物学意义上的人、以"人民"概念为核心的"纯粹"政治那时候根本就不存在。因此,就作为君长的"师"来说,施政不是抹杀了个性差别的政令发布,不是取消人的具体性或将其平均化,而是更加完美德性的展示:这既是政,也是教。从作为生徒的在下者来说,从政不仅是学习外在的制度条品,更是为了把某种传统内化,最终促成自身的完善。不消说,在这样的政治逻辑之下,庞大严整并且凭借自身形式逻辑而成立的法律条文体系,没有存在的必要与可能。

但是,从春秋晚期开始,"吏—师"之间却开始出现分裂,政统与道统之间的关系也开始变得紧张。①

分裂征象的一个侧面,便是出现了一些游离出政治体系之外的"师"。这些人学有宗统,同时又有非凡的人望,但是与"吏—师"合一的情形不同的,是他们不再跟政治之间有一种密合无间的关系,而是对政治表现出程度不同的疏离。

春秋中晚期,贵族制度开始逐渐分崩离析,大量旧贵族"降在

---

① 余英时:《古代知识阶层的兴起与发展》《道统与政统之间——中国知识分子的原始型态》《中国知识分子的古代传统——兼论"俳优"与"修身"》,见氏著:《士与中国文化》,上海人民出版社1987年版,第1—83页,第84—112页,第113—128页。

皂隶"，无数平民却平步青云。一种取消了身份差异而面向所有人开放的政治体制逐渐成型。对于破败的旧贵族来说，他们再也不能像"世卿世禄"时代那样，凭借身份的先天合理性和高贵的血统，自然而然地获得某种天赋的道德品性和高贵的政治地位。中性的、取消了阶级差别的、从而可以后天获得的能力取代原先先天的不证自明的"德性"，成为所有准备步入仕途的人必须共同具备的前提。[①]这时的人们，其政治技能的习得，已经不是在伸手可得的仕宦机会中自然而然地进行，而往往是先就读于某个民间学术团体，拜某个民间的学术领袖为师，待学成后，"学而优则仕"。于是乎"道术分裂"，仕宦与问学，开始逐渐地分化为两种不同的人生态势[②]。而先秦时代从孔子开始的所谓"诸子"概念，若从社会组织的角度考察起来，其实也就是向士人传授从政技能的民间学术团体。这些学术团体的主持者，就是一种新型的"师"。

这种民间学术团体的"师"，有四个方面特别值得注意：一是这些"师"与上古政治体系有密切的联系，对传统政治理念非常了解。对于春秋战国时期逐步与贵族政治撇清干系但又急切需要来自传统的合法性论证的君主来说，他们往往受到重视。二是这些"师"掌握着大量重要的人际关系，在他们周围往往有大量的生徒存在。三是由于实际影响的巨大，"师道"逐渐发展成一种可以跟专制政治机

---

① 中国的专制君主，起初是作为贵族政治的对立物出现的，其理念基础之一，就是要否定传统贵族在血统与德性两个方面的先天合理性，而鼓吹一种放之四海而皆准的"能力"概念。这种否定有其相应的政治后果，那就是对大量非贵族的提拔援引。这些人有的，从旧时的眼光看来，只具能力而非德性。对此问题的精深论述，可以参考侯外庐《中国思想通史》第一卷关于老子商品观的探讨，关于法家哲学的探讨。侯氏注意到，春秋、战国时代君主专制理论的成熟过程，同时也就是无人格的能力观念和取消个体性限制的商品观念的成熟过程。在这种理论看来，仕宦的人们，不再是某种在德性上天然高贵的人，而是凭自己的能力换取君主职位的人。魏晋时期争论甚烈的才性"合离同异"问题，其实也是春秋战国的旧话重提。

② 《说文解字》"人部""仕，学也"条，段玉裁注道："若《论语·子张篇》子夏，'仕而优则学，学而优则仕'，《公冶长篇》'子使漆雕开仕'，注云：'仕，仕于朝也。'以仕、学为出处，起于此时矣。"段注所说的，实际就是这种人生态势两立的状况。

理相抗衡的伦理关系。四是,这些"师"虽说大都以培养实用的政治人才为目标,但他们的道统理念,往往会对现实政治提出批评。

至于隐逸人士,虽然实际影响不如儒、墨这类学术团体,但他们大都也有自己的人际圈子,也往往被人尊奉为师。尤其重要的是,尽管如《论语》和《庄子》等书所示,他们对孔子等人也加以批评,但追究起来,在对现实政治存在批评关系这一点上,他们跟许多的私学团体是一致的,只不过他们的行为更加激进而已。

分裂征象的另一个侧面,便是专制君主权力的强化以及这种权力对于"道统"的疏远。这种权力通过文法和文吏两个理性的制度设计,实现对整个国家的控制,它对各种古旧的身份性的人际关系,则加以分解和排除,力图达到君主对所有编户齐民的个别人身支配。对于以"师"为首领的各派学术团体及其组织伦理,专制权力自然也不会承认。相应地,从很早以来,就不断有学者主张取消这外在于政权的所谓师道,主张将这套伦理公权化,移植入国家制度的框架之内,从而实现周代君师双重角色合一的原貌,在本质上强化君权。在这类学者中,以荀子学派、商鞅学派、韩非子学派和李斯的意见最为著名,最具代表性。荀子思想的最大特点,便是要结束君—师之间的对立局面,使这两个角色两套逻辑统一到一个人身上。在他看来,理想的君主必须同时要是理想的"师",用他的话来说,就是"君师"。① 商鞅的主张则更加具体,他要求废弃私学之师们的谋食凭借,把国家的律令作为唯一合法合理的知识,从而使官吏成为老师,用政治的原则消化民间秩序里的"师"。《商君书·定分篇》:

> 法令者,民之命也,为治之本也,所以备民也(高亨引朱师辙:备犹防也)。……故圣人必为法令置官也,置吏也,为天

---

① 用例见《荀子·王制篇》《正论》《乐论》和《解蔽》等篇。

下师，所以定名分也。故夫名分定，势治之道也；名分不定，势乱之道也。故势治者不可乱，势乱者不可治。夫势乱而治之愈乱，势治而治之愈治。故圣王治治不治乱。……故圣人立天下而无刑死者，非不刑杀也，行法令，明白易知，为置法官吏为之师，以导之知，万民皆知所避就，避祸就福，而皆以自治也。故明主因治而治之，故天下大治也。

商鞅的见解成为以后法家理论的实际起点，尤其因为他在秦国成功变法的实践，更使得他的哲学获得实际说服力，影响了许多人。《韩非子·五蠹篇》：

> 故明主之国，无书简之文，以法为教；无先王之语，以吏为师；无私剑之悍，以斩首为勇。是境内之民，其言谈必轨于法，动作归之于功，为勇者尽之于军。

秦始皇统一六国以后，这种思想更是成为秦朝廷的国家学说。《史记》卷六《秦始皇本纪》三十四年（同书卷八十七《李斯列传》略同）：

> 丞相李斯曰："……异时诸侯并争，厚招游学。今天下已定，法令出一，百姓当家则力农工，士则学习法令辟禁。今诸生不师今而学古，以非当世，惑乱黔首。丞相臣斯昧死言：古者天下散乱，莫之能一，是以诸侯并作，语皆道古以害今，饰虚言以乱实，人善其所私学，以非上之所建立。今皇帝并有天下，别黑白而定一尊。私学而相与非法教，人闻令下，则各以其所学议之；入则心非，出则巷议；夸主以为名，异取以为高，率群下以造谤。如此弗禁，则主势降乎上，党与成乎下，禁之便。

> 臣请：史官非秦记皆烧之，非博士官所职，天下敢有藏《诗》、《书》、百家语者，悉诣守尉杂烧之。有敢偶语《诗》、《书》者弃市，以古非今者族，吏见知不举者与同罪。令下十日不烧，黥为城旦。所不去者，医药、卜筮、种树之书。若欲有学法令，以吏为师。"制曰："可。"

这些言论，都从一个不容置疑的专制君主出发，一切都秉承专制君主的意志及其物化形态——文法——行事。在这一基点上谈论的师，已经不是一个因掌握了传统知识而显得独立和高尚的精神人格，那深奥微妙的所谓哲理，也不再有价值。所有这些都已经在行政效率和效能要求下，在无自身价值追求、无任何个性表达的"文法"和"文吏"之前，黯然失色。因此，这里的师，如果还称得上师的话，那只是对作为被统治者的人民而说的；而在专制君主看来，他只是一台官僚机器。因此，与其称他们为师，倒不如把他们叫作吏更合适。代表民间秩序的师因此受到排斥，他们引为安居之地的传统知识被以"微妙意志"之言一笑置之，在庞大的律令制度网中被碾得粉碎。

二

汉代的"师"分两类：一类贯彻先秦法家刑名法术的立场，沿袭秦代之旧，将师—弟子的关系理解为上下级之间或官民之间基于法律条文而建立的指导与被指导、统制与被统制的关系，将师道与吏道合并理解。也就是所谓的"吏者，民之师也"[①]。在这种师道观

[①] 《汉书》卷五《景帝纪》。《汉书》卷五十六《董仲舒传》："今之郡守、县令，民之师帅，所使承流而宣化也；故师帅不贤，则主德不宣，恩泽不流。"

念下师徒之间授受的内容，是从官府立场出发颁布的法令。①

需要特别指出的是，从汉武帝时候起，朝廷大力推广经学教育，在京师设立太学，在全国各地普遍设立地方性学校，分别选任博士官和地方上学问渊博的人担任教师，以政府规定的教本传授士人。和普通官吏相比，此种教育虽有传授内容的不同，但如追究起来，这种经学教育是在收编先秦时代私相传授的齐鲁儒学的基础上发展起来的，经典有别择，师法有定制，并且教师和生员的选拔、培养与任用都隶属于官僚系统的范畴，故而也可以与吏道等量齐观。这一类的师，其实就是文吏，他们听从君主的意志，基于严格的律令条品协调上下级关系。

另一类"师"，则偏离和超越了吏道的规范和机理。他们身上体现着另外的行动逻辑。这种行动逻辑的内容非常复杂，但不管怎样，要么是不能跟吏道简单重合，要么还会跟吏道、跟国家的法令发生冲突。这类师包括：

（一）三老

《汉书》卷十九《百官公卿表》，"三老掌教化"。同书卷四《文帝纪》引十二年诏书：

> 三老，众民之师也；② 廉吏，民之表也。

首先有一个疑问：三老是否应该看作"吏"？他们之作为"众民之师"，是否应纳入"以吏为师"的范围？——答案是否定的。最

---

① 《汉书》卷八十三《薛宣传》："（薛）宣笑曰：'吏道以法令为师，可问而知。及能与不能，自有资材，何可学也？'"《三国志》卷十八《贾诩传》："诩曰：'尚书仆射，官之师长，天下所重。诩名不素重，非所以服人也。'"

② 《汉书》卷六《武帝纪》也有"论三老孝悌以为民师"之说。

直接的证据就是上述《文帝纪》将三老与廉吏对举。另据《史记》卷二十《平准书》，其中三老被称为"非吏比者"，据《集解》引如淳解释，"非吏比者"即"非吏而得与吏比者"，质言之，即"准官僚"。他们虽有"乡官"的名头，却无"吏"的法律身份。另外，《汉书·百官公卿表》在总括全国吏员总额时，也只说"自佐史至丞相十二万二百八十五人"，把"吏"的最底限制放到作为县少吏的佐史，没有计算三老。

然则三老之为"众民之师"应该从另外的角度来理解。《汉书》卷一上《高帝纪》高祖二年二月癸未：

> 举民年五十以上，有脩行，能率民为善者，置以为三老，乡一人；择乡三老一人为县三老，与县令、尉以事相教，复勿繇。

三老"与县令、尉以事相教"，表明政府民间社会有相当的自理自治功能。因此，承认三老是"民众之师"，应该看作皇权与民间秩序妥协的表示。由于这个缘故，所以尽管在西汉的大部分时间里，皇帝对三老以吏事相责的事例比比皆是，尽管三老似乎因此成了官僚组织的一个组成部分，但从西汉末年以后，皇权对地方的控制逐渐松弛，从而与地方秩序的主持者之间保持融洽，就成了绝大多数地方长吏的首要任务。相应地，像三老这种地方秩序的主持者的"师"的地位，就有了很大的提高，最后竟然具备了某种程度的独立性。《隶释·三老掾赵宽碑》：

> 优号三老，师而不臣。

《白虎通·王者不臣》：

> 王者暂不臣者五，谓祭尸、授受之师、将帅用兵、三老、五更。……不臣三老、五更者，欲率天下为人子弟。礼曰："父事三老，兄事五更。"

本来，从法理上说，三老尽管不是"吏"，但毕竟属于"民"的范畴，因此似乎应该属于被统治的对象。可是到了这里，由于他是"众民之师"，统治的臣属关系竟然暂时失效。

（二）掾史僚属

其实，代表皇权的地方长吏之所以对三老"师而不臣""有脩行，能率民为善"云云并非要害所在，关键是：这些地方之师，往往出身当地豪富之家，是当地生活秩序的实际主持者；并且，这些地方豪强不仅以三老的身份出现，大多还会出仕为当地掾史类的地方官吏。若循着上述机理推论下去，我们大可以推论说，代表皇权的郡县长吏们，最终也将会以对待三老那样，以"师而不臣"的态度对待他们。而在史籍中，这样的例子也所在多有。《汉书》卷七十七《何并传》：

> （哀帝时）徙颍川太守……诩本以孝行为官，谓掾史为师友，有过则闭阁自责，终不大言。

《后汉书》卷二十五《鲁丕传》：

> 字叔陵。……为当世名儒。后归郡，为督邮、功曹。所事之将，无不师友待之。

同书卷四十上《班彪传》:

> 河西大将军窦融以(班)彪为从事,深敬待之,接以师友之道。

《三国志》卷四十七《吴主传》:

> 曹公表孙权为讨虏将军,领会稽太守,屯吴,使丞之郡行文书事,待张昭以师傅之礼……

为了全面地说明问题,我们特意从三部传世汉史中选择不同时代的实例为证,由此读者不难看出长吏以"师道"对待掾史的普遍性。而从严诩对师友般的掾史僚属"有过则闭阁自责,终不大言"来看,"师友"的逻辑确也有某种超越吏道规则的"不臣"一面。①至于说到孙权待张昭以"师傅之礼",《后汉书》志第二十八,"皇子封王,其郡为国,每置傅一人"。本注曰:"傅主导王以善,礼如师,不臣也。"虽说孙权不是王国之君,但师傅的"不臣"逻辑想必可以贯通。

如上用例中的"师友"一语有虚指的一面,但史籍当中也有证据表明,"师友"在后来似乎成了一种固定的僚属官名。《后汉书》

---

① 《后汉书》卷七十六《任延传》:"更始元年,以(任)延为大司马属,拜会稽都尉。……时,天下新定,道路未通,避乱江南者皆未还中土,会稽颇称多士。延到,皆聘请高行如董子仪、严子陵等,敬待以师友之礼。"另据同书卷三十五《郑玄传》:时,大将军袁绍总兵冀州,遣使要玄,大会宾客……时汝南应劭亦归于绍,因自赞曰:"故太山太守应中远,北面称弟子何如?"玄笑曰:"仲尼之门考以四科,回、赐之徒不称官阀。"劭有惭色。这里,应劭因为一方面对郑玄"北面称弟子",另一方面却又自称官阀而遭到郑玄的嘲笑。这也是"师道"高于政治逻辑的表现。

这种虚指,史籍中往往也称为"师友之礼",《后汉书》卷三十五《郑玄传》:"董卓迁都长安,公卿举(郑)玄为赵相,道断不至。会黄巾寇青部,乃避地徐州,徐州牧陶谦接以师友之礼。"

卷十三《隗嚣传》:

> 嚣素谦恭爱士，倾身引接为布衣交。以前王莽平河大尹长安谷恭为掌野大夫，平陵范逡为师友……

《后汉书》卷三十二《樊鯈传》：

> 北海周泽、琅邪承宫并海内大儒，鯈皆以为师友而致之于朝。

《三国志》卷三十八《秦宓传》：

> 先主既定益州，广汉太守夏侯纂请宓为师友祭酒，领五官掾，称曰"仲父"。

《三国志》卷四十二《周群传》：

> 州牧刘璋辟（周群）以为师友从事。先主定蜀，署儒林校尉。

同卷《谯周传》记载谯父：

> 州郡辟请，皆不应，州就假师友从事。

《三国志》卷四十九《士燮传》：

> （士）壹子中郎将匡与（岱）有旧，岱署匡师友从事。

那么，这些已经获得确定法律身份的"师友"，是否可以完全作为官吏来看待呢？他们是不是除了服从法律之外，没有任何的独立性？《三国志》卷十一《袁涣传》注引《魏书》言涣为梁相时：

> 谷熟（按：梁国属县）长吕歧善朱渊、爰津，遣使行学，还，召用之，与相见，出署渊师友祭酒，津绝疑祭酒。渊等因各归家，不受署。歧大怒，将吏民收渊等，皆杖杀之，议者多非焉。涣教勿劾，主簿孙徽等以为："渊等罪不足死，长吏无专杀之义。孔子称：'唯器与名不可以假人。'谓之师友而加大戮，刑名相伐，不可以训。"涣教曰："主簿以不请为罪，此则然矣；谓渊等罪不足死，则非也。夫师友之名，古今有之。然有君之师友，有士大夫之师友。夫君置师友之官也，所以敬其臣也；有罪则加于刑焉，国之法也。今不论其罪而谓之戮师友，斯失之矣。主簿取弟子戮师之名，而加君诛臣之实，非其类也。夫圣哲之治，观时而动，故不必循常，将有权也。间者世乱，民陵其上，虽务尊君卑臣，犹或未也，而反长世之过，不亦谬乎！"遂不劾。

这里出现了一种矛盾的局面：吕歧坚持从"吏道"的角度看问题，认为朱渊虽有"师友"的名号，但毕竟是"吏"；而所谓"师友之官"，说到底不过是君"敬其臣"的表示。不过，从"议者多非焉"这点来判断，吕歧的做法在当时应该是个例外。就社会上的普遍观念来说，对"师友"是不能按照普通的吏道规则来要求的，更不能加以刑戮，哪怕这些人从法律上说起来是自己的属吏。而袁涣主簿孙徽的议论也非常重要，从中可以看出当时人尊崇师道的观念基础是什么。

综合来看，在汉代地方掾史僚属的场合，可以看出一种"吏道"与"师道"的紧张局面。在很多情况下，地方豪强都以双重身份出现，一是地方政府的僚属，二是当地秩序的主持者。① 这双重身份在很多时候是可以同时并存的：即作为官僚体系的一员，他受制于体制和律令；但作为地方社会的首领，他又有相当的独立性，这种独立性又为他们赢得了一种甚至连地方长吏也不得不加以让步的"师道"品格。当然，这两种身份之间的关系并不确定，具体情形要随皇权与地方秩序间的此消彼长而定，不可一概而论。但大体说来，自从西汉宣帝以后，地方势力在国家政治生活中的地位就稳步上升，以此为基石的"师道"也就越来越超脱于法律制度的约束之外了。

（三）隐逸

除去三老和地方掾史属吏等角色外，相当多的地方名流还采取隐逸不仕的态度，对他们，地方官也往往以师礼相待，并不径直以法律的标准来约束。

隐逸人士生活于乡里而非游宦于官场。他们都有着当时士大夫的一般修养，通经典，敕修行，从而获得乡里社会的广泛尊重。人们愿意接受他们的教诲，接受他们对乡里生活的日常指导，但这教诲和指导并非基于法律，而是基于对他们人格的景仰。他们也是一种师。② 逸民法真就被他所在的乡里社会称作"百世之师"③。而这种"师"，不但被乡邑尊重，也被地方长吏尊重。《汉书》卷七十二《两龚传》："（龚）舍、（龚）胜既归乡里，郡二千石长吏初到官皆至其家，如师弟子之礼。"需要指出的是，以逸民面目出现的"师"们，

---

① 邱立波：《秦汉时期君臣关系性格的演化》，载《社会科学》2006年第11期，第104—115页。
② 《后汉书》卷五十七《谢弼传》："字辅宣，东郡阳武人也。中直方正，为乡邑所宗师。"谢弼虽然不是隐逸人士，但他之"为乡邑所宗师"与逸民相比并没有区别。
③ 《后汉书》卷八十三《法真传》。

大多伴随一种对现实政治的激烈批判和对世俗政治逻辑的强烈不认可。而有趣的是,对他们,皇权和地方长吏却往往特别优容。《后汉书》卷七十六《循吏·任延传》:

> 更始元年,以(任)延为大司马属,拜会稽都尉……吴有龙丘苌者,隐居太末,志不降辱。王莽时,四辅三公连辟不到,掾史白请召之,延曰:"龙丘先生躬德履义,有原宪、伯夷之节。都尉扫洒其门犹惧辱焉,召之不可。"遣功曹奉谒,修书记,致医药,吏使相望于道。积一岁,苌乃乘辇诣府门,愿得先死备录。延辞让再三,遂署议曹祭酒,苌寻病卒,延自临殡,不朝三日。是以郡中贤士大夫争往宦焉。

回顾一下历史,或许可以帮助人们理解上述史料的意义。《战国策·齐策》记载赵威后会见齐国来使,问了三个问题,最后一个问题是齐国的一位隐士杀掉了没有:

> 子陵子仲尚存乎?其为人也,上不臣于王,下不治其家,中不索交诸侯:此率民而出于无用者,何为至今不杀乎?

在她看来,这些人不为国家所用,不受君主爵禄,尽管没有什么过分的举动,但这种不服从的政治冷淡本身就该杀。类似的言论,也见于《商君书》和《韩非子》之中。《商君书·算地篇》就将隐逸不仕的"处士"列为"五民"之一,认为他们凭借一定的资本,"偏托势于外",独立于君权秩序之外,"加于国用,则田荒而兵弱"。处士的资本是希奇古怪的思想("资在于意"),"事处士,则民远而非其上"。到了《韩非子》这里,要求清除这些人影响的见解,更加强烈。在许多场合,他辞锋所向都是直指上古时期隐逸人士的典型:

伯夷和叔齐。《奸劫弑臣篇》：

> 古有伯夷、叔齐者，武王让以天下而弗受，二人饿死首阳之陵。若此臣不畏重诛，不利重赏，不可以罚禁也，不可以赏使也。此所谓无益之臣也，吾所少而去也，而世主所多而求也。

《安危篇》：

> 使天下皆极智能于仪表，尽力于权衡，以动则胜，以静则安。治世使人乐生于为是，爱身于为非，小人少而君子多。故社稷常立，国家久安。奔车之上无仲尼，覆舟之下无伯夷。故号令者，国之舟车也，安则智廉生，威则争鄙起。

《守道篇》：

> 人主离法失人，则危于伯夷不妄取，而不免于田成、盗跖之耳可也。今天下无一伯夷，而奸人不绝世，故立法度量。法度是则伯夷不失是，而盗跖不得非。法分明则贤不得夺不肖，强不得侵弱，众不得暴寡。托天下于尧之法，则贞士不失分，奸人不侥幸。寄千金于弈之矢，则伯夷不得亡，而盗跖不敢取。

韩非并不否认伯夷、叔齐们曾经的高尚，但他同时也用一种冷酷的历史主义将之与当代隔离：在遥远的古代，高尚的德性是值得钦佩的，而在"争于气力"的今世，再去宣扬玄妙的德性，却只能好心办坏事。现在需要的是客观的、统一的法律。这是德性之后的衡量尺度，是一种类似于"仪表""权衡"和"度量"的东西。它冷冰冰地否认一切先天的、无来由的道德差异，所有这些都被抛到个人私生活的领域,不具有任何公共政治生活的含义。所有的事物都必须置于法律的权衡之下,接受衡量,才会获得意义。当然法度并不一般地排斥所有的道德,即便到这时,还可以有"君子"和"小人"的区别,但这区别不是成立于法律之前,更加不能成为法律的基础,而只能是接受法律评判以后的结果。——韩非既然如此扩展了法律的适用范围,则其否认伯夷、叔齐这类游离出法律"诛""赏"逻辑之外而凭本身的德性自觉而获得影响力的人物,就是顺理成章的了。

因此他会叫伯夷、叔齐们为"无益之臣",这当然是从法家的立场立论的结论。但从他的极力否认中,从《奸劫弑臣篇》说这类人物"世主所多而求也"的描述中,从赵威后"率民而出于无用"的批评中,人们不正可以推断出,这些隐逸人士其实有着广泛社会关系和极大政治影响吗?人们应当看到,这类坚守着特殊行为逻辑的人们,其实是某种社会秩序的代言人,而这种社会秩序,是和君主集权的逻辑相矛盾的。因此,韩非的力辟隐逸,虽然发言的对象所指只是一二岩穴之士,却也不是简单的个人意见之争,这里面其实隐含了两种秩序间的颉颃与较量。《诡使篇》:

> 夫立法令所以废私也,法令行而私道废矣。私者,所以乱法者也。而士有二心私学,岩居窘路,托伏深虑,大者非世,细者惑下。上不禁,又从而尊之以名,化之以实,是无功而显,无劳而富也。如此,则士之有二心私学者,焉得无深虑,勉知诈与,诽谤法令,以求索与世相反者也?凡乱上反世者,以士有二心私学者也。故《本言》曰:"所以治者,法也;所以乱者,私也。法立,则莫得为私矣。"故曰:道私者乱,道法者治。上无其道,则智者有私词,贤者有私意。上有私惠,下有私欲。圣智成群,造言作词,以非法措于上;上不禁塞,又从而尊之,

是教下不听上，不从法也。是以贤者显名而居，奸人赖赏而富。贤者显名而居，奸人赖赏而富，是以上不胜下也。

夫立名号所以为尊也，今有贱名轻实者，世谓之高；设爵位所以为贱贵基也，而简上不求见者，世谓之贤；威利所以行令也，而无利轻威者，世谓之重；法令所以为治也，而不从法令为私善者，世谓之忠；官爵所以劝民也，而好名义不进仕者，世谓之烈士；刑罚所以擅威也，而轻法不避刑戮死亡之罪者，世谓之勇夫。民之疾名也，甚其求利也，如此则士之饥饿乏绝者，焉得无岩居苦身以争名于天下哉！故世之所以不治者，非下之罪，上失其道也。常贵其所以乱而贱其所以治，是故下之所欲，常与上之所以为治相诡也。今下而听其上，上之所急也。而惇悫纯信，用心怯言，则谓之窭；守法固，听令审，则谓之愚；敬上畏罪，则谓之怯；言时节，行中适，则谓之不肖；无二心私学，听吏从教者，则谓之陋。难致谓之正，难予谓之廉，难禁谓之齐，有令不听从谓之勇，无利于上谓之愿，少欲宽惠行德谓之仁，重厚自尊谓之长者，私学成群谓之师徒，闲静安居谓之有思，损仁逐利谓之疾，险躁佻反覆谓之智，先为人而后自为，类名号言，泛爱天下谓之圣，言大本称而不可用，行而乖于世者，谓之大人，贱爵禄，不挠上者，谓之杰。下渐行如此，入则乱民，出则不便也。上宜禁其欲，灭其近而不止也，有从而尊之，是教下乱上以为治也。

汉代在皇权强盛的场合，也觉得这些不肯仕宦的地方隐逸名流该杀。如《汉书》卷八十九《龚遂传》曾记载龚遂的感慨"古制宽，大臣有隐退。今去不得，阳狂恐知，身死为世戮，奈何"，这说的就是官僚制度原理对师道伦理的强烈排斥。汉代历史上还有不少因不肯出仕而受到法律惩罚的例子。《后汉书》卷五十一《桥玄传》：

> 又为汉阳太守。……郡人上邽姜岐，守道隐居，名闻西州。玄召以为吏，称疾不就，玄怒，敕督邮尹益逼致之，曰："岐若不在，趣嫁其母。"益固争，不能得，遽晓譬岐。岐坚卧不起。郡中士大夫亦竞往谏，玄乃止。时颇以为讥。

同书卷八十一《独行·李业传》：

> 字巨游，广汉梓潼人也。……会王莽居摄，业以病去官，杜门不应州郡之命。太守刘咸强招之，业乃载病诣门。贤怒，出教曰："贤者不避害……闻业名称，故欲与之为治，而反托疾乎？"令诣狱养病，欲杀之。

同卷《李充传》：

> 字大逊，陈留人也。……太守鲁平请署功曹，不就。平怒，乃援充以捐沟中，因谪署县都亭长。不得已，起就职役。

同书卷八十三《逸民·逢萌传》：

> 逢萌字子康，北海都昌人也。……北海太守素闻其名，遣吏奉谒致礼，萌不答，太守怀恨而使捕之。吏叩头曰："子康大贤，天下共闻，所在之处，人敬如父母，往必不获，祇自致辱。"太守怒，收之系狱，更发它吏。

不过，这种严制是有限度的。在桥玄的场合，"时颇以为讥"，桥玄的做法并没有得到当时一般舆论的支持。在李业的场合，就在刘咸准备杀死李业的时候，客有说咸曰："赵杀鸣犊，孔子临河而逝。未闻求贤而胁以牢狱者也。"于是"咸乃出之，因举方正"。在逢萌的场合，就在逢萌被收系以后，"行至劳山，人果相率以兵弩捍御，吏被伤流血，奔而还"。《汉书》卷七《昭帝纪》：

> 元凤元年，赐郡国所选有行义者涿郡韩福等五人帛，人五十匹，遣归。诏曰："朕闵劳以官职之事（邓展曰：闵哀韩福等，不忍劳役以官职之事）。其务修孝弟以教乡里。令郡县常以正月赐羊酒，有不幸者赐衣被一袭，祠以中牢。

这段材料说明，皇权也开始放弃以"官职之事"劳动这些地方名流的强悍立场。这和任延到任以后对地方名流龙丘苌等人不敢辟为掾史，在内涵上是一致的。类似的例子在西汉中叶以后迅速增多。而许由、巢父、伯夷、叔齐这些在法家理论看来应该剪除的人物，也作为某种现实生活方式的象征，获得了巨大的名誉。《后汉书》卷二十七《杜林传》：

> 字伯山，扶风茂陵人也。……隗嚣闻林志节，深相敬待，以为持书平。后因疾告去，辞还禄食。嚣复欲令强起，遂称笃。嚣虽相望，且优容之。乃出令曰："杜伯山，天子所不能臣，诸侯所不能友，盖伯夷、叔齐耻食周粟。今且从师友之位，须道开通，使顺所志。

同卷《郑均传》：

> 字仲虞，东平人也。……常称病家廷，不应州郡辟召。郡

将欲必致之，使县令谲将诣门，既至，卒不能屈。……元和元年，诏告庐江太守、东平相曰："议郎郑均，束脩安贫，恭俭节整，前在机密，以病致仕，守善贞固，黄发不怠。又前安邑令毛义，躬履逊让，比征辞病，淳洁之风，东州称仁。《书》不云乎：'章厥有常，吉哉！'其赐均、义谷各千斛，常以八月长吏存问，赐羊酒，显兹异行。"

同书卷五十三《姜肱传》注引谢承《后汉书》载肱逃避朝廷征命后，灵帝手笔下诏曰：

肱抗凌云之志，养浩然之气，以朕德薄，不肯降志。昔许由不屈，王道位化；夷、齐不挠，周德不亏。州郡以礼优顺，勿失其意。

同书卷五十四《杨震附子秉传》载延熹年间：

有诏公车征（杨）秉及处士韦著，二人各称疾不至。有司并劾秉、著大不敬，请下所属正其罪。尚书令周景与尚书边韶奏议："秉儒学侍讲，常在谦虚；著隐居行义，以退让为节。俱征不至，诚违侧席之望。然逶迤退食，足抑苟进之风。夫明王之世，必有不召之臣；圣朝弘养，宜用优游之礼。可告在所属，喻以朝廷恩意。如遂不至，详议其罚。"于是重征，乃到，拜太常。

同书卷八十一《独行·谯玄传》：

字君黄，巴郡阆中人也。……后公孙述僭号于蜀，连聘不诣。述乃遣使者备礼征之，若玄不肯起，便赐以毒药，太守乃自赍玺书至玄庐，曰："君高节以著，朝廷垂意，诚不宜复辞，自招凶祸。"玄仰天叹曰："唐尧大圣，许由耻仕；周武至德，伯夷守饿；彼独何人？我亦何人？保志全高，死亦奚恨！"遂受毒药。玄子瑛泣血叩头于太守曰：……太守为请，述听许之。

同书卷八十三《周党传》：

字伯况，太原广武人。……建武中，征为议郎，以病去职，遂将妻子黾池。复被征，不得已，乃著短巾单衣，谷皮绡头，待见尚书。及光武引见，党伏而不谒，自陈愿守所志，帝乃许焉。博士范升奏毁党曰："臣闻尧不须许由、巢父而建号天下，周不待伯夷、叔齐而王道以成。伏见太原周党、东海王良、山阳王成等蒙受厚恩，使者三聘，乃肯就车。及陛见帝廷，党不以礼屈，伏而不谒，偃蹇骄悍，同时俱逝。党等文不能演义，武不能死君，钓采华名，庶几三公之位。臣愿与坐云台之下，考试图国之道，不如臣言，伏虚妄之罪。而敢私窃虚名，夸上求高，皆大不敬。"书奏，天子以示公卿，诏曰："自古明王圣主，必有不宾之士。伯夷、叔齐不食周粟，太原周党不受朕禄，亦各有志焉。其赐帛四十匹。"党遂隐居黾池，著书上下篇而终。邑人贤而祠之。

（四）经典传授之师

朝廷在提倡经学教育之初，由于控制得力，儒学"缘饰"吏治的作用占了主要的地位。但自汉宣帝以后，经学开始在全国各地迅速普及，并且私学化的倾向日益明显。在初，经学教育主要集中在由博士官主持的太学之中，经说与经生都要受到官方的限制，这种教育，只不过是皇权意识形态的再生产的场所。但在地方化经学推开之后，与动辄即聚结数百上千人的私学教育相比，太学的境况则顿显窘迫，到后汉安帝时，已经是"博士倚席不讲，朋徒相视怠散，学舍颓敝，鞠为园蔬，牧儿荛竖至于刈薪其下"①了。同时，在经说方面，私学出身的士子们如要出仕，虽说仍需选择一定的师法和家法，接受官方的考试，但在日常的教学中，在师生之间，却往往能越出官方钦定的章句的藩篱，转益多师，并通诸经。

这种教育，往往由在当地有广泛影响的士大夫主持。这些人，在地方官以"乡论"察举孝廉的时代，大多还是当地舆论的主持者，若能经过这些人的赏识和吹嘘，士子们往往可以比较方便地被官方任用，步入仕途。因此随从这些老师学习，除了可以学得从政的必要的经典和法律知识，更可以借此津梁向老师展示自己的过人之处，博得他们的赞誉。在这些老师之中，有些人的影响甚至还不局限于当地，更及于其他的郡县乃至全国，他们更是学人趋附的对象。②长此以往，以这些士大夫为中心，往往形成很固定的学术团体组织。像先秦时代的学术组织一样，这些团体不仅研讨学问，而且还臧否人物，谈论时政。他们也有较为独立的经济和社会生活。两汉史籍经常可以看到成百上千乃至上万士子聚结于某一名士周围，一边经营生计，一边研究学问。

这种生长于地方社会又与地方豪强主导的社会机理合拍的私学，具有非同寻常的作用。一方面，这种原本以国家考试制度为基础、依附于国家察举制度的经学教育，开始逐渐获得某种程度的独立性；

---

① 《后汉书》卷七十九上《儒林传》。
② 吕思勉曾经指出："然则此等大师，从之何益？居其门下者，得无皆仰慕虚名，甚或借资声气乎？""大会都讲，可以要名誉，可以广声气，于学则无益也。然而可以要名誉，可以广声气，故讲学者恒喜为之。"至于游学，"古之游学，所以求博闻"，汉世之游学，无非交结名人之一术而已。"乡里中人，庸或知我疵瑕，不用推拳，此亦远游之士之所以好远游也。"这些都是极具启发性的卓识。详见《吕思勉读史札记》，上海古籍出版社1982年版，第675—678页，第679—682页。

另方面，它通过对经典中若干师道鼓吹文字的再发现，使这种独立性获得了经典的依托，并使之成为现实。而有趣的是，对于这种经典传授之师的师道尊严，皇权也是承认其特殊的独立地位的。《汉书》卷六十八《金日磾传》：

> （哀）帝年幼，大司徒孔光以明经高行为孔氏师，京兆尹金钦以家世忠孝为金氏友。

《东观汉记》卷十五：

> 显宗即位，尊桓荣以师礼，常幸太常府，设几杖，会百官，骠骑将军、东平王苍以下、荣门生数百人。天子亲自执业，每言"太师在是"。既罢，悉以太官供具赐太常家。其恩礼如此。永平二年，辟雍初成，拜荣为五更。每大射养老礼毕，上辄引荣及弟子升堂执经，自为下说。

而从以下这段材料，更可看出师道尊严相对君权的某种独立性，《后汉书》卷四十五《张酺传》：

> 显宗以张酺受皇太子业，甚得辅导之礼。章帝即位，出拜东郡。元和二年东巡狩，幸东郡，引酺及门生并郡掾吏，并会庭中。帝先备弟子之仪，使酺讲《尚书》一篇；然后修君臣之礼，赏赐殊特。

值得注意的是，当张酺讲《尚书》的时候，章帝是要"备弟子之仪"的，在这个场合，君临天下的权威要让位于师道的尊严，只有等讲授结束之后，才可以"修君臣之礼"。类似的逻辑也见于地方长吏。《后汉书》卷八十二上《方术·廖扶传》：

> 字文起，汝南平舆人也。……太守谒焕先为诸生，从扶学，后临郡，未到，先遣吏修门人之礼，又欲擢扶子弟，固不肯。

在这样一种时代空气之下，"师道"理念，摆脱了教师之作为一门职业的具体性，获得了一种超越时空限制的永恒性，也获得了一种可以与君权、父权相匹敌的崇高性。《潜夫论》：

> 天地之所贵者圣人，圣人之所尚者德义，德义之所成者智也，智之所求者学问也。虽有至圣，不生而知；虽有至智，不生能。故志曰："黄帝师风后，颛顼师老彭，尧师务成，舜师纪后，禹师墨始，汤师伊尹，文武师姜尚，周公师庶季，孔子师老聃。若此言之而信，则人不可以不就师矣。夫此十一君者，皆上圣也，犹待学问，其智乃博，其德乃硕，而况于凡人乎？

《隶释》卷十一《高阳令杨著碑》洪适按语：

> 晋宣温荐谯秀表云"敦在三之节"，李善引《国语》栾其子之言曰："人生于三，事之如一，谓父生之，师教之，君食之也。"汉代铭志，类皆门人所立，故用此语者颇多。《逢盛碑》云"感激三成，一烈同义"，《杨震碑》云"缘在三之义"，《杨统碑》云"追在三之分"，此碑云"感三成之义"：三杨碑皆用之，同出《晋语》也。

《华阳国志》卷十上《先贤士女总赞上》有"在三义敦，终始可称"条：

> 人生于三，事之如一：君、父、师也。

东汉末年，曹操号称任法专制的能主，但即便是他，也不得不在某种程度上认可这种约定俗成的逻辑。《三国志》卷十《荀彧传》注引《彧别传》：

> 钟繇以为颜子既殁，能备九德，不二其过，唯彧为然。或问繇曰："子雅重荀君，比之颜子，自以不及，可得闻乎？"曰："夫明君师臣，其次友之。以太祖之聪明，每有大事，常先咨之荀君，是则古师友之义也。吾等受命而行，犹或不尽，相去顾不远邪？"

同卷《荀攸传》：

> 文帝在东宫，太祖谓曰："荀公达，人之师表，汝当尽礼敬之。"攸曾病，世子问病，独拜床下，其见尊异如此。

三

汉代师道尊严抗衡于君权的崇高性，不仅只是一种纯粹的观念而已，它还实在地表现为对律令秩序的冲击。这个冲击的总体方面即"师道"对"吏道"的超越，对此，上文已经在列举"师道"的诸种寄托形态时有了分散的说明。除此之外，还可以举出如下几个方面的例子：

（一）为师服丧

上文已经引到，先秦时期的儒家教义里面已经有了弟子为师服"心丧"三年的明确规定。这条教义汉代人仍然是遵守的。①但引人注目的是，许多身为官员的人为了实践这条教义，竟然不惜抛弃官位。这类事例，在传世史籍里面比比皆是。《后汉书》卷六十四《延笃传》：

> 字叔坚，南阳犨人也。……举孝廉，为平阳侯相。……以师丧弃官奔赴。五府并辟，不就。

同书卷六十七《孔昱传》：

> 字元世，鲁国鲁人也。……灵帝即位，公车征拜议郎，补洛阳令，以师丧弃官，卒于家。

《三国志》卷三十一《刘焉传》：

> 字君郎，江夏竟陵人也。……少仕州郡，以宗室拜中郎，后以师祝公丧去官。

尤其需要强调的是，许多弟子为了给触犯法律的老师料理后事，有时竟然可以不顾朝廷的明令禁止。据《汉书》卷六十七《云敞传》，敞曾经"师事同县吴章"，吴章后来因为开罪于王莽，被杀死，党与"皆禁锢不得仕宦，门人尽更名他师"。"敞时为大司徒掾，自劾吴章弟子，收抱章尸归，棺殓葬之，京师称焉。车骑将军王舜高

---

① 关于这方面有翔实的史料收集，可以参看杨树达：《汉代婚丧礼俗考》，上海古籍出版社 2000 年版，第 126—186 页。

其志节，表奏以为掾，荐为中郎谏大夫。"

《后汉书》卷三十一《廉范传》：

> 廉范……师事博士薛汉。……后辟公府，会薛汉坐楚王事诛，故人门生莫敢收视，范独往收敛之。吏以闻，显宗大怒，召范入，诘责曰："薛汉与楚王同谋，交乱天下，范公府掾，不与朝廷同心，而反收敛罪人，何也？"范叩头曰："臣无状愚戆，心为范等皆已伏诛，不胜师资之情，罪当万死。"……因贳之。

《后汉书》卷三十三《郑弘传》：

> 字巨君，会稽山阴人也。……弘师同郡河东太守焦贶，楚王英谋反发觉，以疏引贶，贶被收捕，疾病，于道亡殁，妻子闭系诏狱，掠考连年。诸生故人惧相连及，皆改变名姓，以逃其祸。弘独髡头负铁锧诣阙上章，为贶讼罪。显宗觉悟，即赦其家属。弘躬送贶丧即妻子还乡里，由是显名。

《后汉书》卷六十三《李固传》：

> 州郡收固二子基、兹于郾城，皆死狱中。小子燮得脱，亡命。（梁）冀乃……露固尸于四衢，令：有敢临者加其罪。固弟子汝南郭亮，年始成童，游学洛阳，乃左提章钺，右秉铁锧，诣阙上书，乞收固尸，不许，因往临哭，陈辞于前，遂守丧不去。夏门亭长呵之曰："李杜二公为大臣，不能安上纳忠，而兴造无端。卿曹何等腐生，公犯诏书，干试有司乎？"亮曰："亮含阴阳以生，戴乾履坤，义之所动，岂知性命？何为以死相

惧？"亭长叹曰："居非命之世，天高不敢不蹐，地厚不敢不蹐。耳目适宜视听，口不可妄言也。"太后闻而不诛。南阳人董班亦往哭固，而殉尸不肯去。①太后怜之，乃听得襚殓归葬，二人由是显名，三府并辟，班遂隐身，莫知所归。

卷六十九《窦武传》载武谋诛杀宦官失败以后：

> 武府掾桂阳胡腾，少师事武，独殡殓行丧，坐以禁锢。武孙辅，时年二岁，逃窜得全，事觉，（中常侍曹）节等捕之急。胡腾及令史南阳张敞共逃辅于零陵界，诈云已死，腾以为己子而为聘娶焉。

以上诸例，各位师长都因为获罪朝廷，或者身陷囹圄，或者身死族灭，但其弟子都不顾皇帝诏令的禁止，不顾国法的严惩，或为他们求情申诉，或为他们收殓尸骨，抚养遗孤，而所有这些均得到了社会舆论的褒扬支持，得到了皇帝的宽宥，甚或有人因祸得福，显扬名誉。由此不难见师道之崇高地位。

（二）为师报仇

汉代为君、父复仇的风俗非常盛行。师既然有跟君、父相当的崇高地位，则为师复仇自然也就可以理解。《三国志》卷九《夏侯惇传》：

> 字元让，沛国谯人，夏侯婴之后也。年十四，就师学。人

---

① 注引《楚国先贤传》曰：班字季，宛人也。少游太学，宗事李固，才高行美，不交非类。尝耦耕泽畔，恶衣疏食。闻固死，乃星行奔丧，哭泣尽哀。司隶校尉奏闻，天子释而不罪。班遂守尸积十余日不去，桓帝嘉其义烈，听许送丧到汉中，赴丧毕而还也。

有辱其师者,悖杀之,由是以烈气闻。

通过以上的分析,不难看出汉代两种师道观念的对立:一种师道观念以上古时期吏—师合一的观念为模本,将师道等同于吏道,表征便是以国家法令为依据,要求维持皇权的最高地位和国家政令的统一;另外一种观念则在相当程度上偏离了法律,可以说具有相当的私人性格。而以上的材料也说明了,这两种观念之间的关系其实也并不融洽。看起来,只要政治没有最后与"正确"合一,这两者交战就不会停歇。汉代的政治就呈现出一种左右摆荡的局面。

一方面,越来越多的人逐渐放弃了师道观念本身所具有的总体政治取向,越来越把师道的放大等同于民间私人关系网络的织造:隐逸沦落为沽名钓誉的终南捷径,求师也成为干名蹈利的跳梁钻营。① 要么就是彻底走向反面:把对现实的失望绝对化为远离人群,把孤单与正确简单相联。但,与鸟兽同群的生涯未必就能守护真理,绝对的孤独只会滋生六朝时期的绝对相对主义和虚无主义。

另一方面,从维持政治公共性的角度来说,一味营私的师道观念自然应该打击,但,这种打击作为一种"公"的力量,本身却必须超脱出"私"的逻辑,必须有共天下的胸襟才可以。但,汉代以吏(君)—师合一为政治取向的皇权却越来越封闭,越来越显示出一种拒绝批评的专横性格。尤其是东汉"党锢之祸"以后,皇权更是只知在外戚与宦官之间辗转,从而堕落成了一种与私人性的人际结合同一水准的东西。

---

① 尤其是汉末以来,像袁绍这样出身显贵之家,历世传习经学,门生遍布天下的人物,更在天下土崩瓦解之际,凭借着这重关系网络,鸠集群豪,自行其是。借用徐幹《中论·谴交》的话说就是:"有策名于朝,而称门生于富贵之家者,比屋有之。为之师而无以教,弟子亦不受业。然其于事也,至乎怀丈夫之容,而袭婢妾之态;或奉货而行赂,以自固结。求志属托,规图仕进。然掷目指掌,高谈大语。若此之类,言之犹可羞,而行之者不知耻。嗟乎!王教之败乃至于斯乎?"

在这两个端点之间摆荡，是东汉以后四百年左右时间里面政治逻辑的大局。这种局面，要等到隋唐科举制出场、天下士人都成为"天子门生"之后，才算有了一个暂时性的解决。

瞿同祖先生的著述与学问①

一

1981年，随着《中国法律与中国社会》在中国大陆的再度刊布，瞿同祖先生以及他的著述也再度引起了研究者的热切注视。而这，距离此前瞿先生的最后一篇中文著述《中国法律之儒家化》刊布的1948年，中间也已经暌隔了三十多年的光阴。造成这种暌隔的原因，从那之后板荡的家国历史是一个，而瞿先生本人楚材晋用的个人历史也是一个。因为早在1945年，瞿先生就已经远赴北美，先后在不同的研究机构和大学从事研究和教学。尽管从那以后他的研究生涯仍然是中国历史这个旧题，但因为讨论对象变更的关系，他的见解却不得不借助英文这种新的语言来加以叙说。

其实后面一个理由根本不该成为学问隔绝的理由，但，大概还是考虑到了中国历史的研究者有很多人因为这样那样的原因不读英文，所以，在《中国法律与中国社会》流行起来之后，出版界的有心者便除了将瞿先生许多中文著述重新刊布之外，还在约集研究者翻译瞿先生的英文著作。由我承乏翻译的这部《汉代社会结构》，是瞿先生最后一本被译成中文的英文著作。

这书最初让我感到好奇的，是《前言》的撰写者竟然是卡尔·魏特夫。众所周知，此人是20世纪前半叶欧美世界重要的中国史研究家，他的"治水社会"理论以及围绕这个理论展开的中国传统社会

---

① 本文原为瞿同祖著《汉代社会结构》的译者跋文，参见瞿同祖：《汉代社会结构》，邱立波译，上海人民出版社2007年版，收入本书时略有修改。

的"专制"宿命说,在中国,自从20世纪30年代以后,中间虽经"批判",但至少到80年代的时候在政、学两界还有余波;在日本的东洋史学界,则掀起了浓厚而持久的从政治学和社会学角度研究中国水利史的学术兴趣。后来我知道,原来瞿先生早在1937年就已经与此公结识,而他关于汉代社会结构的研究之所以能够进行,那契机,也来自1945年3月魏特夫的直接电约:他邀请瞿先生参加由他主持的"中国史研究计划"。在这样一个人主持的"课题组"里面,瞿先生的研究会是个什么样子呢?

"我们原本希望,问世于1949年的《中国社会史:辽》(*The History of Chinese: Liao*)可以作为后继研究的一个模本。但是因为各种各样的原因,这个设想不得不放弃。不过,当我们的秦汉史材料通过一系列专论的形式呈现出来的时候,这一早期著作的许多特色还是被保留了下来。"① 这是魏特夫对瞿先生工作的评价。或许是我过于敏感了,因为我总是会从这席话里面读出一种不满意的情绪。也就是说,尽管魏特夫认为瞿先生的著作保留了由自己亲手撰写的《辽史》的"许多特色",但让《辽史》成为后继研究"模本"的这个基本想法,至少瞿先生在事实上没有这样做。

这中间的详情,未见瞿先生本人有过任何评价,但从作为第三人的杜敬轲那里,却可以略知魏特夫之所以不满的若干消息:"本书作为围绕秦汉史各个方面撰写的系列专著的第一部,起初是想写成一个简约得多的著作——一本一卷本的秦汉史——的其中一章,而这本秦汉史原来打算成为卡尔·奥古斯特·魏特夫和冯家昇(Feng Chia-sheng)合著的辽史的姊妹篇。当1939年王毓铨加入魏特夫教授的'汉代研究计划'(the Han Project)的时候,与辽史卷所用类目差不多相同的类目就已经被确定下来了,而王毓铨也就开始为成

---

① 见本书"前言"。

型著作即将被划分成的十六个部分逐一翻译并注释文本。后来，瞿同祖加入了这个研究计划，但是，尽管继续了由王毓铨所开创的部分工作，他却把大部分的精力都倾注在了社会结构的问题上。"① 看来情况是：魏特夫在"中国史研究计划"开张之前，已经有了一个关于中国社会和中国历史的总体认识。尽管在这个研究计划里面，他本人从事研究从而贯彻这个认识的领域仅仅限于《辽史》，但他还是希望，其他朝代研究者也能够接受并且贯彻他的这个认识，因此，所谓"与辽史卷所用类目差不多相同的类目"这种类似研究提纲和撰述体例的东西，应该也是出自魏特夫的手笔。并且，这个总体认识在研究计划的早期，在魏特夫跟其他中国学者合作的时候，似乎也是得到贯彻的。冯家昇和王毓铨两位先生对魏特夫的体系遵而不替就是明证。但局面在瞿先生这里开始改观：看来瞿先生根本没有接受魏特夫所提出的研究体系并按照这个体系撰写一部完整的两汉史。他跟魏特夫之间在这个问题有没有过争执不得而知，但，至少作为证人的杜敬轲说，瞿先生对王毓铨先生工作的继承只是"部分"的，他把"大部分的精力都倾注在了社会结构的问题上"。最后则导致："若干年后，对现有资料价值的更高估计导致了对于成型著作所应该采取的形式的重构。人们确信，一卷内容或者一个专论，尽管只是一个部分，但对于每一个主要的细部来说，仍然有其存在的价值。本卷就是对于这些材料做了方法修正以后的第一个产品。"②

二

瞿先生始终对之倾注热情的那个问题，未必是魏特夫愿意了解的。那么，其他的学者了解么？

---

① 见本书"编辑说明"。
② 同上注。

是《中国法律与中国社会》为瞿先生博取了最大的学术荣誉。而且，考究起来，称引瞿先生著作的各国学者，最多的是法学的从业者。前几年，甚至还有一些法学的从业者撺掇瞿先生将自己的法学论著结集出版。但是，何种意义上的法学才具备理解瞿先生著作的合适资格？

"首先应向读者交待，我不是法律系科班出身。我在燕京大学时，主修社会学，由于我对历史有兴趣，我当时的志愿是专攻中国社会史，想以社会学的观点来解释传统社会。

"读者一定会问为什么作为一个社会学的学生，我又对法律发生兴趣，进行研究呢？这是由于我读了梅因（Henry Maine）的《古代法》(Ancient Law)和他的《早期的法律和习俗》(Early Law and Custom)二书，叹服其渊博精深，见解卓越，能成一家之言，对我有很大的影响。又读维纳格勒多夫（Paul Vinogradoff）的《历史法学大纲》(Outlines of Historical Jurisprudence)，我对法律史的兴趣更为浓厚。我对社会人类学有了初步了解后，知法律为人类学家所重视，于是我认真阅读了各人类学家有关法律的名著。陆续读了马凌诺斯基（B. Malinowski）的《蛮族社会之犯罪与风俗》(Crime and Custom in Savage Society)；罗布森（W. A. Robson）的《文化及法律之成长》(Civilization and the Growth of Law)；哈特兰（E. S. Hartland）的《原始法律》(Primitive Law)；拉德克利夫－布朗（A. R. Radcliffe-Brown）的《原始法律》(Law, Primitive, Encyclopedia of Social Sciences Vol, IX)等书和论文，深受启发，获益匪浅。因窃不自量，有撰述中国法律史之意。

"1939—1944年我在云南大学任教，除中国社会史外，还有中国法制史一课，促使我开始对这一学科进行研究。为了备课的需要，我便阅读现存的古代法典，及古文献中有关法律的记载。刻苦钻研，有些心得，对古代法律的本质有我自己的见解，便着手撰写《中国法律与中国社会》。该书不同于其他中国法制史的是将法律与社会结合起来予以研究的一个创新尝试，故命为《中国法律与中国社会》，它既是一部法律史，也是一部社会史。"①

我从这段话里面读出了某种对"法学家"头衔的婉拒意味。瞿先生对于自己借助法律这个名目要说些什么，看起来比许多法学家要更加自觉。而如果谁曾经熟读过《中国法律与中国社会》，而如果这个人又愿意再找瞿先生列举的那个书单再重新看过，我想，瞿先生是何法学家这个问题，自会恍然而觉。瞿先生的兴趣，显然不在于简单的制度考证（这不是说这种工作瞿先生不能做，任何读过瞿先生著作的人恐怕都得惊讶于瞿先生对史实考证的纯熟。他对传世文献的熟悉程度，对清代考据学成果的熟悉程度，完全可以使瞿先生厕身于最优秀的史学家而无愧色），而是某种社会结构的总体把握。比较于其他的历史学家和社会学家，瞿先生的著作，在形式上最大的特点，当然可以说是对法律文献的大量征引（即便是在史料相对匮乏的《汉代社会结构》里面也是这样），但，这种征引自身并不是目的，而往往是用来说明与当时社会结构之间的关系的。具体些说，瞿先生的法律史学，乃是一种社会结构的总体机理借助法律语言自我表述的法律史学。借用瞿先生自己在1981年中华书局版《中国法律与中国社会》"导论"中的话来说就是："法律是社会产物，是社会制度之一，是社会规范之一。它与风俗习惯有密切的关系，它维护现存的制度和道德、伦理等价值观念，它反映某一时期、某一社会的社会结构，法律与社会的关系极为密切。"

有必要重复瞿先生曾经在一个场合隐约地提到的自己的学术分

---

① 瞿同祖：《瞿同祖法学论著选集·自序》，中国政法大学出版社1998年版。另外，瞿先生在很多场合都是将"社会史"与"法律史"对举。这类用例，除了下文将要引及的《瞿同祖法学论著选集·自序》之外，还可参看王健：《瞿同祖与法律社会史研究》，见瞿同祖：《清代地方政府》，范忠信、晏锋译，法律出版社2003年版，第411—413页。

类标准:

> 倘若我以一生的精力专心从事于法律史的研究,成果一定会多些。我的兴趣较广,对社会史同样有浓厚的兴趣,曾有过终身从事于此专业的念头。此外,我对政治制度也有兴趣,兴之所至,欲罢不能,于是在哈佛大学担任研究工作时有《清代地方政府》之作。①

将自己的研究成绩分别与三个学科类目分别对照,瞿先生还有一段自谦之辞:

> 我曾想过,倘若我以毕生的精力从事于社会史,或法律史,只搞一门学科,可能会做出较多的成绩和贡献。两者兼顾,便不免顾此失彼了。②

需要指出的是,瞿先生的这些话是说在一个假设以法律系的学生为对话对象的场合。接下来的问题是,法律系的学生对于这段自谦,应该理解到何种程度?

> 我感到现在大学学科分得太细,单靠一个学科的知识是不够用的,要不断扩充自己的知识面。我写法律与社会的时候,就不断阅读法律名著和人类学家关于原始社会法律的著作;研究清代地方政府时,就多读政治学、行政学,特别是欧美各国政府的专著,对各国地方政府进行比较。总之,要累积跨学科

---

① 《瞿同祖法学论著选集·自序》。
② 同上注。

的知识，不断学习，才能有所成就，这就要靠勤奋和认真了。①

这席话同样也是说给学法律的人听的。如果对这看似矛盾的两席话我们都可以要求瞿先生负责，那么，最必要的方式看来是，对于瞿先生的自谦似乎不能理解太过。而对于《中国法律与中国社会》这本代表了瞿先生研究典范并且据说主要是在法律系的圈子里面传播最广的著作，在阅读的时候，有些知识似乎需要重新补过。

如果上面对瞿先生学问旨趣的理解还不是过分地郢书燕说，那么我还想再进一步，把《汉代社会结构》与《中国法律与中国社会》看成是同一类著作。这种理解，尽管从著作的名称上"顾名思义"起来未免觉得离奇，但这其实早已经是瞿先生的定见。《中国法律与中国社会》的出版远在《汉代社会结构》以前二十五年，但那时候瞿先生的态度就已经非常明确，那就是，"秦汉以至晚清变法以前二千余年间的事实"是可以"溶于一炉"来认识的，这种态度"实基于一基本信念——认为这一长时间的法律和整个的社会政治经济一样，始终停滞于同一的基本型态而不变。……如此前提是对的，则我们或不妨忽略那些形式上枝节的差异，而寻求其共同之点，以解释我们法律之基本精神及主要特性。如其中并无矛盾冲突之处，则此方法是可采用的，同时也证明了中国法律制度和中国的社会，在此阶段内，果无重大的变化"②。瞿先生对所谓"唐宋变革论"有无耳闻，以及按照这种理论进行的法制史研究（比如仁井田陞和滋贺秀三的诸多研究）会对瞿先生提出怎样的批评，这个问题可以暂且不论。如果只就瞿先生自己的研究旨趣看，既然他对中国历史有

---

① 前揭王健：《瞿同祖与法律社会史研究——瞿同祖先生访谈录》。
② 瞿同祖：《中国法律与中国社会》，社会学丛刊本，商务印书馆，民国三十六年十一月。本段文字在1981年中华书局版的《中国法律与中国社会》的"导论"里面稍有变化。

如上的判断，那么，尽管处理的时段有差别，材料也难免彼厚此薄，但在社会结构及其表达的法律体系的研究上，关注的问题可以一贯，研究的方法可以融通，应该说是题中应有之义。

这点，《汉代社会结构》的编辑杜敬柯也老早就指出来了："作者对于中国社会的看法从他的早期著作印行以来就非常有名，而那些看法也体现在了这部对于我们理解秦汉时期的历史大有助益的卓越著作里面。"① 不消说，杜敬柯在这里所说的瞿先生的那本"早期著作"就是《中国法律与中国社会》。瞿先生赴美以后，已经将它翻译成英文并且已经于1961年在欧美世界开始传播。

其实，连两书的篇目和结构都是极端类似的：瞿先生在写作《中国法律与中国社会》的时候，处理的问题一共有五个：家族、婚姻、阶级、巫术和宗教。而这五个问题，也恰是瞿先生的两汉史研究准备要解决的。在布局谋篇方面，两书比较大的差别有两个：一是，《中国法律与中国社会》里面用很小篇幅带过去的"巫术和宗教"，在《汉代社会结构》里面被完全取消。不过这当中其实有一桩悬案。据卡尔·魏特夫说，其实瞿先生已经收集了汉代宗教和风俗的资料，他并且预期，瞿先生收集的宗教史方面的资料"将会成为一篇极具启发性的、关于秦汉宗教的专题论文，而关于风俗习惯的资料也将会变成一篇同样具有启发性的、关于秦汉民俗的专题论文"②。但这两篇论文最终都没有面世，如果允许我做一点大胆的揣测，想来它们也可以像"巫术和宗教"被置于《中国法律与中国社会》那样，而被置于《汉代社会结构》之中的。两书在布局上的第二个差别，是《汉代社会结构》多了"妇女地位"一章，但其他朝代的相关内容，其实在《中国法律与中国社会》"婚姻"一章第四节以下也有讨论。如此看来，如果说两书在结构形式上其实也是一致

---

① 前揭《汉化社会结构》。
② 同上注。

的，应该没有多少的问题。

不过，两书在史料处理的方法有一个比较明显的差别，似有必要略加申说。那就是，《中国法律与中国社会》是引用大量的古代法典文献作为证据来说明中国古代社会结构的，但《汉代社会结构》这部专门研究汉代社会结构的著作，在法律文献的征引上就非常稀缺。有了这点差异，还能够说两书是同类性质的著作么？

《中国法律与中国社会》讨论的问题的一般步骤是：提出一个准备研究的问题，然后缕述在这个问题上，各个朝代的传承与沿革。但需要指出的是，尽管该书的视野是想涵盖秦汉帝国建立之后直到清末新法变革之前的整个帝制中国的历史，但在史料的比重上，唐代之后的文献，尤其是法律文献的征引却明显占据多数。这其实是没有办法的事情，因为瞿先生是个靠史料说话的学者，而传世文献就只有那么多，越出材料提供的可能性用逻辑推理的方式来说话，瞿先生没有这样选择。或许也是考虑到了这种史料上方面的差别，所以瞿先生才将两书做了如上的区别，而没有，比如，将关于汉代史的研究命名为《汉代法律与汉代社会》。

但，在瞿先生的研究旨趣里面，这种差别是本质性的么？我不这样认为。

唐代以后，由于法典保存得比较完备，因此，此后各个时代的社会结构的记录自然就有清晰可见的化石形态遗留下来；在唐代之前，尽管这种等级结构没有法律条文可以援引作为确证，但，借助其他方面的材料把这等级结构按照某种线索勾勒出来，指出这种结构在当时人的观念之中确实存在着，那么，这种观念最终要在法律上自我表述出来，这是可以确定无疑的。难道不是这样么？至于史料方面有无具体的法律条文可以征引，似乎不是瞿先生的法学观念要解决的。

三

从如上所述的研究旨趣出发,瞿先生在他的研究生涯里面,一直都在或隐或显地批判分析法学。

在早期的《中国法律与中国社会》里面,瞿先生曾经指出:"我们不能像分析学派那样将法律看成一种孤立的存在,而忽略其与社会的关系。任何社会的法律都是为了维护并巩固其社会制度和社会秩序而制定的,只有充分了解产生某一种法律的社会背景,才能了解这些法律的意义和作用。"还说:"研究法律自离不开条文的分析,这是研究的根据。但仅仅研究条文是不够的,我们也应该注意法律的实效问题。条文的规定是一回事,法律的实施又是一回事。某一法律不一定能执行,成为具文。社会现实与法律条文之间,往往存在着一定的差距。如果只注重条文,而不注意实施情况,只能说是条文的、形式的、表面的研究,而不是活动的、功能的研究。我们应该知道法律在社会上的实施情况,是否有效,推行的程度如何,对人民的生活有什么影响等等。"

在十五年以后出版的《清代地方政府》里面,对分析法学的指名批判已经看不到,但,《中国法律与中国社会》的上述研究思路仍然延续着:"在讨论地方政府的功能时,必须将它们由行政法典及政府命令规定的功能与它们实际执行的功能区别开来。""法律法令总是关于政治行为的考查资料的一部分……但是,对一个政治体制的研究,如果仅凭据法律法令,总是不全面不充分的。法律法令并不总是被遵守,文字上的法与现实中的法经常是有差距的。因为这一缘故,我力图超越法律及行政典章来勾画实际运作中的地方政府之轮廓。"①

---

① 前揭《清代地方政府》,第 2 页。

正是出于这样的考虑，瞿先生早在撰写《中国法律与中国社会》的时候，就形成了一种比较特殊的法律史研究风格，即：为了全面地理解中国古代的法律传统（当然也包括社会结构），至少有几件事情是必须要做的：一是必须要研究中国古代社会结构对于法律的影响；二是必须要研究儒家意识形态对法律的影响；三是必须要研究法律的实效。只有综合考虑如上几方面的因素，中国法律的全貌才可以勾勒。① 这种研究方法，虽说是在《中国法律与中国社会》里面全面提出来的，但可以说贯穿于瞿先生研究生涯的始终，也表现在瞿先生的其他著述里面。

瞿先生的这种学问，可不可以如有些研究者所定义的那样叫作"法律社会学"，如果是，应该是何种意义上的法律社会学，对此，这里不拟讨论。② 但非常有趣的是，瞿先生对于分析法学的批评以及瞿先生本人的研究方法，恰恰是西方的分析法学家们如汉斯·凯尔森要反驳法律社会学的地方。③ 回顾一下分析法学派的这类批评意见，或者有益于更加全面地理解瞿先生的研究方法。

首先，关于法律的实效。瞿先生曾经指出，全面的法律史和制度史研究要展开，需要"超越"法律和典章制度的字面规定，从其他的角度再看到些什么。比如在《清代地方政府》中，瞿先生有如下的话："许多法律法规并未真正被实施，或多或少流于形式。这一问题几乎在行政的各个方面都显露出来。举例而言，关于书吏衙役的服务期限问题，及关于衙门陋规问题的法条就是如此。但这并不意味着官员及其僚属可以随心所欲。如果规范某些程序的正式规定

---

① 前揭《中国法律与中国社会》"导论"。
② 关于法律社会学与分析法学之间比较清楚而又全面的辨析，可以参看〔德〕哈贝马斯：《在事实与规范之间——关于法律和民主法治国的商谈理论》，童世骏译，生活·读书·新知三联书店 2003 年版，第 53—102 页，第 557—619 页。
③ 关于这方面的论说，比较简洁的汉语译著，可以参看凯尔森：《法与国家的一般理论》，沈宗灵译，中国大百科全书出版社 1996 年版，第 183—200 页，第 425—488 页。还可以参看刘小枫选编：《施米特与政治法学》，上海三联书店 2002 年版，第 301—327 页。

无法操作时，他们就不得不遵循成规。对成规的任何改动都可能遭到人们的反对。因此，全体衙门成员都渐渐形成了一套自己乐意且当地百姓也接受的行为规矩。"而这部著作的最大特点，便是要描画出这些实际的"成规"，便是要在固定的"文字上的法"之外，另外勾勒一个"现实中的法"。

在这本著作里面，人们感受最强烈的论证逻辑便是："本来"法律的规定是这样的，但"实际"却是那样的。就读者来说，了解清代地方政府状况的过程，在某种程度上成了遭遇一个又一个"例外"的过程。最后甚至可以得出这样的印象：什么是政府呢？政府就是法律规定之外的东西。

必须马上补说一句，"最后"云云我加了"甚至"二字，因为所谓"政府＝例外"并不是瞿先生的原意。但，如果毫无节制地理解瞿先生的上述逻辑，就会收获这样的果实。不过问题是，这未必是个正果。

想没想过呢，其实问题还有另外一面：当瞿先生指出一个有一个"例外"的时候，瞿先生本人对那个"例"是要很清楚的。如果"例"本身就是模糊的，那"例"之外的东西只能更加模糊。因此，所谓例外所围拢起来的轮廓，如果我说那也是由"例"规定的，应该不算大错，不是么？因此，当瞿先生说"研究法律自离不开条文的分析，这是研究的根据"的时候，尽管紧跟在这句话的后面有一个真正体现了瞿先生研究特长的但书，但是，这句话却毕竟不容轻轻带过。

再者，什么叫作"实际"呢？——"实际"也总是法律概念规定下的"实际"，绝不会是没有法律概念规定的"实际"。并且，实际的情况是，"实际"的轮廓往往也就是法律或者概念的轮廓。尽管在字面上，"实际"总是"应当"的反面，但在逻辑上，"应当"却一定要是"实际"的前提。——如果没有实在法的概念结构在前面，可能勾勒出来的实际也并不准确。瞿先生所谓超越法律制度来研究一点实际的问题，恐怕恰恰是以对法律制度的纯熟掌握为前提的。从这方面来说，我并不认为简单地抛弃法律教科书做一点田野的调查就可以找到高于法律的另外一种真实。瞿先生以渊博的文献知识所勾画出来的实际面貌着实会经常给人以惊喜清新之感，但没有必要认为，这些真实是高于法律的。它其实是法律的附属物。

1944年，凯尔森在《法与国家的一般理论》里面，引用过马克斯·韦伯的一个重要看法来考察法律社会学。韦伯曾经区分关于"法律""法律秩序""法治"等概念的两种不同研究方法：一种方法是纯粹法学意义上的，这种方法研究的是理念上有效力的"应当如何"的法律规范；另外一种方法则是社会学的，这种方法并不单纯研究应然性的法律规范，而是研究实在的人们的行为。但某种行为之所以可以成为法律社会学研究对象，乃是因为行为人一定要认定某个秩序是有效力的，并且要使自己的行为来适应这一秩序。因此凯尔森说：为了要成为法律社会学的研究对象，人们的行为必须要认定一个实在的法律秩序。而从学科意义上来说：法律社会学必须要以规范法学的存在为前提。

在关于某条法律之实效的研究方面，不管所使用的社会学方法为何，结论总归不外乎有实效或者无实效这样两种。但必须注意的是，当社会学准备下这类结论的时候，它所使用的标准却并不是来自社会学，而只能是现实有效的实定法。或许正是在这个意义上，所以凯尔森才说：关于实在法的社会学研究，其结果不可能在实质上不同于规范法学。而也正是在这个意义上，所谓法律社会学的学科合理性，在凯尔森等人看来其实是有很大问题的。

其次，关于儒家学说对于中国法律和社会的陶铸作用，应该怎样理解？可不可以直接地用中国儒家思想史的研究覆盖中国法律思想史的研究？可不可以径直将中国法律思想史看作中国儒家思想史的一个特殊门类？历史系或者哲学系的儒家思想史研究者可不可以取代法律系的法律思想史研究者？

举一个具体的例子。在讨论中国法律儒家化的时候，瞿先生特别提到儒生借用儒家经典来注释法律条文的问题。[①]（这种看法其实也不是瞿先生一个人的私见，这个研究角度现在已经成了讨论"法律儒家化"的时候必须要提及的题目。）但问题是，当这些儒生来注释法典的时候，他们的角色是纯粹而又超脱的儒生么？儒生是不是一个大于或者先于法律的母概念？似乎有必要指出，以儒生援引儒家经典最盛的汉代为例，这时候的"儒家"概念其实并不像字面所表示的那么笼统，而是有比较严格的师法和家法分别的，师法和家法不同，看问题的角度也会不同。也就是，并没有一个学说确定、统系清晰，从科学研究的角度可以确定为研究对象的"儒家"学说。而尤其重要的是，汉代儒家经典师法和家法，都必须要经过官方的认可。何种经典的何种解说可以作为援引的依据，是有严格的官方规定的。如此说来，尽管正史都将传说周、孔教义的人集合在一起，修撰了一个《儒林传》，但，这个儒林，其实已经是经过法律过滤的东西。

普遍认为，中国法律的主导精神，其定型是在唐代以前，但，如果我如上的说明还不算完全没有凭据，那么，所谓儒家思想影响中国法律的形成，是不是也应该附加某些环节？看来不能简单地、不加考虑地把"儒家"看成一个大于或先于"法律"的概念。这里不必引证自班固以来就非常有名、而近代以来又屡经章学诚、章太炎等人发挥的"诸子出于王官说"，说先秦诸子在初都来自周代的某种职司，说他们的思想说到底不过也是从不同侧面对某种法律秩序的表达。人们只要还想在史料可以考实的范围内讨论问题，恐怕简

---

① 《瞿同祖法学论著集》，第 296—358 页、第 361—381 页、第 397—400 页。

地把儒家看作一个超脱于法律之外的存在，然后进一步申说儒家对于法律的影响，在我看来是成问题的。就现存史料来说，我们能够看到的"儒家"概念跟法律都是平行的，它们都是同时进入研究者的视野。简单地执着于中国法律一定受儒家学说的影响或者"指导"的信念，然后在论证的时候不假思索地将"儒家"定为法律的逻辑前提，恐怕是武断的。至少，为了确认这个前提，还有很多难以想象的繁重研究要做。在我看来，这种思考问题的方式有将儒家学说"自然法"化，然后进一步使之成为中国法律的精神指导的嫌疑。但是，中国的法律真的可以承担那么多的正义么？对于现在的研究者来说，先把可以说清楚的问题说清楚，至少是跟探讨圣人的"微言大义"一样紧迫的工作。①

凯尔森在讨论自然法学说的时候，曾经不止一次地指出，自然法教义的一个最大问题是人世必须要面对的，就是说，它必须要被人理解被人解说，必须要摆脱表面的凝固静止状态，它必须要摆脱自己放之四海而皆准的超历史性，而取得一个可以为人理解为人遵守的具体性格，但这样一来，抽象的自然法便告结束了。而当它准备要这样做的时候，它是一定要转化成实在的法律规范的。这个办法同样也可以用来考察儒家学说与法律的关系。圣人的大经大法，如果不经过具体化的步骤，是没有办法变成法律的。但，不能单方面的只是说经典教义影响法律，当经典教义变成法律的时候，它同样也要受制于实在法的规律。圣人是没有办法直接被遵从的。

最近以来有些研究者所做的所谓"原典儒家"跟"政治化儒家"的区别，分析起来好像只是回避了问题而没有回答问题。因为一旦对儒家进行了如上的切割，一旦出于保持儒家概念贞洁的目的而将

---

① 在我看来，流传甚广的"中国古代有律学而无法学"也是犯了同样的错误。如果不对中国历史上实际存在的被许多研究者贬斥为"律学"的法律语言系统做深入细致的、实证法角度的研究，只会滋生出捕风捉影、不落实地的"法学"。

其中的某些部分抽离开实际的政治环境使之真空化,那么,关于儒家政治理念的讨论,恐怕也就没有了实际的意义。

复次,关于中国社会结构与法律的关系。上文已经提到,注重社会结构的法律表达,注重社会结构与法律的密切联系,是瞿先生学术研究的重要特征。但是,该如何理解这种"密切"联系?

有一种耳熟能详却很容易引起误会的宿命论见解(这种见解在各式各样的"法律文化论"里面特别流行):什么样的社会就产生什么样的法律。这种见解里面包含了强烈的预定论,言下之意无疑是说:只要掌握了一个社会的历史规律,那么,这种社会的法律如何,也就顺理成章地可以掌握了。对于这类见解,凯尔森早就已经给予批评。他曾经说:描述社会实际现象的法律社会学,很容易受自然科学当中比较常用的因果律的影响,对未来进行预测。但是,当法律社会学企图说法律就是能够预见"法院事实上将会怎样"的时候,那它就错了。因为法律的逻辑是强制的,法律唯一能够说的,就是将来"法院应当会怎样":这种逻辑并不像自然界的因果律那样,比如,我手里拿着一个重物,虽然我实际上还没有撒手,但我可以断言,只要我撒开手,这个重物一定会向下落。而这确实也是真实的。法律的逻辑,不具有上述这种不以人的意志为转移的自然性。无论在何种情形下,它的语言永远都只能是"应当"如何。

并且,尽管法律社会学可以进行某种预测,但这预测的范围非常局限,只有在法院日常的法律适用方面才能够准确的。而在诸如未来将立什么法律的问题上,法律社会学永远都是搁置的。

这样说来,如上所说的流俗真理,尽管有广被许多研究者接受并且似乎也有某种表面上的科学性,实际却是非常空洞的。它什么都不能说明。按照凯尔森的见解,这种看法恐怕只具有鼓动变法的革命性意义。而一旦某种有效力的法律体系被确定下来,法律自身的规范性逻辑就要开始运转,它就要摆脱社会学的"自然性"因果逻辑。

最后，需要指出，如果要全面地反驳分析法学理论，似乎要特别注意凯尔森所强调的"事实"与"规范"的区别。实在法研究的问题是规定"应当"如何的法律规范，是人"应当"如何行为的问题；而社会学研究的问题是描述"实际"如何的事实，是人"实际"上如何行为的问题。前者遵循的是某种字面的、形式性的强制规律，而后者遵从的则是某种类似于自然科学的因果律。最要紧的，从"事实"出发，根本没有办法实现向"规范"的飞跃，也就是说，事实是如何的，不能等于应该是如何的。正是考虑到这个分别，凯尔森才特别将研究实在法的学问称为"规范科学"，以区别于是研究人之实际行为的社会学。

不必再过多征引瞿先生的文字，只要看上面瞿先生对"法律"与"实际"的区别再三致意就可了解：瞿先生也是承认上述"规范"与"事实"之别的。但，正是因为这一点，瞿先生的一种论证逻辑就格外需要商榷：在瞿先生的主要著作里面，当他准备要勾勒一种历史现象的轮廓的时候，他往往会同时调用法律的规定和相应的历史事实。但如果瞿先生上述"法律=应然"（或者字面）而"实际=事实"的逻辑成立，那么，接下来恐怕会产生两个问题：一是，如果我们在上文关于法律规范与实际之间的区分还有些道理，也就是说，如果人们还愿意承认，法律社会学所分析出来的事实其实只是被实在法所规定的东西，那么，"全貌=应然+事实"的论证逻辑是不是有同义反复的意味？二是，如果法律社会学确实有某种雄心，说自己在实在法之外看到了另外的东西，那么，"全貌=应然+事实"的逻辑是不是在拼接两种处于不同平面的东西？杯子里面有油也有水，但油永远都是浮在水上面的。重要的是这两者没有交融，那么即便它们处在同一个杯子里面、同时被我们看到了，但单纯地说杯子里面有"油水"，似乎并没有说出更多的事实，这似乎并不是法律社会学预想之中的那种"全面",不是么?

或者有人会说:当法律与实际相符合的时候,它就处于事实的平面;当法律与实际相龃龉的时候,它就处于理想的层面。但这样一来,我们还能不能指出一种社会现象称呼其为法律?这样的法律岂不就成了某种出于论证的需要而可以随时变形的权宜之计?

必须要指出,我虽有如上辩说,却并不意味着我毫无限制地服膺凯尔森的法学理论,我只是觉得,要全面理解某种学说,必须要经历这种学说的对立面,否则只是简单的鹦鹉学舌。对瞿先生的著述也是这样。同时还要说明的是:瞿先生是个极其谨慎的学者,尽管他从很早就接触西方的社会科学理论,但在著作中,他却很少离开实际史料,抽象谈论对某派学说的看法,他对西方学者意见的引用、分析和批评都非常节制。实在说来,我也并不觉得诸如"法学家""法律社会学家""韦伯的正宗嫡传"之类的中西各式头衔真正适合于瞿先生。因为,真正诚实的研究都超脱于头衔之外。但尽管如此,之所以还要有如上的哓哓舌辩,实在是因为瞿先生在各种研究中提出的问题直到今天都还没有得到比较好的辨析,而在各种已经定型的头衔和一味的赞赏堆积之下,瞿先生的著作也渐渐有被按照如上头衔僵化理解的嫌疑。

附录：两汉地方长吏行政实况表

按：

（一）本表史料，仅限代表性条目，但翻检之下，读者即可获得两汉地方行政的大致印象，与本论相印证。

（二）本表目的是考察在两汉特定国体架构下，皇权及法律在地方社会的运作实况，故选取对象，除题名所标识之太守和县令之外，举凡由皇帝直接任命之郡丞和郡都尉、县丞和县都尉，郡县级侯国相、丞和都尉（即史籍之所谓"长吏"）等，都在收集之列。史载刘备驾崩后，丞相诸葛亮上表后主刘禅，要求"其郡国守、相、令、长、丞、尉三日除服"，时当三国分裂时期，但这里的"郡国守、相、令、长、丞、尉"，实际上概括了西汉以来约定俗成的"长吏"范围。至于刺史，只是在东汉灵帝中平五年（公元188年）后，才正式从中央朝廷的监察机构变质为一级地方行政机关，所以暂付阙如。而即便在此之后，刺史也并未发展出不同于郡县长吏的行为逻辑。

（三）传世史籍记载地方长吏事迹，史料数量有明显年代差异，西汉宣帝以后占据绝大多数。这不仅是史家偏好，也与宣帝以后皇权逐渐放弃武帝时代对地方的严厉弹压政策，逐渐与地方妥协的转向有关，当然也伴随着中国社会的苏醒过程。汉代政治的重心，有一个从中央朝廷到地方下移的过程，所谓"礼治"的兴起，所谓循吏的普遍化，均与此过程息息相关。

（四）清代以来，不少学者做过两汉地方长吏名单的辑佚整理，钱大昭《东汉令长表》、严耕望《两汉刺史郡守表》，均是名作。本表也以这两种著作为起点，但侧重在长吏们的行政实况，与两位先贤之罗列姓名、标明出处，体裁繁简有异。由于多方面的原因，以上两种著作间有错漏，作者愚者千虑，间有补充。

取材范围，除正史外，《隶释》和《隶续》（两书均参考中华书局，2012年3月版）、严可均《全上古三代秦汉三国六朝文》，（中华书局，2012年1月版）、《华阳国志》（参考任乃强：《华阳国志校补图注》，上海古籍出版社，2013年7月版）等，均为必不可少的参考资料。另外，当代学者周天游先生《八家后汉书辑注》（上海古籍出版社，1986年12月版。以下简称《辑注》）辑佚传统类书甚多，材料丰富，若干材料为钱、陈二表所未及，成为本表在正史之外，补足东汉诸条目的基石。本表所列出自《初学记》《北堂书钞》《太平御览》和《艺文类聚》等传统类书的所有后汉史料，均取自周先生书，并非作者查考所得，非敢掠美，特此说明。

近年来简牍文献出土不少，为后人提供了包括地方行政在内的大量史料，这些都是前辈学者来不及看到的，若能采集这类材料，则本表可更加丰富。

（五）本表所收地方郡县长吏，西汉部分凡引自《汉书》，东汉部分凡引自《后汉书》，均径直列出卷数，不再列出书名。在此范围之外的，才详细标明书名。

（六）有时一条史料内会包含多个地方长吏的职任，如《洛阳上东门桥右石柱铭》，既出现了河南尹、丞，也出现了下一级的洛阳令、丞，归类时，为不使史料重出，也为了保持史料的完整性，往往将之置于关系较密切的一方，比如本条材料，便置于洛阳令条下，在河南尹条下便未出现。又如《隶续》卷十九《封丘令王元宾碑》，记载王元宾先后任宛陵、叶、封丘令，类似情形，或以《隶释》原题目确定归类，或归类于首任之下，不一而足。

一、西汉太守表

豫州刺史部

沛郡

卷七十一《薛广德传》：

字长卿，沛郡相人也。……（元帝永光元年免御史大夫）东归沛，太守迎之界上。沛以为荣，悬其安车传子孙。

卷八十六《何武传》：

字君公，蜀郡郫县人也。……（元帝绥和元年稍前）迁沛郡太守。……为人仁厚，好进士，奖称人之善。为楚内史厚两龚，在沛郡厚两唐，及为公卿，荐之朝廷。此人显于世者，何侯力也，世以此多焉。然疾朋党，问文吏必于儒者，问儒者必于文吏，以相参验。欲除吏，先为科例，以防请托，其所居亦无赫赫名，去后常见思。

梁国

卷七十六《张敞传》：

初，敞为京兆尹（宣帝神爵元年至五凤四年，或甘露元年），而敞弟武拜为梁相。是时梁王骄贵，民多豪强，号为难治，敞问武欲何以治梁，武敬惮兄，谦不肯言。敞使吏送至关，戒吏自问武，武应曰："驭黠马者利其衔策。梁国大都，吏民凋敝，且当以柱后惠文弹治之耳。"秦时狱法吏冠柱后惠文，武意欲以刑法治梁。吏还，道之，敞笑曰："审如掾言，武必辨治梁矣。"武既到官，其治有迹，亦能吏也。

颍川郡

《汉书》卷二十八《地理志》：

颍川、南阳，本夏禹之国。夏人上忠，其蔽鄙朴。……颍川，韩都，士有申子、韩非刻害余烈，高仕宦，好文法，民以贪邀争讼为失。韩延寿为太守,先之以敬让;黄霸继之,教化大行,狱或八年亡重罪囚。……颍川好争讼分异,黄韩化以笃厚。"君子之德风也,小人之德草也",信矣。

卷八十九《循吏·黄霸传》:

字次公,淮阳阳夏人也。以豪杰役使徙云陵。霸少学律令,喜为吏。……(宣帝时)为颍川太守,秩比二千石。……时上垂意于治,数下恩泽诏书,吏不奉宣。太守黄霸为选择良吏,分部宣布诏令,令民咸知上意,使邮亭乡官皆畜鸡豚,以赡鳏寡贫穷者。然后为条教,置父老、师帅、伍长,班行之于民间,劝以为善防奸之意,及务耕桑,节用殖财,种树畜养,去食谷马。米盐靡细,初若烦碎,然霸力能推行之。

吏民见者,语次寻绎。问它阴伏,以相参考。尝欲有所司察,择长年廉吏遣行,属令周密。吏出,不敢舍邮亭,食于道旁,乌攫其肉。民有欲诣府口言事者适见之。霸与语,道此,后日吏还谒霸,霸见迎劳之曰:"甚苦!食于道旁,乃为乌所盗肉!"吏大惊,以霸具知其起居,所问豪氂不敢有所隐。鳏寡孤独有死无以葬者,乡官部书言,霸具为区处:某所大木可以为棺,某亭猪子可以祭,吏往,皆如言。其识事聪明如此,吏民不知所出,咸称"神明"。奸人去入他郡,盗贼日少。

霸力行教化而后诛罚,务在成就全安长吏。许丞老,病聋,督邮白欲逐之,霸曰:"许丞廉吏,虽老,尚能拜起送迎,正颇重听,何伤?且善助之,毋失贤者意。"或问其故,霸曰:"数易长吏,送故迎新之费及奸吏缘绝簿书盗财物,公私费耗甚多,皆当出于民,所易新吏又未必贤,或不如故,徒相益为乱。凡治道,去其泰甚者耳。"

霸以外宽内明得吏民心,户口岁增,治为天下第一。征为京兆尹,秩二千石。坐发民治驰道不先以闻,又发骑士诣北军,马不适士，劾乏军兴，连贬秩。有诏归颍川太守官，以八百石居治如其前，前后八年，郡中愈治。是时凤凰、神爵数集郡国，颍川尤多。天子以霸治行终长者，下诏称扬曰："颍川太守霸，宣布诏令，百姓向化，孝子、弟弟、贞妇、顺孙日以多，田者让畔，道不拾遗，养视鳏寡，赡助贫穷，狱或八年无重罪囚，吏民向于教化，兴于行谊，可谓贤人君子矣。《书》不云乎？'股肱良哉！'其赐爵关内侯，黄金百斤，秩中二千石。"而颍川孝弟、有行义民、三老、力田，皆以差赐爵及帛，后数月，征霸为太子太傅，迁御史大夫。

卷七十六《张敞传》：

是时颍川太守黄霸，以治行第一守京兆尹，霸视事数月，不称，罢归颍川。

卷九十《酷吏严延年》：

是时张敞为京兆尹，素与严延年善。时黄霸在颍川以宽恕为治，郡中亦平，屡蒙丰年，凤凰下，上贤焉，下诏称扬其行，加金爵之赏。延年素轻霸为人，及比郡为守，褒赏反在己前，心内不服。

卷十九下《百官公卿表》：

孝宣本始三年，颍川太守赵广汉为京兆尹。

卷七十六《赵广汉传》：

（宣帝初）迁颍川太守，郡大姓原、褚宗族横恣，宾客犯为盗贼，前二千石莫能禽制，广汉既至，数月，诛原、褚首恶，郡中震栗。

先是，颍川豪杰大姓相与为婚姻，吏俗朋党，广汉患之，厉使其中可用者受记，出有案问，既得罪名，行法罚之。广汉故泄露其语，令相怨咎。又教吏为缿筒，及得投书，削其主名，而托以为豪杰大姓子弟所言。其后，强宗大族家家结为仇雠，奸党散落，风俗大改。吏民相告讦，广汉得以为耳目，盗贼以故不发，发又辄得。壹切治理，威名流闻。

卷七十六《韩延寿传》：

字长公，燕人也，徙杜陵。……（昭帝时）徙颖川太守。

颖川多豪强，难治，国家常为选良二千石。先是，赵广汉为太守，患其俗多朋党，故构会吏民，令相告讦，一切以为聪明。颖川由是以为俗，民多冤仇，延寿欲更改之，教以礼让。恐百姓不从，乃召郡中长老为乡里所信向者数十人，设酒具会，亲与相对，接以礼意，人人问以谣俗，民所疾苦，为陈和睦亲爱销除怨咎之路，长老皆以为便，可施行。因与议定嫁娶丧祭仪品，略依故礼，不得过法。延寿于是令文学校官诸生皮弁执俎豆，为吏民行丧嫁娶礼，百姓遵用其教，卖偶车马下里伪物者，弃之市道。数年，徙为东郡太守。黄霸代延寿居颖川。霸因其迹而大治。

延寿为吏，上礼义，好古教化，所至必聘其贤士，以礼待用，广谋议，纳谏诤；举行丧让财，表孝弟有行；修治学官，春秋乡射，陈钟鼓管弦，盛升降揖；及都试讲武，设斧钺旌旗，习射御之事，治城郭。收租赋，先明告其日，以期会为大事，吏民敬畏，趋向之。又置正、五长，相率以孝弟，不得舍奸人。闾里阡陌有非常，吏辄闻知，奸人莫敢入界。其始若烦，后吏无追捕之苦，民无箠楚之忧，皆便安之。接待下吏，恩施甚厚而约誓明；或欺负之者，延寿痛自刻责："岂其负之，何以至此？"吏闻者，自伤悔，其县尉至自刎死，及门下掾史自到，以救不殊，因瘖不能言。延寿闻之，对掾史涕泣，遣吏医治视，厚复其家。

延寿尝出，临上车，骑吏一人后至，敕功曹议罚白。还至府门，门卒当车，愿有所言。延寿止车问之，卒曰："《孝经》

曰：资于事父以事君，而敬同，故母取其爱，而君取其敬，兼之者父也。今旦明府早驾，久驻未出，骑吏父来至府门，不敢入。骑吏闻之，趋走出谒，适会明府登车，以敬父而见罚，得毋亏大化乎？"延寿举手舆中，曰："微子，太守不自知过。"归舍，召见门卒，卒本诸生，闻延寿贤，无因自达，故代卒，延寿遂待用之。其纳善听谏，皆此类也。

卷七十七《何并传》：

（何并）徙颍川太守，代阳陵严诩。诩本以孝行为官，谓掾史为师友，有过则闭阁自责，终不大言。郡中乱。王莽遣使征诩，官属数百人设祖道，诩据地哭。掾史曰："吾哀颍川士，身岂有忧哉？我以柔弱征，必以刚猛代；代到，将有僵仆者，故相吊耳。"诩至，拜为美俗使者。

是时颍川钟元为尚书令，领廷尉，用事有权。弟威为郡掾，赃千金。并为太守，过辞钟廷尉，廷尉免冠为弟请一等之罪，愿蚤就髡钳。并曰："罪在弟身与君律，不在太守。"元懼。驰遣人呼弟。阳翟轻侠赵季、李款多畜宾客，以气力渔食闾里，至奸人妇女，持吏长短，纵横郡中，闻并且至，皆亡去。并下车求勇猛晓文法吏且十人，使文吏治三入狱，武吏往捕之，各有所部。教曰："三人非负太守，乃负王法，不得不治。钟威所犯多在赦前，驱使入函谷关，勿令汙民间；不入关，乃收之。赵李杰恶，虽远去，当得其头，以谢百姓。"钟威负其兄，止雒阳，吏格杀之。亦得赵李他郡，持头还，并皆悬头及其具狱于市。郡中清静，表善好士，见纪颍川，名次黄霸。性清廉，妻子不至官舍。数年，卒。

汝南郡

《后汉书》卷八十一《独行·周嘉传》（《北堂书钞》七三引谢承《后汉书》略同）：

（周嘉）高祖父燕，宣帝时为郡决曹掾。太守（姓名不详）欲枉杀人，燕谏不听，遂杀囚而黜燕。囚家守阙称冤，诏遣覆考。燕见太守曰："愿谨定文书，皆著燕名，府君但言时病而已。"出谓掾史曰："诸君被问，皆当以罪推燕。若有一言及于府君，燕手剑相刃。"使者乃收燕系狱，屡被掠楚，辞无屈挠。当下蚕官，乃叹曰："我平王之后，正公玄孙，岂可以刀锯之余下见先君？"遂不食而死。

幽州刺史部
勃海郡
卷八十九《循吏·龚遂传》：

宣帝即位，久之，勃海左右郡岁饥，盗贼并起，二千石不能禽制。上选能治者，丞相御史举遂可用，上以为勃海太守。……遂曰："臣闻治乱民犹治乱绳，不可急也；唯缓之，然后可治。臣愿丞相御史且无拘臣以文法，得一切便宜从事。"上许焉。……至勃海界……移书敕属县，悉罢逐捕盗贼吏，诸持鉏钩田器者皆为良民，吏无得问，持兵者乃为盗贼。遂单车独行至府，郡中翕然，盗贼亦皆罢。勃海又多劫略相随，闻遂教令，即时解散，弃其兵弩而持鉏钩。盗贼于是悉平，民安土乐业。遂乃开仓，廪假贫民，选用良吏，尉安牧养焉。

遂见齐俗奢侈，好末技，不田作，乃躬率以俭约，劝民务农桑，令口种一树榆，百本薤，五十本葱，一畦韭，家二母彘，五鸡。民有带持刀剑者，使卖剑买牛，卖刀买犊，曰："何为带牛佩犊！"春夏不得不趋田亩，秋冬课收敛，益畜果实菱芡，劳来循行，郡中皆务畜积，吏民皆富实，狱讼止息。

涿郡
卷九十《酷吏·严延年传》：

（宣帝时为涿郡太守）时郡比得不能太守，涿人毕野白等由是废乱，大姓西高氏、东高氏，自郡吏以下皆畏避之，莫敢与悟，咸曰："宁负二千石，无负豪大家。"宾客放为盗贼，发辄入高氏，吏不敢近，浸浸日多，道路张弓拔刃，然后敢行，其乱如此。延年至，遣掾蠡吾赵绣按高氏，得其死罪。绣见延年新将，心内惧，即为两劾，欲先白其轻者，观延年意怒，乃出其重劾。延年已知其如此矣。赵绣至，果白其轻者，延年索怀中，得重劾，即收送狱。夜入，晨将至市论杀之。先所按死者，吏皆股弁，更遣吏分考两高，穷竟其奸，诛杀各数十人，郡中震恐，道不拾遗。

卷七十六《王尊传》：

字子赣，涿郡高阳人也。少孤，归诸父，使牧羊泽中，尊窃学问，能史书。年十三，求为狱小吏。数岁，给事太守府，问诏书行事，尊无不对。太守奇之，除补书佐，署守属监狱。久之……复召署守属监狱，为郡决曹史。数岁……太守察尊廉，补辽西盐官长。

（元帝时）坐擅离部署，会赦，免归家。涿郡太守徐明荐尊不宜久在间巷，上以尊为郿令。

荆州刺史部

南郡

卷六十九《辛庆忌传》：

辛庆忌……宗族支属至二千石者十余人。……平帝时，司直陈崇举奏其宗亲陇西辛兴等侵陵百姓，咸行州郡。莽遂按通父子。遵茂兄弟及南郡太守辛伯等，皆诛杀之，辛氏由是废。

卷七十七《孙宝传》：

（成帝时）帝舅红阳侯立使客因南部太守李尚占垦草田数

百顷,(其中)颇有民所假少府陂泽,略皆开发,上书愿以入县官。有诏平田予直钱有贯一万万以上。丞相司直孙宝闻之……刻奏立、尚怀奸罔上,狡猾不道,尚下狱死。

南阳郡

卷一《高帝纪》:

秦三年六月,沛公与南阳守龂战于犨东,破之,略南阳郡,南阳守走,保城守宛。……七月,南阳守龂降,封为殷侯。

卷三十九《曹参传》:

沛人也。……从南攻犨,与南阳守龂战阳城郭东,陷陈,取宛,虏龂,定南阳郡。

卷四十《周勃传》:

沛人。……南攻南阳守龂,破武关、峣关。

卷四十一《灌婴传》:

睢阳贩缯者也。……(从沛公)南破南阳守龂阳城东,遂定南阳郡。

《樊哙传》:

沛人也,以屠狗为事。……南攻秦军于犨,破南阳守龂于阳城。

卷二十八下《地理志》:

秦既灭韩,徙天下不轨之民于南阳。故其俗夸奢,上气力,好商贾渔猎,藏匿难制御也。宛西通武关受江淮,一都之会也。宣帝时,郑弘、召信臣为南阳太守,治皆见纪。信臣劝民农桑,去末归本,国以殷富。

卷四十五《息夫躬传》(宠封侯事又见八十六《王嘉传》):

(哀帝)恶躬等,下诏曰:"南阳太守方阳侯宠,素亡廉声,有酷恶之资,毒流百姓。……"

卷六十《杜周传》：

南阳杜衍人也。义纵为南阳太守，以周为爪牙，荐之张汤，为廷尉史。

卷六十六《陈咸传》：

字子康，（成帝时）为南阳太守，（此前曾经先后任楚内史，北海、东郡太守）所居以杀伐立威，豪猾吏及大姓犯法，辄论输府，以律程坐司空。为地白木杵，舂不中程，或私解脱钳钦，衣服不如法，辄加罪答，督作剧，不胜痛，自绞死，岁数百千人。久者虫出腐烂，家不得收。其治放严延年，其廉不如。所居调发属县所出食物以自奉养，奢侈玉食。然操持掾史，郡中长吏皆争闭门自敛，不得逾法。公移敕书曰："即各欲求索自快，是一郡百太守也，何得然哉！"下吏畏之，豪强执服，令行禁止，然亦以此见废。

《郑弘传》：

字稺卿，泰山刚人也。……明经，通法律政事。……为南阳太守，著治迹，条教法度，为后所称。

卷八十四《翟方进附子义传》：

（翟义）字文仲……年二十为南阳都尉，宛令刘立与曲阳侯为婚，又素著名州郡，轻义年少。义行太守事，行县至宛，丞相史在传舍，立持酒肴谒丞相史，对饮未讫，会义亦往。外吏白都尉方至，立语言自若。须臾义至，内谒径入，立乃走下。义既还，大怒，阳以他事召立至，以主守盗十金，贼杀不辜，部掾夏恢等收缚立，传送邓狱，恢亦以宛大县，恐见篡夺，白义可因随后行县送邓。义曰："欲令都尉自送，则如勿收邪？"载环宛市乃送，吏民不敢动，威震南阳。

卷八十九《循吏·召信臣传》：

字翁卿，九江寿春人也。……其治视民如子，所居见称述。……迁南阳太守。……信臣为人勤力，有方略，好为民兴利，务在富之。躬劝耕农，出入阡陌，止舍离乡亭，稀有安居时。行视郡中水泉，开通沟渎，起水门提阏凡数十处，以广灌溉，岁岁增加，多至三万顷。民得其利，高积有余。信臣为民做均水约束，刻石立于田畔，以防分争。禁止嫁娶送终奢靡，务出于俭约。府县吏家子弟，好游敖，不以田作为事，则斥罢之，甚者案其不法，以视好恶。其化大行，郡中莫不耕稼力田，百姓归之，户口增倍，盗贼狱讼衰止。吏民亲爱信臣，号之曰"召父"。荆州刺史奏信臣为百姓兴利，郡以殷富，赐黄金四十斤。

卷九十《酷吏·义纵传》：

自河内迁为南阳太守。闻宁成家居南阳，及至关，宁成侧行送迎，然纵气盛，弗为礼。至郡，遂按宁氏，破碎其家，成坐有罪，及孔暴之属皆奔亡。南阳吏民重足一迹。而平氏朱疆、杜衍、杜周为纵爪牙之吏，任用，迁为廷尉史。

卷九十二《游侠·原涉传》：

字巨先，祖父武帝时以豪杰自（颍川）阳翟徙茂陵。涉父哀帝时为南阳太守。天下殷富，大郡二千石死官，赋敛送丧皆千万以上，妻子通共受之，以定产业。时又少行三年丧者，及涉父死，让还南阳赙送，行丧冢庐三年，繇是显名京师。

卷九十九《王莽传》：

始莽就国（莽封国在南阳新野之都乡），南阳太守以莽贵重，选门下掾宛孔休守新野都相。

青州刺史部

平原郡

卷七十八《萧望之传》：

（宣帝时）选博士谏大夫通政事者补郡国守相，以望之为平原太守。望之雅意在本朝，远为郡守，内不自得，乃上书曰：……书闻，征入守少府（元康元年）。

济南郡、国

卷九十《酷吏·郅都传》：

郅都，河东大阳人也。……济南瞯氏宗人三百余家，豪猾，二千石莫能制，于是景帝拜都为济南守。至则诛瞯氏首恶，余皆股栗。居岁余，郡中不拾遗，旁十余郡守畏都如大府。

都为人勇有气，公廉。不发私书，问遗无所受，请寄无所听。常称曰："己背亲而出，身固当奉职死节官下，终不顾妻子矣。"

《宁成传》：

稍迁至济南都尉，而郅都为首。……都素闻其声，善遇，与结骧。

《义纵传》：

家居，上欲以为郡守。御史大夫（公孙）弘曰："臣居山东为小吏时，宁成为济南都尉，其治如狼牧羊，成不可令治民。"

齐郡、国

卷二十四《食货志》：

是时，豪富皆争匿财，唯卜式数求入财以助县官，天子乃超拜式为中郎，赐爵左庶长，田十顷，布告天下，以风百姓。初，式不愿为官，上强拜之，稍迁至齐相。

南粤反……齐相卜式上书，愿父子死南粤。天子下诏褒扬，赐爵关内侯，黄金四十斤，田十顷。布告天下，天下莫应。

卷三十八《齐悼惠王传》：

高后崩……（刘）章以吕禄女为妇……乃使人阴出告其兄齐王，欲令发兵西，朱虚侯、东牟侯欲从中与大臣为内应，以诛诸吕，因立齐王为帝。齐王闻此计……阴谋发兵。齐相召平闻之，乃发兵入围王宫。(中尉)魏勃绐平曰："王欲发兵，非有汉虎符验也，而相君围王，固善。勃请为君将兵卫卫王。"召平信之，乃使魏勃将。勃既将，以兵围相府。召平曰："嗟乎！道家之言，'当断不断，反受其乱'。"遂自杀。于是齐王以驷钧为相。

(魏)勃父以善鼓琴见秦皇帝。及勃少时，欲求见齐相曹参，家贫无以自通，乃常独早埽齐相舍人门外。舍人怪之，以为物而司之，得勃。勃曰："愿见相君，无因，故为子埽，欲以求见。"于是舍人见勃，曹参因以为舍人。壹为参御言事，以为贤，言之悼惠王。王召见，拜为内史。

(主父偃与有隙)偃方幸用事，因言："齐临淄十万户，市租千金，人众殷富，钜于长安，非天子亲爱子，不得王此。今齐王于亲属益疏。"乃从容言吕太后时齐欲反，及吴楚时孝王欲为乱，今闻齐王与其姊乱，于是武帝拜偃为齐相，且正其事。偃至齐，急治王后宫宦者为王通于姊翁主所者，辞及王，王年少，惧以罪为吏所执诛，乃饮药自杀。

卷四十《万石传》：

(石庆)出为齐相，齐国慕其家行，不治而齐国大治，为立石相祠(武帝时期)。

卷五十八《卜式传》：

河南人也。……(为齐相)会吕嘉反，式上书曰："……臣愿与子男及临淄习弩、博昌习船者行，死之以尽臣节。"

卷六十四《主父偃传》：

元朔中，偃言齐王内有淫失之行，上拜偃为齐相。……乃使人以王与姊奸事动王。王以为终不得脱，恐效燕王论死，乃自杀。

卷八十八《儒林·梁丘贺传》：

（京）房出为齐郡太守。

《颜安乐传》：

字公孙，鲁国薛人……家贫，官至齐郡太守丞，后为仇家所杀。

兖州刺史部
陈留郡
卷十《成帝纪》：

（永始三年）十一月，尉氏男子樊并等十三人谋反，杀陈留太守，劫略吏民，自称将军。

淮阳郡、国
卷五十《汲黯传》：

会更立五铢钱，民多盗铸钱者，楚地尤甚。上以为淮阳楚地之郊也，召黯拜为淮阳太守。黯伏谢不受印绶，诏数强予，然后奉诏。召上殿，黯泣曰："臣自以为填沟壑，不复见陛下，不意陛下复收之，臣常有狗马之心，今病，力不能任郡事。臣愿为中郎，出入禁闼，补过拾遗，臣之愿也。"上曰："君薄淮阳邪？吾今召君矣，顾淮阳吏民不相得，吾徒得君重，卧而治之。"……黯居郡，如其故治，淮阳政清。……居淮阳十岁而卒。

卷九十《酷吏·尹齐传》：

尹齐，东郡茌平人也。以刀笔吏稍迁至御史。……后复为淮阳都尉，王温舒败后数年，病死，家值不满五十金。所诛灭淮阳甚多。及死，仇家烧其尸，妻亡去，归葬。

《田广明传》：

字子公，郑人也。……郡国盗贼并起，迁广明为淮阳太守。

岁余，故城父令公孙勇与客胡倩等谋反。……广明觉知。发兵皆捕斩（胡倩等）焉。而公孙勇衣绣衣，乘驷马车至圉，圉使小史侍之，亦知其非是，守尉魏不害与厩啬夫江德、尉史苏昌共收捕。上（武帝）以广明连禽大奸，征入为大鸿胪，擢广明兄云中为淮阳太守。

山阳郡

卷六十三《昌邑王传》：

（宣帝）即位，心内忌（昌邑王刘）贺，遣使者赐山阳太守（张敞）玺书曰："制诏山阳太守：其谨备盗贼，察往来过客。毋下所赐予书。"敞于是条奏贺居处，著其废亡之效，曰……

卷七十六《张敞传》：

字子高，本河东平阳人也。（祖父孺徙茂陵）宣帝初即位。废王贺在昌邑，上心惮之，徙敞为山阳太守。

东郡

卷十《成帝纪》：

永始三年十二月，山阳铁官徒苏令等二百二十八人攻杀长吏……杀东郡太守。

卷十五下《王子侯表》（事又见卷八十《东平思王宇传》、卷八十四《翟方进附子义传》、卷九十八《元后传》、卷九十九上《王莽传》居摄二年）：

王莽居摄二年，东郡太守翟义举兵，立（严乡侯刘）信为天子，兵败，死。

卷十八《外戚恩泽侯表》（事又见卷八十六《翟方进传》、卷八十八《儒林传》）：

居摄元年，（高陵侯）弟东郡太守（翟）义举兵欲讨莽，莽灭其宗。

卷二十八下《地理志》：

卫地有桑间濮上之阻……汉兴，二千石治者亦以刑杀为威。宣帝时，韩延寿为东郡太守，承圣恩，崇礼义，尊谏诤，至今东郡号善为吏，延寿之化也。其失颇奢靡，嫁娶送终过度，而野王好气任侠，有濮上风。

卷六十四《吾丘寿王传》：

字子赣，赵人也。……（武帝时）会东郡盗贼起，拜为东郡都尉。上以寿王为都尉，不复置太守。是时，军旅数发，年岁不熟，多盗贼。诏赐寿王玺书曰："子在朕前之时，知略辐辏，以为天下少双，海内寡二。及至连十余城之守，任四千石之重，职事并废，盗贼纵横，甚不称在前时，何也？"寿王谢罪，因言其状。

卷六十六《陈咸传》（事又见卷八十六《翟方进传》）：

（成帝时）为东郡太守。

卷七十六《韩延寿传》：

（宣帝时）为东郡太守，……在东郡三年，令行禁止，断狱大减，为天下最。

《王尊传》：

（成帝时）迁东郡太守。久之，河水盛溢，泛滥瓠子金堤，老弱奔走，恐水大决为害。尊躬率吏民，投沉白马，祀水神河伯。尊亲执圭璧，使巫策祝，请以身填金堤，因止宿，庐居堤上。吏民数千万人争叩头救止尊，尊终不肯去。及水盛堤坏，吏民皆奔走，唯一主簿泣在尊旁，立不动。而水波稍却回还。吏民嘉壮尊之勇节，白马三老朱英等奏其状。下有司考，皆如言。于是制诏御史……数岁，卒官，吏民纪之。

《辑注》引谢承《后汉书·陈宣传》载宣谏光武帝：

昔东郡金堤大决，水欲没郡，令、吏、民散走，太守王尊正身救以住立不动，水应时自消。

东平国

卷七十六《王尊传》：

> 迁为东平相。是时，东平王以至亲骄奢，不奉法度，傅相连坐。及尊视事，奉玺书至庭中，王未及出受诏，尊持玺书归舍，食已乃还。致诏后，谒见王，太傅在前说《相鼠》之诗。尊曰："毋持布鼓过雷门！"王怒，起入后宫。尊亦直趋出就舍。
>
> 先是，王数私出入，驱驰国中，与后姬家交通。尊到官。召敕厩长："大王当从官属，鸣和鸾乃出，自今有令驾小车，叩头争之，言相教不得。"后尊朝王，王复延请登堂。尊谓王曰："尊来为相，人皆吊尊也，以尊不容朝廷，故见使相王耳。天下皆言王勇，顾但负责，安能勇？如尊乃勇耳。"王变色视尊，意欲格杀之，即好谓尊曰："愿观相君佩刀。"尊举扱，顾谓傍侍郎："前引佩刀视王，王欲诬相拔刀向王邪？"王情得，又雅闻尊高名，大为尊屈，酌酒具食，相对极欢。太后征史奏尊："为相倨慢不臣，王血气未定，不能忍。愚诚恐母子俱死。今妾不得使王复见尊。陛下不留意，妾愿先自杀，不忍见王之失义也。"尊竟坐免为庶人。

司隶校尉部

京兆尹（内史……掌治京师。景帝二年分置左右内史。右内史武帝太初元年更名京兆尹）

卷七十一《隽不疑传》：

> 字曼倩，渤海人也。治《春秋》，为郡文学。进退必以礼，名闻州郡。……昭帝即位，而齐孝王孙刘泽交接郡国豪杰谋反，欲先杀青州刺史。不疑发觉，收捕，皆伏其辜，擢为京兆尹，赐钱百万。京师吏民敬其威信。每行县录囚徒还，其母辄问不

疑："有所平反，活几何人？"即不疑多有所平反，母喜笑，为饮食语言异于他时；或无所出，母怒，为之不食。故不疑为吏，严而不残。

始元五年，有一男子……自谓卫太子……京兆尹不疑……叱从吏收缚。或曰："是非未可知，且安之。"不疑曰："诸君何患于卫太子？昔蒯聩违命出奔，辄拒而不纳，《春秋》是之。卫太子得罪先帝，亡不即死，今来自诣，此罪人也。"遂送诏狱。

天子与大将军霍光闻而嘉之，曰："公卿大臣当用经术，明于大谊。"由是名声重于朝廷。大将军霍光欲以女妻之，不疑固辞，不肯当。久之，以病免，终于家，京师纪之。

后赵广汉为京兆尹，言："我禁奸止邪，行于吏民，至于朝廷事，不及不疑远矣。"廷尉验治何人，竟得奸诈。

卷七十六《赵广汉传》：

字子都。涿郡蠡吾人也。……守京兆尹。会昭帝崩，而新丰杜建为京兆掾，护作平陵方上。建素豪侠，宾客为奸利，广汉闻之，先风告。建不改，于是收案致法。中贵人豪长者为请，无不至，终无所听，宗族宾客谋欲篡取。广汉尽知其计议主名起居，使吏告白："若计如此，且并灭家。"令数吏将建弃市，莫敢近者。京师称之。

……本始二年……复用守京兆尹，满岁为真。广汉为二千石，以和颜接士，其尉荐待遇吏，殷勤甚备。事推功善，归之于下，曰："某掾卿所为，非二千石所及行之。"发于至诚，吏见者皆输写心腹，无所隐匿，咸愿为用，僵仆无所避。广汉聪明，皆知其能之所宜，尽力与否，其或负者，辄先闻知，风谕不改乃收捕之，无所逃，按之，罪立具，即时伏辜。

广汉为人强力，天性精于吏职，见吏民，或夜不寝，至旦。尤善为钩距，以得事情。钩距者，设欲知马贾，则先问狗，已问羊,又得牛,然后及马,参伍其贾,以类相准,则知马之贵贱,不失实矣。唯广汉至精,能行之,他人效者,莫能及也。郡中盗贼,闾里轻侠,其根株窟穴所在,及吏受取请求铢两之奸,皆知之。长安少年数人会穷里空舍,谋共劫人,坐语未讫,广汉使吏捕治,具服。

富人苏回为郎,二人劫之,有顷,广汉将吏到家,自立庭下,使长安丞龚奢叩堂户晓贼,曰:"京兆赵君谢两卿,无得杀质,此宿卫臣也。释质束手,得善相遇,幸逢赦令,或时解脱。"二人惊愕,又素闻广汉名,即开户出,下堂叩头。广汉跪谢曰:"幸全活郎,甚厚。"送狱,敕吏谨遇,给酒肉。至冬当出死。豫为调棺,给殓葬具,告语之,皆曰:"死无所恨。"

广汉尝记召湖都亭长,湖都亭长西至界上,界上亭长戏曰:"至府,为我多谢问赵君。"亭长既至,广汉与语,问事毕,谓曰:"界上亭长寄声谢我,何以不为致问?"亭长叩头,服实有之。广汉因曰:"还,为吾谢界上亭长,勉思职事,有以自效,京兆不忘卿厚意。"其发奸擿伏如神,皆此类也。

广汉奏请令长安游徼狱吏秩百石,其后百石吏皆差自重,不敢枉法妄系留人。京兆政清,吏民称之不容口。长老传以为汉兴以来,治京兆者莫能及。

右冯翊、左扶风皆治长安中,犯法者从迹喜过京兆界,广汉叹曰:"乱吾治者,常二辅也。诚令广汉得兼治之,直差易耳。"

初,大将军霍光秉政,广汉事光,及光薨后,广汉心知微指,发长安吏,自将与俱至光子博陆侯禹第,直突入其门,庾索私屠酤,椎破卢罂,斧斩其门关而去。时光女为皇后,闻之,对帝涕泣,帝心善之,以召问广汉。广汉由是侵犯贵戚大臣。所居好用世吏子孙新进年少者,专厉彊壮锋气,见事风生,无所回避，率多果敢之计，莫为持难。广汉终以此败。

初，广汉客私酤酒长安市，丞相吏逐去客，客疑男子苏贤言之，以语广汉。广汉使长安丞按贤，尉史禹故劾贤为骑士屯霸上，不诣屯所，乏军兴。贤父上书讼罪告广汉，事下有司覆治，禹坐要斩。请逮捕广汉，有诏即讯。辞服，会赦，贬秩一等。广汉疑其邑子荣畜教令，后以他法论杀畜。人上书言之，事下丞相御史，案验甚急。广汉使所亲信长安人为丞相府门卒，令微司丞相门内不法事。地节三年七月中，丞相傅婢有过自绞死。广汉闻之，疑丞相夫人妒杀之府舍。而丞相奉斋耐入庙祠，广汉得此，使中郎赵奉寿风晓丞相，欲以胁之，毋伤穷正己事。丞相不听，按验愈急。广汉欲告之，先问太史知星气者，言今年当有戮死大臣，广汉即上书告丞相罪。制曰："下京兆尹治。"广汉知事迫切，遂自将吏卒突入丞相府，召其夫人跪庭下受辞，收奴婢十余人去，责以杀婢事。丞相魏相上书自陈："妻实不杀婢。广汉数犯罪法，不伏辜，以诈巧迫胁臣相，幸臣宽不奏。愿下明使者治广汉所验臣相家事。"事下廷尉治，实丞相自以过谴笞傅婢，出至外弟乃死，不如广汉言。司直萧望之劾奏："广汉摧辱大臣，欲以劫持奉公，逆节伤化，不道。"宣帝恶之，下广汉廷尉狱，又坐贼杀不辜，鞫狱故不以实，擅斥除骑士乏军兴数罪。天子可其奏。吏民守阙号泣者数万人，或言："臣生无益县官，愿代赵京兆死，使得牧养小民。"广汉竟坐要斩。

广汉虽坐法诛，为京兆尹廉明，威制豪彊，小民得职。百姓追思，歌之至今。

卷七十二《王吉传》：

成帝欲大用（王骏），出骏为京兆尹，试以政事。先是，京兆有赵广汉、张敞、王尊、王章，至骏皆有能名，故京兆称之曰："前有赵张，后有三王。"

卷八十四《翟方进传》：

上以为任公卿，欲试以治民，徙方进为京兆尹。搏击豪强，京师畏之。时胡常为青州刺史，闻之，与方进书曰："窃闻政令甚明，为京兆能，则恐有所不宜。"方进心知所谓，其后稍弛威严。……永始二年，迁御史大夫。数月……坐为京兆尹时奉丧事烦扰百姓，左迁执金吾。

卷八十六《何武传》：

为京兆尹，二岁，坐举方正所举者召见盘辟雅拜，有司以为诡众虚伪，武坐左迁楚内史。

卷七十七《孙宝传》：

字子严，颍川鄢陵人也。……征为京兆尹。故吏侯文以刚直不苟合，常称疾不肯仕。宝以恩礼请文，欲为布衣交，日设酒食，妻子相对，文求署为掾，进见如宾礼。数月，以立秋日署文为东部督邮。入见，敕曰："今日鹰隼始击，当顺天气，取奸恶，以成严霜之诛，掾部渠有其人乎？"文印曰："无其人不敢受空职。"宝曰："谁也？"文曰："霸陵杜稚季。"宝曰："其次？"文曰："豺狼当道，不宜复问狐狸。"宝默然。稚季者，大侠，与卫尉淳于长、大鸿胪萧育等皆厚善。宝前失车骑将军（指违背车骑将军王音意，举奏扈商事），与红阳侯有隙，自恐见危。时淳于长方见幸，友宝，宝亦欲附之。始视事而长以稚季托宝，故宝穷，无以复应文。文怪宝气索，知其有故，因曰："明府素著威名，今不敢取稚季，当且闾阁，勿有所问。如此竟岁，吏民未敢诬明府也。即稚季而遣它事，众口喧哗，终身自堕。"宝曰："受教。"稚季耳目长，闻知之，杜门不通水火，穿舍后墙为小户，但持钼，自治园，因文所厚目陈如此。文曰："我与稚季幸同土壤，素无睚眦，顾受将命，分当相直。诚能自改，严将不治前事；即不更心，适趣祸耳！"稚季遂不敢犯法，宝亦竟无所遣。明年，稚季病死。宝为京兆尹三岁，京师称之。会淳于长败，宝与萧育等皆坐免官，文复去吏，死于家。稚季杜苍，字君敖，名出稚季右，在《游侠》中。

卷二十五《郊祀志》：

大夫刘更生献淮南枕中洪宝苑秘之方，令尚方铸作，事不验，更生坐论。京兆尹张敞上疏谏曰："愿明主时忘车马之好，斥远方士之虚语，游心帝王之术，太平庶几可兴也。"后尚方、待诏皆罢。

卷六十《杜周传》（事又见卷六十七《梅福传》、卷八十四《翟方进传》）：

（成帝河平间）日蚀，京兆尹王章上封事求见，果言（王）凤专权蔽主之过，宜废勿用，以应天变。于是天子感悟，召见章，与议，欲退凤……凤复起视事，上令尚书劾奏京兆尹章，章死诏狱。

《陈万年传》：

（陈咸）出为楚内史、北海、东郡太守，坐为京兆尹王章所荐，章诛，咸免官。

卷六十七《胡建传》：

值昭帝幼，皇后父上官安与帝姊盖主私夫丁外人相善。外人骄恣，怨故京兆尹樊福，使客射杀之。客藏公主庐，吏不敢捕。

卷六十八《金日磾传》：

（哀）帝年幼，大司徒孔光以明经高行为孔氏师，京兆尹金钦以家世忠孝为金氏友。

卷七十四《丙吉传》：

元帝时，长安士伍尊上书："……既遭大赦，吉谓守丞谁如，皇孙不当在官，使谁如移书京兆尹，遣与胡组俱送京兆尹，不受，复还。"

卷七十六《张敞传》:

字子高,河东平阳人也。……是时颍川太守黄霸以治行第一为京兆尹,霸视事数月,不称,罢归颍川,于是制诏御史:"其以胶东相张敞守京兆尹。"自赵广汉诛后,比更守尹如霸等数人,皆不称职,京师浸废,长安市偷盗尤多,百贾苦之。上以问敞,敞以为可禁。敞既视事,求问长安父老偷盗酋长数人,居皆温厚,出从童骑,间里以为长者。敞皆召见责问,因贳其罪,把其宿负,令致诸偷以自赎。偷长曰:"今一旦召诣府,恐诸偷惊骇,愿一切受暑。"敞皆以为吏,遣归休。置酒,小偷悉来贺,且饮醉。偷长以赭污其衣裾,吏坐里闾阅出者,污赭辄收缚之,一日捕得数百人。穷治所犯,或一人百余发,尽行法罚。由是桴鼓稀鸣,市无偷盗。天子嘉之。

敞为人敏疾,赏罚分明,见恶辄取,时时越法纵舍,有足大者。其治京兆,略循赵广汉之迹。方略耳目,发伏禁奸,不如广汉;然敞本治《春秋》,以经术自辅,其政颇杂儒雅,往往表贤显善,不醇用诛罚。以此能自全,竟免于刑戮。

京兆典京师,长安中浩穰,于三辅尤为剧,剧国二千石以高第入守,及为真,久者不过二三年,近者数月、岁,辄毁伤失名,以罪过罢。唯广汉及敞为久任职。

《王尊传》:

会南山群盗傰宗等数百人为吏民害,拜故弘农太守傅刚为校尉,岁余不能禽。或说大将军(王)凤:"贼数百人在毂下,发军击之不能得,难以视四夷。独选贤京兆尹乃可。"于是凤荐尊,征为谏大夫,守京辅都尉,行京兆尹事。旬月间盗贼清。迁光禄大夫,守京兆尹,后为真,凡三岁。坐遇使者无礼。司隶遣假佐放奉诏书自尊发札捕人,放谓尊:"诏书所捕宜密。"尊曰:"治所公正,京兆善泄露人事。"放曰:"所捕宜今发吏。"

尊又曰："诏书无京兆文，不当发吏。"及长安系者三月间千人以上。尊出行县，男子郭赐自言尊："许仲家十余人共杀赐兄赏，公归舍。"吏不敢捕。尊行县还，上奏曰："彊不陵弱，各得其所，宽大之政行，和平之气通。"御史大夫中奏尊暴虐不改，外为大言，倨嫚姗上，威信日废，不宜备位九卿。尊坐免，吏民多称惜之。

湖三老公乘兴等上书讼尊治京兆功日著："往者南山盗贼阻山横行，剽劫良民，杀奉法吏，道路不通，城门至以警戒。步兵校尉使逐捕，暴师露众，旷日烦费，不能禽制。二卿坐黜（注引如淳：三辅皆秩中二千石，号为卿也。即前京兆尹王昌贬为雁门太守，甄遵河内太守），群盗寖强，吏气伤沮，流闻四方，为国家忧，当此之时，有能捕斩，不爱金爵重赏。关内侯宽中使问所征故司隶校尉王尊捕群盗方略，拜为谏大夫，守京辅都尉，行京兆尹事。尊尽节劳心，夙夜思职，卑体下士，厉奔北之吏，起沮伤之气，二旬之间，大党震坏，渠率效首。贼乱蠲除，民反农业，捬循贫弱，钼耗豪彊。长安宿豪大猾东市贾万、城西万章、翦张禁、酒赵放、杜陵杨章等皆通邪结党，挟养奸轨，上干王法，下乱吏治，并兼役使，侵渔小民，为百姓豺狼。更数二千石，二十年莫能禽讨，尊以正法案诛，皆伏其辜。奸邪销释，吏民说服。尊拨剧整乱，诛暴禁邪，皆前所稀有，名将所不及。虽拜为真，未有殊绝褒赏加于尊身。今御史大夫奏尊'伤害阴阳，为国家忧，无承用诏书之意，靖言庸违，象龚滔天。'原其所以，出御史丞杨辅，故为尊书佐，素行阴贼，恶口不信，好以刀笔陷人于法。辅常醉过尊大奴利家，利家捽搏其颊，兄子闳拔刀欲刴之。辅咀故深怨疾毒，欲伤害尊。疑辅内怀怨恨，外依公事，建画为此议，傅致奏文，浸润加诬，以复私怨。……臣等窃痛伤尊修身洁己，砥节首公，刺讥不惮将相，诛恶不避豪强，诛不制之贼，解国家之忧，功著职修，威信不废。诚国家爪牙之吏，折冲之臣，今一旦无辜制于仇人之手，伤于诋欺之文，上不得以功除罪，下不得蒙棘木之听，独掩怨仇之偏奏，被共工之大恶，无所陈怨愬罪。尊以京师废乱，群盗并兴，选贤征用，起家为卿，贼乱既除，豪猾伏辜，即以佞巧废黜。一尊之身，三期之间，乍贤乍佞，岂不甚哉？……愿下公卿大夫博士议郎，定尊素行。夫人臣而伤害阴阳，死诛之罪也；靖言庸违，放殛之刑也。审如御史章，尊乃当伏观阙之诛。放于无人之域，不得苟免。及任举尊者，当或选举之辜。即不如章，饰文深诋以愬无罪，亦宜有诛，以惩谗贼之口，绝诈欺之路。唯明主参详，使白黑分别。"书奏，天子复以尊为徐州刺史，迁东郡太守。……数岁，卒官，吏民纪之。尊子伯亦为京兆尹，坐耎弱不胜任免。

卷九十二《游侠·万章传》：

万章字子夏，长安人也。长安炽盛，街闾各有豪侠。章在城西柳市，号曰"城西万子夏"。为京兆尹门下督，从至殿中，侍中诸侯贵人争欲揖章，莫与京兆尹言者。章逡巡甚惧。其后京兆不复从也。

河平中，王章为京兆尹，捕击豪侠，杀章及箭张回、酒市赵君都、贾子光，皆长安名豪，报仇怨、养刺客者也。

卷九十《酷吏·严延年传》：

是时张敞为京兆尹，素与严延年善。敞治虽严，然颇有纵舍，闻延年（涿郡、河南太守）用刑刻急，乃以书谕之曰……

《尹赏传》：

（尹赏）疾病且死，戒其诸子曰："丈夫为吏，正坐残贼免，追思其功效，则复进用矣。一坐软弱，不胜任免，终身废弃，无有赦时，其羞辱甚于贪污坐赃，慎毋然！"赏四子皆至郡守。

长子立为京兆尹,皆尚威严,有治办名。

卷八十九《循吏·黄霸传》:

五凤三年,代丙吉为丞相……时京兆尹张敞舍鹖雀飞集丞相府,霸以为神爵。议欲以闻。敞奏霸曰:"窃见丞相与二千石博士杂问郡国上计长吏守丞,为民兴利除害成大化条其对,有耕者让畔,男女异路,道不拾遗,及举孝子、弟弟、贞妇者为一辈,先上殿,举而不知其人数者次之,不为条教者在后叩头谢。丞相虽口不言,而心欲其为之也。长吏守丞对时,臣敞舍有鹖雀飞止丞相府屋上,丞相以下见者数百人,边吏多知鹖雀者,问之,皆佯不知。丞相图议上奏,曰:'臣问上计长吏守丞以兴化条,皇天报下神雀。'后知从臣敞舍来,乃止。郡国吏窃笑丞相仁厚有知略,微信奇怪也。……臣敞非敢毁丞相也,诚恐群臣莫白,而长吏守丞畏丞相指,归,舍法令,各为私教,务相增加,浇淳散朴,并行伪貌,有名无实,倾摇懈怠,甚者为妖。假令京师先行让畔异路,道不拾遗,其实亡益廉贪贞淫之行,而以伪先天下,固未可也;即诸侯先行之,伪声轶于京师,非细事也。汉家承敝通变,造起律令,所以劝善禁奸,条贯详备,不可复加。宜令贵臣明饬长吏守丞,归告二千石:举三老、孝弟、力田、孝廉、廉吏,务得其人,郡事皆以义法令检式,毋得擅为条教;敢挟诈伪以奸名誉者,必先受戮,以正明好恶。"天子嘉纳敞言,使侍中临饬如敞指意。霸甚惭。

左冯翊(景帝二年分置左右内史,右内史武帝太初元年更名为京兆尹……左内史更名左冯翊)

卷七十六《韩延寿传》:

入守左冯翊,满岁称职为真。岁余,不肯出行县,丞掾数白:"宜循行县中,览观风俗,考长吏治迹。"延寿曰:"县皆有贤令长,督邮分明善恶于外,行县恐无所益,重为烦扰。"丞掾皆以为方春月,可壹出劝农桑,延寿不得已,行县至高陵。民有昆弟相与讼田自言,延寿大伤之,曰:"幸得备位,为郡表率,不能宣明教化,至今民有骨肉争讼,既伤风化,重使贤长吏、啬夫、三老、孝弟受其耻,咎在冯翊,当先退出。"是日移病不听事,因久卧传舍,闭阁思过,一县莫知所为,令丞、啬夫、三老,亦皆自系待罪。于是讼者宗族转相责让,此两昆弟深自悔。皆自髡,因肉坦谢,愿以田相移,终死不敢复争。延寿大喜,开阁延见,内酒肉与相食,厉勉以意告乡部,有以表劝悔过从善之民。延寿乃起听事,劳谢令丞以下,引见尉荐。郡中翕然,莫不转相敕厉,不敢犯。延寿恩信周遍二十四县,莫复以辞讼自言者。推其至诚,吏民不忍欺绐。……(后)延寿竟坐弃市,吏民数千人送至渭城,老小扶持车毂,争奏酒炙。延年不忍距逆,人人为饮,计饮酒石余,使掾史分谢送者:"远苦吏民,延寿死无所恨。"百姓莫不流涕。

卷八十三《薛宣传》:

入守左冯翊。满岁称职为真。

始高陵令杨湛、栎阳令谢游皆贪猾不逊,前二千石数案不能竟。及宣视事,诣府谒,宣设酒饭与相对,接待甚备。已而阴求其罪赃,具得其所受取。宣察湛有改节敬宣之效乃手自牒书,条其奸赃,对与湛曰:"吏民条言君如牒,或议以为主守盗。冯翊敬重令,又念十斤法重,不忍相暴章。故密以手书相晓,欲君自图进退,可复伸眉于后。即无其事,复封还记,得为君分明之。"湛自知罪赃皆应记。而宣辞语温润,无伤害意。湛即时解印绶付吏,为记谢宣,终无怨言。而栎阳令游自以大儒有名,轻宣。宣独移书显责之曰:"告栎阳令:吏民言令治行烦苛,适罚作使千人以上;贼取钱财数十万,给为非法:卖买听任富吏,贾数不可知。证验以明白,欲遣吏考案,恐负举者,耻辱儒士,故使掾平镌令。孔子曰:'陈力就列,不能者止。'令详思之,方调首。"游得檄,亦解印绶去。

又频阳县北当上郡、西河,为数郡凑,多盗贼。其令平陵薛恭本县孝者,功次稍迁,未尝治民,职不办。而粟邑县小,辟在山中,民谨朴易治。令钜鹿尹赏久郡用事吏,为楼烦长,举茂才,迁在粟。宣即以令奏赏与恭换县(事又见卷九十《酷吏·尹赏传》)。二人视事数月,而两县皆治。宣因移书勉劳之曰:"昔孟公绰优于赵魏而不宜滕薛,故或以德显,或以功举,'君子之道,焉可忱也!'属县各有贤君,冯翊垂拱蒙成。愿勉所职,卒功业。"

宣得郡中吏民罪名,辄召告其县长吏,使自行罚。晓曰:"府所以不自发举者,不欲代县治,夺贤令长名也。"长吏莫不喜惧,免冠谢宣归恩受戒者。

宣为吏赏罚明,用法平而必行,所居皆有条教可纪,多仁恕爱利。池阳令举廉吏狱掾王立,府未及召,闻吏受囚家钱。宣责让县,县案验狱掾,乃其妻独受系者钱万六千,受之再宿,狱掾实不知。掾惭恐自杀。宣闻之,移书池阳曰:"县所举廉吏狱掾王立,家私受赇,而立不知,杀身以自明。立诚廉士,甚可悯惜!其以府决曹掾书立之枢,以显其魂。府掾史素与立相知者,皆予送葬。"

及日至休吏,贼曹掾张扶独不肯休,坐曹治事。宣出教曰:"盖礼贵和,人道尚通。日至,吏以令休,所繇来久。曹虽有公事,家亦望私恩意。掾宜从众,归对妻子,设酒肴,请邻里,壹笑相乐,斯亦可矣。"扶惭愧,官属善之。

宣为人好威仪,进止雍容,甚可观也。性密静有思,思省吏职,求其便安。下至财用笔砚,皆为设方略,利用而省费。吏民称之,郡中清静。迁为少府,共张职办。

卷八十三《朱博传》：

以高弟入守左冯翊，满岁为真。其治左冯翊，文理聪明殊不及薛宣，而多武谲，网络张设，少爱利，敢诛杀。然亦纵舍，时又大贷，下吏以此尽力。

长陵大姓尚方禁，少时尝盗人妻，见斫，创著面颊。府功曹受赂，白除禁调守尉。博闻知，以它事召见，视其面，果有瘢。博辟左右问禁："是何等创也？"禁自知情得，叩头服状。博笑曰："丈夫固时有是。冯翊欲洒卿耻，抆拭用禁，能自效不？"禁且喜且惧，对曰："必死。"博因敕禁："毋得泄语，有便宜，辄记言。"因亲信之以为耳目。禁晨夜发起部中盗贼及它伏奸，有功效。博擢禁连守县令。久之，召见功曹，闭阁责以禁等事，与笔札，使自记，"积受取一钱以上，无得有所匿。欺谩半言，断头矣！"功曹惶怖，具自书奸赃，大小不敢隐。博知对以实，乃令就席，受敕自改而已。投刀使削所记，遣出就职。功曹后常战栗，不敢蹉跌，博遂成就之。

卷八十八《儒林·严彭祖传》：

字公子，东海下邳人也。……为宣帝博士，至河南、东郡太守。以高第入守左冯翊，迁太子太傅，廉直不事权贵。或说曰："天时不胜人事。君以不修小礼曲意，亡贵人左右之助，经谊虽高，不至宰相。愿少自勉强！"彭祖曰："凡通经术，固当修行先王之道，何可委屈从俗，苟求富贵乎？"彭祖竟以太傅官终。

右扶风

卷九十《酷吏·咸宣传》：

杨人也。……中（从御史中丞）废为右扶风，坐怒其吏成信，信亡，藏上林中，宣使郿令将吏卒阑入上林蚕室门，攻亭，格杀信，射中苑门。宣下吏，为大逆，当族，自杀。

卷六十六《王䜣传》：

济南人也。……守右扶风，上数出幸安定、北地，过扶风，宫馆驰道脩治，供张办，武帝嘉之，驻车，拜䜣为真，视事十余年。

卷七十六《尹翁归传》：

……东海大治，以高弟入守右扶风，满岁为真。选用廉平疾奸吏以为右职，接待以礼，好恶与同之；其负翁归，罚亦必行。治如在东海故迹，奸邪罪名亦县县有名籍，盗贼发其比伍中，翁归则召县长吏，晓告以奸黠主名，教使用类推迹盗贼所过抵，类常如翁归言，无有遗脱。缓于小弱，急于豪疆，豪疆有论罪，输掌畜官，使斫莝，责以员程，不得取代；不中程，辄答督，极者至以铁自刭而死。京师畏威严，扶风大治，盗贼课为三辅最。……元康四年卒，天子贤之，制诏御史："……扶风翁归廉平向正，治民异等，早夭不遂，不得终其功业，朕甚怜之，其赐翁归子黄金百斤，以奉其祭祀。"

河南郡

卷五十八《卜式传》：

河南人也。……（汉武帝时）汉方事匈奴，会浑邪等降，县官费众，官府空，贫民大徙，皆印给县官，无以尽赡，式复持钱二十万与河南太守，以给徙民。……是时富豪皆争匿财。唯式尤欲助费，上于是以式终长者……

卷七十四《魏相传》：

字弱翁，济阴定陶人也。……（昭帝时）迁河南太守，禁止奸邪，豪强畏服。……后人有告相贼杀不辜，事下有司。河南卒戍中都官者二三千人遮大将军，自言愿复留作一年以赎太守罪，河南老弱万余人守关，欲上书……复为河南太守。

卷九十《酷吏·严延年传》：

（宣帝时）迁河南太守，赐黄金二十斤。豪彊胁息，野无行盗，威震旁郡。其治务在摧折豪彊，扶助贫弱。贫弱虽陷法，曲文以出之；其豪杰侵小民者，以文内之。众人所谓当死者，一朝出之；所谓当生者，诡杀之。吏民莫能测其浅深，战栗不敢犯禁。桉其狱，皆文致，不可得反。

延年为人短小精悍，敏捷于事，虽子贡、冉有通艺于政事，不能绝也。吏忠尽节者，厚之如骨肉，皆亲向之，出身不顾，以是治下无隐情。然疾恶泰甚，中伤者多。尤巧为狱文，善史书；所欲诛杀，奏成于手，中主簿亲近史不得闻知，奏可论死，奄忽如神。冬月，传属县囚，会论府上，流血数里，河南号曰"屠伯"。令行禁止，郡中正清。

《太平御览》二六引司马彪《续汉书》：

严延年字次卿，为河南太守。冬月传属县囚会府下，流血数里，河南号为"屠伯"。

卷九十二《游侠·陈遵传》：

字孟公，杜陵人也。……王莽素奇遵材，在位多称誉者，繇是起为河南太守。既至官，当迁从史西，召善书吏十人于前，治私书谢京师故人。遵冯几，口占书吏，且省官事。书数百封，亲疏各有意。河南大惊，数月免。

卷十六《高惠高后文功臣表》：

成阴夷侯周信，以卒从起单父，为吕后舍人，度吕后。为河南守，侯，五百户。

卷四十八《贾谊传》（事又见卷八十九《循吏传》序）：

文帝初立，闻河南守吴公治平为天下第一，故与李斯同邑，而尝学事焉，征以为廷尉。

卷八十四《翟方进附子义传》：

字文仲……（约哀帝时）迁河南太守，青州牧。所居著名，有父烈风。

卷九十《酷吏·杨仆传》：

宣阳人也，以千夫为吏，河南守（姓名不详）举为御史，使督盗贼关东。治放尹齐，以敢击行。

河东郡

《史记》卷一百《季布列传》（《汉书》卷三十七《季布传》略同）：

季布者，楚人也。……为河东守。孝文时，人有言其贤者，孝文召。欲以为御史大夫。复有言其勇，使酒难近。至，留邸一月，见罢。季布因进曰："臣无功窃宠，待罪河东。陛下无故召臣，此人必有以臣欺陛下者；今臣至，无所受事，罢去，此人必有以毁臣者。夫陛下以一人之誉而召臣，一人之毁而去臣，臣恐天下有识闻之，有以窥陛下也。"上默然良久，曰："河东吾股肱郡，故特召君耳。"布辞，之官。

卷七十六《尹翁归传》：

字子兄，河东平阳人。……为狱小吏……为市吏……后去吏归家。会田延年为河东太守，行县至平阳，悉召故吏五六十人，延年亲临见……甚奇（翁归）对，除补卒史，便从归府，案事发奸，究竟事情。延年大重之，自以能不及翁归，徙署督邮，……所举应法，得其罪辜，属县长吏虽中伤，莫有怨者。

卷九十《酷吏·田延年传》：

……出为河东太守，选拔尹翁归等以为爪牙，诛锄豪强，奸邪不敢发。

《周阳由传》：

（武帝时）为河东都尉，与其守胜屠公争权，相告言，胜屠公当抵罪，义不受刑，自杀，而由弃市。

《咸宣传》：

> 杨人也，以佐史给事河东守。

卷七十八《萧望之传》：

> （子）咸字仲，曾经为河东太守，所居有迹。

河内郡

卷九十《酷吏·王温舒传》：

> 武帝时，为河内太守。……及往，以九月至，令郡县私马五十匹，为驿自河内至长安，部吏如居广平方略，捕郡中豪猾，相连坐千余家。上书请，大者至族，小者乃死，家尽没入偿赃。奏行不过二日，得可，事论报，至流血数十里，河内皆惊其速，以为神速。尽十二月，郡中无犬吠之盗，其颇不得，失之旁郡。追求，会春，温舒顿足叹曰："嗟乎！令冬月益展一月，卒吾事矣！其好杀行威不爱人如此。"

冀州刺史部

魏郡

卷九《文帝纪》（事又见卷二十七中之下《五行志》）：

> 建昭二年，淮阳王舅张博、魏郡太守京房坐窥道诸侯以邪意，泄露省中语，博要斩，房弃市。

卷九十三《佞幸·石显传》：

> ……魏郡太守京房……皆尝奏封事，或召见，言显短。

卷七十五《京房传》：

> （石显等疾房，建言宜试以房为郡守）元帝于是以房为魏郡太守，秩八百石，居得以考功法治郡。房自请："愿无属刺史，得除用他郡人，自第吏千石以下，岁竟乘传奏事。"天子许焉。
>
> 房自知数以议论为大臣所非，内与石显、五鹿充宗有隙，

不欲远离左右。及为太守，忧惧。

广平国

卷九十《酷吏·王温舒传》：

阳陵人也。……武帝时为广平都尉，择郡中豪敢吏十余人为爪牙，皆把其阴罪，而纵使督贼，快其意所欲得。此人虽有百罪，弗法；即有避回，夷之，亦灭宗。以故齐赵之郊盗不敢近广平，广平声为道不拾遗。

扬州刺史部

九江郡

卷八十六《何武传》：

（宣帝时）迁扬州刺史。……九江太守戴圣，礼经号小戴者也，行治多不法，前刺史以其大儒，优容之。及武为刺史，行部录囚徒，有所举以属郡，圣曰："后进生何知？乃欲乱人治！"皆无所决。武使从事廉得其罪，圣惧，自免（圣为九江太守事又见卷八十八《儒林·孟卿传》）。

庐江郡

《后汉书》卷二十七《郭丹传》：

字少卿，南阳穰人也。父稚，成帝时为庐江太守，有清名。

淮南郡

《辑注》引谢承《后汉书》：

胡邵为淮南太守，使铃下阁外炊，曝作干饭，阁内不能设釜甑。

并州刺史部

太原郡

卷六十六《郑弘传》:

郑昌为太原太守……用刑罚深。

卷七十六《张敞传》:

(宣帝时)守太原太守,满岁为真,太原郡清。……天子使使者征敞,欲以为左冯翊。会病卒。敞所诛杀太原吏吏家怨敞,随至杜陵刺杀敞中子璜。

定襄郡

卷九十《酷吏·义纵传》:

军数出定襄,定襄吏民乱败,于是徙纵为定襄太守。纵至,掩定襄狱中重罪二百余人,及宾客昆弟私入相视者二百余人,纵壹切捕鞠,曰"为死罪解脱",是日皆报杀四百余人。郡中不寒而栗。猾民佐吏为治。

卷一百《叙传》:

河平中,单于来朝,上使伯持节迎于塞下。会定襄大姓石、李群辈报怨,杀追捕吏,伯上状,因自请愿试守期月。上……即拜伯为定襄太守。定襄间闻伯素贵,年少,自请治剧,畏其下车作威,吏民竦息。伯至,请问耆老父祖故人有旧恩者,迎延满坐,曰为供具,执子孙礼,郡中益弛。诸所宾礼皆名豪,怀恩醉酒,共谏伯宜颇摄录盗贼,具言本谋亡匿处。伯曰:"是所望于父师矣。"乃召属县长吏,选精进掾史,分部收捕,及它隐伏,旬日尽得。郡中震栗,咸称神明。岁余,上征伯。

云中郡

卷二十七《田叔传》:

孝文帝初立,召叔问曰:"公知天下之长者乎?"对曰:"臣何以知之?"上曰:"公长者,宜知之。"叔顿首曰:"故云中守孟舒，长者也。"是时，孟舒坐虏大入云中免。上曰："先帝置孟舒云中十余年矣。虏常一入，孟舒不能坚守，无故士卒战死者数百人，长者固杀人乎？"叔叩头曰："夫贯高等谋反，天子下明诏，赵有敢随王者罪三族，然孟舒自髡钳，随张王，以身死之，岂自知为云中守哉？汉与楚相距，士卒罢敝，而匈奴冒顿新服北夷，来为边寇，孟舒知士卒罢敝，不忍出言，士争临城死敌，如子为父，以故死者数百人，孟舒岂驱之哉？是乃孟舒所以为长者。"于是上曰："贤哉孟叔！"复召以为云中守。

卷五十《冯唐传》：

（冯）唐对（文帝）曰："今臣窃闻魏尚为云中守，军市租尽以给士卒，出私养钱，五日壹杀牛，以飨宾客军吏舍人，是以匈奴远僻，不近云中之塞。虏尝一入，尚帅车骑击之，所杀甚众。夫士卒尽家人子，起田中从军，安知尺籍伍符？终日力战，斩首捕虏，上功莫府，一言不相应，文吏以法绳之，其赏不行，吏奉法必用。愚以为陛下法太明，赏太轻，罚太重。且云中守尚坐上功首虏差六级，陛下之吏削其爵，罚作之。繇此言之，陛下虽得李牧，不能用也……"文帝说。是日，令唐持节赦魏尚，复以为云中守。

朔方刺史部

北地郡

卷六十《杜周传》：

（宣帝初，杜延年为）北地太守……选用良吏，捕击豪强，郡中清静。

五原郡

卷七十九《冯奉世传》：

竟宁中，（冯立）以王舅出为五原属国都尉。数年，迁五原太守,徙西河、上郡。立居职公廉,治行略与野王相似,而多知,有恩贷,好为条教。吏民嘉美野王、立相代为太守,歌之曰:"大冯君,小冯君,兄弟继踵相因循。聪明贤知惠吏民,政如鲁卫德化钧,周公、康叔犹二君"(按:野王、立相继为太守的只有上郡,然则此歌当出于上郡吏民之口)。

《太平御览》九九五引华峤《汉后书》:

崔寔为五原太守,地宜桑枲,而民不知种植,又不能缉绩,率无衣被。冬月止种细草,卧其中,见吏以草衣其身,乃得出。寔至,教之绩织。

徐州刺史部

东海郡

卷五十《汲黯传》:

字长孺,濮阳人也。……(武帝即位)以数切谏,不得久留内,迁为东海太守。黯学黄老言,治官民,好清静,择丞史任之,责大指而已,不细苛。黯多病,卧阁内不出。岁余,东海大治,称之。上闻,召为主爵都尉,列于九卿。治务在无为而已,引大体,不拘文法。

卷七十一《于定国传》:

字曼倩,东海郯人也。其父于公为县狱吏,郡决曹,决狱平,罗文法者于公所决皆不恨。郡中为生立祠,号曰于公祠。

东海有孝妇,少寡,亡子,养姑甚孝,姑欲嫁之,终不肯。姑谓邻人曰:"孝妇事我勤苦,哀其无子守寡,我老,久累丁壮,奈何?"其后姑自经死,姑女告吏,"妇杀我母"。吏捕孝妇,孝妇辞不杀姑,吏验治,孝妇自诬服。具狱二府。于公以为此妇养姑十余年,以孝闻,必不杀也。太守(姓名不详)不听。于公争之弗能得,乃抱其具狱哭于府上,固辞疾去。太守竟论杀孝妇。郡中枯旱三年。后太守（姓名不详）至，卜筮其故。于公曰："孝妇不当死，前太守彊断之，咎党在是乎？"于是太守杀牛自祭孝妇冢，因表其墓，天立大雨，岁孰。

郡中从此大敬重于公。

卷七十六《尹翁归传》：

（宣帝时）征为东海太守，过辞廷尉于定国。定国家在东海，欲属托邑子两人，令坐后堂带待见。定国与翁归语终日，不敢见其邑子。既去，定国乃谓邑子曰："此贤将，汝不任事也，又不干以私。"

翁归治东海，命察郡中吏民贤不肖及奸邪罪名，尽知之，县县各有记籍。自听其政，有急名则稍缓之；吏民小懈，辄披籍。县县收取黠吏豪民，案致其罪，高至于死。收取人必于秋冬课吏大会中，及出行县，不以无事时。其有所取也，以一警百，吏民借服，恐惧，改行自新。东海大豪郯许仲孙为奸猾，乱吏治，郡中苦之，二千石欲捕者，辄以力势交诈自解，终莫能制。翁归至，论弃仲孙市，一郡皆怖栗，莫敢犯禁，东海大治。

琅邪郡、琅邪国

卷八十三《薛宣传》：

字赣君，东海郯人也。……补不其丞。琅邪太守赵贡行县，见宣，甚说其能，从宣历行属县。还至府，令妻子与相见，戒曰："赣君至丞相，我两子亦中丞相使史。"

《朱博传》：

字子元，杜陵人也。……（成帝时）迁琅邪太守。

齐郡舒缓养名，博新视事，右曹掾史皆移病卧，博问其故，对言："惶恐！故事：二千石新到，辄遣吏存问致意，乃敢起就职。"博奋髯抵几曰："观齐儿欲以此为俗邪！"乃召见诸曹史书佐及县大吏,选视其可用者,出教置之,皆斥罢诸病吏。白巾走出府门。郡中大惊。顷之,门下掾赣遂耆老大儒,教授数百人,拜起舒缓,博出教主簿:"赣老生,不习吏礼,主簿且教拜起,闲习乃止。"又敕功曹:"官属多褒衣大袑,不中节度,自今掾史衣皆令去地三寸。"博尤不爱儒生,所至郡辄罢去议曹。曰:"岂可复置谋曹邪!"文学儒吏时有奏记称设云云,博见谓曰:"如太守汉吏,奉三尺律令以从事耳,亡奈生所言圣人道何也!且持此道归,尧舜君出,为陈说之!"其折逆人如此。视事数年,大改其俗。掾史礼节如楚赵吏。

博治郡,常令属县各用其豪杰以为大吏,文武从宜。县有剧贼及它非常,博则移书以诡责之,其尽力有效,必加厚赏;怀诈不称,诛罚辄行。以是豪强慹服。姑幕县有群辈八人报仇廷中,皆不得。长吏自系告言府,贼曹掾史自白,请至姑幕,事留不出;功曹诸掾即皆自白,复不出;于是府丞诣阁,博乃见丞掾曰:"以为县自有长吏,府未尝与也,丞掾谓府当与之邪!"圈下书注入,博口占檄文曰:"府告姑幕令丞:言贼发不得,有书。檄文到,令丞就职。游徼王卿力有余,如律令!"(注:游徼职主捕盗贼,故云如律令)王卿得救惶怖,亲属失色,昼夜驰掠,十余日间捕得五人。博复移书曰:"王卿忧公甚效!檄到,嬴阀阅诣府。部掾以下亦可用,渐尽其余矣。"其操持下,皆此类也。

鲁国

卷二十七《田叔传》:

(叔景帝时为鲁相)初至官,民以王取其财物自言者百余人。叔取其渠率二十人笞。怒之曰:"王非汝主邪?何敢自言主?"鲁王闻之,大惭,使相偿之。相曰:"王自使偿之。不尔,是王为恶而相为美也。"

鲁王好猎，相常从入苑中，王辄休相就馆，相常暴坐苑外，终不休，曰："吾王暴露，独何为舍？"王以故不大出游。数年以官卒……

广陵国、郡

卷六十三《广陵厉王胥传》：

（宣帝时）胥子南利侯宝坐杀人夺爵，还归广陵，与胥姬左修奸，事发觉，系狱，弃市。相胜之奏夺王射陂草田以赋贫民，奏可。

凉州刺史部

安定郡

卷七十六《王尊传》：

（元帝时）以高弟擢为安定太守。到官，出教告属县曰："令长丞尉奉法守城，为民父母，抑强扶弱，宜宣恩泽，甚劳苦矣。太守以今日至府，愿诸君卿勉力正身以率下。故行贪鄙，能变更者与为治。明慎所职，毋以身试法。"又出教敕掾功曹："各自底厉，助太守为治。其不中用，趣自避退，毋久妨贤。夫羽翮不修，则不可以致千里；闑内不理，毋以整外。府丞悉署吏行能，分别自之。贤为上，毋以富。贾人百万，不足与计事。昔孔子治鲁，七日诛少正卯，今太守事实已一月矣，五官掾张辅怀虎狼之心，贪污不轨，一郡之钱尽入辅家，然适合足以葬矣。今将辅送狱，直符史诣阁下，从太守受其事。丞戒之戒之！相随入狱矣！"辅系狱数日死，尽得其狡猾不道，百万奸赃。威震郡中。盗贼分散，入旁郡界。豪强多诛伤伏辜者。坐残贼免。

益州刺史部

广汉郡

卷十《成帝纪》（事又见卷八十三《薛宣传》）：

> 鸿嘉三年，广汉男子郑躬等六十余人攻官寺，篡囚徒，盗库兵，自称山君。四年冬，广汉郑躬党与寖广，犯历四县，众且万人。拜河东都尉赵护为广汉太守，发郡中及蜀郡舍三万人击之，或相捕斩，除罪，旬月平。迁护为执金吾（事又见卷十九下《百官公卿表》），赐黄金百斤。

卷七十七《孙宝传》：

> 鸿嘉中，广汉群盗起，选宝为益州刺史。广汉太守扈商者，大司马车骑将军王音姊子，软弱不任职。宝到郡，亲入山谷，谕告群盗，非本造意，渠率皆得悔过自出，遣归田里。自劾矫制，奏商为乱首，《春秋》之义，诛首恶而已。商亦奏宝所纵或有渠率当坐者。商微下狱，宝坐失死罪免。益州吏民多陈宝功效，言为车骑将军所排。

> 会益州蛮夷犯法，巴蜀颇不安。上以宝著名西州，拜为广汉太守，秩中二千石，赐黄金三十斤。蛮夷安辑，吏民称之。征为京兆尹。……（按：卷十九下《百官公卿表》元延二年，广陵太守孙宝为京兆尹，一年免。与此处记载不同）

蜀郡

卷二十八《地理志》：

> 景武间，文翁为蜀守，教民读书法令，未能笃信道德，反以好文刺讥，贵慕权势。及司马相如游仕京师诸侯，以文辞显于世，乡党慕循其迹，后有王褒、严遵、扬雄之徒，文章冠天下。繇文翁倡其教，相如为之师，故孔子曰"有教无类"。

《华阳国志》卷三《蜀志》：

> 孝文帝末年，以庐江文翁为蜀守，穿湔江口，溉灌郫繁田

千七百顷。是时世平道治，民物阜康，承秦之后，学校陵夷，俗好文刻，翁乃立学，选吏子弟就学；遣隽士张叔等十八人东诣博士受七经，还以教授。学徒鳞萃，蜀学比于齐鲁。巴、汉亦立文学。孝景帝嘉之，令天下郡国皆立文学，因翁倡其教，蜀为之始也。孝武帝皆征入叔为博士。叔明天文灾异，始作《春秋章句》，官至侍中、扬州刺史。……降及建武以后，爰迄灵、献，文化弥纯，道德弥臻。赵志伯三迁台衡，子柔兄弟相继元辅，司空张公宣融皇极，太常仲经为"天下材英"，广陵太守张文纪号"天下整理"，武陵太守杜伯持能决天下所疑，王稚子震名华夏，常茂尼流芳京尹。

又：

始，文翁立文学精舍、讲堂，作石室，一曰玉室，在城南。永初后，堂遇火，太守陈留高瞬更修立，又增杂二石室。

又：

其（蜀郡）太守著德垂绩者，前汉莫闻。建武以来，有第五伦、廉范叔度特垂惠爱。百姓歌之曰："廉叔度，来何暮，来时我单衣，去时重五袴。"其后汉中赵瑶自扶风太守来之郡，司空张温谓曰："第五伯鱼从蜀郡为司空，今扫吾第以待足下。"瑶换广汉。陈留高瞬亦播文教。太尉赵公初为九卿，适子宁还蜀，瞬命为文学，撰《乡俗记》。亦能屈士如此。广汉王商、犍为杨洪皆见咏怀。

《华阳国志》卷十上《先贤士女总赞论》：

张宽，字叔文，成都人也。蜀承秦后，质文刻野，太守文翁遣宽诣博士，东受七经，还以教授，于是蜀学比于齐、鲁，巴、汉亦化之。景帝嘉之，命天下郡国皆立文学，由翁唱其教，蜀为之始也。

卷八十九《循吏传序》：

至于文景，遂移风易俗。是时循吏如河南守吴公、蜀守文翁之属，皆谨身帅先，居以廉平。不至于严，而民从化。

卷八十六《何武传》：

字君公，蜀郡郫县人也。……武兄弟五人，皆为郡吏，郡县敬惮之。武弟显家有市籍，租常不入。县数负其课，市啬夫求商捕辱显家。显怒，欲以吏事中商，武曰："以吾家租赋徭役不为众先，奉公不亦宜乎？"武卒白太守（姓名不详），召商为卒吏。州里闻之，皆服焉。（按：《华阳国志·蜀志·蜀郡》"郫县条"冠冕大姓：何、罗、郭氏）

初，武为郡吏时，事太守何寿，寿知武有宰相器，以其同姓故厚之。

《华阳国志》卷十上《先贤士女总赞论》：

李弘，字仲元，成都人。少读五经，不为章句。处陋巷，淬励金石之志，威仪容止，邦家师之。以德行为郡功曹，一月而去。子赘以见辱杀人，太守曰："贤者之子必不杀人。"放之。赘自以枉，语家人。弘遣亡命。太守怒，让弘，弘对曰："赘为杀人之贼，明府私弘枉法。君子不诱而诛也。石碏杀厚，《春秋》讥之；孔子称父子相隐，直在其中。弘实遣赘。"太守无以诘也。州命从事，常以公正谏争为志。

牂牁郡

卷九十五《西南夷传》（事又见卷九十九《王莽传》）：

至成帝河平中，夜郎王兴与钩町王禹、漏卧侯俞更举兵相攻，牂牁太守请发兵诛兴等。

大将军王凤等玉石荐金城司马陈立为牂牁太守……及至牂牁，谕告夜郎王兴，兴不从命，立请诛之。未报，乃从吏数十人出行县，至兴国且同亭，召兴，兴将数千人往至亭，从邑君

数十人入见立。立数责，因断头。邑君曰："将军诛无状，为民除害，愿出晓士众。"以兴头示之，皆释兵降。(同传还有都尉万年)

王莽篡汉，改汉制，贬钩町王以为侯。王邯怨恨，牂柯大尹阎钦诈杀邯。邯弟承攻杀钦，州郡击之，不能服，三边蛮夷愁扰尽反，复杀益州大尹程隆。莽遣平蛮将军冯茂发巴、蜀、犍为吏士，赋敛取足于民，以击益州。

《华阳国志》卷四《南中志》：

成帝时，夜郎王兴与钩町王禹、漏卧侯愈更相攻击。帝使太中大夫张匡持节和解之。钩町、夜郎王不服，乃刻木做汉使，射之。大将军王凤荐金城司马蜀郡陈立为牂柯太守，何霸为中郎将，出益州。立既到郡，单至夜郎召兴。兴与邑君数十人来见立，立责数，斩兴。邑君皆悦服。兴妻父翁指与兴子邪，复反，立讨之，威震南裔。

同书卷十上《先贤士女总论》上：

陈立，字少迁，临邛人也。成帝时，牂柯有乱，大将军王凤荐立为太守，克平祸乱。徙守巴郡，秩中二千石，治有尤异。又徙天水太守，为天下最，天子赐黄金四十斤。入为左曹、卫将军护军都尉。

益州郡

《华阳国志》卷十下《汉中士女》：

文齐，字子奇，梓潼人也。孝平帝末，以城门校尉为犍为属国，迁益州太守。造开稻田，民咸赖之。

二、西汉令长表

司隶校尉部

京兆尹

长安

《汉书》卷十:

建始四年五月,中谒者令陈临杀司隶校尉辕丰于殿中。

注引应劭:丰为长安令,治有能名,擢拜司隶校尉。临素与丰有怨,见其尊显,畏为己害,拜讫未出,使人刺杀。

卷二十六《楚元王附刘向传》:

(元帝时)长安令杨兴以材能幸……倾巧士,谓上疑(周)堪,(乃谮毁堪)。

卷四十四《淮南王传》:

大夫但、士伍开章等七十人,与棘浦侯太子奇谋反,欲以危宗庙社稷,谋使闽越及匈奴发其兵,事觉,长安尉奇等往捕开章。(淮南王刘)安匿不予……

卷五十九《张汤传》:

张汤,杜陵人也,父为长安丞。出,汤为儿守舍,还,鼠盗肉。父怒,笞汤。汤掘,熏,得鼠及余肉,劾鼠掠治,传爰书,讯鞠论报,并取鼠与肉,具狱,磔堂下。父见之,视文辞,如老狱吏,大惊,遂使书狱,父死后,汤为长安吏。

卷六十四《贾捐之传》:

(元帝时)捐之数召见,言多纳用。对中书令石显用事。捐之数短显,以故不得官。后稀复见。而长安令杨兴新以材能得幸,与捐之相善。捐之欲得召见,谓兴曰:"京兆尹缺,使我得见,言君兰,京兆尹可立得。"兴曰:"县官尝言兴瘉薛大夫,我易助也。君房下笔,言语妙天下。使君房为尚书令,胜五鹿充宗远甚。"捐之曰:"令我得代充宗,君兰为京兆。京兆为郡国首,尚书为百官本,天下真大治,士则不隔矣。捐之前言平恩侯可为将军,期思侯可为诸曹,皆如言;又荐谒者满宣,立为冀州刺史,言中谒不宜受事,宦者不宜入宗庙,立止。相荐之信,不当如是乎!"兴曰:"我复见,言君房也。"

捐之即与兴共为荐兴奏,曰:"窃见长安令兴,幸得以知名数召见。兴事父母有曾氏之孝,师师有颜闵之材,荣名闻于四方。明诏举茂才,列侯以为首。为长安令,吏民敬向,道路皆称能。……国之良臣也。可试守京兆尹。"

卷八十一《匡衡传》:

宣帝崩,元帝初即位,乐陵侯史高以外属为大司马车骑将军,领尚书事,前将军萧望之为副。望之名儒,有师傅旧恩,天子任之,多所贡荐,高充位而已,与望之有隙。长安令杨兴说高(以召学士于幕府,以此显示众庶,名流于世)。

卷五十《汲黯传》:

(武帝时)匈奴浑邪王帅众来降,汉发军二万乘,县官亡钱,从民贳马。民或匿焉,马不具。上怒,欲斩长安令。黯曰:"长安令之罪,独斩臣黯,民乃肯出马。"

卷七十五《李寻传》:

初,成帝时,齐人甘忠可诈造天官历、包元太平经十二卷,以言"汉家逢天地之大终,当更受命于天,天帝使真人赤精子教我此道。"忠可以教重平夏贺良、容丘丁广世、东郡郭昌等。……哀帝初立……郭昌为长安令,劝寻宣助贺良等。

卷七十七《冯奉世附野王传》:

字君卿,受业博士,通《诗》。少以父任为太子中庶子。年十八,上书,愿试守长安令。宣帝奇其志。

卷八十三《薛宣传》：

字赣君，东海郯人也。……（元帝时）大将军王凤闻其能，荐宣为长安令，治果有名。以明习文法诏补御史中丞。

《朱博传》：

字子元，杜陵人也。……（成帝时）以高弟入为长安令。京师治理。

卷八十四《翟方进传》：

方进虽受《谷梁》，然好左氏传、天文星历。其左氏则国师刘歆，星历则长安令田终术师也。

卷九十九《王莽传》：

（王莽）居摄之萌，出于泉陵侯刘庆，前辉光谢嚣，长安令田终术。

卷九十《酷吏·义纵传》：

河东人也。……迁为长陵及长安令（成帝时），直法行治，不避贵戚。以捕按王太后外孙脩成子中，上以为能，迁为河内都尉。

《尹赏传》：

字子心，钜鹿杨氏人也。……永始、元延间，上怠于政，贵戚骄恣，红阳长仲兄弟交通轻侠，藏匿亡命。而北地大豪浩商等报怨，杀父渠长（属北地郡）妻子六人，往来长安中。丞相御史遣掾求逐党与，诏书召捕，久之乃得。长安中奸猾浸多，闾里少年群辈杀吏，受赇报仇，相与探丸为弹：得赤丸者斫武吏，得黑丸者斫文吏，白者主治丧。城中薄暮尘起，剽劫行者，死伤横道，枹鼓不绝。赏以三辅高第选守长安令，得一切便宜从事。赏至，修治长安狱，穿地方深各数丈，致令辟为郭，以大石覆其口，名为"虎穴"。乃部户曹掾史，与乡吏、亭长、里正、父老、伍人杂举长安中轻薄少年恶子，无市籍商贩作务，而鲜衣凶服被铠扞持刀兵者，悉籍记之，得数百人。赏一朝会长安吏，车数百辆，分行收捕，皆劾以为通行饮食群盗。赏亲阅，见十置一，其余尽以次置"虎穴"中，百人为辈，覆以大石，数日一发视，皆相枕藉死，便舆出，瘗寺门桓东，楬著其姓名，百日后，乃令死者家各自发取其尸。亲属号哭，道路歔欷。长安中歌之曰："安所求子死？桓东少年场。生时谅不谨，枯骨后何葬？"赏所置皆其魁宿，或故吏善家子失计随轻黠愿自改者，财数十百人。皆释其罪，诡令立功以自赎。尽力有效者，因亲用之为爪牙，追捕甚精，甘耆奸恶，甚于凡吏。赏视事数月，盗贼止。郡国亡命散走，各归其处，不敢窥长安。

卷八十四《翟方进传》：

会北地浩商为义渠长所捕，亡，长取其母，与艁猪连系都亭下。商兄弟会宾客，自称司隶掾、长安县尉，杀义渠长妻子六人，亡。……浩商捕得，伏诛，家属徙合浦。

华阴

卷六十七《朱云传》：

字游，鲁人也，徙平陵。少时通轻侠，借客报仇。长八尺余，容貌甚壮，勇力闻。年四十，乃变节，从博士白子友受《易》，又事前将军萧望之受《论语》，皆能传其业。好倜傥大节，当世以是高之。

元帝时，琅邪贡禹为御使大夫，而华阴守丞嘉上封事……（建议）"使六百秩试守御使大夫，以尽其能。"上乃下其事公卿，太子少傅匡衡以为"……今嘉从守丞而图大臣之位，欲以匹夫徒步之人而起九卿之右，非所以重国家而尊社稷也。……云素好勇，数犯法亡命，受《易》颇有师道，其行义未有以异。……嘉猥称云。欲令为御使大夫，妄相称举，疑有奸心，渐不可长，宜下有司案验，以明好恶。"嘉竟坐之。

郑

卷九十《酷吏·尹赏传》:

　　字子心，钜鹿杨氏人也。……（成帝永始前）以御使举为郑令。

卷九十三《佞幸·石显传》:

　　（元帝时）郑令苏建得显私书，奏之，后以它事论死。

杜陵

卷六十七《朱云传》:

　　字游，鲁人也。……（元帝时）迁杜陵令，坐故纵亡命，会赦。

卷七十《段会宗传》:

　　字子松，天水上邦人也。竟宁中，以杜陵令五府举为西域都护、骑都尉、光禄大夫，域敬其威信。

左冯翊

池阳

卷七十九《冯奉世传》:

　　（元帝时，野王）入为左冯翊。岁余，而池阳令并素行贪污，轻野王外戚年少，治行不改。野王部督邮掾赵都案验，得其主守盗十金罪，收捕。并不首吏，都格杀。并家上书陈冤，事下廷尉。都诣吏自杀以明野王，京师称其威信。

卷八十三《薛宣传》:

　　池阳令举廉吏狱掾王立（详"西汉太守表"左冯翊薛宣条）。

谷口

卷九十二《游侠·原涉传》:

　　字巨先……为大司徒史丹举能治剧，为谷口令，时年二十余。谷口闻其名,不言而治。先是,涉父为茂陵秦氏所杀,涉居谷口半岁所,自劾去官,欲报仇。谷口豪杰为杀秦氏,亡命岁余,会赦出。

长陵

卷七十七《何并传》:

字子廉……为郡吏,至大司空掾,事何武。武高其志节,举能治剧,为长陵令,道不拾遗。

初,邛成太后外家王氏贵,而侍中王林卿通轻侠,倾京城,后坐法免,客愈盛。归长陵上冢,因留饮连日。并恐其犯法,自造门上谒,谓林卿曰:"冢间草外,君宜以时归。"林卿曰:"诺。"先是,林卿杀婢婿,埋冢舍,并具知之,以非己时,又见其新免,故不发举,欲无令留界中而已,即且遣吏奉谒传送。林卿素骄,惭于宾客,并度其为变,储兵马以待之。林卿既去,被度泾桥,令骑奴还至寺门拔刀剥其建鼓。并自从吏兵追林卿。行数十里,林卿迫窘,乃令奴冠其冠被其襜褕自代,乘车,从童骑,身变服从间径驰去。会日暮追及,收缚其奴,奴曰:"我非侍中,奴耳。"并心自知已失林卿,乃曰:"王君困,自称奴,得脱死邪?"叱吏斩头持还,县所剥鼓置都亭下,署曰:"故侍中王林卿坐杀人埋冢舍,使奴剥寺门鼓。"吏民惊骇。林卿因亡命,众庶喧哗,以为实死。成帝太后以邛成太后爱林舜故,闻之涕泣,为言哀帝。哀帝闻状而善之。迁并陇西太守。

卷九十《酷吏·义纵传》:

河东人也……(成帝时)迁为长陵及长安令,直法行治,不避贵戚。

卷八十六《王嘉传》:

字公仲,平陵人也。……(成帝时)察廉为长陵尉。

右扶风
渭城
卷六十七《胡建传》：

字子孟，河东人也。……后为渭城令。治甚有声，值昭帝幼，皇后父上将军安与帝姊盖主私夫丁外人相善。外人骄恣，怨故京兆尹樊福，使客射杀之。客臧公主庐，吏不敢捕，渭城令建将吏卒围捕。盖主闻之，与外人、上官将军多从宾客往，奔射追吏，吏散走。主使仆射劾渭城令游徼伤主家奴，建报亡它坐。盖主怒，使人上书告建侵辱长公主；射甲舍门；知吏贼伤奴，辟报故不穷审。大将军霍光寝其奏。后光病，上官氏代听事，下吏捕逮，建自杀。吏民称冤，至今渭城立其祠。

槐里
卷六十六《陈万年传》：

（元帝时）陈咸为御史中丞……颇言（中书令石）显短。显等恨之。时槐里令朱云残酷，杀不辜，有司举奏，未下。咸素善云，云从刺候，教令上书自讼。于是石显微伺之，白奏咸漏泄省中语。

卷七十六《王尊传》：

字子赣，琢郡高阳人也。……初元中，举直言，迁虢令，转守槐里，兼行美阳令。春正，美阳女子告假子不孝，曰："儿常以我为妻，妒笞我。"尊闻之，遣吏收捕验问，辞服。尊曰："律无妻母之法，圣人所不忍书，此经所谓造狱者也。"尊于是出坐廷上，取不孝子悬磔于树，使骑吏五人张弓射杀之，吏民惊骇。

鄠
卷八十四《翟方进附子义传》：

初，三辅闻翟义起，自茂陵以西至汧二十三县盗贼并发，赵明、霍鸿等自称将军，攻烧官寺，杀右辅都尉、𪉖令，劫略吏民众十余万，火见未央宫前殿。

𪉖

卷七十六《王尊传》：

（元帝时）为𪉖令。

卷九十《酷吏·咸宣传》：

（汉武帝时）为右扶风，坐怒其吏成信，信亡藏上林中。宣使𪉖令将卒吏，阑入上林中蚕室门攻亭格杀信。

漆

卷七十八《萧望之附子育传》：

字次君，（杜陵人）……（元帝时）为茂陵令。会课，育第六，而漆令郭舜见责问，育为之语，扶风怒曰："君课第六，裁自脱，何暇欲为左右言！"及罢出，传召茂陵令诣后曹，当以职事问。育径出曹。书佐随牵育，育案佩刀曰："萧育杜陵男子，何诣曹也！"遂趋出，欲去官。

茂陵

卷七十四《魏相传》：

字弱翁，济阴定陶人也。……为茂陵令。顷之，御史大夫桑弘羊客诈称御史止传，丞相不以时谒，可怒，缚丞。相疑其有奸，收捕，案致其罪，论客弃市，茂陵大治。

卷七十八《萧望之传》：

萧育曾为茂陵令，详漆令郭舜条。

卷九十二《游侠·原涉传》：

（涉）遣奴至市买肉，奴乘涉气与屠争言，斫伤屠者，亡。是时，茂陵令尹公新视事，涉未谒也。闻之大怒。知涉名豪，欲以示众厉俗，遣两吏胁守涉。至日少，奴不出，吏欲便杀涉去。涉追窘不知所为。会涉所与期上冢者车数十乘到，皆诸豪也，共说尹公。尹公不听，诸豪则曰："原巨先奴犯法不得，使肉袒自缚，箭贯耳，诣廷门谢罪，于君威亦足矣。"尹公许之，涉如言谢，复服遣去。

初，涉与新丰富人祁太伯为友，太伯同母弟王游公素嫉涉，时为县门下掾，说尹公曰："君以守令辱涉如是，一旦真令至，君复单车归为府吏。涉刺客如云，杀人皆不知主名，可为寒心。涉治冢舍奢僭逾制，罪恶暴著，主上知之。今为君计，莫若堕坏舍冢舍，条奏其旧恶，君必得真令，如此，涉亦不敢怨矣。"尹公如其计，莽果以为真令，涉繇此怨王游公，选宾客，遣长子初从车二十乘劫于游公家。游公母即祁太伯母也，诸客见之皆拜，传曰："无惊祁夫人。"遂杀游公父及子，断两头去。

涉性略似郭解，外温仁谦逊而内隐好杀。睚眦于尘中，触死者甚多。王莽末，东方兵起，诸王子弟多荐涉能得士死，可用。莽乃召见，责以罪恶，赦贳，拜镇戎大尹。涉至官无几，长安败，郡县诸假号起兵攻杀二千石长吏以应汉。诸假号素闻涉名，争问原尹何在，拜谒之。莽州牧使者依附涉者皆得活。传送致涉长安。更始西屏将军申屠建请涉与相见，大重之。故茂陵令尹公坏涉冢舍者为建主簿，涉本不怒也，涉从建所出，尹公故遮拜涉，谓曰："易世矣，宜勿复相怨！"涉曰："尹君，何壹鱼肉涉也！"涉用是怒，使客刺杀主簿。

平陵

卷九十《酷吏·严延年传》：

宣帝识之，拜为平陵令，坐杀不辜，去官。

武功

卷九十九《王莽传》：

平帝元始五年十二月。前辉光谢嚣奏武功长孟通浚井得白石，上圆下方，有丹青著石，文曰："告安汉公莽为皇帝。"符名之起，自此始矣。

河南郡
密

卷二十五《卓茂传》(《艺文类聚》五十、《北堂书钞》七十八引司马彪《续汉书》略同)：

> 字子康，南阳宛人也。……（西汉元帝时）迁密令。劳心谆谆，视人如子，举善而教，口无恶言，吏人亲爱而不忍欺之。人尝有言部亭长受其米肉遗者，茂辟左右问之曰："亭长为从汝求乎？为汝有事属之而受乎？将平居自以恩意遗之乎？"人曰："往遗之耳。"茂曰："遗之而受，何故言邪？"人曰："窃闻贤明之君使人不畏吏，吏不取人。今我畏吏，是以遗之，吏既卒受，故来言耳。"茂曰："汝为敝人矣。凡人所以贵于禽兽者，以有仁爱，知相敬事也，今邻里长老尚致馈遗，此乃人道所以相亲，况吏与民乎？吏顾不当乘威力强请求耳。凡人之生，群居杂处，故有经纪礼义以相交接，汝独不欲修之，宁能高飞远走，不在人间邪？亭长素善吏，岁时遗之，礼也。"人曰："苟如此，律何故禁之？"茂笑曰："律设大法，礼顺人情。今我以礼教汝，汝必无怨恶；以律治汝，何所措其手足乎？一门之内，小者可论，大者可杀也。且归念之。"于是人纳其训，吏怀其恩。初，茂到县，有所废置，吏人笑之，邻城闻者，皆嗤其不能，河南郡为置守令。茂不为嫌，理事自若，数年教化大行，道不拾遗。平帝时，天下大蝗，河南二十余县皆被其灾，独不入密县界。督邮言之，太守不信，自出案行，见乃服焉。是时王莽秉政，置大司农六部丞劝课农桑，迁茂为京部丞，密人老少皆涕泣随送。

兖州刺史部

陈留郡

东昏

卷七十九《儒林·刘昆传》：

字桓公，陈留东昏人，寿王之胤也。少习容礼。平帝时受施氏《易》于沛入戴宾，能弹雅琴，知清角之操。王莽世，教授弟子恒五百余人。每春秋飨射，常备列典仪，以素木瓠叶为俎豆，桑弧蒿矢以射菟首。每有行礼，县宰辄率吏属而观之。王莽以昆多聚徒众，私行大礼，有僭上心，乃系昆及家属于外黄狱。

三、东汉太守表

豫州刺史部

汝南郡

卷二十九《郅恽传》：

字君章，汝南西平人也。年十二失母。居丧过礼。及长，理《韩诗》、《严氏春秋》，明天文历数。……久之，太守欧阳歙请为功曹。汝南旧俗，十月飨会，百里内县皆赍牛酒到府燕饮。时临飨礼讫，歙教曰："西部督邮繇延，天资忠实，禀性公方，摧破奸凶，不严而理。今与众儒共论延功，显之于朝。太守敬嘉厥休，牛酒养德。"主簿读教，户曹引延受赐。恽于下坐愀然前曰："司正举觥，以君之罪，告谢于天。案严资性贪邪，外方内员，朋党搆奸，罔上害人，所在荒乱，怨慝并作。明府以恶为善，股肱以直从曲，此既无君，又复无臣。恽敢再拜奉觥。"歙色惭动，不知所言。门下掾郑敬进曰："君明臣直，功曹言切，明府德也。可无受觥哉？"歙意少解，曰："实歙罪也，敬奉觥。"恽乃免冠谢曰："昔虞舜辅尧，四罪咸服，谗言弗庸，孔任不行，故能作股肱，帝用有歌。恽不忠，孔任是昭，豺虎从政，既陷诽谤，又露所言，罪莫重焉。请收恽、延，以明好恶。"歆曰："是重吾过也。"遂不燕而罢。恽归府，称病，延亦自退。

郑敬素与恽厚，见其言忤歆，乃相招去，曰："子廷争鄹延，君犹不纳。延今虽去，其势必还。直心无讳，诚三代之道，然道不同者，不相为谋，吾不能忍见子有不容君之危，盍去之乎？"恽曰："孟轲以强其君之所不能为忠，量其君之所不能为贼。恽业已强之矣。障君于朝，既有其直，而不死职，罪也。延退而恽又去，不可。"敬乃独隐于弋阳山中。居数月，歆果复招延，恽于是乃去。从敬止，渔钓自娱，留数十日。恽志在从政，既乃喟然而叹，谓敬曰："天生俊士，以为人也，鸟兽不可与同群，自从我为伊吕乎？将为巢许而父老尧舜乎？"敬曰："吾足矣！初从生步重华于南野，谓来归为松子。今幸得全躯树类，还奉坟墓，尽学问道，虽不从政，施之有政，是亦为政也。吾年耄矣，安得从子？子勉正性命，勿劳神以害生。"恽于是告别而去。敬字次都，清志高世，光武连征不到。

卷三十一《杜诗传》：

字君公，河内汲人也。……（建武初）转汝南都尉，所在称治。

《王堂传》（《北堂书钞》卷十五引谢承《后汉书》略同）：

字敬伯，广汉郪人也。……（顺帝永建四年后）迁汝南太守，搜才礼士，不苟自专，乃教掾史曰："古人劳于求贤，逸于任使，故能化清于上，事缉于下。其宪章朝右，简覈才职，委功曹陈蕃；匡政理务，拾遗补阙，任主簿应嗣；庶循名责实，察言观效焉。"自是委诚求当，不复妄有辞教，郡内称治。时大将军梁商及尚书令袁汤，以求属不行，并恨之。

《文选》二十五卢子谅赠刘琨诗注引张璠《后汉纪》：

（建宁元年）王堂为汝南太守，教掾史曰："其宪章朝右，委功曹陈蕃也。"

卷四十三《何敞传》：

字文高。扶风平陵人也。……（永元之际）迁汝南太守，敞疾文俗吏以苛刻求当时名誉，故在职以宽和为政。立春日，常召督邮还府（注：督邮主司察愆过，立春阳气发生，故召归），分遣儒术大吏行属县，显孝悌有义行者，及举冤狱，以《春秋》义断之。是以郡中无怨声，百姓化其恩礼。其出居者，皆归养其父母，追行丧服（出居谓与父母别居者。其亲先亡者自恨丧礼不足，追行丧制也），推财相让者二百许人（注引《东观记》曰：高谭等百八十五人推财相让）。置立礼官，不任文吏。又修理鲖阳旧渠，百姓赖其利，垦田增三万余顷。吏人共刻石，颂敞功德。

《北堂书钞》七六引华峤《汉后书》：

何敞为汝南太守，修治鲖阳之旧陂，垦田三万顷，咸赖其利，吏民刻石，颂敞功德。

敞为汝南太守，在在表孝悌，折贪残者也。

卷四十四《张敏传》：

字伯达，河间鄚人也。……（永平十一年）迁汝南太守，清约不烦，用刑平正，有理能名。坐事免。

《胡广传》：

字伯始，南郡华容人也。……（约在顺帝时）为汝南太守。

卷四十八《李法传》：

字伯度，汉中南郑人也。……（殇帝时或稍后）为汝南太守，政有声绩。

卷五十三《黄宪传》：

> 字叔度，汝南慎阳人也。……太守王龚在郡，礼进贤达，多所降致，卒不能屈宪。

卷五十六《王龚传》：

> 字伯宗，山阳高平入也。世为豪族。……（安帝建光二年）迁汝南太守。政崇温和，好才爱士，引进郡人黄宪、陈蕃等。宪虽不屈，蕃遂就吏。蕃性气高明，初到，龚不即召见之，乃留记谢病去。龚怒，令除其录，功曹袁阆请见，言曰："闻之传曰，'人臣不见察于君，不敢立于朝'。蕃既以贤见引，不宜退以非礼。"龚改容谢曰："是吾过也。"乃复厚遇待之。由是后进知名之士莫不归心焉。阆字奉高，数辞公府之命，不修异操，而致名当时。

《太平御览》九三六引谢承《后汉书》：

> 陈蕃为郡法曹吏。正月朝见太守王龚，客有贡白鱼于龚者，龚曰："汝南乃有此鱼？"蕃曰："鱼大，且明府之德。"

卷六十一《周举传》：

> 字宣光，汝南汝阳人，陈留太守防之子。……建和三年卒。朝廷以举清公亮直，方欲以为宰相，深痛惜之。乃诏光禄勋、汝南太守曰："……其令将大夫以下到丧发日复会吊。"

> （举子）勰字巨胜，少尚玄虚，以父任为郎，自免归家。父故吏河南召夔为郡将。卑身降礼，致敬于勰。勰耻交报之。因杜门自绝。后太守举孝廉，复以疾去。

卷六十七《党锢列传序》（《太平御览》二六四、四六五，《北堂书钞》七七，《文选》三十谢玄晖《郡内登望诗》注引司马彪《续汉书》略同）：

> 后汝南太守宗资任功曹范滂……（时谚曰）汝南太守范孟博，南阳宗资主画诺。

《党锢·范滂传》：

> 字孟博，汝南征羌人也。……太守宗资先闻其名，请署功曹，委任政事。滂在职，严整疾恶，其有行违孝悌、不轨仁义者，皆扫迹斥逐，不与共朝，显荐异节，抽拔幽陋。滂外甥西平李颂，公族子孙，而为乡曲所弃，中常侍唐衡以颂请资，资用为吏。滂以非其人，寝而不召，资迁怒，捶书佐朱零。零仰曰："范滂清裁，犹以利刃齿腐朽。今日宁受笞死，而滂不可违。"资乃止。郡中中人以下，莫不归怨，乃指滂之所用以为"范党"。

《辑注》引谢承《后汉书》：

> 范滂字孟博，汝南人。太守宗资署功曹。滂外甥西平李颂，公族子孙，顽嚣秽浊，为乡曲所弃。中常侍唐衡书求属仕官，资敕功曹召署文学史，滂不肯听。极久，衡复有书诮资，资怒，召功曹书佐朱零，问不召颂意状。零以告滂，滂曰："答教当言：颂则滂之姊子，岂不乐其升进？但颂浇秽小人，不宜染污朝廷，不敢以位私人，是以不召。"零具答教如此。零入问，资使伍伯乱捶困杖，言辞不慑，仰疾言曰："范滂清议，犹利刃截腐肉。愿为明府所笞杀，不为滂所废绝。今日之死，当受忠名；为滂所废，永成废人。"滂正直謇谔，皆此类也。

《党锢·尹勋传》：

> 字伯元，河南巩人也。家世衣冠。……（桓帝时）迁汝南太守，上书解释范滂，袁忠等党议禁锢。

卷六十八《许劭传》：

> 字子将，汝南平舆人也。……初为郡功曹，太守徐璆甚敬之。府中闻子将为吏，莫不改操饰行。同郡袁绍，公族豪侠，去濮阳令归，车徒甚盛，将入郡界，乃谢遣宾客曰："吾舆服岂可使许子将见？"遂以单车归家。

卷八十一《独行·周嘉传》(《北堂书钞》七三引谢承《后汉书》略同):

> 字惠文,汝南安城人也。……仕郡为主簿,王莽末,群贼入汝阳城。嘉从太守何敞讨贼,敞为流矢所中,郡兵奔北,贼围绕数十重,白刃交集。嘉乃拥敞,以身扞之。因呵贼曰:"卿曹皆人隶也。为贼既逆,岂有还害其君者邪?嘉请以死赎君命。"因仰天号泣,群贼于是两两相视,曰:"此义士也。"给其车马,遣送之。
>
> 后太守寇恂举为孝廉,拜尚书侍郎。

《北堂书钞》七五引司马彪《续汉书》:

> (寇恂)又拜汝南太守,城门不闭,盗贼不起,向风而治之。

卷八十二《方术·许杨传》(《太平御览》七二引谢承《后汉书》作"许阳",事迹略同):

> 字伟君,汝南平舆人也……汝南旧有鸿郤陂,成帝时丞相翟方进奏毁败之。建武中,太守欲修复其功,闻杨晓水脉,召与议之。……(邓晨)因署杨为都水掾,使典其事。杨因高下形势,起塘四百余里,数年乃立,百姓得其便,累岁大稔。初,豪右大姓因缘陂役,竞欲辜较在所,杨一无听。遂共谮杨受取赇赂。晨遂收杨下狱,而械辄自解。狱吏恐惶,白晨。晨惊曰:"果滥矣。太守闻忠信可以感灵,今其效乎?"即夜出杨遣归。

《北堂书钞》七四引司马彪《续汉书》:

> (邓晨)徙汝南太守,兴鸿郤陂,益地数千顷,溉道饶足。

《周获传》(《太平御览》一一引谢承《后汉书》略同):

> 字敬公,汝南新息人也。……太守鲍昱请获。既至门,令主簿就迎。主簿曰:"但使骑吏迎之。"获闻之即去,昱遣追,请获,获顾曰:"府君但为主簿所欺,不足与谈。"遂不留。时

郡境大旱,获素善天文,晓遁甲,能役使鬼神。昱自往问何以致雨,获曰:"急罢三部督邮,明府当自北出,到三十里亭,雨可致也。"昱从之,果得大雨。每行县,辄轼其间。获遂远遁江南,卒于石城。

《辑注》引司马彪《续汉书》:

(鲍)昱为汝南太守,郡多陂池,水恒不足,做方梁石洫止之。

卷二十九《鲍昱传》:

字文泉……后拜汝南太守。郡多陂池,岁岁决坏,年费常三千余万。昱乃上作方梁石洫,水常饶足,溉田倍多,人以殷富。

《北堂书钞》七四引司马彪《续汉书》:

(鲍)昱为汝南太守,郡多陂池,水恒不足,做方梁石洫止之,水方足也。

卷二十九《廖扶传》:

字文起,汝南平舆人也。……太守谒焕先为诸生,从扶学,后临郡,未到,先遣吏修门人之礼,又欲擢扶子弟,固不肯。

卷八十二下《方术·许曼传》:

汝南平舆人也。(与许劭同族)……桓帝时,陇西太守冯绲始拜郡,开绶笥,有两赤蛇分南北走,绲令曼筮之。卦成,曼曰……

卷八十二下《费长房传》:

汝南人也。……汝南岁岁常有魅,伪作太守章服,诣府门椎鼓者,郡中患之。时魅适来,而长房谒府君,惶惧不得退,便前解衣冠,叩头乞活,长房呵之云:"便于中庭正汝故形。"即成老鳖大如车轮,颈长一丈,长房复令就太守服罪,付其一札,以敕葛陂君。魅叩头流涕,持札植于陂边,以头绕之而死。

《北堂书钞》七四引谢承《后汉书》：

(韩)崇迁汝南太守，诏引见，赐车马剑革带。上仍敕崇曰："汝南，心腹之地，位次京师也。"

又，一四六引谢承《后汉书》：

韩崇为汝南太守，遗妻子粗饭，唯菜茹盐豉而已。

《北堂书钞》一三九引袁山松《后汉书》：

蔡顺母生时畏雷，母死之后，有雷，顺走至墓侧，曰"顺在此"。太守韩崇恒差车，每雷，顺乃乘至冢所。

七七引谢承《后汉书》：

王威为汝南五官掾，太守郭公有罪当征，怖，欲自杀。威抱书自投火中而死，太守得解其罪。

《三国志》卷六《董卓传》注引谢承《后汉书》：

伍孚字德瑜，(汝南吴房人)少有大节，为郡门下书佐。其本邑长有罪，太守使孚出教，敕曹下督邮收之。孚不肯受教，伏地谏曰："君虽不君，臣不可不臣，明府奈何令孚受教，敕外收本邑长乎？更企他吏。"太守奇而听之。

裴松之曰："谢承记孚字及本郡则与琼同，而致死事乃与孚异也。不知孚为琼之别名？为别有伍孚也？盖未详之。"

卷七十六《党锢列传》注引谢承《后汉书》：

宗资字叔都，南阳安众人也。家代为汉将相名臣；……补御史中丞、汝南太守，署范滂为功曹，委任政事，推功于滂，不伐其美。任善之名，闻于海内。

卷四十八《徐璆传》：

(灵帝中平元年后)迁汝南太守，转东海相，所在化行。

《琱玉集》引无名氏《后汉书》：

应奉字世叔，后汉汝南南顿人也。……仕郡为决曹史，录囚数百人，奉口诵名字，罪之轻重，无有遗脱，太守奇之。

《北堂书钞》七五引谢承《后汉书》：

> 王党迁汝南太守，事无不敬，劳于求贤访能，化清于上，事缉于下。

《华阳国志》卷十中《广汉士女》：

> 王堂，字敬伯，郪人也。……徙汝南守，举陈蕃为功曹，应嗣司隶校尉，号知人之鉴。

《太平御览》四二〇引司马彪《续汉书》：

> 袁忠字祕，为郡门下书佐。黄巾起，祕从太守赵谦击之，郡败，祕与功曹封观等七人以身扞刃，皆死于阵，谦以得免。

颍川郡

卷三十一《郭伋传》：

> （建武）九年，征拜颍川太守。……伋到郡，召怀山贼阳夏赵宏、襄城召吴等数百人，皆束手诣伋降，悉遣归附农。……后宏、吴等党与闻伋威信，远自江南，或从幽冀，不期俱降，络绎不绝。

《北堂书钞》七四引华峤《汉后书》（《太平御览》六一、《事类赋注》六引张璠《后汉纪》略同）：

> （郭）伋拜颍川太守，帝劳之曰："郡得贤能太守，去帝城不远，河润九里，冀京师并蒙其福。"

卷三十八《张霸传》：

> 字伯饶，蜀郡成都人也。……永元中为会稽太守，表用郡人处士顾奉、公孙松等，奉后为颍川太守……

《华阳国志》卷十上《先贤士女总赞》：

> （张霸）为会稽太守。拨乱兴治，立文学，学徒以千数，风教大行，道路但闻诵声，百姓歌咏之。致达名士顾奉、公孙松、毕海、胡母官、万虞先、王演、李根，皆至大位。在郡十年，以有道征。

卷四十四《张敏传》：

> 字伯达……延平元年，拜议郎，再迁颍川太守。（至永初元年）

卷四十五《韩棱传》：

> 字伯师，颍川舞阳人……世为乡里著姓……初为郡功曹，太守葛兴中风，病不能听政，棱阴代兴视事，出入二年，令无违者。兴子尝发教，欲署吏，棱拒执不从，因令怨者章之。事下案验，吏以棱掩蔽兴病，专典郡职，遂致党锢。显宗知其虑，后诏特原之。

《周荣传》：

> 字平逊，庐江舒人也。及窦氏败……出为颍川太守。

卷四十六《郭躬传》：

> 字仲孙，颍川阳翟人也。家世衣冠。父弘，习小杜律。太守寇恂以弘为决曹掾，断狱至三十年，用法平。诸为弘所决者，退无怨情，郡内比之东海于公。

《秦彭传》：

> 字伯平，扶风茂陵人。……六世祖袭，为颍川太守。（西汉时）
>
> （建初七年）转颍川太守，仍有凤凰、麒麟、嘉禾、甘露之瑞，集其郡境。肃宗巡行，再幸颍川，辄赏赐钱谷，恩宠甚异，章和二年卒。

卷七十七《儒林·宋登传》（《北堂书钞》七五引谢承《后汉书》，《艺文类聚》五〇引张璠《后汉纪》、六五引华峤《汉后书》，《太平御览》二六〇引张璠《后汉纪》事同）：

> 字叔阳，京兆长安人也。（顺帝时）为颍川太守，市无二价，道不拾遗。

卷八十一《独行·刘翊传》：

> 字子相，颍川颍阴人也。……常守志卧疾，不屈聘命。河南种拂临郡，引为功曹，翊以拂名公之子，乃为起焉。拂以其择时而仕，甚敬任之。阳翟黄纲恃程夫人权力，（《文选》一六江文通《别赋》注引谢承《后汉书》：刘翊曰："程夫人富贵干云。"）求占山泽以自营植。拂召翊问曰："程氏贵盛，在帝左右，不听则见怨，与之则夺民利，为之奈何？"翊曰："名山大泽不以封，盖为民也。明府听之，则被佞悻之名矣；若以此获祸，贵子申甫，则自以不孤也。"拂从翊言，遂不与之，乃举翊为孝廉，不就。

《艺文类聚》九八引谢承《后汉书》：

> 吴郡陆闳为颍川太守，致凤凰、甘露之瑞。

《文选》五八蔡伯喈《陈太丘碑文》注引谢承《后汉书》：

> 刘翊，颍川人。河南尹种拂尝来临郡，翊为主簿，迎之到官，深敬待之。

《北堂书钞》七四引谢承《后汉书》：

> 严翊为颍川太守，掾吏有过，每闭阁自责。

卷五十八《盖勋传》：

> 字元固，敦煌广至人也。……（献帝初）为颍川太守，未及到郡，征还京师。

《北堂书钞》七六引谢承《后汉书》：

> 盖勋迁颍川太守，民吏叹咏，不容于口。

卷六十二《钟皓传》（《太平御览》二六四引谢承《后汉书》同）：

> （钟）皓为郡功曹，会辟司徒府，临辞，太守问："谁可代卿者？"皓曰："明府欲必得其人，西门亭长陈寔可。"

《陈寔传》：

> 字仲弓，颖川许人也。……家贫，复为郡西门亭长，寻转功曹。时中常侍侯览托太守高伦用吏，伦教署为文学掾。寔知非其人，怀檄请见，言曰："此人不宜用，而侯常侍不可违。寔乞从外署，不足以尘明德。伦从之，于是乡论怪其非举。寔终无所言。伦后被征为尚书。郡中士大夫送至轮氏传舍，伦谓众人言曰："吾前为侯常侍用吏，陈君密持教还，而于外白署。比闻议者以此少之，此谷由故人畏惮强御。陈君可谓善则称君，过则称己者也。"寔固自引愆，闻者方叹息，由是天下服其德。

《杜密传》：

> 字周甫，颖川阳城人也。……去官还家，每谒守令，多所陈托，同郡刘胜，亦自蜀郡告归乡里，闭门扫迹，无所干及。太守王昱谓密曰："刘季陵清高士，公卿多举之者。"密知昱激己，对曰："刘胜位为大夫，见礼上宾，而见善不荐，闻恶无言，隐情惜己，自同寒蝉，此罪人也。今志义力行之贤而密达之，违道失节之士而密纠之，使明府赏刑得中，令闻休扬，不亦万分之一乎？"昱惭服，待之弥厚。

《三国志》卷十三《钟繇传》注引谢承《后汉书》：

> 南阳阴修为颖川太守，以旌贤擢俊为务，举五官掾张仲方正，察功曹钟繇，主簿荀彧，主记掾张礼，贼曹掾杜佑，孝廉荀攸，计吏郭图为吏，以光国朝（《辑注》引谢承《后汉书》：阴修敷化二郡，威教克平）。

《北堂书钞》七五引谢承《后汉书》（《艺文类聚》六五引华峤《汉后书》，《艺文类聚》五十、《太平御览》二六〇引张璠《后汉纪》略同）：

> 宋登为颖川太守，市无二价，道不拾遗。

七四引司马彪《续汉书》:

（寇）恂为颍川太守，诛讨盗贼，政教施行，郡中无事，修礼乐教授。

七五引：

寇恂为颍川太守。时有豆生于郡界，收得十万余斛，以给诸营。

寇恂为颍川太守，盗贼不敢入界。

寇恂为颍川太守，又拜汝南太守，城门不闭，盗贼不起，向风而治之。

七六引：

入为执金吾，颍川盗贼群起，上谓恂曰："独卿能平之耳。"恂至颍川，盗贼悉降。百姓遮曰："吾愿借寇君一年。"

严可均《全后汉文》卷七十四蔡邕《颍川太守王立义葬流民颂》：

哀此骼骶，悯彼孤魂。遭水为泥，逢风成尘。殓以时服，葬于洛滨。

梁国　梁郡

《三国志》卷十一《袁涣传》：

（建安时）迁为梁相。涣每敕诸县；"务存鳏寡高年，表异孝子贞妇。常谈曰'世治则礼详，世乱则礼简'，全在斟酌之间耳。方今虽扰攘，难以礼化，然在吾所以为之。"为政崇教训，恕思而后行，外温柔而内能断。以病去官，百姓思之。

《隶释》卷六《国三老袁良碑》：

君讳良，字厚卿，陈国扶（乐人）也。……孝顺初政，咨囗囗白。三府举君，征拜议郎、符节令。时元子光，博平令，中子腾，尚书郎，少子璋，谒者。诏书辟□□可父事，群司以君父子俱列三台，夫人结发，上为三老，使者□节安车亲□几杖之尊，袒割之养，君实缳之。后拜梁相。帝御九龙殿引君对觌，与酒饭，赐饮晏。

册曰：顷者连遇运害，灾条备至，阴阳不和，寒暑不节。昔孔子制义，承奉则有兴盛之福，慢期即致来谷之变，朕以妙身，袭裘继业，二九之戒，今直其际。图记占□，恒在藩国。自先帝至德，犹有七国之谋，盖治世者不讳其难。朕追寤社稷之重，恐有交会诸国王侯，开导以骄满之渐，令奸邪因缘生愿，相以显选，简练内升。昔掌符竟，惠抚我民，故连拔授，不问勋次，典郡职重，亲执经纬，隐括在手。往者王尊发纵于平阳，清约藩辅，其节衍然。忠臣之义，有献善去否，其加精微，测切防绝，朕疢心以戒，今特赐钱十万，杂缯卅匹，王具剑、佩书刀、绣文印衣、无极手巾各一，往悉乃心，勉崇协同，便宜数上。

君子曰：优贤之宠，于斯盛矣。宰县治郡，无民不思，载八十五，久病致仕，永建六年二月戊辰卒。

《隶释》卷五《梁相孔耽神祠碑》：

君讳耽，兄弟三人，君最长。……县请署主簿功曹，府招稽议，郡将乌程沈府君表病委职，署君行事，假谷孰长印绶，总领文书。

《隶释》卷十一《梁相费汎碑》：

梁相讳汎，字仲虑，此邦之人也。其先季文，为鲁大夫，有功封费，因氏为姓。秦、项兵起，避地于此，遂留家焉。世业稼穑，好学礼乐，大汉之□，官司相继，绝而复绩。至梁府君，以孝友至行闻于乡邑。仕更郡右，謇谔质直，在公履法，察孝廉，除郎中、屯骑司马，迁萧令。视民如子，先教后罚，流玄默之化，奉以忠信，守以敦笃。在位九年，百姓移风，苛慝不铁，奸宄不发，变争路销，推让道生。三年不断狱，祯祥感应。时沛有蝗，独不入界，由此显名。国以状闻，朝廷嘉诸，拜梁相，宣慈惠□，不帅自正。当登台阶，延究眉耇，被病逊位，春秋八十卒。二子缭□，凤由宰府至堂邑令；政，九江太守。适孙玽，感奚斯之义，刊铭玄石，旌勒厥美，俾□览焉。其辞曰：

穆穆显祖，厥德懿铄。播勋于前，丕硕基业。遗爱于民，福流后胙，庶□昌□，在堂□室。功烈休矣，末昆戮力。

《全后汉文》卷七十五《王子乔碑》：

王孙子乔者，盖上世之真人也。闻其仙旧矣，不知兴于何代。博问道家，或言颍川，或言彦蒙，初建斯城，则有斯丘，传承先民，曰王氏墓。绍胤不继，荒而不嗣，历载弥年，莫之能纪。暨于永和之元年冬十有二月，当腊之夜，墓上有哭声，其音甚哀，附居者王伯闻而怪之，明则祭其墓而察焉。时天洪雪，下无人径，见一大鸟迹在祭祀之处，左右咸以为神。春后有人着大冠绛单衣，杖竹策立冢前，呼樵孺子尹永昌曰："我王子乔也，尔勿复以吾墓前树也。"须臾，忽然不见。时令太山万熹，稽故老之言，感精瑞之应，咨访其验，信而有征，乃造灵庙，以休厥神。于是好道之俦，自远来集，或弦琴以歌太一，或覃思以历丹丘，其疾病尪瘵者，静躬祈福，即获祚，若不虔恪，辄颠踣。故知至德之宅兆，实真人之先祖也。延熹八年秋八月，皇帝遣使者奉牺牲以致祀，祗惧之敬，肃如也。国相东莱王璋字伯仪，以为神圣所兴，必有铭表，昭示后世，是以赖乡仰伯阳之踪，关民慕尹喜之风，乃与长史边乾，访及士隶，遂树之玄石，纪颂遗烈，俾志道者。有所览焉：

伊王君，德通灵。含光耀，秉纯贞。应大道，羡久荣。弃世俗，飞神形。翔云霄，浮太清。乘螭龙，载鹤轷。戴华笠，奋金铃。挥羽旗，曳霓旌。欢罔极，寿亿龄。昭笃孝，念所生。岁终阕，发丹情。存墓冢，舒哀声。遗鸟迹，宽旧城。被绛衣，垂紫缨。呼孺子，告姓名。由此悟，感怖惊，修祠宇，反几筵。馈馐进，甘香陈。时倾顾，馨明烟。匡流祉，熙帝庭。祐邦国，相黔民。光景福，耀无垠。

沛郡　沛国

卷二十七《王良传》：

字仲子，东海兰陵人也。……（建武二年）迁沛郡太守。至蕲县，称病不之府，官属皆随就之。

《杜诗传》：

（建武时）为沛郡都尉。……所在称治。

卷四十一《第五伦传》：

（建武中）为宕渠令，显拔乡佐玄贺，贺后为九江、沛二郡守，以清洁称，所在化行。

卷四十五《袁忠传》（《北堂书钞》一三九引华峤《汉后书》略同）：

字正甫，与同郡范滂为友，俱证党事得释，……初平中，为沛相，乘苇车到官，以清亮称。

卷六十二《荀昱传》：

字伯条……为沛相……正身疾恶，志除阉宦，其支党宾客在郡者，纤罪必诛。昱后共大将军窦武谋诛中官，与立膺俱死。

卷六十二《陈寔传》：

除太丘长。……以沛相赋敛违法，乃解印绶去，追思之。

卷七十五《袁术传》：

建安二年……舒仲应为沛相，术以米十万斛与为军粮，仲应悉散以给饥民。术闻，怒，陈兵将斩之。仲应曰："知当必死，故为之耳。宁可以一人之命，救百姓于涂炭。"术下马，牵之曰："仲应，足下欲独享天下重名，不与吾共之邪？"

《吕布传》：

（建安初）袁术遣韩胤以僭号事告布，因求迎妇，布遣女随之。沛相陈珪恐术报布成姻，则徐杨合从，为难未已。于是往说布曰："曹公奉迎天子，辅赞国政，将军宜与协同策谋，共存大计。今与袁术结姻，必受不义之名，将有累卵之危矣。"

卷七十六《循吏·刘矩传》：

字叔方，沛国萧人也。……失大将军梁冀意……以疾去官。时梁冀妻兄孙祉为沛相，矩惧为所害，不敢还乡里，乃投彭城友人家。

卷七十七《酷吏·阳球传》：

字方正，渔阳泉州人也。……光和二年，迁为司隶校尉。（中常侍）王甫休沐里舍，球诣阙谢恩，奉收甫及中常侍……中黄门……小黄门等，及子弟为守令者，奸滑纵恣，罪合灭族。……于是悉收……甫子永乐少府萌、沛相吉。球自临考甫等，五毒备极。

《王吉传》：

王吉，陈留浚仪人，中常侍甫之养子也。……吉少好诵读书传，喜名声，而性残忍。以父秉权宠，年二十余为沛相。达晓政事，能断察疑狱，发起奸伏，多出众议。课使郡内各举奸吏豪人诸常有微过酒肉为赃者，虽数十年犹加贬弃，注其名籍。专选剽悍吏，击断非法。若有生子不养，即斩其父母，合土棘埋之。凡杀人，旨磔尸车上，随其罪目，宣示属县。夏月腐烂，则以绳连其骨，周遍一郡乃止。郡中憷恐，莫敢自保。乃阳球奏甫，乃就收执，死于洛阳狱。

《职官分纪》三二引华峤《汉后书》：

王吉为沛相，晓达政事，令曰："若生子不养，斩其父母，合土棘埋之。"

《后汉书》卷三十七《桓典传》：

国相王育以罪被诛，故人亲戚莫敢至者。典独弃官收殓归葬，服丧三年，负土成坟，为立祠堂，尽礼而去。

卷七十八《宦者列传》：

具瑗，魏郡元城人。……兄恭为沛相……为所在蠹害。……（桓帝延熹）八年，司隶校尉韩演……奏瑗兄沛相恭赃罪，征诣廷尉。

《北堂书钞》七五引谢承《后汉书》：

鲍季寿为沛相，下民歌曰"神君"。

《北堂书钞》七六引张璠《后汉纪》：

荀绲为沛相，所在清严，举贤治恶，以为豫州六郡之表。

《隶释》卷七《沛相杨统碑》：

君讳□□□□□□□□富波君之□子也。□天□性少有令问，敦□孝以敕内，□名行以修外。绍□□□烈，隆构厥基。既仕州郡，会孝顺皇帝西巡，以掾史召见。帝嘉其忠臣之苗，器其璵璠之质，诏拜郎中，迁常山长史，换键为府丞。君虽诎而就之，以顺时政，非其好也，乃翻然轻举。宰司累辟，应于司徒，州察茂才，迁鲷阳侯相、金城太守，德以化圻民，威以怀殊俗，慕义者不肃而成，帅服者变衽而属，疆易不争，障塞无事，功显不伐，委而退焉。直南蛮蠢迪，王师出征，以君文武备兼，庙胜先战，拜车骑将军从事。军还策勋，复以疾辞，后乃征拜议郎、五官中郎将、沛相。天吏之治，副当神人，秩礼之选，举不逾贤。故望大和则侯生毓，睎严霜则畏辜戮，欣悦悚栗，宽猛必衷。遭贵戚专权，不称请求，考绩不论，征还议官。年五十六,建宁元年三月癸丑遘疾而卒。朝廷愍惜,百僚叹伤。□民假尔,莫不陨涕。故吏戴条等,追在三之分,感秦人之哀,愿从赎其无由,庶考斯之颂仪,乃镌石立碑,勒铭鸿烈,光于亿载,俾永不灭。其辞曰:

明明杨君,懿铄其德。其德伊何?克忠克力。勤止厥身,帅□靡革。谟兹典犹,道以经国。班化黎元,既清且宁。武棱携贰,文怀遐冥。远人斯服,介士充庭。刚柔攸得,以和以平。勋速藐矣,莫与争光。甘棠遗爱,东征企皇。念彼恭人,怒焉永伤。立言不朽,先民所臧。载名金石,贻于无疆。

鲁国　鲁郡

卷三十一《王堂传》:

字敬伯,广汉郪人也。……(安帝永建)四年……拜鲁相,政存简一,至数年无辞讼。

卷三十六《贾逵传》:

(陈国汝郁)字叔异,性至孝,及亲殁,遂隐处山泽。后累迁为鲁相,以德教化,百姓称之,流人归者八九千户。(永元三年后)

卷四十一《钟离意传》:

(建武时)出为鲁相……意视事五年,以爱利为化,人多殷富。以久病卒官。遗言上书陈升平之世,难以急化,宜少宽假。帝感伤其意,下诏嗟叹,赐钱三十万。(注引意别传曰:意为鲁相,到官,出私钱三千文付户曹孔䜣修夫子车,身入庙,拭几席剑履)

《北堂书钞》一三九引司马彪《续汉书》:

钟离意迁鲁相,治孔子堂及车,皆更漆修饰之。

《北堂书钞》七五引司马彪《续汉书》:

鲍永为鲁郡太守,孔子阙里无何荆棘自辟,郡人异之。

《全后汉文》卷九十九《孔庙置百石卒史孔和碑》：

司徒臣雄、司空臣戒稽首言：

鲁前相瑛书言："诏书崇圣道，勉□艺，孔子作《春秋》，制《孝经》，□□五经，演《易·系辞》，经纬天地，幽赞神明，故特立庙，襃成侯四时来祠，事已即去。庙有礼器，无常人掌领，请置百石卒史一人，典主守庙，春秋飨礼，财出王家钱，给大酒亨，须报。"

谨问大常祠曹掾冯牟、史郭玄，辞对："故事，辟雍礼未行，祠先圣师，侍祠者，孔子子孙，大宰、大祝令，各一人，皆备爵大常丞。临祠，河南尹给牛羊豕鸡□□各一，大司农给米祠。"

臣愚以为：如瑛言，孔子大圣，则象乾坤，为汉制作，先世所尊，祠用众牲，长吏备□□欲加宠子孙，敬恭明祀，传于罔极。可许。臣请鲁相为孔子庙置百石卒史一人，掌领礼器，出王家钱，给大酒亨。他如故事。臣雄、臣戒愚戆，诚惶诚恐，顿首顿首，死罪死罪。臣稽首以闻。"制曰："可。"元嘉三年三月廿七日壬寅，奏雒阳宫。司徒公河南原武吴雄字季高，司空公蜀郡成都赵戒字意伯。

元嘉三年三月丙子朔廿七日壬寅，司徒雄、司空戒下鲁相："承书从事，下当用者，选其年卌以上，经通一艺，杂试通利，能奉弘圣之礼，为宗所归者，如诏书。"书到言："永兴元年六月甲辰朔十八日辛酉，鲁相平、行长史事卞、守长擅，叩头死罪，敢言之司徒、司空府：壬寅诏书，'为孔子庙置百石卒史一人，掌主礼器，选年卌以上，经通一艺，杂试能奉弘先圣之礼，为宗所归者'，平叩头叩头，死罪死罪。谨案文书，守文学掾鲁孔和、师孔宪、户曹史孔览等杂试，和修《春秋严氏》，经通高第，事亲至孝，能奉先圣之礼，为宗所归，除和补名状如牒。平惶恐叩头,死罪死罪。上司空府。"赞曰:巍巍大圣,赫赫弥章。相乙瑛,字少卿,平原高唐人。令鲍叠,字老子,生于曲涡间。(《水经·阴沟水注》:"北涡水之侧,有李母碑,是永兴元年谯令长沙王阜所立,碑云。")

《隶释》卷一《鲁相韩敕造孔庙礼器碑》:

惟永寿二年青龙在涒叹,霜月之灵,皇极之日,鲁相河南京韩君追惟太古,华胥生皇雄颜□育孔宝,俱制元道,百王不改,孔子近圣,为汉定道,自天王以下,至于初学,莫不□思叹卬。师镜颜氏,圣舅家居鲁亲里,并官圣妃在安乐里,圣族之亲,礼所宜异,复颜氏并官氏邑中䌛发,以尊孔心。念圣历世,礼乐陵迟,秦项作乱,不尊图书,倍道畔德,离败圣舆,食粮亡于沙丘,君于是造立礼器,乐之音符,钟磬瑟鼓,雷洗觞觚,爵鹿柤梪,笾柉禁壶,修饰宅庙,更作二舆,朝车威熹,宣杼元污,以注水流,法旧不烦,备而不奢,上合紫台,稽之中和,下合圣制,事得礼仪。于是四方士仁,闻君风耀,敬咏其德,尊琦大人之意,逴弥之思,乃共立表石,纪传亿载。其文曰:

皇戏统华胥,承天画卦,颜育空桑,孔制元孝,俱祖紫官,大一所授,前闿九头,以什言教,后制百王,获麟来吐,制不空作,承天之语。乾元以来,三九之载,八皇三代,至孔乃备。圣人不世,期五百载,三阳吐图,二阴出谶,制作之义,以俟知奥。於穆韩君,独见天意,复圣二族,逴越绝思,修造礼乐,胡辇器用,存古旧宇,殷勤宅庙。朝车威熹,出诚造□,漆不水解,工不争贾,深除玄汙,水通□注。礼器升堂,在雨降澍,百姓䜣和,举国蒙庆。神灵祐诚,竭敬之报,天与厥福,永享牟寿。上极华紫,旁伎皇代,刊石表铭,与乾运耀,长期荡荡,於盛复授,赫赫罔穷,声垂亿载。

《隶释》卷一《鲁相史晨祀孔子奏铭》：

建宁二年三月癸卯朔七日己酉，鲁相臣晨、长史臣谦顿首死罪上尚书，臣晨顿首顿首，死罪死罪，臣蒙厚恩，受任符守，得在奎娄，周孔旧寓，不能阐弘德政，恢崇壹变，凤夜忧怖，累息屏营，臣晨顿首顿首，死罪死罪。

臣以建宁元年到官，行秋飨，饮酒畔宫毕，复礼孔子宅，拜谒神圣，仰瞻榱桷，俯视几筵，灵所冯依，肃肃犹存，而无公出酒脯之祠。臣即自以奉钱，修上案食醊具，以叙小节，不敢空谒。臣伏念孔子乾坤所挺，西狩获麟，为汉制作，故《孝经神契》曰："玄丘制命帝卯行。"又《尚书考灵耀》曰："丘生仓际触，期稽度，为赤制。"故作《春秋》以明文命，缀纪撰书，修定礼义。臣以为素王稽古，德亚皇代，虽有褒成世享之封，四时来祭，毕即归国。臣伏见临辟雍日，祠孔子以大牢，长吏备爵，所以尊先师、重教化也。夫封土为社，立稷而祀，皆为百姓兴利除害，以祈丰穰，《月令》祀百辟卿士，有益于民，矧乃孔子，玄德焕炳，光于上下，而本国旧居复礼之日，阙而不祀，诚朝廷圣恩所宜特加。臣寝息耿耿，情所思惟，臣辄依社稷出王家谷，春秋行礼，以共烟祀，余□赐先生执事。臣晨顿首顿首，死罪死罪。臣尽力思惟庶政，报称为效增异辄上。臣晨诚惶诚□，顿首顿首，死罪死罪，上尚书。时副言大傅、大尉、司徒、司空、大司农府治所部从事。

昔在仲尼，汁光之精，大帝所挺，颜母毓灵。承敝遭衰，黑不代仓，□流应聘，叹凤不臻，自卫反鲁，养徒三千，获麟趣作，端门见征。血书著纪，黄玉响应，主为汉制，道审可行，乃作《春秋》，复演《孝经》，删定六艺，象与天谈，钩河摘雒，却揆未然，魏魏荡荡，与乾比崇。

同卷《史晨飨孔庙后碑》：

相河南史君讳晨，字伯时，从越骑校尉拜，建宁元年四月十一日戊子到官，乃以令日拜谒孔子，望见阙观，式路虔跽。既至升堂，屏气拜手，祗肃屑偨，仿佛若在。依依旧宅，神之所安，春秋复礼，稽度玄灵，而无公出享献之荐。钦因春飨，导物嘉会，述修辟雍，社稷品制，即上尚书参以符验。乃敢承祀，余胙赋赐，刊石勒铭，并列本奏，大汉延期，弥历亿万。时长史庐江舒李谦敬让、五官掾鲁孔畅、功曹史孔淮、户曹掾薛东门荣、史文阳马琮、守庙百石孔赞、副掾孔纲、故尚书孔立元世、河东太守孔虎元上、处士孔褒文礼皆会庙堂，国县员冗，吏无大小，空府竭寺，咸俾来观。并畔宫文学先生执事诸弟子，合九百七人。雅歌吹笙，考之六律，八音克谐，荡邪反正，奉爵称寿，相乐终日，于穆肃雍，上下蒙福，长享利贞，与天无极。史君飨后，部史仇谊、县吏刘耽等，补宗里中道之周左，墙垣坏决，作屋涂色，修通大沟，西流里外，南注城池。恐县吏敛民，侵扰百姓，自以城池道濡麦给，令还所敛民钱财。史君念孔渎颜母井去市辽远，百姓酤买，不能得香酒美肉，于昌平亭下立会市，因彼左右，咸所愿乐。又敕渎井复民伤治，桐车马于渎上，东行道表南北各种一行梓。假夫子冢颜母井舍及鲁公冢守吏凡四人，月与佐除。

陈国　陈郡

卷五十《陈敬王传》：

中平中，黄巾贼起，郡县皆弃城走。……陈独得完，百姓归之者众十余万人。及献帝初，义兵起，（刘宠）率众屯阳夏，自称辅汉大将军。国相会稽骆俊素有威恩，时天下饥荒，邻郡人多归就之，郡倾资赈赡，并得全活。后袁术求粮于陈而俊拒绝之，术忿恚，遣客诈杀俊及宠，陈由是破败。

注引谢承《后汉书》：

俊字孝远，乌程人，察孝廉，补尚书侍郎，擢拜陈国相。人有产子，厚致米肉，达府主意。生男女者，以骆为名。袁术使部曲将……诈杀俊，一郡哀号如丧父母。

卷五十一《桥玄传》(《辑注》引司马彪《续汉书》同)：

字公祖，梁国睢阳人也。……少为县功曹。时豫州刺史周景行部到梁国，玄谒景，因伏地言陈相羊昌罪恶，乞为部陈从事，穷按其奸。景壮玄意，署而遣之。玄到，悉收昌宾客，具考赃罪。昌素为大将军梁冀所厚，冀为驰檄救之。景承旨召玄，玄还檄不发，案之益急。昌坐槛车征，玄由是著名。

卷五十八《虞诩传》：

字升卿，陈国武平人也……县举顺孙，国相奇之，欲以为吏，诩辞曰："祖母九十，非诩不养。"相乃止。

《辑注》引谢承《后汉书》：

（骆）俊字孝远，乌伤人。……擢拜陈相。人有产子，厚致米肉，达府主意，生男生女者，以骆为名。值袁术僭号，兄弟忿争，天下鼎沸，群贼并起。陈与比界，奸慝四布，俊厉威武，保疆界，则不敢犯。养济百姓，灾害不生，岁获丰稔。后术军众饥困，就俊求粮。俊疾恶术，初不应答。术怒，密使部曲将张闿阳私行到陈，之俊所。俊往从饮酒，因诈杀俊。一郡吏人，哀号如丧父母。

《全后汉文》卷九十九《王君造四县邸碑》：

惟兹陈国，故曰淮阳郡云云。清惠著闻，为百姓惠爱，求贤养士，千有余人，赐与田宅吏舍，自捐俸钱，助之成邸。五官掾西华陈骐等二百五人，以延熹二年云云。故其颂曰：

修德立功，四县回附。(《水经》二十二《渠水注》："陈城内有汉相王君造四县邸碑，文字剥阙，不可悉识，其略曰"云云)

扬州刺史部

九江郡

卷四十一《第五伦传》：

> 字伯鱼，京兆长安人。……（永平中）拜为宕渠令。显拔乡佐玄贺。贺后为九江、沛二郡守，以清洁称，所在化行。

《宋均传》：

> 字叔庠，南阳安众人也。……（建武末）迁九江太守。郡多虎豹。数为民患，常募设槛阱，而犹多伤害。均到，下记属县曰："夫虎豹在山，鼋鼍在水，各有所托。且江淮之有猛兽，犹北土之有鸡豚也。今为民害，咎在残吏，而劳动张捕，非忧恤之本也。其务退奸贪，思进忠善，可一去槛阱，除削课制。"其后传言虎相与东游渡江。中元元年，山阳、楚、沛多蝗，其飞至九江界者，辄东西散去，由是名称远近。浚遒县有唐、后二山，民共祠之，众巫遂取百姓男女以为公妪，岁岁改易，既而不敢嫁娶，前后守令莫敢禁。均乃下书曰："自今以后，为山娶者皆为巫家，勿扰良民。"于是遂绝。

《辑注》引司马彪《续汉书》（《北堂书钞》七五引华峤《汉后书》略同）：

> 宋均为九江太守，冬以日中，夏以平旦。时多虎，均曰："虎豹在山，鼋鼍在泉，物性之所托。故江淮之间有猛兽，犹江北之鸡豚也。数为民害，咎在贪残。今退槛阱，进忠良。"虎遂东渡江。

《太平御览》二一引谢承《后汉书》：

> 宋均为九江太守，五日一视事，夏以平旦。

卷四十二《光武十王·琅邪孝王京传》：

> 初平元年……献帝以（刘）邈为九江太守，封阳都侯。

卷五十四《卢植传》（《三国志》卷二十二《卢毓传》注、《水经注》卷一四"湿余水注"、《太平御览》二四一司马彪略同）：

> 字子乾，涿郡涿人也。熹平四年，九江蛮反，四府选植才兼文武，拜九江太守，蛮寇宾服，以疾去官。……会南夷反叛，以植尝在九江，有恩信，拜为九江太守。

卷八十《文苑·边让传》：

> 字文礼，陈留浚仪人也。……以高才擢进，屡迁，出为九江太守，不以为能也。初平中，王室大乱，让去官还家。

卷七十七《酷吏·阳球传》：

> 字方正，渔阳泉州人也。……辟司徒刘宠府，举高第。九江山贼起，连月不解，三府上球有理好才，拜九江太守。球到，设方略，凶贼殄破，收郡中奸吏尽杀之。

《隶释》卷九《司隶校尉鲁峻碑》：

> 迁九江太守。□残酷之刑，行循吏之道。统政□载，穆若清风，有黄霸、召信臣在颍南之歌，以公事去官。

《全后汉文》卷一百二《汉故司隶校尉忠惠父鲁君碑》（参《隶释》卷九）：

> 君讳峻，字仲严，山阳昌邑人。其先周文公之硕胄，□□伯禽之懿绪，以载于祖考之铭也。君则监营谒者之孙，修武令之子，体纯和之德，秉仁义之操，治《鲁诗》，兼通《颜氏春秋》，博览群书，无物不刊，学为儒宗，行为士表，汉□始仕，佐职牧守，敬恪恭俭，州里归称。举孝廉，除郎中、谒者、河内太守丞，丧父如礼。辟司徒府，举高第、侍御史、东郡顿丘令，视事四年，比纵豹、产，化行如流。迁九江太守，□残酷之刑，行循吏之道，统政□载，穆若清风，有黄霸召信臣在颍南之歌。以公事去官，休神家巷，未能一期，为司空王畅所举，征拜议郎、太尉长史、御史中丞。延熹七年二月丁卯，拜司隶校尉，董督京辇，掌察群寮，蠲细举大，榷然疏发，不为小威，

以济其仁，弸中独断，以效其节，案奏□公，弹绌五卿，华夏祗肃，佞秽者远，遭母忧自乞，拜议郎。服竟，还拜屯骑校尉，以病逊位。守疏广止足之计，乐于陵灌园之洁，闭门静居，琴书自娱。年六十一，熹平元年□月癸酉卒，明年四月庚子葬。于是门生汝南干□、沛国丁直、魏郡马萌、勃海吕图、任城吴盛、陈留诚屯、东郡夏侯弘等三百廿人，追惟在昔，游、夏之徒，作谥宣尼，君事帝则忠，临民则惠，乃昭告神明，谥君曰忠惠父。息睿不才，弱冠而孤，承堂弗构，析薪弗何，悲蓼莪之不报，痛昊天之靡嘉，顿企有纪，能不号嗟。刊石叙哀。其铭曰：

岩岩山岳，磊落彰较。棠棠忠惠，令德孔铄。命□时生，雅度宏绰。允文允武，厥姿烈逴。内怀温润，外撮强虐。督司京师，穆然清邈。当□绳职，为国之榷。匪究南山，退迩忉悼。凡百君子，钦谥嘉乐。永传亿龄，奂矣旳旳。

丹阳郡

卷四十五《韩棱传》：

孙滨，顺帝时为丹阳太守，政有能名。

卷五十八《臧洪传》：

字子源，广陵射阳人也。父旻，有干事才。熹平元年，会稽妖贼许昭起兵句章，自称大将军，立起父生为越王，攻破城邑，众以万数。拜昱为扬州刺史。旻率丹阳太守陈夤击昭，破之。昭遂复更屯结，大为人患。昱等进兵，连战三年，破平之，获昭父子，斩首数千级。

卷七十九《儒林·张驯传》：

字子儁，济阴定陶人也。……（灵帝时）迁丹阳太守，化有惠政。

《太平御览》五三七引谢承《后汉书》：

江汉字山甫，迁丹阳太守。是时大江剧贼余来等劫击牛渚、丹阳、边水等诸县居民，殴略良善，经岁为害。汉到郡，会集劲士，修整战具，钩镶刀楯大戟长矛弓弩劲兵，转送承接。余来亟战失利，遂见枭获。孝顺帝喜其功，赐以剑佩。

《北堂书钞》卷七六引司马彪《续汉书》：

李忠字仲都，为丹阳太守。越地不好学，无嫁娶礼仪，忠乃立学校，习婚姻礼仪，垦田土，招流民，奏课第一。

《三国志》卷七《臧洪传》注引谢承《后汉书》：

臧旻迁扬州刺史、丹阳太守。

《隶续》卷十九《丹阳太守郭旻碑》（参同书卷三）：

君讳旻，字臣公。……是时淮夷蠢迪，帝畴克绥，策书褒厉，俾守丹杨，□荒治乱，召携怀远，齐逸俗，通圣化，黎民用康，移风易□。为政四年，以公事去官。复修玄默，惟莫反初，年过耳顺，寝疾殒颓。延熹元年十月戊戌卒，其十二月丙申葬，微言绝矣，诸子曷仰，三载礼阕，乃群相与刻石勒铭。□昭所□□。辞曰……

会稽郡①

卷三十一《廉范传》：

初，范与洛阳庆鸿为刎颈交，时人称曰："前有管鲍，后有庆廉。"鸿慷慨有义节，位至琅邪、会稽二郡太守，所在有异迹。

卷三十三《郑弘传》：

字巨君，会稽山阴人。……少为乡啬夫。太守第五伦行春，见而深奇之。召署督邮，举孝廉。

《太平御览》一九引司马彪《续汉书》：

太守常以春行县，所至县劝人农桑，振救乏绝。第五伦为

---

① 卷六《孝顺帝纪》：永建四年，分会稽为吴郡。

太守，因春行，见郑弘，奇之，署督邮。

卷四十一《第五伦传》(《北堂书钞》七五、七六引司马彪《续汉书》略同)：

（建武末）拜会稽太守。虽为二千石，躬自斩刍养马，妻执炊爨。受俸禄，裁留一月粮，余皆贱贸与民之贫羸者。会稽俗多淫祀，好卜筮，民常以牛祭神，百姓财产以之困匮，其自食牛肉而不以荐祠者，发病且死先为牛鸣，前后郡将莫敢禁。伦到官，移书属县，晓告百姓：其巫祝有依托鬼神诈怖愚民，皆案论之；有妄屠牛者，吏辄行罚。民初颇恐惧，或祝诅妄言，伦案之愈急，后遂断绝，百姓以安。

永平五年，坐法征，老小攀车叩马，嘘呼相随，日裁行数里，不得前，伦乃伪止亭舍，阴乘船去。众知，复追之，及诣廷尉，上书守阙者千余人。是时显宗方案梁松事，亦多为松讼者，帝患之，诏公车：诸为梁氏及会稽太守上书者，勿复受。会帝幸廷尉录囚徒，得免归乡里。

《北堂书钞》七五引司马彪《续汉书》：

第五伦迁会稽太守，为政修理，清净不烦。

第五伦迁会稽太守，虽为二千石，常布被布襦，自斩草养马，妻子炊爨。

第五伦迁为稽太守，征还当发，百姓老小，攀车啼呼。

卷八十二上《方术·谢夷吾传》：

字尧卿，会稽山阴人也。少为郡吏，学风角占候。太守第五伦擢为督邮。时乌程长有臧衅，伦使收案其罪。夷吾到县，但望阙伏哭而还，一县惊怪，不知所为。及还，白伦曰："窃以占候知长当死，近三十日，远不过六十日，游魂假息，非刑所加,故不收之。"伦听其言。至月余,果有驿马赍长印绶,上言暴卒。伦以此益礼信之。

注引谢承《后汉书》:

伦甚崇其道德,转署主簿,使子从受《春秋》,夷吾待之如师弟子之礼。时或游戏,不肯读书,便白伦行罚,遂成其业。

《太平御览》二五三引谢承《后汉书》:

会稽谢夷吾,字尧卿,为西部督邮。乌程长有罪,太守第五伦使夷吾往收之,到县,入阁便大哭,以三百钱为礼,便归。伦问其故,对曰:"三十日中当死,故不收之。"至时果如其言。

卷三十六《张霸传》:

字伯饶,蜀郡成都人也。……永元中,为会稽太守。表用郡人顾奉、公孙松等……其余有业行者,皆见擢用。郡中争厉志节,习经者以千数,道路但闻诵声。初,霸以樊鯈删严氏春秋犹多繁辞,乃减定为二十万言,更名张氏学。(以上《北堂书钞》卷七四引谢承《后汉书》略同)

霸始到越,贼未解,郡界不宁,乃移书开购,明用信赏,贼遂束手归附,不烦士卒之力。童谣曰:"弃我戟,捐我矛,盗贼尽,吏皆休。"(以上《艺文类聚》一九、《太平御览》四六五引司马彪《续汉书》略同)视事三年,谓掾史曰:"太守起自孤生,致位郡守,盖日中则移,月满则亏,老氏有言,'知足不辱'……"遂上病。

《北堂书钞》七四引谢承《后汉书》:

(张霸)拜会稽太守,有素行者皆擢用之。郡中争励志节,诵习者以千数,道路但闻诵书声。

《艺文类聚》一九、《太平御览》四六五引司马彪《续汉书》:

张霸为会稽太守,越贼束手归附,童谣曰:"弃我戟,捐我矛,盗贼尽,吏皆休。"

《华阳国志》卷十上《先贤士女总论》上：

> 张霸……为会稽太守，拨乱兴治，立文学，学徒以千数，风教大行，道路但闻诵声，百姓歌咏之。致达名士顾奉、公孙松、毕海、胡母官、万虞先、王演、李根，皆至大位。在郡十年，以有道征，拜议郎，迁侍中。

卷三十七《桓荣附晔（一名严）传》注引《东观记》：

> （桓严）东适会稽，住止山阴县故鲁相钟离意舍，太守王朗饷给粮食、布帛、牛羊，一无所留。

卷四十九《王充传》注引袁山松《后汉书》：

> 充所作《论衡》，中土未有传者，蔡邕入吴始得之，恒秘玩以为谈助。其后王朗为会稽太守，又得其书，及还许下，时人称其才进，或曰"不见异人，当得异书"，问之，果以《论衡》之益，由是遂见传焉。

卷四十一《钟离意传》（《太平御览》二五三、《北堂书钞》七七引司马彪《续汉书》略同）：

> 字子阿，会稽山阴人也。少为郡督邮。时部县亭长有受人酒礼者，府下记案考之，意封还记，入言于太守，曰："《春秋》先内后外，《诗》云'刑于寡妻，以御于家邦'，明政化之本由近及远。今宜先清府内，且阔略远县细微之愆。"太守甚贤之，遂任以县事。

《集解》引惠栋曰：

> 《意别传》云：汝南黄浣拜会稽太守，召意署北部督邮。时郡中大疫，黄君转署中部都尉。《会稽典录》云：郡署意北部督邮。乌程男子孙常，常弟烈，分居，各得田半顷，烈死岁饥，常以稍米粟给妻子，辄追计值作券，没取其田。烈儿长大，讼，掾史议皆曰："烈孙男儿遭饥，赖常升合长大成人，而更争讼，非顺孙也。"意独曰："常身为伯父，当抚孤弱，是人道正义，

稍以升合券取其田，怀奸挟私，贪利忘义，烈妻子虽以田与常，困迫之至，非私义也。请常田俾烈妻子。"于是众议无以夺意之理。

卷七十九下《儒林·包咸传》：

> 字子良，会稽曲阿人也。……光武即位，乃归乡里，太守黄谠署户曹史，欲召咸入授其子。咸曰："礼有来学，而无往教。"谠遂遣子师之。

卷四十五《袁安附忠传》：

> 字正甫……初平中，为沛相……及天下大乱，忠弃官客会稽上虞，一见太守徒从整饰，心嫌之，遂称病自绝。

卷六十七《刘祐传》：

> 字伯祖，中山安国人也。……迁扬州刺史。是时会稽太守梁旻，大将军梁冀之从弟也。祐举奏其罪，旻坐征。

卷七十一《朱儁传》：

> 字公伟，会稽上虞人。……本县长山阳度尚见而奇之，荐于太守韦毅，稍历郡职，后太守尹端以儁为主簿。熹平二年，端坐讨贼许昭失利，为州所奏，罪应弃市。儁乃羸服间行，轻赍数百金到京师，赂主章吏，遂得刊定州奏，故端得输作左校。端喜于降免而不知其，儁亦终无所言。

> 后太守徐珪举儁孝廉……

《北堂书钞》七三引谢承《后汉书》（《太平御览》八〇二引张璠《后汉纪》略同）：

> （朱儁）为郡主簿，太守尹端被坐讨贼失利，罪当弃市。儁乃羸服赍金到京师，赂主史得免，儁乃不言。

卷七十六《循吏·任延传》（《艺文类聚》卷六引司马彪《续汉书》略同）：

> 字长孙，南阳宛人也。年十二，为诸生，学于长安，明

《诗》、《易》、《春秋》，显名太学，学中号为"任圣童"。……更始元年，以延为大司马属，拜会稽都尉，时年十九，迎官惊其壮，及到，静泊无为，唯先遣馈礼祠延陵季子。时天下新定，道路未通，避乱江南者皆未还中土，会稽颇称多士，延到，皆聘请高行如董子仪、严子陵等，敬待以师友之礼。掾吏贫者，辄分俸禄以赈给之。省诸卒，令耕公田，以周穷急。每时行县，辄使慰勉孝子，就餐饭之。

吴有龙丘苌者隐居太末，志不降辱。王莽时，四府三公连辟不到，掾史白请召之，延曰："龙丘先生躬德履义，有原宪、伯夷之节。都尉扫洒其门犹惧辱焉，召之不可。"遣功曹奉谒，修书记，致医药，吏使相望于道。积一岁，苌乃乘辇诣府门，愿得先死各录。延辞让再三，遂署议曹祭酒，苌寻病卒，延自临殡，不朝三日。是以郡中贤士大夫争往宦焉。

卷四十一《钟离意传》《集解》引沈钦韩曰：

《北堂书钞》引《意别传》曰：西部都尉南阳任延以优文召县曰："都尉德薄，思贤汲汲，处士钟离意正色乡党，百行优备，应合补吏，檄到，史掾以礼发遣者。"

《许荆传》：

字少张，会稽阳羡人。祖父武，太守第五伦举为孝廉。……荆少为郡吏……太守黄兢举孝廉。

卷八十一《独行·彭脩传》（《太平御览》卷四二十引谢承《后汉书》与此略同）：

后州从事，时贼张子林等数百人作乱，郡言州，请脩守吴令。脩与太守俱出讨贼，贼望见车马，兢交射之，飞矢雨集，脩障扞太守，而为流矢所中死，太守得全。贼素闻其恩信，即杀弩中脩者，余悉降散，言曰："自为彭君故降，不为太守服也。"

《辑注》引谢承《后汉书》：

> 彭脩字子阳。海贼丁义欲向郡，郡内惊惶，莫敢扞御。太守秘君闻脩义勇多谋，请守吴令。身与义相见，宣国威德，贼帅将解。民歌之曰："时岁仓卒，盗贼纵横，大戟强弩不可当，赖遇贤令彭子阳。"

《续汉书·律历志》注引袁山松《后汉书》：

> 刘洪字元卓，泰山蒙阴人也。……延熹中……（迁）会稽东部都尉，征还，未至。

《碙玉集》引无名氏《后汉书》：

> 应奉字世叔，后汉汝南南顿人也。……举孝廉，迁会稽太守也。

卷七十六《循吏·刘宠传》（《三国志》卷四十九《刘繇传》注、《太平御览》八三五《文选》五九沈休文《齐安陆昭王碑文》注、《事类赋注》一十、《类林杂说》卷四引司马彪《续汉书》、《初学记》二七、《北堂书钞》三九、七五、《艺文类聚》四九引华峤《汉后书》略同）：

> 字祖荣，东莱牟平人。……拜会稽太守。山民愿朴，乃有白首不入市井者，颇为官吏所扰。宠简除烦苛，禁察非法，郡中大化，征为将作大匠。山阴县有五六老叟，龙眉皓发，自若邪山谷中出，人赢百钱以送宠。宠劳之曰："父老何自苦？"对曰："山谷鄙生，未尝识郡朝，它守时，吏发求民间，至夜不绝，或狗吠竟夕，吏不得安。自明府下车以来，狗不夜吠，民不见吏，年老遭值圣明。今闻当见弃去，故自扶奉送。"宠曰："吾政何能及公言邪？勤苦父老！"为人选一大钱受之。

卷八十一《独行·彭脩传》（《太平御览》二六四引谢承《后汉书》略同）：

> 字子阳，会稽毗陵人也。……后仕郡为功曹。时西部都尉

宰晁行太守事，以微过收吴县狱吏，将杀之。主簿钟离意争谏甚切，晁怒，使收缚意，欲案之，掾史莫敢谏。脩排阁直入，拜于庭，曰："明府发雷霆于主簿，请闻其过。"晁曰："受教三日，初不奉行，废命不忠，岂非遇邪？"脩拜曰："昔任座面折文侯，朱云攀毁栏槛，自非贤君，焉得忠臣？今庆明府为贤君，主簿为忠臣。"遂原意罚，贳狱吏罪。

《陈重传》：

字景公，豫章宜春人也。……当迁会稽太守，遭姊忧去官。

《戴就传》（《太平御览》卷四二〇、三七〇、七六三亦载）：

字景成，会稽上虞人也。仕郡仓曹掾，扬州刺史欧阳参奏太守成公浮赃罪，遣部从事薛安案仓库簿领，收就钱唐县狱，幽囚考掠，五毒参至，就慷慨直辞，色不变容。……主者以状白安，安呼见就，谓曰："太守罪秽狼藉，受命考实，君何故以骨肉拒扞邪？"就据地答曰："太守剖符大臣，当以死报国；卿虽衔命，固宜申断冤毒。奈何诬枉忠良，强相掠理，令臣谤其君，子证其父？薛安庸骏，忸行无义，就考死之日，当白之于天，与群鬼杀汝于亭中；如蒙生全，当手刃相裂！"安深奇其壮节，即解械，更与美谈，表其言辞，解释郡事。征浮还京师，免归乡里。

《艺文类聚》九四引谢承《后汉书》：

刘宽迁会稽太守，征将作大匠，自下车，狗不夜吠。

《陆续传》：

字智初，会稽吴人也。……幼孤，仕郡户曹史。时岁荒民饥，太守尹兴使续于都亭赋民饘粥，续悉简阅其民，讯以名氏。事毕，兴问所食几何，续因口说六百余人，皆分别姓字，无有差谬。兴异之。刺史行部，辟为别驾从事，以病去，还为郡门下掾。（《辑注》引谢承《后汉书》人、事略同，唯陆续出身根据《太平御览》作"吴郡"。按吴郡、会稽二郡相分乃顺帝年间事，而陆续事不得晚于明帝永平年间，可知《太平御览》之追溯有误，当系于会稽郡下。）

是时楚王英谋反，阴疏天下善士，及楚事觉，有尹兴名，乃征兴诣廷尉狱。续与主簿梁宏、功曹史驷勋及掾史五百余人诣洛阳诏狱就考。诸吏不堪痛楚，死者大半。唯续、宏、勋掠考五毒，肌肉消烂，终无异辞。……帝即赦兴等事，还乡里，禁锢终身。

同书卷五十二《顾雍传》：

字元叹，吴郡吴人也。……弱冠为合肥长，后转在娄、曲阿、上虞，皆有治迹。孙权领会稽太守，不之郡，以雍为丞，行太守事，讨除寇贼，郡界宁静，吏民归服。

《太平御览》三五七引谢承《后汉书》：

孟政字子节，地皇六年，为府丞虞卿书佐。时太守缺，丞视事。毗陵有贼，丞讨之，未到县，道路逢贼，吏卒崩散，政操刀楯与贼相击，丞得免难，政遂死于路。

庐江郡
卷十二《李宪传》：

颍川许昌人。王莽时为庐江属令（注：王莽时每郡置属令，职如都尉）。莽末，江贼王州公等起众十余万，攻掠郡县，莽以宪为偏将军，庐江连率，击破州公。莽败，宪据郡自守。……后宪余党淳于熙等犹聚众数千人，屯灊山，攻杀安风令，扬州牧欧阳歙不能克，帝议欲讨之。庐江人陈众为从事，白歙请得喻降临；于是乘单车，驾白马，往说而降之。溜山人共生为立祠，号"白马陈从事"。①（李宪守庐江在王莽时，今为方便计，

---

① 李宪守庐江在王莽时，今为方便计，收入后汉太守表。

收入后汉太守表）

卷二十七《郭丹传》：

字少卿，南阳穰人也。父稚，成帝时为庐江太守，有清名。

《郑均传》：

元和元年，诏告庐江太守曰："……前安义令毛义，躬履逊让，比征辞病，清洁之风，东州称仁。《书》不云乎：'章厥有常，吉哉。'其赐……义谷……千斛，常以八月长吏存问，赐羊酒，题兹异行。"

卷三十一《羊续传》：

字兴祖，太山平阳人也。……坐党事，禁锢十余年，幽居守静。及党禁解，复辟太尉府，四迁为庐江太守。后扬州黄巾贼攻舒，焚烧城郭，续发县中男子二十以上皆持兵勒阵，其小弱者，悉使负水灌火，会集数万人，并势力战，大破之，郡界平。后安风贼戴风等作乱，续复击破之，斩首三千余级，生获渠帅，其余党辈原为平民，赋与佃器，使就农业。

《北堂书钞》一四四引谢承《后汉书》：

羊续为庐江太守，瓦器承浆。

《三国志》卷八《陶谦传》注引《吴书》：

谦性刚直，有大节。少察孝廉，拜尚书郎，除舒令。郡守张磐，同郡先辈，与谦父友，意殊亲之，而谦耻为之屈……

卷四十一《第五伦传》：

少子颉，（历庐江太守）所在见称。

卷六十四《卢植传》：

……会南夷反叛，以植尝在九江，有恩信，拜为庐江太守。植深达政宜，务存清静，弘大体而已。

卷六十九《窦武传》：

武既辅朝政，常有诛翦宦官之意，……又征天下名士废黜

者……庐江太守朱宇等，列于朝廷。（灵帝时）

卷七十五《袁术传》：

（及术败）妻子依故吏庐江太守刘勋。

卷七十六《循吏·王景传》：

（建初八年，王景）迁庐江太守。先是，百姓不知牛耕，致地力有余而食常不足。郡界有楚相孙叔敖所起芍陂稻田。景乃驱率吏民，修起芜废，教用犁耕，由是垦辟倍多，境内丰给。遂铭石刻誓，令民知常禁。又训令蚕织，为作法制，皆著于乡亭，庐江传其文辞。卒于官。

卷八十一《独行·范式传》：

字巨卿，山阳金乡人也。……后迁庐江太守，有威名，卒于官。

《三国志》卷五十七《陆绩传》注引谢承《后汉书》：

陆康字季宁……后拜庐江太守。

《北堂书钞》七五引谢承《后汉书》：

董春为庐江太守，当官明亮，德政多奇，为吏民者相美之也。

《辑注》引谢承《后汉书》：

张磐字子石，丹阳人。为庐江太守。寻阳令尝饷官柑一奁，其小男年七岁，□就取一枚与之，磐夺取付外。卒以两枚与之，磐夺儿柑，鞭卒曰："何故行赂于吾子。"

丹阳张磐字子石，以操行清廉见称。为庐江太守，京师谚曰："闻清白，张子石。"

吴郡

卷六十七《党锢·陈翔传》：

吴郡太守徐参在职贪秽，并征诣廷尉。参，中常侍璜之弟也。

卷八十一《独行·张武传》(《辑注》引谢承《后汉书》同)：

吴郡由拳人也。父业，郡门下掾，送太守妻子还乡里，至河内亭，盗夜劫之，业与贼战死，遂亡失尸骸。武时年幼，不及识父。后之太学受业，每节，常持父遗剑，至亡处祭酹，泣而还。太守第五伦嘉其行，举孝廉。遭母过毁，伤父魂灵不返，因哀恸绝命。

《辑注》引谢承《后汉书》：

吴郡沈丰为郡主簿，太守第五伦母老，不能之官，伦每至腊节，常感恋垂泣，遣丰迎母。至广陵，母见大江，畏水，不敢渡，丰祭神，令子孙对母饮酒，因醉卧便渡。

《北堂书钞》七三引谢承《后汉书》：

包咸为吴郡主簿，有好马，太守黄谠借行春，及归放就，甚奇之。

《隶释》卷第九《费凤别碑》：

……汉安二年，吴郡太守表海郭君以君有逶迤之节、自公之操，年卅一，举孝廉……

《三国志》卷五十七《陆绩传》注引谢承《后汉书》：

（陆）康字季宁，少惇孝悌，勤修操行，太守李肃察孝廉。肃后坐事伏法，康殓尸送葬还颍川，行服，礼终，举茂才。

豫章郡

《辑注》引谢承《后汉书》：

豫章严丰字孟侯，为郡主簿。太守贾萌举兵诛王莽，有飞蜂附萌车衡，丰谏以为不祥之征，萌不从，果见杀（时当新莽，暂系于东汉）。

卷八十一《独行·陈重传》：

少与同郡雷义为友，俱学鲁《诗》、颜氏《春秋》。太守张云举重孝廉,重以让义,前后十余通记,云不听。

《辑注》引谢承《后汉书》:

豫章项诵字叔和,为郡主簿。太守为属县所诬,项诵诣狱证,要引自掾(疑有脱误,《东观汉记》作"引械自椓口"),血出滂流,齿皆堕地,太守获免。

《辑注》引谢承《后汉书》(《天中记》四九引略同):

徐稺字孺子,豫章南昌人也,屡辟公府,不起。时陈蕃为太守,以礼请署功曹,稺不免之,既谒而退。蕃在郡不接宾客,唯稺来特设一榻,去则悬之。

陈蕃为豫章太守,正雅矫俗,以礼导下。

又引司马彪《续汉书》:

陈蕃出为豫章太守,性方峻,不接宾客。征为尚书令,送者不出门。

《太平御览》四〇五、《北堂书钞》七四引袁山松《后汉书》:

陈蕃迁豫章太守,在郡下接宾客,独坐一室。唯徐孺子来,为置对榻,去则悬之,及征为尚书令,送之者亦不出郭门。

益州刺史部
蜀郡
卷四十一《第五伦传》:

迁蜀郡太守。蜀地肥饶,人吏富实,掾史家赀多至千万,皆鲜车怒马,以财货自达。伦悉简其丰赡者遣还之,更选孤贫志行之人以处曹任,于是争赇抑绝,文职修理,所举吏多至九卿、二千石,时以为知人。

卷十三《公孙述传》:[①]

> 及更始立,豪杰各起其县以应汉,南阳宗成自称将军,入略汉中。又商人王岑亦起兵于雒县,自称"定汉将军",杀王莽庸部牧以应成,众合数万人。述闻之,遣使迎成等。成等至成都,房掠暴横,述意恶之,召县中豪杰曰:"天下同苦新室,思刘氏久矣,故闻汉将军到,驰迎道路。今百姓无辜而妇子系获,室屋烧燔,此寇贼,非义兵也。吾欲保郡自守,以待真主。诸卿欲并力者即留,不欲者便去。"豪杰皆叩头曰:"愿效死。"述于是使人诈称汉使者自东方来,假述辅汉将军、蜀郡太守,兼益州牧印绶。

卷三十一《张堪传》:

> 字君游,南阳宛人也。为郡族姓。……建武元年,拜蜀郡太守。……成都既拔,堪先入据其城,检阅库藏,收其珍宝,悉条列上言,秋毫无私。慰抚,蜀人大悦。在郡二年……帝尝召见诸郡计吏,问其风土及前后守令能否。蜀郡计掾樊显进曰:"渔阳太守张堪昔在蜀,其仁以惠下,威能讨奸。前公孙述破时,珍宝山积,卷握之物,足富十世,而堪去职之日,乘折辕车,布被囊而已。"帝闻,叹息良久。

《北堂书钞》七五引华峤《汉后书》:

> 上问掾樊显曰:"太守在蜀,谁最能者?"显曰:"渔阳太守张堪,昔在蜀最能。堪仁足以惠下,威足以齐奸,清廉无以为比。"上曰:"何以为效?"显曰:"当破蜀时,公孙述珍宝山积,卷握之物,足当十世。而堪不以介意,去蜀之日,乘朽辕车,白布破囊而已。"

《廉范传》:

> 字叔度,京兆杜陵人。……祖父丹,王莽时为大司马庸部

[①] 公孙述不用后汉正朔,此处为方便计,收入《东汉太守表》。

牧……范父遭丧乱，客死于蜀汉，范遂流寓西州。西州平，归乡里。年十五，辞母，西迎父丧。蜀郡太守张穆，丹之故吏，乃重资送范，范无所受，与客步负丧归葭萌。载船触石破没，范抱持棺柩，遂俱沉溺。众伤其义，钩求得之，疗救，仅免于死。穆闻，复驰遣使持前资物追范，范又固辞。

……建初中，迁蜀郡太守，其俗尚文辩，好相持短长，范每厉以淳厚，不受偷薄之说。……在蜀数年，坐法免归乡里。

《太平御览》四七六引司马彪《续汉书》：

肃宗崩，廉范奔赴敬陵。时庐江掾严麟奉章吊国，俱会于路。麟乘小车，涂深马死，不能自进。范见而愍然，命从骑下马与之，不告而去。麟事毕，不知马所归，乃沿路访之。或谓麟曰："故蜀郡太守廉叔度好周人穷急。今奔国丧，独当是耳。"麟亦素闻范名，以为然，即牵马造门，谢而归之。世伏其义。

《北堂书钞》七五引华峤《汉后书》：

廉范迁蜀郡太守，生子皆以廉为名者千数。

卷四十八《杨终传》注引袁山松《后汉书》：

终兄凤为郡吏，太守廉范为州所考，遣凤候终，终为范游说，坐徙北地。

《宋意传》：

迁司隶校尉。永元初，大将军窦宪兄弟贵盛……故蜀郡太守廉范等群党，出入宪门，负势放纵。意遂违举奏，无所回避，由是与窦氏有隙。二年，病卒。

《华阳国志》卷十上《先贤士女总论》上：

杨由，字哀侯，成都人也。……为太守廉范文学，范称能治。由言当有贼发。顷之，广柔羌反，寇杀长姚超。乡人冷丰赍酒候之，值客，未内，由为知其多少。又言，人当致果，其色赤黄，果有送甘橘者。大将军窦宪从太守索《云气图》，由谏莫与，寻宪受诛。其明如此。著书十篇而卒。

《王堂传》：

　　字敬伯，广汉郪人也。……曾孙商，益州牧刘璋以为蜀郡太守，有治声。

《杨终传》：

　　字子山。蜀郡成都人也。年十三，为郡小吏，太守奇其才，遣诣京师受业，习《春秋》。

注引袁山松《后汉书》：

　　时蜀郡有雷震决曹，终自上记，以为断狱烦苛所致，太守乃令终赋雷电之意，而奇之也。

卷五十六《种暠传》：

　　顺帝末有蜀郡太守刘宣，"罪恶章露，宣伏殴刀"。

卷六十七《李膺传》：

　　寻转蜀郡太守。

注引谢承《后汉书》（《北堂书钞》引略同）：

　　出补蜀郡太守，修庠序，设条教，明法令，恩威并行。蜀之珍玩，不入于门，益州纪其政化，朝廷举能理剧。

卷七十八《曹腾传》：

　　时蜀郡太守因计吏赂遗于腾，益州刺史种暠于斜谷关搜得其书，上奏太守，并以劾腾，请下廷尉案罪。

《北堂书钞》七六引谢承《后汉书》：

　　黄昌为蜀郡太守，未至蜀郡，时有谣曰："两日出天兮。"

《隶释》卷四《蜀郡太守何君阁道碑》：

　　蜀郡太守平陵何君，遣掾临邛舒鲔，将徒治道，造尊楗阁，袤五十五丈，用功千一百九十八日。建武中元二年六月就道。史任云陈春主。

《华阳国志》卷十上《先贤士女总论》上：

朱普，字伯禽，广都人也。为郡功曹。（蜀郡）太守与刺史王冀有隙，枉见劾。普诣新都狱，掠笞连月，肌肉腐臭，恶同死人，证太守无事。敕其子曰："我死，载丧诣阙，使天子知我心。"事得清理，普以烈闻。

蜀郡属国

《隶释》卷十五《蜀郡属国辛通达李仲曾造桥碑》：

惟延熹龙在甲辰三月甲子，伤民康集，济舟扶携□□□□忧，造此祚桥，□之□基。改奢就俭，莫不安之。以五月甲午竟，领道杨□荷杜仁领道杨瑗□□叙德勒石，文不能叹一，以襃贤君。其辞曰：

□□我邦，乾坤垂极。□□土势，□汜反侧。位在角精，崖崖山岳，水□汶江，漂□湍浊，道□丘阜，栈格陵陵，地则居□，新□□桓，竟□官□，夷羌虏贼，顷年畔厉，有道则服，有□□隘，吏民□栗。赫赫皇辟，矜哀下民，命彼喉舌，拜我明君。惟君至德，应甫及申。□恩怀贫，其知如□，汉□□□，谋谟若神。小阁明府，协同断金。西征鄾国，抚育黎元。除烦省苛，公刘之仁。单甫牧英，不忍战民。恤彼□□，戏险登陵。桥坏求正，岁岁□□，津□满首□□□□□□□呵，逆流沈深。往往覆没，伤害行人，四县冲冲，老弱所湛，耿耿实劳，□□殷殷。□□日晨，闵此之艰，记吉领道，杜沂杨瑗，作祚桥梁，帅尔徒屯，待事杨□□□守古荷贼曹掾杜仁，至孝殷勤，虽不□□□□出神祇佑助，桥遂考□，萌兆赖祉。子子孙孙，百谷丰穰。内外靖安，必□□□。我君高迁，取公□侯，福流后昆，万寿无疆，干禄亿年。

乱曰：□□我君，明且□兮。徕仪于国，□□□兮，吏民河润，受灵福兮。莫不慕化，心如结兮。□□□□□□

□鼎足，期不逝兮。

广汉郡

卷四十六《陈宠传》：

> 字昭公，沛国人也。……后转广汉太守。西州豪右并兼，吏多奸贪，诉讼日百数。宠到，显用良吏王涣、镡显等以为腹心，讼者日减，郡中清静。先是，雒县城南每阴雨常有哭声闻于府中，积数十年。宠闻而疑其故，使吏案行。还言："衰世乱世，此下多死亡者，而骸骨不得葬，倘在于是？"宠怆然矜叹，即敕县尽收敛葬之。自是哭声遂绝。

《太平御览》五五四引谢承《后汉书》：

> 陈宠为广汉太守。先是，雒县城南，每阴雨常有哭声闻于府中，积数十年。宠问而疑其故，使吏按行。还言："衰乱时，此下多死亡者，而骨骸不得葬，倘在于是？"宠怆然矜之，即敕县尽收敛葬之。自是哭声绝。

《太平御览》二六四、二三二、《北堂书钞》三四引张璠《后汉纪》：

> 陈宠为广汉太守，风声大行，征为大司农。帝问何以为治，宠曰："臣任功曹王涣。"涣由是知名。

卷七十六《王涣传》：

> 字稚子，广汉郪人也。……为太守陈宠功曹，当职割断，不避豪右。宠风声大行，入为大司农。和帝问曰："在郡何以为理？"宠顿首曰："臣任功曹王涣以简贤选能，主簿镡显拾遗补阙。臣奉宣诏书而已。"帝大悦。

卷八十一《李业传》（《太平御览》六四三引司马彪《续汉书》略同）：

> 会王莽居摄，业以病去官，杜门不应州郡之请。太守刘威强召之，业乃载病诣门，咸怒，出教曰："贤者不避害，譬犹

彀弩射布，薄命者先死。闻业名称，故欲与之为治，而反托疾乎？"命诣狱养病，欲杀之，客有说威曰："赵杀鸣犊，孔子临河而逝。未闻求贤而胁以牢狱也。"威乃出之，因举方正。

卷八十一《独行·谅辅传》：

字汉儒，广汉新都人也。仕郡为五官掾。时夏大旱，太守自出，祈祷山川，连日而无所降。辅乃自暴庭中，慷慨呪曰："辅为股肱，不能进谏纳忠，荐贤退恶，和调阴阳，承顺天意，致令天地否隔，万物焦枯，百姓喁喁，无所诉苦，咎尽在辅。今郡守改服责己，为民祈福，精诚恳至，未有感彻。辅今敢自祈请，若至日中不雨，乞以身塞无状。"于是积薪柴聚茭茅以自环，搆火其旁，将自焚焉。未及日中时，而天云晦合，须臾澍雨，一郡沾润。世以此称其至诚。

《北堂书钞》七五引谢承《后汉书》：

高吕为广汉太守，朝省官事，昼讲经典。

《华阳国志》卷十中《广汉士女》：

郭贺，字乔卿，雒人也。初为太守黄幸户曹。幸有事，与汉中太守李荣俱被征。贺劝幸星行诣诏狱自归，得免；荣稽留，诏杀之。由是显名。太守蔡茂命为主簿。茂梦坐大殿极上，得嘉禾三穗，以问贺，对曰："明府位当至三公。"旬月，茂迁司徒。

羊期，字仲鱼，郪人也。父为交州刺史，卒官。期迎丧，不敢取官舍一物。郡三察孝廉，公府辟，州别驾，皆不应。太守尹奉弃刑名，行礼乐，请为功曹；刺史必欲借期自佐，不得已，为别驾。后为太守孙宝、蔡茂、役讽功曹。

杨宽字叔仲，新都人也。父斌证令万世，太守役讽以忠义状闻。宽为郡吏，乡人马闰章言太守五方，宽与兄皆诣狱证之，得理。后方当迁南郡，闰章复之。宽乃发闰赃私事，闰伏罪。

广汉属国

《隶释》卷九《广汉属国侯李翊碑》：

君讳翊，字辅国，牂牁太守曾孙，谒者孙，从事君之元子也。其先出自箕子之苗，奕世载德，迄君之身。幼有贞恪谦约之操，长柯芬芳成人之行，通经综纬，兼究古雅。初□妣忧，勤思尽情，及继母嗣承，慈爱如前，养则竭力，克勤和颜。名显近远，论者称焉。郡守嘉贪，礼请署督邮、五官功曹、守长。朝有申甫之节，居则曾、闵之风。延熹六年，太守东莱李君懿其高洁，顺天报国，察举孝廉，除郎中，特慕供养，常托疾在家。时益部扰攘，为三府所选，拜广汉属国侯。到官鹰扬，威怀以文，得殊俗欢心，拨理之效。至建宁元年，遭从事君忧去官。二交追李，咏其甘棠，竭孝道以送终，哀松柏而憔形。礼服既尽，州郡争取，比群部诸郡，深执磐匪，栖迟不就，童冠相娱，闺门雍雍。夷史之高著，临究前轨，当为国之干臣，穹旻□逝，皇胙不永，年五十四，以熹平二年卒。凡百惨怆，同时感伤，九族内外，莫不绝伤。于是乃采石勒铭，垂示后昆：

赫赫惟忠，属国李侯。发迹邑屋，声冠方隅。贡德王室，显名辽畴。御侮镇戎，经为大儒。考忧释绋，公义卓休。终而有礼，哀荣兼殊。没而含曜，比列陵於。差兮魂灵，乌呼悲夫。

巴郡

卷三十一《王堂传》：

……永初中，西羌寇巴郡，为民患，诏书遣中郎将尹就攻讨，连年不克。三府举堂治剧，拜巴郡太守。堂驰兵赴贼，斩虏千余级，巴、庸清静，生为立祠。

《华阳国志》卷十中《广汉士女》：

王堂，字敬伯，郪人也。初临巴郡，进贤达士，举孝子严永、隐士黄错及张璜、陈髦，民为立祠。

卷五十六《种暠传》：

（顺帝末）出为益州刺史。……会巴郡人服直聚党数百人，自称天王，暠与太守应承讨捕，不克，多被伤害。（大将军梁）冀因此陷之，传逮暠、承。

卷五十七《杜根传》：

字伯坚，颍川定陵人也。父安，字伯夷……位至巴郡太守，政甚有声。

卷七十五《刘焉传》：

益州贼马相……自称天子，众至十余万人，遣兵破巴郡，杀郡守赵部。张鲁以（刘）璋闇懦，不复承顺。璋怒，杀鲁母及弟，而遣其将庞羲等攻鲁，数为所破。鲁部曲多在巴土，故以羲为巴郡太守。鲁因袭取之，遂雄于巴汉。

卷八十一《独行·谯玄传》：

字君黄，巴郡阆中人。……后公孙述僭号于蜀，连聘不诣。述乃遣使者备礼征之，若玄不肯起，便赐以毒药，太守乃自赍玺书至玄庐。曰："君商节以著，朝廷垂意，诚不宜复辞，自招凶祸。"玄仰天叹曰："唐尧大圣，许由耻仕；周武至德，伯夷守饿；彼独何人？我亦何？保志全高，死亦系恨！"遂受毒药。玄子瑛泣血叩头于太守曰：……太守为请，述听许之。

《隶释》卷五《巴郡太守张纳碑》：

君讳纳，字子郎，勃海南皮人也。其先□□之胄，立姓定氏，应天文像。炎汉龙兴，留侯维干，枝裔滋布，并极爵秩。君之曾祖，暨其先考，轨迹相继，俱□□□州追侔昔人，丕显其光，钟美积德，寔乃毓君。膺大雅之淑姿，修烝烝之孝友，综览贲典,靡古不通。察孝廉,除郎中尚书侍郎,夙宵在公,匪懈于职。迁甘陵、宛句令,亲病去官。念□□复,义章海内,辟司空司徒府,厉□□引,股桓弗就。复辟太尉,举高第,拜侍御史,迪谟弼谐,密靖王室。扬州寇贼,陆梁作难,五府表君中丞督□□武汾沄,所向禽殪,日不移晷,收功献捷,省息钱谷,还充府帑。朝以□□□□骚震剖符守任,绥慰骇散,□□曩者征克大勋。丙子,玺书封都亭侯。姬公曲阜,尚父营丘,周启厥□□□□自君到官也,勤思乾乾,□□暇食。菲身约俭,矫时奢丽。清逾公仪,洁如素丝。旌甄秀异,抽拔孤□□□□□以内照外,贪饕革悔,奸□□遁。刑无斧钺之害,行无拘绁之人。胸忍蛮夷,滔天蠢动,乘虚唐突□□□□忿□斯怒,爰整干戈,虎□□耽,搏则有获。群丑憎怖,绝迹幽窜。镇集乖离,俾宁业宇。恤澹冻馁,□□□□□□□□赋出梁益,频年□□,杼柚其空,斥流转漕,谷恒输沮,戊申诏书,腾前付冀,道回且艰,潮□□□□上气如旧常章虽得□□家不行,哨然愍悼,民亦劳止。繇是辞疾,阖阁委政,中关敦慈养之□□之怨。故太尉掾王□□府丞李元,据史张勤、黎景、冯经、赵中、毋俊、蒲胜、犹潭等,庶慕奚斯□□之义,共论叙纪著休烈,刊□□颂。其辞曰:

□□□□,笃生我君。姿兼申甫,懿艳□□。帅典稽古,正始顺无。允恭肃恪,唯礼是遵。乃训五品,敷教在宽。含□□□,□□乾坤。其润如雨,其主□□。既修俎豆,导我以文。且御寇暴,建此武勋,四竟寂谧,群庶艾安,童谣□□,□德慕思。昔在邵伯,今也复□,□□穆矣,卓尔超伦,于胥令问,光乎亿年。

《隶释》卷十一《巴郡太守樊敏碑》:

君讳敏,字升达。肇祖宓戏,遗苗后稷,为尧种树,舍潜于岐，天顾宣甫，乃萌昌发。周室衰微，霸伯匡弼，晋为韩魏，鲁分为扬，充曜封邑，厥土河东，楚汉之际，或居于楚，或集于梁，君缵其绪，华南西疆，滨近圣禹，饮汝菇汸，总角好学，治《春秋严氏经》，贯究道度，无文不睹。于是国君备礼招请，濯冕题纲，杰立忠謇，有夷史之直，卓密之风，乡党见归，察孝除郎、永昌长史，迁宕渠令。布化三载，遭离母忧。五五断仁，大将军辟。光和之中，京师扰攘，雄狐绥绥，冠履同囊，投核长驱，毕志丘枕。国复重察，辞病不就。再奉朝聘，十辟外台，常为治中诸部从事，举直错枉，谭思旧制，弹饕纠贪，务锄民秽。患苦政俗，喜怒作律，案罪杀人，不顾倡獮。告子属孙，敢若此者，不入墓门。州里佥然，号曰吏师。季世不祥，米巫凶虐，续蠡青羌，奸狡并起，陷附者众，君执一心，赖无污耻，复辟司徒，道隔不往。牧伯刘公，二世钦重，表授巴郡。后汉中秋老乞身，以助义都尉养疾间里，又行襃义校尉。君仕不为人，禄不为己，桓桓大度，体蹈箕首，当穷台绳，松侨协轨。八十有四，岁在汁洽，纪验斯臻，奄□臧形。凡百咸痛，士女涕泠，臣子襃术刊勒铭。其辞曰：

於戏与考，经德炳明。劳谦损益，耽古俭清。立朝正色，能无挠庨，威恩御下，持满亿盈。所历见慕，遗歌景形。书载俊乂，股肱干桢。有物有则，模楷后生。宜参鼎铉，稽建皇灵。王路阪险，鬼方不庭。恒戢节足，轻宠贱荣。故□大选，而捐陪臣。晏婴阤殿，留侯距齐。非辞福也，乃辟祸兮。

乱曰：

演元垂□，岳渎□兮。金精大佐，实生贤兮。□欲救民，德弥大兮。遭偶阳九，百六会兮。当□退年，今遂逝兮。乌呼哀哉，魂神□兮。

建安十年三月上旬造。石工刘盛息㦿书。

《华阳国志》卷一《巴志》：

永建中，泰山吴资元约为（巴）郡守，屡获丰年。民歌之曰："习习晨风动，澍雨润乎苗。我后恤时务，我民以优侥。"及资迁去，民人思慕，又曰："望远忽不见，惆怅尝徘徊。恩泽实难忘，悠悠心永怀。"

孝桓帝时，河南李盛仲和为郡守，贪财重赋。国人刺之曰："狗吠何喧喧，有吏来在门。披衣出门应，府记欲得钱。语穷乞请期，吏怒反见尤。旋步顾家中，家中无可与。思往从邻贷，邻人已言匮。钱钱何难得，令我独憔悴。"

孝安帝永初三年，凉州羌入汉中，杀太守董炳，扰动巴中。中郎将尹就讨之，不克，益州诸郡皆起兵御之。三府举广汉王堂为巴郡太守。拨乱致治，进贤达士，贡孝子严永、隐士黄错、名儒陈髦、俊士张璜，皆至大位。益州刺史张乔表其尤异，徙右扶风，民为立祠。

孝桓帝以并州刺史泰山但望字伯阖为巴郡太守，勤恤民隐。郡文学掾宕渠赵芬、掾弘农冯尤、垫江龚荣、王祈、李温，临江严就、胡良、文恺，安汉陈禧，阆中黄闿，江州毋成、阳誉、乔就、张绍、牟存、平直等诣望自讼曰："郡境广远，千里给吏，兼将人从，冬往夏还，夏单冬复。惟逾时之役，怀怨旷之思。其婚丧吉凶，不得相见解缓补绽。下至薪菜之物，无不躬买于市，富者财得自供，贫者无以自久。是以清俭夭柱不闻。加以水陆艰难，山有猛兽，思迫期会，陨身江河，投死虎口。咨嗟之叹，历世所苦。天之应感，乃遭明府，欲为更新。童儿匹妇，欢喜相贺，将去远就近，释危蒙安。县无数十，民无远迩，恩加未生,泽及来世,巍巍之功,勒于金石。乞以文书付计掾史。人鬼同符,必获嘉报,芬等幸甚。"望深纳之。

郡户曹史枳白望曰:"芬等前后百余人历政讼诉,未蒙感寤。明府运机布政,稽当皇极,为民庶请命救患,德合天地,泽润河海。开辟以来,今遇慈父。经曰:'奕奕梁山,惟禹甸之;有俾其道,韩侯受命。'比隆等盛,于斯为美。"

永兴二年三月甲午,望上疏曰:"谨按《巴郡图经》境界,南北四千,东西五千,周万余里。属县十四,盐、铁五官各有丞、史。户四十六万四千七百八十,口百八十七万五千五百三十五。远县去郡千二百至千五百里,乡亭去县,或三、四百,或及千里。土界辽远,令尉不能穷诘奸凶。时有贼发,督邮追案,十日乃到,贼已远逃踪迹,灭绝罪录。逮捕证验,文书诘讯,即从春至冬,不能究讫。绳宪未加,或遇德令。是以贼盗公行,奸宄不绝。荣等及陇西太守冯含、上谷太守陈弘说,往者至有劫阆中令杨殷、终津侯姜昊,伤尉苏鸿、彭亭侯孙鲁、雍亭侯陈巳、殷侯乐普。又有女服贼千有余人,布散千里,不即发觉,谋成乃诛。其水陆覆害,杀郡掾枳谢盛、塞威、张御,鱼复令尹寻、主簿胡直。若此非一。给吏休谒,往还数千。闭囚须报,或有弹劾,动便历年,吏坐逾科。恐失冬节,侵疑先死;如当移传,不能待报,辄自刑戮。或长吏忿怒,冤枉弱民,欲赴诉郡官,每惮还往。太守行桑农不到四县,刺史行部不到十县。郡治江州,时有温风,遥县客吏,多有疾病。地势侧险,皆重屋累居,数有火害,又不相容。结舫水居五百余家,承二江之会,夏水涨盛,坏散颠溺,死者无数。而江州以东,滨江山险,其人半楚,精敏轻疾;垫江以西,土地平敞,姿态敦重。上下殊俗,情性不同。敢欲分为二郡,一治临江,一治安汉,各有桑麻、丹漆、布帛、鱼池、盐铁,足相供给,两近京师。

荣等自欲义出财帛，造立府寺，不费县官，得百姓欢心。孝武以来，亦分吴、蜀诸郡。圣德广被，民物滋繁，增置郡土，释民之劳，诚圣主之盛业也。臣虽贪大郡以自优假，不忍小民颙颙蔽隔，谨具以闻。"朝议未许，遂不分郡。分郡之议，始于是矣。

顺、桓之世，板楯数反，太守蜀郡赵温恩信降服，于是宕渠出九穗之禾，朐忍有连理之木。

光和二年，板楯复叛，攻害三蜀、汉中，州郡连年苦之。天子欲大出军。时征役疲散，问益州计曹，考以方略。益州计曹掾程苞对曰："板楯七姓以射白虎为业，立功先汉，本为义民，复除徭役，但出賨钱口岁四十。其人勇敢能战。昔羌数入汉中，郡县破坏，不绝若线。后得板楯，来虏殄尽，号为神兵。羌人畏忌，传语种辈，勿复南行。后建和二年，羌复入汉，牧守遑遑，复赖板楯破之。若微板楯，则蜀汉之民为左衽矣。前车骑将军冯绲南征，虽授丹阳精兵，亦倚板楯。近益州之乱，朱龟以并、凉劲卒讨之，无功，太守李颙以板楯平之。忠功如此，本无恶心。长吏乡亭，更赋至重，仆役过于奴婢，箠楚隆于囚房，至乃嫁妻卖子，或自刭割。陈冤州郡，牧守不理；去阙廷遥远，不能自闻。含怨呼天，叩心穷谷，愁于赋役，困乎刑酷，邑域相聚，以致叛戾，非有深谋至计，僭号不轨。但选明能牧守，益其资谷，安便赏募，从其利隙，自然安集，不烦征伐也。昔中郎将尹就伐羌，扰动益部，百姓谚云：'虏来尚可，尹将杀我。'就征还后，羌自破退。如臣愚见，权之遣军，不如任之州郡。"天子从之，遣太守曹谦宣诏降赦，一朝清戢。

江州县。郡治。涂山有禹王祠及涂后祠。北水有铭书，词云:"汉初,犍为张君为太守,忽得仙道,从此升度。"今民曰"张府君祠"。

垫江县。郡西北中水四百里。有桑蚕牛马。汉时龚荣以俊才为荆州刺史,后有龚扬、赵敏,以令德为巴郡太守。淳于长宁雅有美貌。黎、夏、杜皆大姓也。

又卷三《蜀志》:

汉时,(广都)县民朱辰字元燕为巴郡太守,甚著德惠。辰卒官,郡獽民北送及墓。獽蜑鼓刀辟踊,感动路人,于是葬所草木顷许皆仿之曲折。迄今蜀人莫不叹辰之德,灵为之感应。今朱氏为首族也。

《华阳国志》卷一《巴志》:

巴郡严王思为扬州刺史,惠爱在民。每当迁官,吏民塞路攀辕,诏遂留之。居官十八年卒,百姓若丧考妣。义送者赍钱百万,欲以赡王思家。其子徐州刺史羽不受。送吏义崇不忍持还,乃散以为食,食行客。巴郡太守汝南应季先善而美之,乃作诗曰:"乘彼西汉,潭潭其渊。君子恺悌,作民二亲。没世遗爱,式镜后人。"

永昌郡[①]

卷八《孝灵帝纪》:

熹平五年闰五月,永昌太守坐讼党人,弃市。

卷六十七《党锢列传序》:

熹平五年,永昌太守曹鸾上书大讼党人,言甚方切。帝省奏大怒,即诏司隶、益州槛车收鸾,送槐里狱掠杀之。

卷五十六《种暠传》(《艺文类聚》五〇、《太平御览》二五六

---

① 置于明帝永平十二年正月。

引司马彪《续汉书》、八一〇引张璠《后汉纪》事同）：

> 出为益州刺史。……时永昌太守冶铸黄金为金蛇，以献梁冀，暠纠发逮捕，驰传上言。

卷六十三《杜乔传》：

> 益州刺史种暠举劾永昌太守刘君世以金蛇遗梁冀，事发觉，以金蛇输司农。

汉中郡

《隶释》卷第三《仙人唐公房碑》：

> 君字公房，成固人。盖帝尧之□□□□□□□□□□之故能举家□□□□□去上陟皇耀，统御阴阳，腾清蹙浮，命寿无疆，虽王公之尊，四海之富，曾□□□□□毛天地之性，斯其至贵者也。耆老相传，以为王莽居摄二年，君为郡吏□□□□土域唉瓜，旁有真人，左右莫察，而君独进美瓜，又从而敬礼之。真人者遂与□期婿谷口山上，乃与君神药曰："服药以后，当移意万里，知鸟兽言语。"是时府在西成，去家七百余里，休谒往来，转景即至。阖郡惊焉，白之府君，从为御史。鼠啮车被具，君乃画地为狱，召鼠诛之。视其腹中，果有被具，府君□宾燕，欲从学道，公房顷无所进。府君怒，敕慰部吏收公房妻子。公房乃先归于谷口，呼其师，告以厄急。其师与之归，以药饮公房妻子曰："可去矣。"妻子恋家，不忍去。又曰："岂欲得家俱去乎？"妻子曰："固所愿也。"于是乃以药涂屋柱，饮牛马六畜，须臾有大风玄云来迎公房妻子，屋宅六畜，倏然与之俱去。昔乔、松、崔、白，皆一身得道，而公房举家俱济，盛矣。傅曰："贤者所存，泽流百世"，故使婿乡春夏毋蚊蚋，秋冬鲜繁霜，疠蛊不遘，去其螟。百谷收入，天下莫知，斯德祐之效也。道牟群仙，德润故乡，知德者鲜，历世莫纪。
>
> 汉中太守南阳郭君，讳芝，字公载，修北辰之政，驰周、

邵之风，歆乐唐君神灵之美，以为道重者名邵，德厚者庙尊，乃发嘉教，躬损奉钱，倡率群义，缮广斯庙。□和祈福布之兆民，刻石昭音，扬君灵誉。其辞曰：（上缺）遂享神药，超浮云兮，翱（下缺）

《北堂书钞》一三三引谢承《后汉书》：

薛惇为汉中太守，盛夏但坐板榻，上不用席，冬坐羊皮。河内高弘为琅邪相亦然。

《全后汉文》卷九十八《鄐君开褒斜道摩崖刻石》：

永平六年，汉中郡以诏书受广汉、蜀郡、巴郡徒二千六百九十人，开通褒余道（按：即褒斜道），太守钜鹿鄐君部掾治级、王弘、史荀茂、张宇、韩岑等典功作，太守丞广汉杨显将领用。始作桥格六百卅三间，大桥五，为道二百五十八里，邮亭、驿置、徒司空、褒中县官寺并六十四所。凡用功七十六万六千八百余人，瓦卅六万九千八百四器，用钱百四十九万九千四百余斛粟。九年四月成就，益州东至京师，去就安隐。

《隶释》卷四《司隶校尉杨孟文石门颂》：

惟坤灵定位，川泽股躬，泽有所注，川有所通，余谷（按，即斜谷）之川，其泽南隆，八方所达，益域为充。

高祖受命，兴于汉中，道由子午，出散入秦，建定帝位，以汉氏焉，后以子午，途路涩难，更随围谷，复通堂光，凡此四道，垓鬲尤艰。

至于永平，其有四年，诏书开余（即"斜"），凿通石门，中遭元二，西夷虐残，桥梁断绝，子午复修，上则县峻，屈曲流颠，下则入冥，庼写输渊，平阿泉泥，常荫鲜晏，木石相距，利磨确磐，临危枪砀，履尾心寒，空舆轻骑，滞碍弗前。恶虫币狩，蛇蛭毒蝮，未秋截霜，稼苗夭残，终年不登，匮馁之患，卑者楚恶，尊者弗安，愁苦之难，焉可具言。

于是明知故司隶校尉犍为武阳杨君,厥字孟文,深执忠伉,数上奏请,有司议驳,君遂执争,百僚咸从,帝用是听,废子由斯,得其度经,功侔尔要,敞而晏平,清凉调和,烝烝艾宁。

至建和二年仲冬上旬,汉中太守犍为武阳王升,字稚纪,涉历山道,推序本原,嘉君明知,美其仁贤,勒石颂德,以明厥勋。其辞曰:

君德明明,炳焕弥光,刺过拾遗,厉清八荒,奉魁承杓,绥亿衙强,春宣圣日,秋贬若霜,无偏荡荡,真雅以方,宁静烝庶,政与乾通,辅主匡君,修礼有常,咸晓地理,知世纪纲,言必忠义,匪石厥章,恢弦大节,谠而益明,揆往卓今,谋合朝情,释艰即安,有勋有荣,禹凿龙门,君其继踪,上顺斗极,下答坤皇,自南自北,四海攸通,君子安乐,庶士悦雍,商人咸熹,农夫永同。春秋记异,今而纪功,垂流亿载,世世叹诵。

序曰:明哉仁知,豫识难易,原度天道,安危所归。勤勤竭诚。荣名休丽。

五官掾南郑赵邵字季南,属襃中晁汉疆字产伯,书佐西成王戎字文宝主。

王府君闵谷道□难,分置六部道桥,特遣行丞事西成辅服字显公、都督掾南郑魏整字伯玉,后遣赵诵字公梁、案察中曹卓行,造作石积,万世之基,或解高格,下就平易,行者欣然焉。

伯玉即日徙署行丞事,守安阳长。

《华阳国志》卷二《汉中志》:

高帝东伐,萧何常居守汉中,足食足兵。既定三秦,萧何镇关中,资其众,卒平天下。以田叔为汉中守。属县十二,去洛一千九十一里。叔既馈以军饷,又致名材,立官室,帝嘉之。后为鲁相。然以帝业所兴,不封藩王。

安帝永初二年，阴平、武都羌反，入汉中，杀（汉中）太守董炳，没略吏民。四年，羌复来。太守郑廑出屯褒中，欲与羌战。主簿段崇陈谏，以为但可坚守，来虏乘胜，其锋不可当。廑不从，战，败绩。崇与门下史王宗、原展及崇子勃、兄子伯生力战捍廑，并命。功曹程信素居守，驰来赴难，冒寇殓廑。虏遂大盛。天子乃拜巴郡陈禅为汉中太守。虏素惮禅，更来盘结。禅知攻守未可卒下，而年荒民困，乃矫诏赦之，大小咸服。既诛其乱首，天子善之，徙禅左冯翊太守。程信怨耻，乃结故吏冠盖子弟严孳、李容、姜济、陈巴、曹廉、勾矩、刘旌等二十五人，誓志报羌，各募壮士，预结同死以待寇。太守邓成命信为五官，孳等门下官属。元初二年，羌复来，巴郡板楯救之。信等将其士卒力奋讨，大破之。信被八创，二十五人战死。自是后羌不敢南向。五年，天子下诏褒叹信、崇等，赐其家谷各千斛，宗、展、孳等家谷各五百斛，列画东观。每新太守到，必先存问其家。以羌畏服陈禅，拜禅子澄汉中太守。

扶风苏固为汉中太守，（张）鲁遣其党张修攻固。成固人陈调素游侠，学兵法，固以为门下掾。说固守捍御寇之术，固不能用，逾墙走，投南郑赵嵩，嵩将俱逃。贼盛，固遣嵩求隐避处。嵩未还，固又令铃下侦贼。贼得铃下，遂得杀固。嵩痛愤，杖剑直入。调亦聚其宾客百余人攻修，战死。鲁遂有汉中。

武都郡
《太平御览》四四九、《艺文类聚》八〇引司马彪《续汉书》：

（虞诩）迁武都太守。及还，羌率数千遮诩于陈仓。诩即停军不进，而上书请兵，须到当发。羌闻之，乃分钞傍县。诩因其兵散，日夜进行百余里。令吏士各作两灶，日增倍之，羌不敢逼。或问曰:"孙膑减灶,而君增之。兵法曰:'日行不过三十里,以戒不虞。'而今日行二百里,何也?"诩曰:"虏众多,吾兵少,徐则易为所及,速则彼不测。虏见灶增,必谓郡兵来迎。众行速,必惮追我。孙膑见弱,吾今示强,势有不同故也。"

《太平御览》三四八、《北堂书钞》一二五引司马彪《续汉书》:

虞诩为武都太守,虏来攻城,诩出战,敕曰:"吾言强弩射之,小弩发。言小弩射之,强弩发。"于是小弩先发,虏以为弩力极,即解弛。诩使强弩二十张共唯一人而射之,三发而三中,虏众溃。

《北堂书钞》引华峤《汉后书》:

(孔)奋为武都太守,有美行,爱之如骨肉,无义,憎之如仇雠。

《全上古三代秦汉三國六朝文》卷一百二《西狭颂》(参《隶释》卷四):

汉武都太守汉阳阿阳李君,讳翕,字伯都。天姿明敏,敦《诗》悦《礼》,膺禄美厚,继世郎吏,幼而宿卫,弱冠典城,有阿郑之化。是以三剖符守,致黄龙、嘉禾、木连、甘露之瑞。动顺经古,先之以博爱,陈之以德义,示之以好恶,不肃而成,不严而治,朝中惟静,威仪抑抑。督邮部职,不出府门,政约令行,强不暴寡,知不诈愚,属县趋教,无对会之事,徼外来庭,面缚二千余人,年谷屡登,仓庾惟亿,百姓有蓄,粟麦五钱。郡西狭中道,危难阻峻,缘崖俾阁,两山壁立,隆崇造云,下有不测之溪,厄苲促迫,财容车骑,进不能济,息不得驻,数有颠覆贾坠之害,过者创楚,惴惴其慄。君践其险,若涉渊冰,叹曰:"《诗》所谓'如集于木,如临于谷',斯其殆哉。困其事则为设备,今不图之,为患无已。"敕衡官有秩李瑾、掾仇审，因常豲道徒，钻烧破析，刻㕍崔嵬，减高就埤，平夷正曲，柙致土石，坚固广大，可以夜涉。四方无雍，行人欢踊，民歌德惠，穆如清风，乃刊斯石曰：

赫赫明后，柔嘉惟则。克长克君，牧守三国。三国清平，咏歌懿德。瑞降丰稔，民以货殖。威恩并隆，远人宾服。钻山浚渎，路以安直。继禹之迹，亦世赖福。建宁四年六月十三日壬寅造。时府承右扶风陈仓吕国字文宝，门下掾下辨李虔字子行，故从事议曹掾下辨李旻字仲齐，故从事主簿下辨李遂字子华，故从事主簿上禄石祥字元祺，五官掾上禄张亢字惠叔，故从事功曹下辨姜纳字元嗣，故从事尉曹史武都王尼字孔光，衡官有秩下辨李瑾字玮甫，从史位下辨仇靖字汉德。书文，下辨道长广汉什邡任诗字幼起，下辨丞安定朝那皇甫彦字子才。

《隶续》卷十一《武都太守李翕天井道碑》：

盖除患蠲难，为惠鲜能行之。斯道狭阻，有坂危峻，天井临深之厄，冬雪则冻，渝夏雨滑汰，顿踬伤害，民苦拘驾推排之役，勤劳无已。过者战战，以为大戚。太守汉阳阿阳李君履之，若辟风雨。郡西部道桥掾李祗□钻锤西坂天井山止□入丈四尺，坚无自溃，安无倾覆，四方赖之，民悦无疆，君德惠也，刊勒纪述，以示万载。建宁五年四月廿五日巳酉讫成。

《全后汉文》卷一百二《武都太守耿勋碑》（参《隶续》卷十一）：

汉武都太守、右扶风茂陵耿君，讳勋，字伯玮。其先本自钜鹿，世有令名，为汉建功，俾侯三国，卿守将帅，爵位相承，以迄于君。君敦《诗》说《礼》，家仍典军，厌难和戎，武虑慷慨，以得奉贡上计，廷陈惠康安遏之谋，上纳其谟，拜郎、上党府丞掌令，考绩有成，符英乃胙。熹平二年三月六日癸酉到官，奉宣诏书，哀闵垂恩，猛不残义，宽不宥奸，熹不纵愿，威不戮仁，赏恭罚否，昇□奥流。其於统系，宠存赠亡，笃之至也。岁在癸丑，厥运淫雨，伤害稼穑，率土普议，开仓赈赡，身冒炎赫火星之热，至属县巡行穷匮，陟降山谷，经营跋涉，草止露宿，扶治养餐千有余人。出奉钱两□□振衣赐给贫乏，发荒田耕种，赋与寡独王佳、小男杨孝等三百余户，减省贪吏二百八十人。劝勉移时，百姓乐业，老者得终其寿，幼者得以全育，甘棠之爱，不是过矣。又开故道铜官铸作钱器，兴利无极。外羌且居等，怖威悔恶，重译乞降。修治狭道，分子效力，复大小民，得众兆之欢心，可谓仰之若明神者已。夫美政不纪，人无述焉，国人命叹，刊勒斯石，表示无穷。其辞曰：

泰华惟岳，神曜吐精。育兹令德，既哲且明。实谓耿君，天胙显荣。司牧苍政，布化惟成。柔嘉惟则，穆如风清。勤恤民隐，拯厄扶倾。匪皇启处，东抚西征。赤子遗慈，以活以生。山灵挺宝，匈灾乃平。恺悌父母，民赖以宁。熹平三年四月二十日壬戌，西部道桥掾下辨李祗造。

益州郡

《隶释》卷一《益州太守高眹修周公礼殿记》：

汉初平五年仓龙甲戌昊天季月，循旧筑周公礼殿，始自文翁，应期凿度，开建畔宫，立堂布观，庙门相钩，窻司幔延，公辟相承，至于甲午。故府梓潼文君，增造吏寺二百余间。四百年之际，变异蜂启，旋机离常，王衡失统，强桀并兼，人怀徼幸，战兵雷合，民散失命，烈火飞炎，一都之舍，官民寺室，同日一朝，合为灰炭，独留文翁石庙门之雨观。礼乐崩殂，风俗混乱，诵读已绝，倚席离散。夫礼兴则民寿，乐兴则国化。郡将陈留高君，节符典境，迄斯十月三载，会直扰乱，曲虑匡救，济民涂炭，闵斯丘虚□□□冠学者表仪，□□□□大小推诚，兴复第馆，八音克谐，鬼方来观，为后昌基□神不。

《隶释》卷十一《益州太守高颐碑》：

君讳颐，字贯方，其先出自帝颛顼之苗胄裔乎？逢伯陵者，殷汤受命，陵有功，食采齐□乐邑，世为正卿，氏采建姓。至高□为桓公将南阳之师，而成鲁□美于《春秋》。讫汉□有四城□□□□□□□关外家□□道至君立□□亲仁乐善，游心无藉，无□□□翔□□□□□□□□仕郡辟州清蹇之□不渝时□举孝廉□□□□□□□州表蜀郡北部府丞武□令□阿郑之□□赋晏□之□性试守广汉属国都尉，犹宓子之在密，配李牧之镇代。试守益州太守□□□之□罚，膺求、由之政事，斑芳声于国畿，理高满之危溢。当登绳职，绥□时雍，运□未济，天降□殃，害□贞良。建安十四年八月于官卒。臣吏播举而悲叫，黎庶踊泣而切怛，追恩念义，缥经坟侧，因作颂曰：

穆穆我君，帝颛之胄。匡辅齐桓，□无其偶。苗裔流衍，□彼梁州。惟君立节，卓尔绝殊。学□从政，□无茹柔。宰城子牧，惠泽沾优。剖符典郡，威德□□。示民敬让，网断苞组。宜享汉辅，□德将舒。乾流□戾，□见陨徂。凡百凄怆，痛乎何辜。祚尔后嗣，子孙之模。

《华阳国志》卷四《南中志》：

平帝末，梓潼文齐为益州太守。公孙述时，据郡不服。光武称帝，以南中有义。

益州西部，金银宝货之地，居其官者，皆富及十世。孝明帝初，广汉郑纯独尚清廉，毫毛不犯。夷汉歌咏，表荐无数，上自三司，下及卿士，莫不叹赏。明帝嘉之，因以为永昌郡，拜纯太守。

章帝时，蜀郡王阜为益州太守，治化尤异，神马四匹出滇池河中，甘露降，白乌见；始兴文学，渐迁其俗……

迄灵帝熹平中，蛮夷复反，拥没益州太守雍陟。遣御史中丞朱龟将并、凉劲兵讨之，不克。朝议不能征，欲依朱崖故事弃之。太尉掾巴郡李颙献陈方策，以为可讨。帝乃拜颙益州太守，与刺史庞芝伐之，征龟还。颙将巴郡板楯军讨之，皆破，陟得生出。后复更叛。梓潼景毅为益州太守，承丧乱后，民夷困饿，米一斗千钱，皆离散。毅至，安集，后米一斗八钱。

同书卷十上《先贤士女总论》上：

> 王阜，字世公，成都人也。……迁益州太守，神马出滇池河，甘露降，白乌见，民怀之如父母。

《华阳国志》卷十下《汉中士女》：

> 景毅，字文坚，梓潼人也。……迁益州太守。……值益州乱后，米斗千钱。毅至，恩化畅洽，比去，米斗八钱。鸠鸟巢其听事，孕育而去。

犍为郡

《华阳国志》卷三《蜀志》：

> （犍为）郡去成都百五十里，渡大江。昔人作大桥曰汉安桥，广一里半，每秋夏水盛，断绝，岁岁修理，百姓苦之。建安二十一年，太守南阳李严乃凿天社山，寻江通车道，省桥，梁三津，吏民悦之。严因更造起府寺，城观壮丽，为一州胜宇。二十四年，黄龙见武阳赤水九日，蜀以刘氏瑞应。其太守，汉兴以来，鲜有显者。

江阳郡

《华阳国志》卷三《蜀志》：

> 永建元年十二月，（符县）县长赵祉遣吏先尼和拜檄巴郡守，过成瑞滩，死。子贤求丧不得。女络年二十五，乃分金珠作二锦囊，系儿头下。至二年二月十五日，女络乃乘小船至父没所，哀哭自沉。见梦告贤曰："至二十一日与父尸俱出。"至日，父子浮出。县言郡，太守萧登高之，上尚书，遣户曹掾为之立碑。

人为语曰:"符有先络,槭道张帛,求其夫,天下无有其偶者矣。"

牂柯郡

《华阳国志》卷十下《汉中士女》:

张则,字元修,南郑人也。为牂柯太守,威著南土。永昌、越巂夷谋欲反,畏则,换临其郡,相谏而止,号曰"卧虎"。以成狄勋,迁护羌校尉,征拜扶风,又换临桂阳,皆平盗贼。巴郡板楯反,拜隆集校尉,镇汉中。

《华阳国志》卷十中《广汉士女》:

刘宠,字世信,绵竹人也。……迁牂柯太守。初乘一马之官,布衣疏食,俭以为教。居郡九年,乘之而还,吏人为之立铭。王商、陈实,当世贵士,皆与为友。

凉州刺史部

汉阳郡

卷五《孝安帝纪》:

永初五年九月,汉阳杜琦、王信叛……十二月,汉阳太守赵傅杀杜琦。(注引《东观记》:汉阳故吏杜习手刺杀之。)

卷五十八《傅燮传》:

字南容,北地灵州人。……(灵帝时)出为汉阳太守。初,郡将范津明知人,举燮孝廉。及津为汉阳,与燮交代,合符而去,乡邦荣之。……燮善恤人,叛羌怀其恩化,并来降附,乃广开屯田,列置四十余营。

卷五十一《庞参传》:

永初四年……拜参为汉阳太守。郡人任棠者,有奇节,隐居教授。参到,先候之。棠不与言,但薤一大本、水一盂,置户屏前,自抱孙儿伏于户下,主簿白以为倨,参思其微意,良久曰:"棠是欲晓太守也。水者,欲吾清也;拔大本薤者,欲吾击强宗也;抱儿当户,欲吾开门恤孤也。"于是叹息而还。参在职,果能抑强助弱,以惠政得民。

《桥玄传》:

……又为汉阳太守。时上邽令皇甫祯有赃罪,玄收考髡笞,死于冀市,一境皆震。郡人上邽姜岐,守道隐居,名闻西州。玄召以为吏,称疾不就,玄怒,敕督邮尹益逼致之,曰:"岐若不在,趣嫁其母。"益固争,不能得,遽晓譬岐。岐坚卧不起。郡内士大夫亦竞往谏,玄乃止。时颇以为讥。

《全后汉文》卷七十七蔡邕《太尉桥玄碑阴》:

迁汉阳太守。上邽令皇甫贞,赃罪明审,收考髡钳,死于冀市。后以病去。

卷五十六《种暠传》:

(桓帝时)迁汉阳太守。……化行羌胡,禁止侵掠。

《北堂书钞》三五引司马彪《续汉书》:

种暠迁汉阳太守,吏民五夷男女号泣。

卷五十八《盖勋传》:

(中平年间)刺史杨雍即表盖勋领汉阳太守。时人饥,相渔食。勋调谷禀之。先出家粮以率众,存活者千余人。

卷六十五《皇甫规传》:

(延熹五年)……先是……汉阳太守赵熹……老弱不堪任职,而皆倚恃权贵,不遵法度。

安定郡

卷五十一《李恂传》(《太平御览》二六四引司马彪《续汉书》):

字叔英,安定临泾人也。少习《韩诗》,教授诸生常数百人。太守颍川李鸿请署功曹,未及到,而州辟为从事。会鸿卒,恂不应州命，而送鸿丧还乡里。既葬，留起冢坟，持丧三年。

卷六十五《皇甫规传》：

　　字威明，安定朝那人也。……永和六年，西羌大寇三辅，围安定。……郡将知规有兵略，乃命为功曹，使率甲士八百，与羌交战，斩首数级，贼遂退却。安定太守孙儁受取狼藉。

安定属国

卷六十五《张奂传》：

　　永寿元年，迁安定属国都尉。……羌性贪而贵吏清，前有八都尉，率好财货，为所患苦，及奂，正身洁己，感化大行。

《北堂书钞》六三引谢承《后汉书》（《北堂书钞》三八、《太平御览》八〇九、八九四引司马彪《续汉书》略同）：

　　张奂（永寿元年）迁安定属国都尉，匈奴、羌豪帅感奂恩德，上马二十匹，先零酋长又遗金镮八枚，奂并受之，而召主簿于诸羌前，以酒酹地曰："使马如羊，不以入厩；使金如粟，不于入怀。"悉以金、马还之。羌性贪而贵吏清，前有八都尉，率好货财，为所患苦。及奂正身洁己，感化大行。

武威郡

卷三十四《梁统传》：

　　字仲宁，安定乌氏人。……性刚毅而好法律……会更始败，赤眉入蚙安，统与窦融及诸郡守起兵保境，谋共立帅。……以统为武威太守，为政严猛，威行邻郡。

卷三十六《郑众传》：

　　字仲师……永平末迁武威太守，谨修边备，虏不敢犯。

卷五十八《盖勋传》：

　　武威太守倚恃权势，恣行贪横，从事武都苏正和案其罪。

卷六十五《张奂传》：

　　（延熹六年）拜武威太守，平均徭役。率厉散败，常为诸郡最，河西由是而全，其俗多妖忌，凡二月、五月产子及与父母同月生者，悉杀之。奂示以义方，严加赏罚，风俗遂改，百姓生为立祠。

（张猛）以建安中为武威太守，杀刺史邯郸商，州兵围之急，猛耻见擒，乃登楼自烧而死。

《北堂书钞》七四引华峤《汉后书》：

张奂迁武威太守，平均徭赋，劝以农桑。

卷七十六《循吏·任延传》：

（建武初）拜武威太守。……既之武威，时将兵长史田绀，郡之大姓，其子弟宾客为人暴害。延收绀系之，父子宾客伏法者五六人。绀少子肖乃聚会轻薄数百人，自号将军，夜来攻郡。延即发兵破之，自是威行境内，累息。

郡北当匈奴，南接种羌，民畏寇抄，多废田业。延到，选集武略之士千人，明其赏罚，令将杂种胡骑休屠黄石屯据要害，其有警急，逆击追讨，虏恒多残伤，遂绝不敢出。

河西旧少雨泽，乃为置水官吏，修理沟渠，皆蒙其利。又造立校官，自掾史子孙，皆令诣学受业，复其徭役，章句既通，悉显拔荣进之，郡遂有儒雅之士。

《北堂书钞》七五引华峤《汉后书》：

任延拜武威太守，道不拾遗。

卷七十九《杨伦传》：

顺帝即位……任嘉迁武威太守，后有司奏嘉赃罪千万，征考廷尉，其所牵染将相大臣百有余人。

张掖郡

卷七十六《第五访传》（《北堂书钞》四九引谢承《后汉书》略同）：

迁张掖太守。岁饥，粟石数千，访乃开仓赈给，以救其敝，吏惧遣，争欲上言。访曰："若上须报，是弃民也。太守乐以一身救百姓。"遂出谷赋人。顺帝玺书嘉之，由是一郡得全，岁余，官民并丰，界无奸盗。

陇西郡

《太平御览》八三七引华峤《汉后书》：

（马）援为陇西太守，遇长吏如兄弟，委以任之。

天水郡

《太平御览》一九四引张璠《后汉纪》：

樊晔为天水太守，之官，与故太守丧会于陇亭，亭吏移丧避晔，晔让丧于正堂，关西称之。

《全后汉文》卷九十八《敦煌太守裴岑碑》：

惟汉永和二年八月，敦煌太守云中裴岑，将郡兵三千人，诛呼衍王等，斩馘部众，克敌全师，除西域之灰，蠲四郡之害，边竟艾安，振威到此，立海祠以表万世。

金城郡

《全三国文》卷二十八《汉金城太守殷华碑》：

君讳华，字叔时，上郡定阳人，大匠君之子也。其先出自有殷，因国定氏，不改其号。圣哲玄流，至君而懿。幼膺琼兰之美，长有冲邈之志。敦《诗》阅《礼》，韬竹贲；诞循前业，守以恪恭。仕历州郡，忠谔有间，其大操也，耽耽虎视，龙变不羁，故能雄杰于并域，声班于上京。察何孝廉贡，除郎中左冯翊丞，协宣文物。公事知州，举茂才宛丘令，崇行宽猛，示之礼禁，褒延庠校，政以惠和。三载陟陨，邪临金城，郡鄣羌虏，避难迁移，役兼民匮，室如悬罄。乃敷权略，奖厉咸信，狡犹率服，不敢窥逾。兵戢而时动，因省猎以习义。兴利弭患，顺其所乐，开通狭道，造作传馆，吏士咸悦，不劳而劝，是以缙绅之徒，谭讲雅诵，释军旅之犀革，陈俎豆于泮宫。其艾檐铃,旌显才良,咨量三寿,赏刑不僭。邦场宁静,岁时丰登,耆叟击壤,童龀讴谋。功庸显列,当升宠祚,旻不耆德,景命失灵。以光和元年九月乙酉卒官。生有嘉休,终则鼎铭。于是故吏边竺、江英、韩遂等追送还丘,刊石勒勋。其辞曰:

于惟明后,怀德握醇。昆台之耀,秀出不群。文昭有毅,武烈能仁。含舒宪墨,以育生民。乘纪东壤,西国著勋。身没名流,载世常存。古之遗老,非此孰云。于尔臣恩,绩其臭芬。

荆州刺史部
南阳郡

卷十上《和熹邓皇后传》:

及殇帝崩,(邓)太后定策立安帝,犹临朝政。……诏告司隶校尉、河南尹、南阳太守曰:"每览前代,外戚宾客假借威权,轻薄謥詷,至有浊乱奉公,为人患苦。咎在执法怠懈,不辄行其罚也。今车骑将军骘等虽怀敬顺之志,而宗门广大,姻戚不少,宾客奸猾,多干禁宪。其明加检敕,勿相容护。"自是亲属犯罪,无所假贷。

卷十四《宗室四王三侯·成武孝侯顺传》:

字平仲,光武族兄。……更始降赤眉……乃间行诣光武,拜为南阳太守。

卷十五《刘宽传》:

字文饶,弘农华阴人也……延熹八年,征拜尚书令,迁南阳太守。

《太平御览》二六〇、《北堂书钞》四五引司马彪《续汉书》:

刘宽……为南阳太守,温仁多恕,遇民如子,口不出詈言,有过,但用蒲鞭罚之,示辱而已。

《北堂书钞》七四引华峤《汉后书》：

宽为南阳太守，遇民如子，不曾出詈言也。

刘宽为南阳太守，吏有罪，蒲鞭示耻。

七五引：

刘宽为南阳太守，平心举善，每自克责，吏民爱敬，不敢欺也。

刘宽为南阳太守，常好与诸生讲论经义，政化流传，不严而治。

《全后汉文》卷七十七蔡邕《太尉刘宽碑》：

（公讳宽，字）文饶，弘农华阴人也。……迁东海相、南阳太守。公之□性也果而能□□□□弘裕凯弟，无竞伊人。及其莅官统政，推是心也，以御万事，故□民见德义而兴行□□□□让而不争，政不肃而威宣，教不舒而德治。

卷二十六《伏湛传》：

南阳太守杜诗（建武时）。

卷二十九《鲍永附德传》：

（鲍德）修志节，有名称，累官为南阳太守。时岁多荒灾，唯南阳丰穰，爱悦，号为神父（以上《北堂书钞》七五引华峤《汉后书》同）。时郡学久废，德乃修起横舍，备俎豆黻冕，行礼奏乐，又尊飨国老，宴会诸儒。百姓观者莫不劝服。在职九年，征拜大司农，卒于官。

卷三十下《襄楷传》注有南阳太守成瑨（又见于卷三十九《刘般附恺传》），注引谢承《后汉书》：

（成瑨）字幼平，弘农人，迁南阳太守。时桓帝美人外亲张子禁，怙恃荣贵，不畏法网。瑨与功曹岑晊捕子禁，付宛狱，笞杀之。桓帝征璠诣廷尉，下狱死。

卷三十一《杜诗传》(《北堂书钞》七四引谢承《后汉书》略同)：

> 字君公，河内汲人也。……（建武七年）迁南阳太守。性节俭而政治清平。以诛暴立威，善于计略。省爱民役，造作水排，铸为农器，用力少，见功多，百姓便之。又修治陂池，广拓土田，郡内比室殷足。时人方于召信臣，故南阳为之语曰："前有召父，后有杜母。"

《北堂书钞》七七引谢承《后汉书》：

> 郭丹，太守杜诗荐为功曹，丹荐长者自代，敕以丹事编署黄堂。

《北堂书钞》三九、《太平御览》八三三引张璠《后汉纪》：

> 建武七年，杜诗为南阳太守，治作水排，教化大行，号曰"杜母"。

《苏章传》：

> （苏章）祖父纯，字桓公……官至南阳太守。

《羊续传》：

> 字兴祖，太山平阳人也。……中平三年，江夏兵赵慈反叛，杀南阳太守秦颉，攻没六县。拜续为南阳太守。当入郡界，乃羸服间行，侍童子一人，观历县邑，采问风俗，然后乃进。其令长有贪洁，吏民良猾，悉逆知其状，郡内惊悚，莫不震慑。乃发兵与荆州刺史王敏共击慈，斩之，获首五千余级，属县余贼并诣续降，续为上言，宥其枝附。贼既清平，乃班宣政令，候民利病，百姓欢服。时权豪之家多尚奢丽，续深疾之，常敝衣薄食，车马羸败。府丞尝献其生鱼，续受而悬于庭；丞后又进之，续乃出前所悬者以杜其意。续妻后与子秘俱往郡舍，续闭门不纳。妻自将秘行，其资藏唯有布衾、敝祇裯、盐、麦数

斛而已,顾敕祕曰:"吾自奉若此,何以资尔母乎?"使与母俱归。(至六年卒)

《北堂书钞》三八引谢承《后汉书》:

(续)为南阳太守,郡内多尚奢丽,续深病之,常敝衣薄食,车马羸败。

《太平御览》九三引谢承《后汉书》:

羊续为南阳太守,志在矫俗,裳不下膝,弹琴出肘。

《北堂书钞》一四六引谢承《后汉书》:

羊续为南阳太守,盐豉共一角,(《太平御览》八五引"一角"作"壶",《事物纪原》卷九作"器")三辅之最。

《辑注》引谢承《后汉书》《羊续传》(《天中记》四八引华峤《汉后书》同):

羊续……为南阳太守,以清率下,计日受俸,以作乾饭。唯卧一幅布绹,穿败,糊纸补之。

羊续为南阳太守,好啖生鱼,府丞焦俭以三月望饷鲤鱼一尾,续不违意,受而悬之于庭,少有皮骨。明年三月,俭复馈一鱼,续出昔枯鱼以示俭,以杜其意,遂终身不复食。

《太平御览》八三八引司马彪《续汉书》:

羊续为南阳太守,妻与子祕俱往郡舍,续闭门不纳。妻自将祕行,其资藏唯有衾、弊裯、盐、麦数斛。

《北堂书钞》三八引谢承《后汉书》:

羊续为南阳太守,妻与子祕俱到官,闭门不纳妻子。病困,谓祕曰:"吾有马一匹,卖以买棺,牛车一乘,载丧归,勿受郡送。"

羊续为南阳太守,妻与子秘俱往郡舍,续自取资藏,惟有布衾、凋弊、麦数斛而已。续谓秘曰:"吾俸如此。"使归。

卷三十三《虞延传》:

（光武末）迁南阳太守。永平初,有新野功曹邓衍,以外戚小侯每豫朝会,而容姿趋步有出于众,显宗目之,顾左右曰:"朕之仪貌,岂若此人?"特赐舆马衣服。延以衍虽有容仪而无实行,未尝加礼。帝既异之,乃诏衍,令自称南阳功曹诣阙。衍在职不服父丧,帝闻之,乃叹曰:"'知人则哲,唯帝难之',信哉斯言!"衍惭而退。由是以延为明。

注引谢承《后汉书》:

帝赐舆马衣服及剑佩刀,钱二万,南阳计吏归,具以启延。延知衍华不副实,行不配容,积三年不用,于是上乃自敕衍称南阳功曹诣阙。

《周章传》:

字次叔,南阳随人也。初仕郡为功曹。时大将军窦宪免,封冠军侯就国。章从太守（姓名不详）行春到冠军,太守犹欲谒之,章进谏曰:"今日公行春,岂可越仪私交?且宪椒房之亲,势倾王室,而退就藩国,祸福难量,明府剖符大臣,千里重任,举止进退,岂可轻乎?"太守不听,遂便升车,章前拔佩刀绝马鞅,于是乃止。及宪被诛,公卿以下多以交关得罪,太守幸免,以此重章（和帝永元四年）。

卷三十八《法雄传》:

字文疆……除平氏令。……南阳太守鲍得上其理状,迁宛陵令（和帝初年或稍前）。

卷四十三《朱晖传》:

（朱）晖（字文季,南阳宛人）又与同郡陈揖交善。揖早卒,有遗腹子友,晖常哀之,及司徒桓虞南阳太守,召晖子骈为吏,晖辞骈而荐友,虞叹息,遂召之。其义烈。

元和中，肃宗巡狩，告南阳太守问晖起居。

《后汉纪校注》卷十二《孝章帝纪》：

（朱）晖字文育，南阳人也。少以节操闻。……后为郡吏，太守阮况尝以事干晖，晖不从。及卒，晖厚送其家，左右咸怪之。晖曰："前阮君有求于我，恐以货污君，故不与言。今重送者，欲以明吾心。"骠骑将军苍闻而辟之，甚礼敬焉。

《太平御览》八九八引谢承《后汉书》：

朱晖为郡吏，太守阮况尝欲市晖牛，晖不从。及况卒，晖乃厚赠送其家人。或以讥焉，晖曰："前阮府君有求于我，所以不敢闻命，诚恐以财污君。今而相送，明吾非有爱也。"

卷四十五《袁安传附孙彭》：

（袁）彭字伯楚。少传父业，历广汉、南阳太守。顺帝初，为光禄勋。行至清，为吏粗袍粝食。终于议郎。

注引袁山松《后汉书》：

……南阳太守满殷、高丹等皆（窦宪）宾客。

《韩棱传》：

（和帝初）迁南阳太守。……发擿奸盗，郡中震栗，政号严平。

卷四十六《郭躬传》：

中子晊，亦明法律，至南阳太守，政有名迹。

卷四十八《徐璆传》：

字孟玉，广陵海西人也。……（灵帝时）为荆州刺史。时董太后姊子张忠为南阳太守，因势放滥，赃罪数亿，璆临当之部，太后遣中常侍以忠属璆，璆对曰："臣身为国，不敢闻命。"……璆到州，举奏忠赃余一亿，使冠军县上簿诣大司农，以彰暴其罪。又奏五郡太守及属县有赃污者，悉征案罪，威风大行。①

卷五十一《桥玄传》：

（灵帝时）太中大夫盖升与帝有旧，前为南阳太守，赃数亿以上，玄奏免升，禁锢，没入财贿。帝不从，而迁升侍中。

卷五十四《杨震附秉传》：

（延熹）七年，南巡园陵，特诏秉从。南阳太守张彪，与帝微时有旧恩，以幸驾当至，因傍发调，多已入私。秉闻之，下书责让荆州刺史，以状副言公府。及行至南阳，左右并通奸利，诏书多所拜除。秉复上书谏曰：……于是诏除乃止。

（杨）彪字文先，（灵帝时）迁南阳太守。

卷五十六《王龚附子畅传》：

字叔茂……（桓帝时）拜南阳太守。前后二千石逼惧帝乡贵戚，多不称职。畅深疾之，下车奋厉威猛，其豪党有爨秽者，莫不纠发，会赦，事得散。畅追恨之，更为设法：诸受赃二千万以上不自首实者，尽入财物；若其隐伏，使吏发屋伐树，堙井夷灶，豪右大震。功曹张敞奏记谏曰："五教在宽，著之经典；汤去三面，八方归仁；武王入殷，先去炮烙之刑；高祖鉴秦，唯定三章之法；孝文感一缇萦，蠲除肉刑。卓茂、文翁、召父之徒，旨疾恶严刻，矜崇温厚，仁贤之政，流闻后世。夫明哲之君，网漏吞舟之鱼，然后三光明于上，人物悦于下。言之若迂，其效甚近。发屋伐树，将为严烈。虽欲惩恶，难以远

---

① 在外戚—宦官与士大夫的对峙中，此类史料多见。除了正史如党锢之祸的诸多记载外，另如《华阳国志》卷十中《广汉士女》：
张纲，字文纪，司空皓子也。在汉朝公平廉正，权宦侧目惮之。汉安元年，以光禄大夫持节与侍中杜乔等循行州郡，考察风俗。出宫埋车，先奏太尉桓焉、司徒刘寿尸禄素餐，不堪其职；出城，又奏司隶校尉赵峻、河南尹梁不疑、汝南太守梁乾等赃污浊乱，槛车送廷尉治罪。天子以乾，梁冀叔父，贬秩，免峻等。又奏鲁相ություն仪，仪自杀。威风大行，郡县莫不肃惧。还，冀恨之，出为广陵太守。承叛乱后，怀集抚恤，甚有治化。在官一年卒。

闻。以明府上智之才，日月之曜，敷仁惠之政，则海内改观，实有折枝之易，而无挟山之难。郡为旧都侯甸之国，园庙出于章陵，三后生于新野，士女沾教化，黔首仰风流。自中兴以来，功臣将相，继而隆。愚以为恳恳用刑，不如用恩；孽孽求奸，未若礼贤。舜举皋陶，不仁者远；随会为政，晋盗奔秦；虞芮入境，让心自生。化人在德，不在用刑。"畅深纳敞谏，更崇宽政，慎刑简罚，教化遂行。

郡中豪族多以奢靡相尚，畅常布衣皮褥，车马羸败，以矫其敝。同郡刘表时年十七，从畅受学，进谏曰："夫奢不僭上，俭不逼下，循道行礼，贵处可否之间，蘧伯玉耻独为君子。府君不希孔圣之明训，而慕夷齐之末操，无乃皎皎自遗于世乎？"畅曰："昔公仪休在鲁，拔园葵，去织妇；叔孙敖相楚，其子被裘刈薪。夫以约失之者鲜矣。闻伯夷之风者，贪夫廉，懦夫有立志。虽以不德，敢慕遗烈。"

《三国志》卷六《刘表传》注引谢承《后汉书》：

表受学于同郡王畅，畅为南阳太守，行过乎俭，表时年十七，进谏曰："奢不僭上，俭不逼下，盖中庸之道。是故蘧伯玉耻独为君子。府君若不师孔圣之明训，而慕夷齐之末操，无乃皎然自遗于世！"畅答曰："以约失之者鲜矣，且以矫俗也。"

《北堂书钞》七四引谢承《后汉书》：

（王畅）拜南阳太守，下车振厉威风。

七五引谢承《后汉书》：

王畅拜南阳太守，羊皮庇身，车毁不改，马羸不易。

王畅拜南阳太守，计日受俸，以作乾饭，不啖鱼肉。

《太平御览》八五〇引谢承《后汉书》：

王畅为南阳太守，作饭盐豉菜茹。

卷五十六《陈球传》（陈球为南阳太守事，又见于《艺文类聚》五三、《太平御览》六三和《节钞》三三等引司马彪书）：

（灵帝时）迁南阳太守，以纠举豪右，为势家所谤，征诣廷尉抵罪。会赦，归家。

卷六十三《李固传》：

永和中……为荆州刺史……上奏南阳太守高赐等赃秽。赐等惧罪，遂共赂大将军梁冀，冀为千里移檄，而固持之愈急。

卷六十六《陈蕃传》：

时小黄门赵津、南阳大滑张汜等奏事中官，乘势犯法。二郡太守刘瓆、成瑨案其罪，虽经赦令，而并竟考杀之。宦官怨恚，有司承旨，遂奏瓆、瑨罪当弃市。

《王允传》：

（献帝）初平元年有南阳太守孙瑞。

卷六十七《党锢列传序》（《太平御览》二六四、《北堂书钞》七七引袁山松《后汉书》同。《文选》二六谢玄晖《在郡卧病呈沈尚书》注、《宴公类要》卷二引张璠《后汉纪》系此事于延熹九年）：

南阳太守成瑨亦委功曹岑晊……谣曰：……南阳太守岑公孝，弘农成瑨但坐啸。

卷六十七《党锢列传》注引谢承《后汉书》：

成瑨少修仁义，笃学，以清名见，举孝廉。拜郎中，迁南阳太守。郡旧多豪强，中官、黄门磐互境界。瑨下车，振威严以检摄之。

《蔡衍传》：

字孟喜，汝南项人也。……时南阳太守成瑨等以收纠宦官考廷尉，衍与议郎刘瑜表救之，言甚切厉，坐免官归家，杜门不出。

《岑晊传》：

　　字公孝，南阳棘阳人也。……晊有高才，郭林宗、朱公叔等皆为友。李膺、王畅称其有幹国器，虽在闾里，慨然有董正天下之志。太守成瑨下车，欲振威严，闻晊高名，请为功曹，又以张牧为中贼曹史。瑨委心晊、牧，褒善纠违，肃清朝府。宛有富贾张氾者，桓帝美人之外亲，善巧雕镂玩好之物。颇以赂遗中官，以此并得显位，恃其伎巧，用势纵横。晊与牧劝瑨收捕氾等，既而遇赦，晊竟诛之，并收其宗族宾客，杀二百余人。后人奏闻，于是中常侍侯览使氾妻上书讼其冤。帝大震怒，收瑨下狱死，晊与牧亡匿齐鲁之间，会赦出。

卷七十一《朱儁传》：

　　时南阳黄巾张曼成起兵，称"神仙使"，众数万，杀郡守褚贡，屯宛下百余日。后太守秦颉击杀曼成，贼更以赵弘为帅，众浸盛，遂十余万，据宛城……

《水经注》卷二十八《沔水篇》：

　　夷水径汉南阳太守秦颉墓北。墓前有二碑，颉以江夏都尉出为南阳太守，径宜城中。见一家东向，颉住车视之，曰："此居处可作冢。"后卒于南阳，丧还至昔住车处，车不肯进。故吏为市此宅葬之，孤坟尚整。

《袁术传》：

　　时董卓将欲废立，以术为后将军，术畏卓之祸，出奔南阳，会长沙太守孙坚杀南阳太守张咨，引兵从术。刘表上术为南阳太守，术又表坚为豫州刺史……

　　初术在南阳，户口尚数十百万，而不修法度，以钞掠为实，奢恣无厌，百姓患之。

卷七十六《循吏列传序》：

　　杜诗守南阳，号为"杜母"。

《第五访传》：

字仲谋，京兆长陵人……（顺帝时？）迁南阳太守，去官。

卷六十三《李固传》注引谢承《后汉书》：

赵戒字志伯，蜀郡成都人也。戒博学明经讲授，举孝廉，累迁豫州刺史。梁商弟让为南阳太守，恃椒房之宠，不奉法。戒到州，劾奏之。……迁南阳太守，纠豪杰，恤吏人，奏免中官子弟为令长贪浊者。

《北堂书钞》七五引谢承《后汉书》：

虞因（应作延）迁日南（应作南阳）太守，广宣德化，勤修政教，宽刑宥罚，囹圄空虚，盗贼弥息。

《北堂书钞》七四引华峤《汉后书》：

茨充为南阳太守。教民种柘，养蚕织履，民之利也。

《隶释》卷二《桐柏淮源庙碑》：

延熹六年正月乙酉，南阳太守中山卢奴张君，处正好礼，尊神敬祀。以淮出平氏，始于大复，潜行地中，见于阳口，立庙桐柏，春秋宗奉，灾异告愬，水旱请求，位比诸侯，圣汉所尊。受珪上帝，大常定申。郡守奉祀，斋洁沈祭。从郭君以来，廿余年不复身至，遣承行事，简略不敬，明神弗歆，灾害以生。五岳四渎，与天合德。仲尼慎祭，常若神在。君准则大圣，亲之桐柏。奉见庙祠，崎岖逼狭。开拓神门，立阙四达。增广坛场，饰治华盖。高大殿宇，囗齐传馆。石兽表道，灵龟十四。衢廷弘敞，宫庙嵩峻。祗惧庆祀，一年再至。躬进三牲，执玉以沈。为民祈福，灵祇保祐。天地清和，嘉祥昭格。禽兽硕茂，草木芬芳。黎庶赖祉，民用作颂。其辞曰：

法法淮源，圣禹所导。汤汤其逝，惟海是造。疏秽济远，柔顺其道。弱而能强，仁而能武。不舍昼夜，明哲所取。实为四渎，与河合矩。烈烈明府，好古之则。虔恭礼祀，不愆其德。

惟前废弛，匪躬匪力。灾眚以兴，阴阳以忒。陟彼高冈，臻兹庙侧。肃肃其敬，灵祇降福。雍雍其和，民用悦服。穰穰其庆，年谷丰殖。望君舆驾，扶老携息。慕君尘轨，报走忘食。怀君惠赐，思君罔极。于胥乐兮，傅于万亿。

春侍祠官属五官掾章陵刘䜣，功曹史安众刘瑗，主簿蔡阳乐茂，户曹史宛任巽。

秋五官掾新□梁懿，功曹史郦周谦，主簿安众邓崴，主记史宛赵旻，户曹史宛谢综。

南郡

卷三十八《法雄传》：

字文疆，扶风郿人也。……迁南郡太守，断狱省少，户口益增。郡滨带江沔，又有云梦薮泽。永初中，多虎狼之暴。前太守赏募张捕，反为所害者甚众，雄移书属县曰："凡虎狼之在山林，犹人民之居城市。古者至化之世，猛兽不扰，皆由恩信宽泽，仁及飞走。太守虽不德，敢忘斯义！记到，其毁坏槛阱，不得妄捕山林。"数岁，岁常丰稔。元初中卒官。

卷四十四《胡广传》：

字伯始，南郡华容人也。六世祖刚，清高有志节。……少孤贫，亲执家苦。长大，随辈入郡为散吏。太守法雄之子真，从家来省其父。真颇知人。会岁中应举，雄敕真助其求才，雄因大会诸吏，真自于牖间密占察之，乃指广以白雄，遂察孝廉。

江夏郡

卷七十七《酷吏·董宣传》：

（建武时）江夏有剧贼夏喜等寇乱郡境，以宣为江夏太守。到界，移书曰："朝廷以太守能禽奸贼，故辱斯任。今勒兵界首，檄到，幸思自安之宣。"喜等闻，惧，即时降散。外戚阴氏为郡都尉，宣轻慢之，坐免。

卷八十上《文苑·黄香传》：

> 字文疆，江夏安陆人也。年九岁，失母，思慕憔悴，殆不免丧，乡人称其至孝。年十二，太守刘护闻而召之，署门下孝子。

零陵郡

卷三十八《杨璇传》（《辑注》引谢承《后汉书》，《北堂书钞》一一六引司马彪略同）：

> 字机平，会稽乌伤人也。……灵帝时为零陵太守。是时苍梧、桂阳猾贼相聚，攻郡县，贼众多而璇力弱，吏人忧恐。璇乃特制马车数十乘，以排囊盛石灰于车上，系布索于马尾，又为兵车，专毂弓弩，克期会战。乃令马车居前，顺风鼓灰，贼不得视，因以火烧布，布燃马惊，奔突贼阵，因使后车弓弩乱发，钲鼓鸣震，群盗波骇破散，追逐伤斩无数，枭其渠帅，郡境以清。荆州刺史赵凯，诬奏璇实非身破贼，而妄有其功。璇与相章奏，凯有党助，遂槛车征璇。防禁严密，无由自讼，乃啮臂出血，书衣为章，具陈破贼形势，及言凯所诬状，潜令亲属诣阙通之。诏书原璇，拜议郎，凯反受诬人之罪。

卷五十六《陈球传》（《辑注》引张璠《后汉纪》略同，且系此事于延熹七年）：

> 是时，桂阳黠贼李研等群聚寇钞，陆梁荆部，州郡懦弱，不能禁，太尉杨秉表球为零陵太守。球到，设方略，期月间，贼虏消散。而州兵朱盖等反，与桂阳贼胡兰等数万人转攻零陵。零陵下湿，编木为城，不可守备，郡中惶恐。掾史白遣家避难，球怒曰："太守分国虎符，受任一邦，岂顾妻孥而沮国威重乎？复言者斩！"乃悉内吏人老弱，与共城守，弦大木为弓，羽矛为矢，引机发之，远射千余步，多所杀伤。贼复激流灌城，球辄于内因地势反决水淹贼。相拒十余日，不能下。会中郎将度

尚将救兵至，球募士卒，与尚共破斩朱盖等。赐钱五十万，拜子一人为郎。迁魏郡太守。

卷八十一《独行·周嘉传》：

　　字惠文，汝南安城人也。（光武时）迁零陵太守，视事七年，卒。零陵颂其遗爱，为立祠焉。

《辑注》引谢承《后汉书》：

　　吴郡沈丰为零陵太守。到官一年，甘露降泉陵、洮阳五县，流被山林，膏泽草木。

《北堂书钞》七四引谢承《后汉书》：

　　（沈丰）为零陵太守，吏有阴过，长假还家。

七五引：

　　沈丰为零陵太守，为政慎刑重杀，爱民养化。

　　沈丰为零陵守，有三黄龙望府中。

《艺文类聚》九八引《论衡》、《太平御览》九八五引司马彪《续汉书》：

　　建初五年，零陵女子傅宁宅内生紫芝五株，长者尺四寸，短者七八寸，太守沈丰使功曹赍芝以闻，帝告示天下。

《太平御览》卷二百六十引《东观汉记》：

　　沈丰字圣达，为零陵太守。为政慎刑重杀，罪法辞讼，初不历狱，嫌疑不决，一断于口，鞭杖不举，市无刑戮。僚友有过，初不暴扬，有奇谋异略，辄为谈述曰"太守所不及也"。到官一年，甘露降，芝草生。

卷七十四下《刘表传》注引《英雄记》：

　　张羡……先做零陵、桂阳守，甚得江、湘间心。

《三国志》卷五十七《虞翻传》注引《翻别传》：

　　虞翻高祖父虞光曾为零陵太守。

《太平御览》二六〇、三四七、《北堂书钞》一二五、《艺文类聚》六〇引张璠《后汉纪》：

> （延熹七年）陈球为零陵太守。球到郡，设方略，期月间贼虏消散。而州兵朱盖等反，与桂阳贼胡兰数万人转攻零陵。零陵下湿，编木为城，不可守备，郡中惶恐。掾吏白请遣家避难。球怒曰："太守分国虎符，受任一郡，岂顾妻孥而沮国威重乎？复言者斩！"乃悉郡内吏民老弱，与共城守。弦大木为弓，羽矛为矢，引机发之，远射千余步，斩朱盖等。

桂阳郡

卷七十六《循吏·卫飒传》（《太平御览》八五二引谢承《后汉书》略同）：

> （建武）二十五年……敕飒以桂阳太守归家，须后诏书。
>
> 南阳茨充代飒为桂阳，亦善其政，教民种殖桑柘麻苎之属，劝令养蚕织屦，民得利益焉。

注引《东观记》：

> 元和中，荆州刺史上言：……建武中，桂阳太守茨充教人种桑蚕，人得其利。至今江南颇知养蚕织屦，皆充之化也。

《北堂书钞》七四引华峤《汉后书》：

> （卫）飒迁桂阳太守，下车修庠序之教。

《许荆传》：

> 和帝时，稍迁桂阳太守。郡滨南州，风俗脆薄，不识学义。荆为设丧纪婚姻制度，使知礼禁。尝行春到耒阳县，人有蒋均者，兄弟争财，互相言讼。荆对之叹曰："吾荷国重任，而教化不行，咎在太守。"乃顾使，吏上书陈状，乞诣廷尉。均兄弟感悔，各求其罪。在事十二年，父老称歌。

卷七十四下《刘表传》注引《英雄记》：

> 张羡，南阳人，先做零陵、桂阳守，甚得江湘间心。

《隶释》卷第四《桂阳太守周憬功勋铭》：

桂阳太守周府君者，徐州下邳人也，讳憬，字君光。体性敦仁，天姿笃厚，行兴闺门，名□州里。举孝廉，拜尚书侍郎，迁汝南固始相，遂拜桂阳。乃宣鲁、卫之政，敷二南之泽，政以德绥，化犹风腾，抚集烝细，□绥有方，进则贞直，退则错枉，崇举济济，吉士充朝，招训□蒙，开诱六蔽，君子道长，小人道消，信感神祇，灵瑞符□，嘉谷生于野，奇草像蓲莆，异根之树，超然连理，于此□时，邦域惟宁。

郡又与南海接比，商旅所臻，白瀑亭至乎曲红，壹由此水，其水源也，出于王禽之山，山盖隆□□□于天，泉肇沸踊，发射其巅，分流离散，为十二川，弥陵陟阻，丘阜错连，隅陬壅蔼，末由骋焉，尔乃贯山钻石，经□□□□扬争怒，浮沈潜伏，蛇龙蛞屈，漕隆郁浥，千渠万浍，合聚溪涧，下迄安聂，六泷作难，湍濑湲湲，沄沄潺潺，虽《诗》称百川沸腾，高岸为谷，深谷为陵，盖莫若斯。天轨所经，恶得已改。其下注也，若奔车失辔，狂牛无縻，□勿亢忽，胪睦不相知；及其上也，则群辈相随，檀柂提□，唱号慷慨，沈深不前。其成败也，非徒丧宝玩，陨珍奇，替珠贝，流象犀也，往古来今，变甚终矣。于于是府君乃思夏后之遗训，□应龙之画，伤行旅之悲穷，哀舟人困厄，感蜀守冰殄绝犁魋，嘉夫昧渊，永用夷易，迺命良吏，奖帅壮夫，排颓磐石，投之寥□□高填下，凿截回曲，弼水之邪性，顺导其经脉，断硍溢之电波，弱阳侯之汹涌。由是小蹊乃平直，大道允通利，抱布贸丝，交易而至，升涉周旋，功万于前。除昔□□，树塞于兹，虽非龙门之鸿绩，亦人君之德宗，故舡人叹于水渚，行旅语于涂陆。孔子曰：禹不决江疏河，吾其鱼矣。于是熹平三季，岁在摄提，仲冬之月，曲红长零陵重安区祉字景贤，遵承典宪，宣扬德训，帅礼不越，钦仰高山，乃与邑子故吏龚台、郭苍、龚雏等，命工击石，建碑于泷上，勒铭公功，传之万世，垂示无穷。其辞曰：

乾坤剖兮建两仪，刚柔分兮有险夷，咨中岳兮穆崔嵬，叹衡林兮独倾亏，增峻峭兮甚崎岖，鲧莫涉兮禹不规，仰王禽兮又唾崽，俯泷渊兮怛以悲，岸参天兮无路蹊，石纵横兮流洄洄，波隆隆兮声若雷，或抱货兮以从利，或追恩兮有赴义，氾舟楫兮有不避，□躬躯于玄池，委性命兮于芒蘂，慴寒慄兮不皇计，忽随流兮殆忘归。懿贤后兮发圣英，闲不通兮治斯溪，蹶巨石兮以湮填，开切促兮导曲机，摧六泷兮弱□□，□□□兮散其波，威怒定兮混澜澜，息聊啾兮逝□□，□□□兮蛟龙臧，睦老唱兮胪人歌。名冠世兮超逾伦，今称□兮耀流沙，功斐斐兮镜海裔，君乎君，寿不訾。

长沙郡

卷二十九《郅恽传》：

字君章，汝南西平人也。……（建武时）迁长沙太守。先是，长沙有孝子古初，遭父丧未葬，邻人失火，初匍匐枢上，以身扞火，火为之灭。恽甄异之，以为首举。

《北堂书钞》七四引华峤《汉后书》：

恽迁长沙太守，崇教化，表异行。

卷七十三《公孙瓒传》：

长沙太守孙坚，前领豫州刺史，遂能驱走董卓，扫除陵庙，忠勤王室，其功莫大。

卷七十四下《刘表传》：

初平元年，长沙太守孙坚杀荆州刺史王叡，诏书以表为荆州刺史。时江南宗贼大盛……（注：宗党共为贼）

建安三年，长沙太守张羡率零陵、桂阳三郡叛表。表遣兵攻围，破羡，平之。

卷七十五《袁术传》：

长沙太守孙坚杀南阳太守张咨，引兵从术。

《北堂书钞》七五引谢承《后汉书》：

宋度迁长沙太守，人多以乏衣食，产乳不举，度切让三老，禁民杀子。比年之间，养子三千余人，男女皆以宋为名也。

《艺文类聚》八十、《太平御览》八七一引谢承《后汉书》：

吴郡徐相为长沙太守，常食乾饭，不发烟爨。

《北堂书钞》九二、《太平御览》五五一引谢承《后汉书》：

徐栩为长沙郡将，亡，遗言不受赠赙，有一匹私马，卖以买棺。

《太平御览》二六六引华峤《汉后书》：

周规为临湘令，长沙太守程徐二月行县，敕诸县治道，规以方春向农，民多剧务，不欲夺人良时。徐出督邮，规即委官而去。徐怃然有愧色，遣功曹赍印绶檄书谢，请还，规谓功曹曰："程府君爱马蹄，不重民力。"径逝不顾。

兖州刺史部
陈留郡
卷二十六《侯霸传》：

京兆王况……字文伯，性聪敏，为陈留太守，以德行化人，迁司徒，四年薨。

卷三十三《虞延传》：

（虞延）后去官还乡里，太守富宗闻延名，召署功曹。宗性奢靡，车服器物，多不中节。延谏曰："昔晏婴辅齐，鹿裘不完；季文子相鲁，妾不衣帛；以约失之者鲜矣。"宗不悦，延即辞退。居有顷，宗果以侈被从诛，临当服刑，揽涕而叹曰："恨不用功曹虞延之谏。"光武闻而奇之。

二十三年，司徒王况辟焉。

注引谢承《后汉书》：

况字文伯，京兆杜陵人也，代为三辅名族。该总五经，志节高亮，为陈留太守，性聪敏，善行德教。永平十五年，蝗虫起泰山，弥衍兖、豫，过陈留界，飞逝不集，五谷独丰。章和元年，诏以况为司徒。（按：此段史料记王况任司徒年代与本文不同。）

卷三十五《曹褒传》：

（肃宗时）迁圉令，以礼理人，以德化俗。时它郡盗徒五人来入圉界，吏捕得之，陈留太守闻而疾恶，风县杀之。……（褒）不为杀，严奏褒软弱，免官归郡，为功曹。

卷六十四《吴祐传》：

字季英，陈留长垣人。……后举孝廉，将行，郡中为设祖道，祐越坛共小史雍丘黄真欢语移时，与结友而别。功曹以祐倨，请黜之，太守曰："吴季英有知人之明，卿且勿言。"

注引《陈留耆旧传》：

太守冷宏召补文学，宏见异之，擢举孝廉。

《史弼传》：

字公谦，陈留考城人也。……少笃学，聚徒数百，仕州郡……

注引谢承《后汉书》：

弼年二十为郡功曹，承前太守宋䜣秽浊之后，悉条诸生聚敛奸吏百余人，皆白太守，扫迹还县，高名由此而兴。

卷七十八《宦者列传》：

（左）悺弟敏（桓帝初）为陈留太守……为所在蠹害。

卷八十一《独行·李充传》（《太平御览》二六四引司马彪《续

汉书》同）：

> 字大逊，陈留人也。……太守鲁平请署功曹，不就。平怒，乃援充以捐沟中，因谪署县都亭长，不得已，起亲职役。……延平中……特征充为博士。时鲁平亦为博士，每与聚会，常叹服焉。

《范冉传》：

> 字史云，陈留外黄人也。……中平二年，年七十四，卒于家……三府各遣令史奔用，大将军何进移书陈留太守，累行论谥，佥曰宜为贞节先生。会葬者二千余人，刺史、郡守各为立碑表墓焉。

《刘栩传》：

> 字子相，颍川颍阴人也。……（献帝初）迁陈留太守。

《全后汉文》卷七十一蔡邕《为陈留太守奏上孝子程末事表》：

> 臣前到官，博问掾史孝行卓异者，臣门下掾申屠尤称，孝子平丘程末，年十四岁时，祖父叔病殁，末抱伏叔尸，号泣悲哀，口于气少，喘息才属。舅偃哀其羸劣，嚼枣肉以哺之。末见食歠歌，不能吞咽，麦饭寒水间用之。舅偃诱劝，哽咽益甚。是后精美异味，遂不过口。常在柩旁，耳闻叔名，目应以泪。前太守文穆召署孝义童，云以叔未葬，不能至府舍。臣辄核问掾史邑子殷盛、宿彦等，辞验皆合。臣即召来见，末年十四岁，颜色瘦小，应对甚详。臣问乐为吏否，垂泣求去，白归丧所。臣为设食，但用麦饭寒水，不食肥腻。舅本以田作为事，家无典学者，其志行发于自然，非耳目闻见所仿效也。虽成人之年，知礼识义之士，恐不能及。伏唯陛下体因心之德，当中兴之运，躬秉万机，建用皇极，神纪骋于无方，淑畅洽于群生，故醇行感时而生，美义因政以出，清风奋扬，休征诞漫，太平之萌，昭验已著，臣诚伏见幸甚。臣闻鲁侯能孝，命于夷宫，张仲孝

友,侯在左右,周宣之兴,实始于此。且鸟以反哺,托体太阳,羔以跪乳,为贽国卿,禽鸟之微,犹以孝宠,况末禀纯粹之精爽,立百行之根原,其人殄瘁,而德曜弥光,其族益章。臣不胜愿,会使末美昭显本朝,谨陈状。臣顿首。

《全后汉文》卷七十四蔡邕《陈留太守行县颂(并序)》:

府君劝耕桑于属县。

《行小黄县》:

大颗为政,建时春阳,我君劝止,戾兹小黄。济济群吏,摄齐登堂,乃训乃厉,示以宪方,原罪以心,察狱以情,钦于刑滥,惟务求轻,有辜小罪,放死纵生,玄化洽矣,黔首用宁,惟以作颂,式昭德声。

《行考城县》:

暧暧玄路,北至考城,劝兹稡民,东作是营,农桑之业,为国之经,我君勒心,德音遹成,率尔苗民,慎不敬听?女执伊筐,男执其耕,申戒群僚,务在宽平,罪人赦宥,囹圄用情。

《后汉纪》卷二一《桓帝纪上》:

永兴元年……太尉袁汤致仕。汤字仲河,初为陈留太守,褒善叙旧,以劝风俗。尝曰:"不值仲尼。夷齐西山饿夫,柳下东国黜臣。致声名不泯者,篇籍使然也。"乃使户曹吏追录旧闻,以为《耆旧传》。

《全后汉文》卷七十五蔡邕《陈留太守胡硕碑》:

君讳硕,字季睿,交趾都尉之孙,太傅安乐乡侯少子也。其先与楚同姓,别封于胡,以国为氏。臻乎□汉,奕世载德,不替旧勋。君幼有嘉表,克岐克嶷,不见异物,习与性成。孝于二亲,养色宁意,蒸蒸雍雍,虽曾闵颜莱,无以尚也。总角入学,治《孟氏易》、《欧阳尚书》、《韩诗》,博综古文,周览篇籍。言事造次,必以经纶,加之行己忠俭,事施顺恕,公体所安，为众共之。骄吝不萌于内，喜愠不形于外，可谓无竞伊人、温恭淑慎者也。初以公在司徒，除郎中宿卫，十年遭叔父忧，以疾自免。州郡交辟，皆不就。后以大将军高第拜侍御史，迁谏议大夫，以将军事免官。举贤良方正，不诣公车。建宁元年，召拜议郎，纳忠尽规，匪懈于位，迁侍中、虎贲中郎将，是年遭疾，屡上印绶，诏书听许，以侍中养疾。其年七月，被尚书召，不任应命，诏使谒者刘悝赍印绶，即拜陈留太守。君闻使者至，加朝服拖绅。使者致诏，君以手自系，陈辞谢恩。其月二十一日，遣吏奉章报谢。食后还与丞相答，意气精了。是日疾遂大渐，刻漏未分，奄忽而卒，时年四十一。天子悯悼，诏使者王谦送葬，以中牢具祠，赐钱五万，布百匹，赠谷三千斛。同位毕至，赴吊云集，生荣未艾，没有余哀。于是退迩缙绅，爰暨门人，相与叹述君德，追痛不永，怛切情憭，无不永怀。行由己作，名自人成。先民既迈，赖兹颂声。嗟我明哲，如何勿铭。乃作辞曰：

猗欤懿德，令问有彰。祗服其训，克构克堂。孝思惟则，文艺丕光。敦厚忠恕，众悦其良。绥弱以仁，不云我强。爰自登朝，进退以方。见机而作，如鸿之翔。乃位常伯，恪处左右。兼掌虎贲，禁戎允理。遘兹虐疴，帝用悼止。俾守陈留，庶笃其祉。王人既诏，景命不俟。呜呼昊天，歼我英土。如可赎也，敦不百已。哀哉永伤，万年是纪。

君讳硕，字季睿，交趾都尉之孙，太傅安乐侯之子也。顺帝时为郎中。桓帝时，遭叔父忧，以疾自免。荆州将军比辟，辄辞疾。后以高第拜侍御史，迁谏议大夫。举贤良方正，病不诣公车。建宁元年七月，拜陈留太守，病加，不任应召。诏使谒者刘悝即授印绶。二十一日卒，诏出遣使者王谦以中牢具祠，特赐钱五万，布一百匹，赠谷千三斛。俦类赴送，远近鳞集。于是陈留主簿高吉、蔡抮等，咸以郡选，充备官属，来迎者三十四人，奔惊跋涉，愿承清化。逢天之戚，不获延祚，痛心绝望，切怛永慕，乃相与衰绖，庭位号跳。灵柩将窆，申敕修仪，茕茕在疚，舆服寮御部引，各执其职，路人感怆，观者叹息。盖三纲之序与并育以旧奉新。嗟我行人，敢不自勖。遂树碑作铭，以表令德：

於藐下国，瞻仰俊乂。钦见我君，爱绥我惠。式昭绩恩，有劳有悴，昊天不吊，景命颠坠，悠悠蒸黎，悁怅丧气。政虽未宣，古之遗爱。祁祁我君，习习冠盖。修诚以迩，曾不东迈，灵魂徘徊，靡所瞻远，惟其伤矣，胸肝摧碎。勒铭告哀，传于万代。

《北堂书钞》引谢承《后汉书》：

震仕郡为主簿。时户曹史袁叔稃以微愆，太守郭宗怒，闭阁罚之。众皆悚惧，震排闼直入，乃前谏曰："袁史则故御史珍之孙，独何为苛罚？脱有奄怨，如何入阁？"遂释之。

东郡

卷四十五《张酺传》：

宇孟侯，汝南细阳人也……肃宗即位……出为东郡太守。……酺虽儒者，而性刚断。下车擢用义勇，搏击豪强，长吏有杀盗徒者，酺辄案之，以为令长受赇犹不至死，盗徒皆饥寒佣保。何足穷其法乎？

郡吏王青者，祖父翁与前太守擢义起兵攻王莽，及义败，余众悉降，翁独守节力战，莽遂燔烧之。父隆，建武初为都尉功曹，青为小史，与父俱从都尉行县，道遇贼，隆以身卫全都尉，遂死于难，青亦被矢贯咽，音声流喝。前郡守以青身有金夷，竟不能举，酺见之，叹息曰："岂有一门忠义而爵赏不及乎？"遂用，及右曹。乃上书荐青三世死节，宜蒙显异。奏下三公，由此为司空所辟。

……元和二年，东巡狩，幸东郡，引酺及门生郡吏掾史并会庭中，帝先备弟子之仪，使酺讲《尚书》一篇，然后修君臣之礼，赏赐殊特，莫不沾洽。

卷五十七《谢弼传》：

字辅宣，东郡武阳人也。中直方正，为乡邑所宗师。……中常侍从子绍为东郡太守，忿疾于弼，遂以他罪收考掠按，死狱，时人悼伤焉。初平二年，司隶校尉赵谦讼弼忠节，求报其怨魂，乃收绍斩之。

卷五十八《臧洪传》：

中平末……时黄卓弑帝，图危社稷……东郡太守（桥）瑁。

（臧洪）在事二年，袁绍惮其能，徙为东郡太守，都东武阳。……（袁绍杀洪）……洪邑人陈容，少为诸生，亲慕于洪，随为东郡丞，先城未败，洪使归绍，时容在坐，见洪当死，起谓绍曰："将军举大事，欲为天下除暴，而专先诛忠义，岂合天意？臧洪发举为郡将，奈何杀之？"绍惭，使人牵出谓曰："汝非臧洪畴，空复尔为？"容顺曰："夫仁义岂有常所？蹈之则为君子，背之则为小人。今日宁与臧洪同日死，不与将军同日生也。"遂复见杀。在绍坐者，无不叹息，窃相谓曰："如何一日戮二烈士！"

《索卢放传》：

字君阳，东郡人也。以《尚书》教授千余人。初署郡门下掾。更始时，（愿代太守死）使者义而赦之。

《北堂书钞》七五引司马彪《续汉书》：

（耿）纯为东郡太守，在郡四年，抑强扶弱，令行而禁止。免官归第。上道过东郡，百姓老少数千人随车驾涕泣云："愿留耿君。"

六年，上令诸侯就国，纯上书自陈，前在东郡案诛涿郡太守朱英亲属，今国属涿，诚不自安。制书报曰："侯前奉公行法，朱英久吏，晓知义理，何时当以共事相是非？然受尧舜之罚者不能爱己也。已更择国土，令侯无介然之忧。"乃更封纯为东光侯。

《辑注》引谢承《后汉书》：

广汉儒叔林为东郡太守，乌巢于厅事屋梁，兔产于床下。

《文选》四四陈琳《为袁绍檄豫州》注引谢承《后汉书》：

袁绍以曹操为东郡太守。

《辑注》引谢承《后汉书》（《太平御览》二六〇引司马彪《续汉书》同）：

羊茂字季宝，豫章人。为东郡太守，冬坐白羊皮，夏处单板榻，常食干饭，出界买盐豉，妻子不历官舍。

东平国

卷十三《隗嚣传》：

王元字惠孟，初拜上蔡令，迁东平相，坐垦田不实，下狱死。

卷二十七《郑均传》：

字仲虞，东平人也……郡将欲必致之，使县令诱将旨门，既至，卒不能屈。

元和元年，诏告……东平相曰："议郎郑均，束脩安贫，恭俭节整，前在机密，以病致仕，守善贞固，黄发不怠……其赐均……谷千斛，常以八月长吏存问，赐羊酒，显兹异行。"

卷四十二《东平王苍传》：

永元十年，封苍孙梁为矜阳亭侯，敞弟六人为列侯。敞丧母至孝,国相陈珍上其行状。

卷四十六《陈宠传》:

及窦宪为大将军征匈奴,公卿以下及郡国无不遣吏子弟奉献遗者,而宠与中山相汝南张郴、东平相应顺(注:东平王苍孙敞之相也)。守正不阿。后和帝闻之……(擢)顺左冯翊。

《后汉书》卷四十八《应奉传》注引华峤《后汉书》:

应顺字华仲……迁东平相,赏罚必信,吏不敢犯。有梓树生于厅事室上,事后母至孝,众以为孝感之应。时窦宪出屯河西,刺史、二千石皆遣子弟奉赂遗宪。宪败后,咸被绳黜,顺独不在其中,由是显名。

山阳郡

卷三十六《范升传》:

字辩卿……建武二年,光武征诣怀宫,拜议郎,迁博士,上书让曰:"臣与博士恭、山阳太守吕羌俱修梁丘易,二臣年并舍艾,经学深明,而臣不以时退,与恭并立;深知羌学,又不能达;惭负二老,无颜于世。……愿推博士,以避恭、羌。

卷三十八《冯绲传》:

复为廷尉。时山阳太守单迁以罪系狱,绲考致其死。迁,故车骑将军单超之弟,中官相党,遂共诽章诬绲……

卷六十下《蔡邕传》注:

史弼曾为山阳太守。

卷六十六《陈蕃传》:

山阳太守翟超,没入中常侍侯览财产……

《张俭传》:

字元节,山阳高平人……延熹八年,太守翟超请为东部督邮。时中常侍侯览家在防东,残暴百姓,所为不轨。俭举劾览及其母罪,请诛之。览遏绝章表。并不得通,由是结仇。

卷七十六《循吏·秦彭传》：

建初元年，迁山阳太守，以礼训人，不任刑罚，崇好儒术，敦明庠序。每春秋飨射，辄修升降揖让之仪。乃为人设四戒，以定六亲长幼之礼。有尊奉教化者，擢为乡三老，常以八月致酒肉以劝勉之。吏有过咎，罢遣而已，不加耻辱。百姓怀爱，莫有侵犯。兴起稻田数千顷，每于农月，亲度顷亩，分别肥堉，差为三品，各立文簿，藏之乡县。于是奸吏跼蹐，无所容诈。彭乃上言，宜令天下齐同其制。诏书以其所立条式班令三府，并下州郡。

《太平御览》五一七引无名氏《后汉书》（五一七引无名氏《后汉书》略同）：

秦彭……为山阳太守。民江伯欲嫁寡姊，姊乃引镰自割，伯因前救姊，触镰伤姊，遂亡。县正论法，彭曰"救无恶志"，乃轻罪之。

卷八十一《独行·范式传》：

字巨卿。山阳金乡人也，一名记。……与汝南张劭（字元伯）为友……仕郡为郡功曹，后元伯寝疾焉……式忽梦见元伯玄冕垂缨徙履而呼曰："巨卿，吾以某日死，当以尔时葬，永归黄泉。自未我忘，岂能相及？"式倪然觉悟，悲叹泣下。具告太守，请往奔丧。太守虽心不信而重违其情，许之。

《三国志》卷二十六《满宠传》：

字伯宁，山阳昌邑人也。年十八，为郡督邮，时郡内李朔等各拥部曲，害于平民，太守使宠纠焉。朔等请罪，不复钞略。

《隶释》卷七《山阳太守祝睦碑》：

君讳睦，字元德，济阴己氏人也。其先盖高辛氏之火正，以能淳曜天地，曰祝融，遂获丰阜之胙，辉裔昌远，大乃侯伯，分仕诸夏，郑有祝聃者，君其胤也。君膺恢懿瞳，在约渊澹，潜心耽学，该洞七典，探赜穷神，无物不辨，□□州郡，以孝贡察，宾于王庭，除北海长史、颍川鄢令，导济以礼，三载之后，而民知让，有耻且恪。君惟老氏，名遂身退，色斯翻翔，纡精衡门。□□□道□事谘度。辟司空府北军中侯，拜大尚书尚书仆射，喉舌纳言，翼皇正枢。迁常山相、山阳太守，齐和五品，崇化以宽，昭德塞违，丕训其仁，抽拔隐伏，□贤式礼，□□攸堪，九功以著，当享繁禄，为帝干桢，年六十有八，延熹七年八月丁巳卒。临困纡纩，遗令素椟，菱菱以席，赗赗非礼，壹不得犯，存无玩饰，亡导以俭，所谓守终纯固者已。盖铭功纪勋，所以旌往示来，于是乃共登山镌石，刊勒鸿伐。其辞曰：

懿我君，国之光。履忠顺，阐道常。升紫微，平机衡。统□□，典律章。抚二郡，逾召、黄。恭俭己，民用康。弦颂兴，咏遗□。不称馥，垂令芳。生见乐，殁不忘。名俪日，亿载扬。

同卷《山阳太守祝睦后碑》：

故吏王堂等窥闻下有述上之功，臣有叙君之德。自昔在前列，莫不纪名于典，□□□□□□者。故孔子曰："民人登祝，上天歆焉，用永其世，而丰其年。"寮属钦熙，孰不咨贤，代作颂曰：

伊余祝君，兆自黎辛，祝融苗胄，承获祯庆。光裔炽藐，分仕六国，张雄诸夏，郑有祝聃者，君其胤也。昔祖仕汤，汤治于梁，洮觊自朔，冢于济阴。君龀龆入学，修《韩诗》、《严氏春秋》，七典并立，□综百家，文艳彬彧，渊然识识，怕然执守，躬洁冰雪，皎然清皓，渐心于道，通神达明，无物不览，乡党逡逡，朝廷便便，践祚州郡，阶究右坐。以孝察举，赞拜王庭，除北海长史、颍川鄢令，化行如风，民应如草，三载考绩，名登明堂，色斯举矣，退身衡门，童冠翔集，耽经乐术，潜神默记，与俗殊好。辟司空府北军军中侯，擢拜尚书、尚书仆射，七政锴锘，佐辅斗枢，功冠帝庭，懿德逴优。迁常山相、山阳太守，协齐行律。恢崇三乐，追惟九思，导阐泮宫，附庸攸同，温化以礼，帅由旧章。摘隐取伏，训承贤良。国无珠藏，悉浴兰汤。壶林巨蒇，七子在桑。乘黄远逊，竟界尼康。休釐充□，功馨升扬。当享紫祚，为汉栋梁。年六十八，寝疾不瘳，延熹七年八月丁巳卒。临绝绋侯，垂诲素棺，币以葭芠，赠襚勖酸，非礼之常，壹不得当。穀无珍玩，殁就以约，所谓守忠启予，其去也善。盖彰功表勋，所以焕往辉来。于是三年礼阕，乃相与刊勒金石。其辞曰：

穆我君，邦之阳。资五就，闾道纲。陟泰微，准枢衡。稽列宿，览四方。德合乾，翼应皇。领二郡，曜重光。化流洽，捪龆昌。性天约，元用长。颂声作，语令香。功烈著，遗椒芳。存觊荣，沦弗忘。称弥辉，玄为常。

济阴郡

卷三十九《刘平传》（《辑注》引谢承《后汉书》略同）：

（建武时）拜济阴郡丞，太守刘育甚重之，任以郡职，上书荐平。

卷四十一《第五种传》（《太平御览》二五六引谢承《后汉书》，二六五引华峤《汉后书》，《北堂书钞》七三引华峤《汉后书》略同）：

迁兖州刺史。中常侍单超兄子匡为济阴太守，负势贪放。种欲收之，未知所使。会闻从事卫羽素抗厉。乃召羽具告之。谓曰："闻公不畏强御，今欲委以重事，若何？"对曰："愿庶几于一割。"羽出，遂驰至定陶，闭门收匡宾客亲吏四十余人。六七日中，纠发其赃五六千万。种即奏匡，并以劾超，匡窘迫，遣刺客刺羽，羽觉其奸，乃收系客，具得情状。州内震栗，朝廷嗟叹之。

卷四十四《胡广传》：

胡（广）典机事十年，出为济阴太守，以举吏不实免。

《全后汉文》卷七十六蔡邕《太傅胡广碑》：

公讳广，字伯始，南郡华容人也。……迁济阴太守。公乃布恺悌，宣柔嘉，通神化，道灵邪，扬惠风以养贞，激清流以荡邪，取忠肃于不言，消奸宄于爪牙。是以君子勤礼，小人知耻，鞠推息于官曹，刑戮废于朝市，余货委于路衢，余种栖于畎亩。迁汝南太守，增修前业。考续既明，入作司农。

公讳广，字伯始，交趾都尉之元子也。……迁济阴太守，其为政也，宽裕足以容众，和柔足以安物，刚毅足以威暴，体仁足以劝俗，故禁不用刑，劝不用赏，望之如日月，从之始影响。思不可忘，度不可革，遗爱结于人心，超无穷而垂则。

维汉二十有一世，建宁五年春三月既生魄月壬戌，太傅安乐乡侯胡公薨。……唯帝命公以二郡，其为政也，导人以德，帅物以己，敦以忠肃，厉以知耻。人悦其化，天乐其和，士相勉于公朝，民劝行于私家。徽墨萦而靡系，鞭朴弃而无加，洋洋乎若德宣治，严以为威，宽以为福而已哉。

卷五十四《杨秉传》：

（延熹三年冬）征拜（杨秉）河南尹。先是，中常侍单超弟匡为济阴太守，以赃罪为刺史第五种所劾，窘急，乃赂客任方刺兖州从事卫羽。……及捕得方，囚系洛阳。匡虑秉当穷竟其事，密令方等得突狱亡走，尚书诏秉诘责，秉对曰："《春秋》不诛黎比而鲁多盗。方等无状，衅由单匡，刺执法之吏，害奉公之臣，复令逃窜，宽纵罪身，元恶大憝，终为国害。乞槛车征匡考核其事,则奸慝踪绪,必可立得。"而秉竟坐输作左校,以久旱赦出。

卷六十六《陈蕃传》:

朱震字伯厚(陈留人),初为州从事,奏济阴太守单匡赃罪,并连匡兄中常侍车骑将军超。桓帝收匡下廷尉,以谴超,超诣狱谢,三府谚曰:"车如鸡栖马如狗,疾恶如风朱伯厚。"

《北堂书钞》七三引谢承《后汉书》:

时济阴太守单超,常侍弟,在官放恣,(兖州刺史第五种)患之,辟震,请见曰:"当为鹰犬。"

《北堂书钞》一三九引谢承《后汉书》:

朱震字伯厚,陈留人也。性刚烈。初为州从事……奏济阴太守单匡赃罪,并连匡兄中常侍车骑将军超。桓帝收匡下廷尉,以谴超狱谢。三府谚曰:"车如鸡栖马如狗,疾恶如风朱伯厚。"

《辑注》引谢承《后汉书》:

济阴戎良字子恭,年十八,为郡门下吏。良仪容伟丽,太守诸葛礼使阁里写书。从者诬良与婢通,良刳腹,引出肠肝,示礼赤心。

《隶释》卷一《济阴太守孟郁修尧庙碑》:

汉永康元年□月□□,惟昔帝尧,圣德庆苞,几号赫荡荡,垂基赤精之胄,为汉始别,陵气炎煜,上交仓玄,巍巍之盛,乾坤见征,敬修宗殿,长吏奉祠,三牲粢馔,献珍于时,俅著辉铭,宣飏厥休,乃招祯祥,万□是来,鸿名遂显,传于千秋。

济阴太守河南郾师孟府君,讳郁,字敬达,治《尚书经》,博览众文,天姿玮度,体性温仁,窥极道之要妙,游观六艺之原。据旋机之政,务在济民,历典六郡,威教若神,遗训垂歌,渊懿允纯,功绩焕炳,恩如浩仓,咨招岩穴,股肱贤良,广祈多福，虔虔凤兴。闻帝尧陵在成阳，遣户曹掾史具中牢祠，常以甲子日与西宫乐生俱诣大圣，陈上古之礼，舞先王之乐，召磬祝圄，五音□□，□□之仪，莫不尽备，敷列技艺，以荣大圣。延熹十年，仲春二月，阳气浸阴，始霁□来，享祀群神，仰瞻云汉。孟府君奉宣诏书，行县到成阳，将辞帝尧，行礼未周，则景云四集，翔风膏雨，即时大降，嘉澍优沾，利茂万物，阴阳和协，百姓赖福。是时□□，欣然□悦，诸产繁殖，仓庾充塞。孟府君深惟响应，效之经典，知圣尧精灵，与天通神，脩治□殿，地致墦瑚，石阙二坐，□昭配帝，图象规矩，五□□画，上下相承，无所遗失。师工旌密，有班道之巧，使府内百石□城。吴讳升，字三君，守卫园陵，兴置屋□。诏书大祠，升与县令丞，恭奉肃敬，齐洁炊炽，莫不雍雍。列种柏树，吏卒养护。南通灵台，东注城域。委曲周帀，埤然□望。图纪万世，功验永著。时令河南吕君讳亮，字元山，宰政宣化，慈惠博覆，为黎元来福，奉事大圣，司司不解，垂拱无为如始，其允君也。丞河内州王讳苊，字伯盛，左尉颍川颍阳□讳惛，字世高，皆关综睢艺，通洞运度，询于上下，佥然同谋。因孟府饬治大殿，自率掾史□□，驻驾便坐，南北□望，表内相副，赫如屋赭，兰然成就。孟府君必受大圣嘉福，公侯传子孙，济阴吏士，歌术功称，万世常存。成阳丞民，蒙其荣赐，□训发声。吕君诸璧，干禄于天，令裕衍蔓，永流无穷。

惟序仲氏，祖统所出，本继于姬，周之遗苗。天生仲山甫，翼佐中兴，宣、平功遂，受封于齐。周道衰微，失爵亡邦，后嗣乖散，各相土择居。帝尧萌兆生长，葬陵在于成阳，圣化常存。慕巍巍之盛，乐风俗之美，遂安处基业，属都乡高相里，因氏仲焉，以传于今，子孙承绪，履仁好义，耽乐道术，教授经业，雍徒带众，滋滋汲汲，诲人不倦，海内称之曰法术之宗。

天监孔明，祚善应□，印绋相承，银艾不绝，禀性乾元，世世廉约，故能高如不危，满如不溢。孟府君缮饬殿墙，立百石舍，仲氏宗家共作大殿前石礴，阶陛栏楯，贫富相扶，会计欣欢，不谋同辞，钱应时即具，招工募石，辉然俱至，各进琦巧，不日成之。诏书九月三往大祠，诸所造作，焕然成就，仲氏宗家并受福赐，复刊碑勒谍，昭示来世，俵著孟府君美勋于阳《贝未》，纪祖祢所出，□□□□，官位宦学，皆不可测，子子孙孙，必蒙大圣休烈之福，以劝后进昌炽无极。

《隶释》卷一《帝尧碑》：

帝尧者，盖昔世之圣王也。其先出自块隗，翼火之精，有神龙首出于常羊，□□□□□□□生赤□□□□□□□□也。名纪见乎河雏。爰嗣八九，庆都与赤龙交而生伊尧。及尧之生也，不□凡等匈□□□□□□龙颜□角眉□八采，谒自侯伯游于玄河之上，龙龟负衔，投钤授与，然后尧乃受命蜀鹿□□□□□□□□□□□□□□秉图书，察度表，御九州，统属理，闻名应邮，五纬顺晷，然后风化大洽，普天□□不□□□□□□□□□功成告让，遂禅舜黄。

圣汉龙兴，缵尧之绪，祠以上牺。暨于亡新，圮汉之业，礼祠□□□□祀□是故廷尉卿□□以为大圣，亲垂隆烈，遗歌在民，而坛场夷替，屏慁无位，非所以表神圣□□□□民者□□□□焉□□□复旧典，造立灵庙，以一大牢，春秋秩祠。是以好道之畴，自远方集，或弦琴□□□一，或谭□□历丹田□□□瘌者，靖恭祈福，即获胙；若不虔恪，辄赴瘨。故知至德之宅兆，实真圣之祖也。熹平四年冬十二月，济阴太守河南张宠、丞颍川李政、成阳令陈国郑真、故钜鹿太守仲诉、故广宗长仲选、故吕长仲球□丞□□□□□□□□□百石已氏让礼等，咸各有惟，追慕圣烈，乃共立坛壇埠，刊碑纪石，已

章圣德□后□□有（下阙）

　　於赫大圣，奕孔祯纯。性发兰石，生自馥芬。琦表射出，双握嘉文。排启阊阖，驰步□□□□□□□□□□□□□□□□顺叙，五品用训。民不作忒，化洽百蛮。历运遭七，乃禅舜焉。功绵日月，名勒管弦。立灵庙兮□休神□□□□□□□□□釐兮湘黔民，亿不殄兮社无圻。故济阴太守刘郃字季承，渔阳泉州人也，自以体别枝布，尧之裔胄，下车出奉□万为祠酸弱□□□□□□至于朔旦，特复五百，称充玄玄孙以叙。嘉敬旧祠，属县君以为奉事神圣，礼虔当□宜崇祗濯，以汁□□敕县□□设供曹掾史，令养牲牺，即尧陵庙，神亨灵洞，报已喜瑞，李树连理，生于尧□图□府殿凤早□拜迁□中大夫。后太守同河南张宠继拟前绪，到官始初，出钱二千，敬致礼祠，临立坛碑，特复□□□□群□□为□始□□□□□□学徒莫不劝乐，咸曰张父教我已德，厉我已仁，将获祯应，齐风前人，鸾皇□□□□□□□□□□□□□□□解，将悉臻矣，密勿匪休，将悉至矣。熹平四年十二月十六日癸卯立，时将作吏胡能、守尧掾仇伯爱□□□□□□□□□□□□□掾成□□□□余。

济北国

卷七十八《宦者·侯览传》：

　　小黄门段珪，家在济阴，与览并立田业，近济北界，仆从宾客侵犯百姓，劫掠行旅。济北相滕延一切收捕，杀数十人，陈尸路衢。览、珪大怒，以事诉帝，延坐多杀无辜，征诣廷尉，免。

《北堂书钞》九二、《太平御览》五五四引谢承《后汉书》：

　　崔瑗为济北相，光禄大夫杜乔为八使，徇行郡国，以臧罪奏瑗，征诣廷尉。瑗上书自讼，得理出。

太山郡（泰山郡）

卷四十八《应劭传》：

（中平）六年，拜太山太守。初平二年，黄巾三十万众入郡界。劭纠率文武连与贼战，前后斩首数千级，获生口老弱万余人，辎重监千两，贼皆退却，郡内以安。

卷六十三《李固传》：

（梁）冀遂令徙固为太山太守。时太山盗贼屯聚历年，郡兵常千人，追讨不能制。固到，悉遣罢归农，但选留任战者百余人，以恩信招诱之，未满岁，贼皆弭散。

卷六十五《皇甫规传》：

（约延熹三年）时太山贼叔孙无忌及乱郡县，中郎将宗资讨之未服，公车特征规，拜太山太守。规到官，广设方略，寇贼悉平。

《苑康传》：

迁太山太守。郡内豪族多不法。康至，奋威怒，施严令，莫有干犯者。先所请夺人田宅，皆遽还之。是时山阳张俭杀中常侍侯览母，案其宗党宾客，或有进匿太山郡者，康既常疾阉官，因此皆穷相收掩，无得遗脱。……征康诣廷尉狱，减死罪一等，徙日南。

《隶释》卷七《泰山都尉孔宙碑》：

君讳宙，字季将，孔子十九世之孙也。天姿醇懿，齐圣达道。少习家训，治《严氏春秋》。缉熙之业既就，而闺阃之行允恭。德音孔昭，遂举孝廉。除郎中，都昌长，祗传五教，尊贤养老，躬忠恕以及人，兼禹汤之罪己，故能兴朴□□凋敝，济弘功于易简。三载考绩，迁元城令。是时东岳黔首，滑夏不□□□祠兵，遗畔未宁，乃擢君典□，以文修之，旬月之间，莫不解甲服罪，□□□辱，田畯喜于荒圃，商旅交乎险路，会鹿鸣于乐崩，复长幼于酬酢。□□□稔，会遭笃病，告困致仕，得从所好。年六十一，延熹六年正月乙未□□□疾。贵速朽之反真，慕宁俭之遗则，窀夕不华，明器不设。凡百印高，□□□述。于是故吏门人，乃共陟名山，采嘉石，勒铭示后，俾有彝式。其辞曰：

於显我君，懿德惟光。绍圣作儒，身立名彰。贡登王室，阎□是雯，凤夜□□，在公明明，乃绥二县，黎仪以康。於天时雍，抚兹岱方。帅彼凶人，覆俾□□，南亩孔佮，山有夷行。丰季多黍，称彼兕觥。帝赖其勋，民斯是皇。疾□□□，乃委其荣。忠告殷勤，屡省乃听。恭俭自终，蓥簋不陈。生播高誉，殁垂令名。永矢不刊，亿载扬声。延熹七年七月戊□造。

徐州刺史部

东海郡　东海国

卷四十八《徐璆传》：

宇孟元，广陵海西人也。……（灵帝中平元年后）转东海相，所在化行。

卷六十一《黄琼附孙琬传》：

刁韪……出为鲁、东海二郡相，性抗厉，有明略，所在称神。

卷二十五《刘宽传》：

桓帝时……为东海相……温仁多恕，虽在仓卒，未尝疾言遽色，常以为"齐之以刑，民免而无耻"，有过，但蒲鞭罚之，示辱而已，终不加苦。事有功善，推之自下；灾异或见，引躬克责。每行县，止息亭传，辄引学官祭酒及处士诸生执经对讲。见父老，慰以农里之言；少年，勉以孝悌之训。人感德兴行，日有所化（另参《东汉太守表》"南阳郡"条引《全后汉文》卷七十七蔡邕《太尉刘宽碑》）。

卷二十九《鲍永传》：

（建武中）出为东海相，坐度田不实，被征，诸郡守多下狱，永至成皋，诏书逆拜为兖州牧，便道之官。

卷三十六《韦彪附著传》：

灵帝即位。……就家拜东海相……政任威刑，为收罚者所奏，坐论输左校。

卷三十九《赵咨传》：

（桓帝时）拜东海相。……在官清简，计日受奉，豪党畏其俭节。视事三年，以疾自乞，征拜议郎。

《北堂书钞》三八、《太平御览》二四八、四三一引谢承《后汉书》：

（东郡赵）咨为东海相，人遗其双枯鱼，啖之，二岁不尽，以简化俗。

卷四十一《宋均传》：

永平元年，迁东海相。在郡五年，坐法免官，而东海思均恩化，为之作歌，诣阙乞还者数千人。

卷六十六《陈蕃传》：

东海相黄浮，诛杀下邳令徐宣……奉公不挠，疾恶如仇。

卷七十一《朱儁传》：

除兰陵令，政有异能，为东海相所表（东海相刘馗）。

卷七十八《宦者传序》：

时下邳县属东海，汝南黄浮为东海相，有告言（徐）宣者，浮乃收宣家属，无少长悉考之……案宣罪弃市，暴其尸以示百姓，郡中震栗。

《辑注》引谢承《后汉书》：

（赵）峻字伯师，下邳徐人也。……为邑功曹吏，无车马，因相出飨，敕诸曹掾吏各自具车，不得共载从行。功曹书佐时召陈常曰："相除录进。"

《隶释》卷二《东海庙碑》：

惟永寿元年春正月，有汉东海相南阳桓君（下缺）念四时享祀有常，每饰壹切，旋则陁崩，矜闵吏（下缺）费者不永宁。凡尊灵祇，敬鬼神，实为黔黎祈福（下缺）咸慕义民相帅，四面并集，乃部掾何俊、左荣（下缺）殿作两传起三楼。经构既立，事业毕成，俊等镌石，欲（下缺）荣非仁也。故遂阙而不著。初县典祠，虽有法出附增之（下缺）绝请求姑息之源，濒海盐□月有贵贱，收责侵佭，民多（下缺）限，贫富俱均，下不容奸。□仁忧□□□惠康，民赖其利。熹平元年夏四月，东海相山阳满君，□□□□初朐令（下缺）进瞻坛□退宴礼堂，嘉羡君功，既尔□□□是乃退咨（下缺）惜勋绩不著，后世无闻，遂作颂曰：

浩浩沧海，百川之宗。经落八极，潢□□洪，波润（下缺）物，云雨出焉。天渊□□祯祥所□昔在前代，昭事百（下缺）有司齐肃致力，四时奉祠，盖亦所以敬恭明神，报功（下缺）阙倚倾于铄，桓君是缮是修。□□慕□不日而成功（下缺）孙退述，爰勒斯铭，芳烈永著，□载重馨。

淮阳国

卷四十四《张禹传》：

（禹父张歆）……后仕为淮阳相。

注引《东观记》：

歆为相时，王新归国，宾客放纵，干乱法禁，歆将令尉入宫搜捕，主白上，歆坐左迁为汲令。

琅邪国　琅邪郡

卷十二《张步传》：

　　琅邪不其人也。汉兵之起，步亦获众数千，转攻傍县，下数城，自为五威将军，遂据本郡，更始遣魏郡王闳为琅邪太守，步拒之，不得进。

　　八年夏，步将妻子逃奔临淮，与弟弘、蓝欲招其故众，乘船入海，琅邪太守陈俊追击斩之。

《北堂书钞》七四引司马彪《续汉书》：

　　陈俊为琅邪太守，抚恤贫弱，表有行义，百姓录之。

卷三十九《王扶传》：

　　掖人也，少修节行，客居琅邪不其县，所止里落化其德。国相张宗请谒，不应，欲强致之，遂策杖归乡里，连请，固病不起。

卷七十七《李章传》：

　　字次公，河内怀人也……（建武时）为琅邪太守。时北海安丘大姓夏长思等反，逐囚太守处兴，而据营陵城。章闻，即发兵千人，驰往击之。掾史止章曰："二千石不得出界，兵不得擅发。"章按剑怒曰："逆虏无状，囚劫郡守，此何可忍！若坐讨贼而死，吾不恨也。"遂引兵安丘城下，募勇烧坡门，与长思战，斩之，获三百余级，得牛马五百余头而还，兴归郡，以状上帝，悉以所得班劳吏士。后坐度田不实征，以章有功，但司寇论。

《北堂书钞》一三三引谢承《后汉书》：

　　薛淳为汉中太守，盛夏但坐板榻，上不用席。冬坐羊皮。河内高弘为琅邪相亦然。

《辑注》引谢承《后汉书》：

　　高弘字伯武，河内山阳人，为琅邪相。将到官，自负笈，单步入界,随路所经之处,听探风俗厚薄。

弘字伯武,为琅邪相。妻子不历官舍,悉出舍中供设付外,冬坐羊皮,夏坐板榻,以桑杯盛浆水。

楚郡

(卷四《孝和帝纪》:章和二年……(改)楚郡为彭城国。)

卷三十九《刘平传》:

楚郡彭城人也。……平狄将军庞萌反于彭城,攻败郡守孙萌。平时为郡吏。置白刃伏萌身上,被七创,困顿不知所为,号泣请曰:"愿以身代府君。"贼乃敛兵止,曰:"此义士也,勿杀。"遂解去,萌伤甚气绝,有顷苏,渴求饮,平倾其创血以饮之,后数日,萌竟死。平乃裹创扶送萌丧,至其本县。

卷四十五《袁安传》(《三国志》卷六《袁绍传》注引华峤《汉后书》略同):

永平十三年,楚王英谋为逆,事下郡覆考。明年,三府举安能理剧,拜楚郡太守,是时英辞所连及者数千人,显宗怒甚,吏案之急,迫痛自诬,死者甚众。安到郡,不入府,先往案狱,理其无明验者,条上出之。府丞掾史皆叩头争,以为阿附反虏,法与同罪,不可。安曰:"如有不合,太守自当坐之,不以相及也。"遂分别具奏,帝感悟,即报许,得出者四百余家。

广陵郡

卷五十六《张皓附子纲传》(《三国志》卷四十五《张冀传》注引司马彪《续汉书》略同):

时广陵贼张婴等众数万人,杀刺史、二千石,寇乱徐杨间积十余年,朝廷不能讨。(梁)冀乃讽尚书以纲为广陵太守,因欲以事中之。前遣郡守率多求兵马,纲独请单车之职。既到,乃将吏卒十余人,径造婴垒,以慰安之,求得与长老相见,申示国恩。婴初大惊,既见纲诚信,乃出拜谒。纲延至上坐,问所疾苦,乃譬之曰:"前后二千石多肆贪暴,故致公等怀忿相聚,二千石信有罪矣,然为之者又非义也。近主上仁圣,欲以文德服叛,故遣太守,思以爵禄相荣,不愿以刑罚相加,今诚转祸为福之时也。若闻义不服,天子赫然震怒,荆扬兖豫大兵云合,岂不危乎?若不料强弱,非明也;弃善取恶,非智也;去顺效逆,非忠也;身绝血嗣,非孝也;背正从邪,作直也;见义不为,非勇也。六者成败之机,利害所从,公其深计之。"婴闻泣下,曰:"荒裔愚人,不能自通朝廷,不堪侵枉,遂复相聚偷生,若鱼游釜中,喘息须臾间耳。今闻明府之言,乃婴等更生之辰也。既陷不义,实恐投兵之日。不免孥戮。"纲约之以天地,誓之以日月。婴深感悟,乃辞还营。明日,将所部万余人与妻子面缚归降。纲乃单车入婴垒,大会,置酒以为乐,散遣部众,任从所亡。亲为卜宅居,相田畴,子弟欲为吏者,皆引召之。人情悦服,南州晏然,朝廷论功当封,梁冀遏绝,乃止。天子嘉美,征欲用纲,而婴等上书乞留,乃许之。

纲在郡一年,年四十六卒。百姓老幼相携,诣府赴哀者,不可胜数。纲自被疾,咸为祠祀祈福,皆言"千秋万岁,何时复见此君"。婴等五百余人制服行丧,送到犍为,负土成坟。诏曰:"故广陵太守张纲,大臣之苗。剖符统务,正身率下,班宣德信,降集剧贼张婴万人,息干戈之役,济烝庶之困,未升显爵,不幸早卒,婴等缞杖,若丧考妣,朕甚愍焉。"

卷五十六《陈球传》,又见七十五《吕布传》:

陈登为广陵太守。

注引谢承《后汉书》:

字元龙。学通古今,处身循礼,非法不行。性兼文武,有雄姿异略,一领广陵太守。《魏志》:登在广陵,有威名,有功,加伏波将军。

卷五十八《臧洪传》，又见七十四《袁绍传》：

> 字子源，广陵射阳人也。……中平末，弃官还家，太守张超请为功曹。时董卓弑帝，图危社稷，洪说超曰："明府历世受恩，兄弟并据大郡，今王室将危，贼臣虎视，此诚义士效命之秋也。今郡境尚全，殷富，若动桴鼓，可得二万人，以此诛国贼，为天下唱，不亦宜乎？"超然其言，与洪西至陈留，见兄邈计事。邈先谓超曰："闻弟为郡，委政臧洪，洪者何如人？"超曰："臧洪海内奇士，才略智数不比于超矣。"邈即引洪与言，大异之。

卷八十一《独行·陆续传》：

> （续）长子稠，为广陵太守，有理名。

《辑注》引谢承《后汉书》：

> 豫章张翼字仲宗，为广陵守，举孝子吴奉为孝廉。翼罢郡，奉赍金为礼，翼闭门不受，奉以囊盛金，夜投翼园中而逝。翼迫不及，赍金至广陵还奉。

《隶释》卷六《国三老袁良碑》：

> 君讳良，字厚卿，陈国扶（乐人）也。……缵神明之洪族，资天德之清则，惇综《易》、《诗》，而说礼乐，举孝廉、郎中、谒者、将作大匠、丞相令、广陵太守，讨江贼张路等，威震徐方，谢病归家。

下邳国

卷四十四《张禹传》：

> 元和三年，迁下邳相。徐县北界有蒲阳坡，傍多良田，而埂废莫修，禹为开水门，通引灌溉，遂成孰田数百顷。劝率，假与种粮，亲自勉劳，遂大收谷实，临郡贫者归之千余户。室庐相属，其下成市。后岁至垦千余顷，民用温给。功曹史戴闰，

故太尉掾也，权动郡内，有小遣，禹令自致徐狱，然后正其法，自长史以下，莫不震肃。

注引《东观记》曰：

闰尝从行县，从书佐假车马什物，禹闻知，令直符责问，闰具以实对，禹以宰士惶恐首实，令自致徐狱。

临淮郡

《后汉纪》卷十二《孝章帝纪》：

（朱晖明帝时）稍迁临淮太守，晖好节概，其所拔用，皆厉行士，其诸报怨，以义犯法者，率皆为求门户而生宥之。其不义者，即时僵仆，不以污狱门。故畏爱之。晖刚于为吏，见忌于上，故所在数被劾。

卷四十三《朱晖传》：

字文季，南阳宛人也。……（明帝时）迁为临淮太守，晖好节概，其所拔用，皆厉行士。其诸报怨，以义犯率，皆为求其理，多得生济；其不义之囚，即时僵仆。畏爱，为之歌曰："强直自遂，南阳朱季；吏畏其威，人怀其惠。"数年，坐法免。

《辑注》引谢承《后汉书》：

郑弘为临淮太守，消息徭赋，政不烦苛，修身率下，临事详慎。行春天旱，随车致雨。有两白鹿方道，夹毂而行。弘怪，问主簿黄国曰："鹿为吉为凶？"国拜贺曰："闻三公车幡画作鹿，明府必为宰相。"后弘果为太尉。

《太平御览》三八九引司马彪《续汉书》：

侯霸为临淮太守，吏民爱乐。王莽之败，霸保守临淮。更始征霸，老弱相携号呼，遮使者车，乞留侯君期年。

青州刺史部

济南郡　济南国

《艺文类聚》九八、《太平御览》二三二引谢承《后汉书》卷五：

　　山阳百里嵩为济南相，甘露降于郡，安帝嘉之。征拜大鸿胪。

平原郡　平原国

卷二十六《伏湛传》(《太平御览》四七六、《北堂书钞》七五引司马彪《续汉书》略同)：

　　字惠公，琅琊东武人也。……更始立，以为平原太守。时仓卒兵起，天下惊扰，而湛独宴然，教授不废。谓妻子曰："夫一谷不登，国君彻膳，今民皆饥，奈何独饱？"乃共食粗粝，悉分俸禄以赈乡里，来客者百余家。时门下督素有气力，谋欲为湛起兵，湛恶其惑众，即收斩之，徇首城郭，以示百姓，于是信向，郡内以安。平原一郡，湛所全也……

　　(建武时)贼徐异卿等万余人据富平，连攻之不下，唯云"愿降司徒伏公"。帝知湛为青徐所信向，遣到平原，异卿等即日归降，护送洛阳。

卷二十六《赵憙传》：

　　(建武时)迁平原太守。时平原多盗贼，憙与诸郡讨捕，斩其渠帅，余党当坐者数千人。憙上言："恶恶止其身，可一切徙京师近郡。"帝从之，乃悉移置颍川、陈留。于是擢举义行，诛锄奸恶。后青州大蝗，侵入平原辄死。岁屡有年，百姓歌之。

卷六十三《杜乔传》：

　　(杜)乔故掾陈留杨匡……迁平原令。时国相徐曾，中常侍璜之兄也，匡耻与接事，托疾牧豕去。

卷六十四《史弼传》：

　　(桓帝时)出为平原相。时诏书下举钩党，郡国所奏相连及者多至数百,唯弼独无所上,诏书前后切却州郡,髡钳掾史,从事坐传责曰:"诏书疾恶党人,旨意恳恻,青州六郡,其五有党,近国甘陵,亦考南北部,平原何理而独无?"弼曰:"先王疆理天下,面界分境,水土异齐,风俗不同。它郡自有,平原自无,胡可相比?若承望上司,诬陷良善,滥刑淫罚,以逞非理,则平原之人,户可为党,相有死而已,所不能也。"从事大怒,即收郡僚职送狱,遂举奏弼。会党禁中解,弼以俸赎罪,得免,济活者千余人。

弼为政,特挫抑疆豪,其小民有罪,多所容贷。

论曰:史弼颉颃严吏,终全平原之党,而其后不大,斯亦未可论也。

卷七十七《酷吏·阳球传》:

迁平原相,出教曰:"相前莅高唐,志扫奸鄙,遂为贵郡所见柱举。昔桓公释管仲射钩之仇,高祖效季布逃亡之罪,虽以不德,敢忘前义?况君臣分定,而可怀宿昔哉?今一蠲往愆,期诸来效,若受教之后而不改奸伏者,不得复有所容矣。"郡中咸畏服焉。时天下大旱,司空张颢条奏长吏苛酷贪污者,皆罢免之,球坐严苦,征诣廷尉。当免官,灵帝……拜议郎,

《三国志》卷三十二《先主传》:

(先主)试守平原令,后守平原相。郡民刘平素轻先主,耻为之下,使客刺之。客不忍刺,语之而去。其得人心如此。

注引《魏书》:

刘平结客刺备,备不知而待客甚厚,客以状语之而去。是时人民饥馑,屯聚钞暴。备外御寇难,内丰财施,士之下者,必与同席而坐,同簋而食,无所简择。众多归焉。

北海国

卷六十七《杜密传》：

迁北海相，其宦官子弟为令长有奸恶者，辄捕案之。行春到高密县，见郑玄为乡佐，知其异器，即召署郡职，遂遣就学。

卷一七〇《孔融传》（《辑注》引司马彪《续汉书》略同，又见卷七十一《朱儁传》）：

（董）卓乃讽三府同举融为北海相。融到郡，收合士民，起兵讲武，驰檄飞翰，引谋州郡。（黄巾）贼张饶等群辈二十万众从冀州还，融逆击，为饶所败，乃收散兵保朱虚县，稍后鸠集为黄巾所误者男女四万余人，更置城邑，立学校，表显儒术。荐举贤良郑玄、彭璆、邴原等，郡人甄子然、临孝存知名早卒，融恨不及之，乃命配食县社，其余虽一介之善，莫不加礼焉。郡人无后及四方游士有死亡者，皆为棺具而殓葬之。……融负其高气，志在靖难，而才疏志广，迄无成功，在郡六年，刘备表为青州刺史。建安元年，为袁谭所攻……

《三国志》卷十一《邴原传》注引《原别传》：

（字根矩，北海朱虚人也）后为郡所召，署功曹主簿。时鲁国孔融在郡……融有所爱以人，常盛诘叹之，后恚望，欲杀之，朝吏皆请。时其人亦在坐，叩头流血，而融愈不解。原独不为请。融谓原曰："众皆请而君何独不？"原对曰："明府于某，本不薄也，常言岁终当举之，此所谓'吾一子'也，如是，朝吏受恩未有在某前者矣，而今乃欲杀之。明府爱之，则引而方之于子；憎之，则推之欲危其身。原愚，不知明府以何爱之，以何恶之。"融曰："某生于微门。吾成就其兄弟，拔擢而用之，某今孤负恩施，夫善则进之，恶则诛之，固君道也。往者应仲远为泰山太守，举一孝廉，旬月之间而杀之。夫君人者，厚薄何常之有？"原对曰："仲远举孝廉，杀之，其义安在？夫孝廉，国之俊选也。举之若是，则杀之非也；若杀之是，则举之非也。《诗》云，'彼己之子，不遂其媾'，盖讥之也。语云：'爱之欲其生，恶之欲其死。既欲其生，又欲其死，是惑也。'仲远之惑甚矣，明府奚取焉？"融乃大笑曰："吾直戏耳。"原又曰："君子于其言，出乎身，加乎民，言行，君子之枢机也，安有欲杀人而可以为戏者哉？"融无以答。

是时汉朝陵迟，政以贿成，原乃将家人入鬱洲山中。郡举有道，融书喻原曰："修性保真，清虚守高，危邦不入，久潜乐土。王室多难，西迁镐京，圣朝劳谦，畴咨儁乂。我徂求定，策命恳恻。国之将陨，嫠不恤纬，家之将亡，缇萦跋涉，彼匹妇也，犹执此义，实望根矩，仁为己任，授手援溺，振民于难。乃或晏晏居息，莫我肯顾，谓之君子，固如此乎？根矩，根矩，可以来矣！"原遂到辽东。

……后原欲归乡里，止于三山。孔融书曰："随会在秦，贾季在翟，咨仰靡所，叹息增怀。顷如来至，近在三山。《诗》不云乎，'来归自镐，我心永久'。今遣五官掾，奉问榜人舟揖之劳，祸福动静告慰。乱阶未已，阻兵之雄，若棋弈争枭。"原于是遂复返还。

《北堂书钞》七四引华峤《汉后书》：

> 孔融为北海相，彭殊为方正，邴原为有道，王循、李廉造高县，为郑玄立乡，悦郑公乡。

> 文举为北海相，崇学校，设庠序，举贡士，表显儒。

卷七十七《酷吏·董宣传》：

> 迁北海相。到官，以大姓公孙丹为五官掾。丹新适居宅，而卜工以为有当死者，丹乃令其子杀道行人，置尸舍内，以塞其咎。宣知，即收丹父子杀之。丹宗族亲党三十余人，操兵诣

府，称冤叫号。宜以丹前附王莽，虑交通海贼，乃悉收系剧狱，使门下佐水丘岑尽杀之。青州以其多滥，奏宣考岑。

《北堂书钞》七七引谢承《后汉书》：

蒋崇为北海相，督邮缺，更选功曹史徐蒙，曰："无可为督邮者，唯功曹耳。"崇遂署蒙，遣行县，无犯所白。崇谓曰："相以督邮为耳目也。"

《辑注》引谢承《后汉书》：

汝南薛惇字子礼，为北海长史。家贫，坐无完席。妻谓惇曰："君无俸禄给子孙，复无完席耶？"惇因更与善席与妻，自坐败者，其惭，不复敢言。

《隶释》六《太守北海相景君铭》（参《全后汉文》卷九十八）：

惟汉安二年仲秋□□，故北海任城景府君卒，呜呼哀哉！国□□宝，英彦失畴，列宿亏精，晚学后时，于何穹仓，布命授期，有生有死，天实为之，岂夫仁哲，收克不遗。于是故吏诸生，相与论曰：上世群后，莫不流光□于无穷，垂芬耀于书篇，身殁而行明，体亡而名存，或著形像于列图，或系颂于管弦，后来咏其烈，竹帛叙其勋，乃作诔曰：

伏惟明府，受质自天，孝弟渊懿，帅礼蹈仁，根道核艺，抱淑守真，晶白清方，克己治身，寔深寔刚，乃武乃文，遵考孝谒，假阶司农。流德元城（按：看来景氏曾为魏郡元城令），兴利惠民。强衔改节，微弱蒙恩，威立泽宣，化行如神。帝嘉厥功，授以符命，守郡益州（按：益州何郡未明），路遐李亲，躬自逊让，凤宵朝廷，建英忠谠，辨秩东衍，玺追嘉锡，据北海相。部城十九，邻邦归向，分明好恶，先以敬让，残伪易心，轻黠逾竟，鸱枭不鸣，分子还养，元元鳏寡，蒙祐以宁，蓄道修德，□祉以荣，纷纷令仪，明府体之，仁义道术，明府膺之，黄朱邵父，明府三之，台辅之任，明府宜之，以病被征，委位致仕，民□思慕，远近搔首，农夫释耒，商人空市，随辇饮泪，奈何朝廷，夺我慈父，去官未旬，病乃困危，珪璧之质，临卒不回，歔欷賷绝，奄忽不追，孝子惨僮，颠倒剥摧，遂不克瘳，永潜长归，州里乡党，陨涕奔哀，故吏切怛，歔欷低徊，四海冠盖，惊恸伤怀，大命所期，寔惟天授，明主设位，明府不就，臣子欲养，明府弗留，呜呼哀哉。辞曰：

孝积幽岁兮，表至□兮，□□□□，翔议郎兮，再命虎将，绥元元兮，规英矩谟，主忠信兮，羽卫藩屏，抚万民兮，□□□□，恩弥盛兮，宜参鼎□，竖幹桢兮，不永糜寿，弃臣子兮，仁敷海外，著甘棠兮，□石勒铭，□不亡兮。

齐国　齐郡

卷二十七《吴良传》：

吴良，字大仪，齐国临淄人也，初为郡吏，岁旦与掾史入贺，门下掾王望举觞上寿，谄称太守功德。良于下坐勃然进曰："望佞邪之人，欺诒无状。愿无受其觞。"太守敛容而止。谯罢，转良为功曹。耻以言受进，终不肯谒。

卷三十九《江革传》：

元和中，天子思革至孝，制诏齐相曰："谏议大夫江革，前以病归，今起居何如？夫孝，百行之冠，众善之始也。国家每惟志士，未尝不及革，县以见谷千斛赐巨孝，长以八月长吏存问，致羊酒，以终藏身，如有不幸，祠以中牢。"

卷七十七《酷吏·周纡传》：

永平中……以威名迁齐相，亦颇严酷，专任刑法，而善为辞案条教，为州内所则。后坐杀无辜，复左转博平令。

卷五十一《桥玄传》：

迁为齐相，坐事为城旦。

《太平御览》四八一引谢承《后汉书》:

桥玄迁齐国相。郡有孝子为父报仇,系临淄狱,玄愍其至孝,欲上谳减罪,县令路芝酷烈苛暴,因杀之,惧玄收录,佩印绶欲走。玄自以为深负孝子,捕得芝,束缚籍械以还,笞杀以谢孝子冤魂。

《全后汉文》卷七十七蔡邕《太尉桥玄碑阴》:

迁齐相,视民如保赤子,讨恶若赴水火,刑明赏遂,民知劝惧。临淄令赂财赃多,遂正其罪,受鞠就刑,没齿无怨。以不先请免官。

乐安国　乐安郡

(孝和永元七年五月,改千乘国为乐安国)

卷二十五《鲁恭传》:

(和帝时)迁乐安相,是时东州多盗贼,群辈攻劫,诸郡患之,恭到,重购赏,开恩信,其渠帅张汉等率支党降,恭上以汉补博昌尉,其余遂自相捕击,尽破平之,州郡称安。

卷六十六《陈蕃传》:

为乐安太守。……郡人周璆,高洁之士,前后郡守招命,莫肯至。唯蕃能致焉,字而不名,特为置一榻,去则悬之。(以上《辑注》引谢承《后汉书》卷四同)璆字孟玉,临济人,有美名,民有赵宣,葬亲而不闭埏隧,因居其中。行服二十余年,乡邑称孝,州郡数礼请之。郡内以荐蕃,蕃与相见,问及妻子,而宣五子皆服中所生。蕃大怒曰:"圣人制礼,贤者俯就,不肖企及,且祭不欲数,以其易黩故也,况乃夜宿琢藏而孕育其中,诳时惑众,污汗鬼神乎?"遂致其罪。

《辑注》引谢承《后汉书》:

(陈)蕃为乐安郡守。周璆字孟玉,招命不肯至,惟蕃致焉,特为置一榻,去则悬之。

《太平御览》四七四引袁山松《后汉书》:

> 周璆字孟玉,为乐城令,逍遥无事,县中大治。去官,征聘不至。陈蕃为太守,璆来置榻,去悬之。

东莱郡

卷五十四《杨震传》(《辑注》引司马彪《续汉书》略同):

> 大将军邓骘闻其贤而辟之,举茂才,四迁荆州刺史、东莱太守。当之郡,道经昌邑,故所举荆州茂才王密为昌邑令,谒见,至夜怀金十斤以遗震,震曰:"故人知君,君不知故人。何也?"密曰:"暮夜无知者。"震曰:"天知,神知,我知,子知。"密愧而出。

司隶校尉部

河南尹

卷一下《光武纪》:

> 河南尹张伋及诸郡守十余人,坐度田不实,皆下狱死。

注引《东观记》:

> 刺史、太守多为诈巧,不务实核,苟以度田为名,聚人田中,并度屋庐里落,聚人遮道啼呼。

卷三十四《梁冀传》:

> 永和元年,拜河南尹。冀居官暴恣,多非法。父商所亲洛阳令吕放,颇与商言及冀之短,商以让冀,冀即遣人于道刺杀放。……商薨,未及葬,顺帝乃拜冀为大将军,弟侍中(梁)不疑为河南尹。

> 不疑好经书,善待士,冀阴疾之,因中常侍白帝,转为光禄勋,又讽众人荐其子胤为河南尹。

> (桓帝时)冀及妻寿即日皆自杀,悉收子河南尹胤。

卷三十六《张霸附子楷传》：

汉安元年，顺帝时特下诏告河南尹曰："故长陵令张楷，行慕原宪，操拟夷齐，轻贵乐贱。串迹幽薮，高志确然，独拔群俗，前比征命，盘桓未至，将主者敦习于常，优贤不足，使其难进与？郡时以礼发遣。"楷复告疾不到。

初，冀弟不疑未河南尹，举（楷子）陵孝廉，不疑疾陵奏冀，因谓曰："昔举君，适所以自罚也。"陵对曰："明府不以陵不肖，误见擢序，今申公宪，以报私恩。"不疑有愧色。

卷四十五《袁安传》：

（永平十五年）征为河南尹。政号严明，然未尝以赃罪鞫人，常称曰："凡学仕者，高则望宰相，下则希牧守。锢人于圣世，尹所不忍为也。"闻之者皆感激自励。在职十年。京师肃然，名重朝廷。建初八年，迁太仆。

和帝即位，窦太后临朝。……（安）奏司隶校尉、河南尹阿附贵戚，无尽节之义，请免官案罪。

《北堂书钞》三六、七六引谢承《后汉书》：

袁安为河南尹，在职十余年，政令公平，未尝以赃罪鞫人。吏民皆人人自励，大小从化，京师肃然，名重朝廷。

《张酺传》：

和帝初……征入为河南尹。窦景家人复击伤市卒，吏捕得之。景怒，遣缇骑伍海等五百人殴伤市丞。酺部吏杨章等穷究，正海罪，徙朔方。景忿怒，乃移书辟章等六人为执金吾吏，欲因报之。章等惶恐，入白酺，愿自引赃罪，以辞景命。酺乃上言其状，窦太后诏报："自今执金吾辟吏，皆勿遣。"

卷五十六《张皓附子纲传》（《三国志》卷?《张翼传》注引司马彪《续汉书》同）：

汉安元年，（张纲）奏曰："大将军冀、河南尹不疑，蒙外戚之援，荷国厚恩，以刍尧之资，居阿衡之任，不能敷扬五教，翼赞日月，而专为封豕长蛇，肆其贪叨，甘心好货，纵恣无底，多树谄谀，以害忠良，诚天威所不赦，大辟所宜加也，谨条其无君之心十五事，斯皆君子所切齿者也。"书御，京师震悚。

《种暠传》：

　　字景伯，河南洛阳人。……始为县门下吏，（顺帝时）河南尹田歆外甥王谌，名知人，歆谓之曰："今当举六孝廉，多得贵戚书命，不宜相违，欲自用一名士以报国家，尔助我求之。"明日，谌送客于大阳郭。遥见暠，异之，还白歆曰："为尹得孝廉矣，近洛阳门下吏也。"歆笑曰："当得山泽隐滞，乃洛阳吏耶？"谌曰："山泽不必有异士，异士不必在山泽。"歆即召居于庭，辩诘职事，暠辞对有序，歆甚知之，召署主簿，遂举孝廉。

卷六十三《李固附子燮传》：

　　灵帝时……擢迁河南尹，时既以货贿为官，诏书复横发钱三亿以实西园，燮上书陈谏，辞义深切，帝乃止。先是。颍川甄邵谄附梁冀，为邺令，有同岁生得罪于冀，亡奔邵，邵伪纳而阴以告冀，冀即捕杀之。邵当迁为郡守，会母亡，邵且埋尸于马屋，先受封。然后发丧。邵还至洛阳。燮行途遇之，使卒投车于沟中，笞捶乱下，大署帛于其背曰："谄贵卖友，贪官埋母。"乃具表其状。邵遂禁锢终身。燮在职二年卒，时人感其世忠正，咸伤惜焉。

卷六十七《李膺传》：

　　延熹二年，再迁河南尹。时宛陵大姓羊元群罢北海郡，赃罪狼藉，郡舍溷轩有奇巧，乃载之以归。膺表欲按其罪。元群行赂宦竖。膺反坐输作左校。

卷六十八《郭泰传》：

> 字林宗，太原介休人也……游学于洛阳，始见河南尹李膺，膺大奇之，遂相友善，于是名震京师。

《艺文类聚》五二、《太平御览》六五二引谢承《后汉书》：

> 时河南张成善说风角，推占当赦，遂教子杀人。李膺为河南尹，督之，促收捕，既而逢宥获免。膺愈愤，竟案杀之。初，成以方伎交通宦官，帝亦颇询其占，成弟子牢修因上书诬告膺等多养太学游士，交接诸郡生徒，更相驱驰，共为部党。于是天子震怒，班下郡国，逮捕党人。

《北堂书钞》七六引司马彪《续汉书》：

> （李膺）为河南尹，阳翟令张兴、黄门张让，政治残虐，膺上十日，收兴等考杀之。

《羊陟传》：

> （灵帝时为）河南尹，计日受俸，常食干饭茹菜，禁制豪右，京师惮之。会党事起，免官禁锢，卒于家。

《太平御览》八五〇引司马彪《续汉书》：

> 羊陟拜河南尹，常食干饭。

《艺文类聚》六、《北堂书钞》七六引谢承《后汉书》：

> 羊陟迁河南尹，下车，计日受俸，尝食干饭茹菜。禁断豪右嘱托，书疏不与交通，断理冤狱，进用善士节操者，旌表异行。

卷七十九上《儒林·欧阳歙传》：

> 更始立，为原武令，光武平河北，到原武，见歙在县修政，迁河南都尉，后行太守事。

卷八十上《文苑·崔琦传》：

> 河南尹梁冀……行多不轨，（琦）教引古今成败以戒之，冀不能受。

卷八十一《独行·周嘉传》：

> 从弟畅字伯持，性仁慈。为河南尹。

《太平御览》二五二（《太平御览》五五三引司马彪《续汉书》同）：

> 周畅字伯持，性仁慈，为河南尹。永初二年夏，旱，久祷无应。畅自收葬洛阳城旁客死骸骨凡万余人，应时澍雨，岁乃丰稔。

《北堂书钞》七六引谢承《后汉书》：

> 巴肃为河南尹，正身奉职。

《艺文类聚》六、《北堂书钞》七六引谢承《后汉书》：

> 华松为河南尹，优贤养民，兴教崇化。至其剪治强宗，威烈不亏，遂见谮毁。

《太平御览》六四六引谢承《后汉书》：

> 张济为河南尹。中常侍段珪奴乘犊车于道，济即收捕，枭首悬尸珪门也。

河内郡

《北堂书钞》七六、《文选》卷四六颜延之《曲水诗序》注、五〇沈休之《宋书谢灵运传论》注引谢承《后汉书》：

> 魏朗补河内太守。以清严为治，明审法令（《文选》作"明密法令"），为三河之表也。

《魏朗传》：

> 字少英，会稽上虞人。……（桓帝时）出为河内太守，政称三河表。

卷九《孝献帝纪》，又见卷七十二《董卓传》、卷七十四《袁绍传》：

> 初平元年五月，有河内太守王匡。

注引《英雄记》：

匡字公节，太山人也。轻财好施，以任侠闻，为袁绍河内太守。

卷三十二《樊宏附准传》：

五年（约永安初）时邓太后辅政，转河内太守，时羌复屡入郡界，准辄将兵讨逐，修理坞壁，威名大行。

卷三十五《曹褒传》（《北堂书钞》五四、《太平御览》二三六引司马彪《续汉书》略同）：

（和帝永元）七年，出为河内太守，时春夏大旱，粮谷踊贵，褒到，乃省吏并职，退去奸贼，澍雨数降，其秋大熟，百姓给足，流冗皆还。后坐上灾害不实免。

卷四十一《宋均传》：

（永平间）出为河内太守，政化大行。均尝寝病，百姓耄老为祷请，旦夕问起居，其为民爱若此。

卷四十五《周景传》：

（约顺帝时）为河内太守，好贤爱士，其拔才荐善，常恐不及，每至岁时，延请举吏入上后堂，与共宴会，如此者四。乃遣之，赠送什物，无不充备。既而选其父兄子弟，事相优异，常称曰："臣子同贯，若之何不厚！"先是，司徒韩縯在河内，志在无私，举吏当行，一辞而已，思亦不及其家，曰："我举若可矣，岂可令偏积一门！"故当时论者议此二人。

《三国志》卷五十四《周瑜传》注引张璠《后汉纪》：

初，（周）景历位牧守，好善爱士，每岁举孝廉，延请入，上后堂，与家人宴会。如此者数四。及赠送既备，又选用其子弟。常称曰："移臣作子，于政何有？"先是，司徒韩縯为河内太守，在公无私，所举一辞而已，后亦不及其门户。曰："我举若可矣，不令思偏称一家也。"当时论者或两讥焉。

《北堂书钞》七五引司马彪《续汉书》：

寇恂为河内太守，移书属县，讲并肄射，伐淇园之竹以治矢百余万，又养马二千匹。

《隶释》卷七《车骑将军冯绲碑》：

君讳绲，字皇卿，幽州君之元子也。少耽学问，习父业，治《春秋严》、《韩诗仓氏》，兼《律大杜》，弱冠诏除郎。还更仕郡，历诸曹史、督邮、主簿、五官掾功曹，举孝廉，除右郎中、蜀郡广都长。遭直荒乱，以德绥抚，政化流行，到官四载，功称显著，郡察廉吏，州举尤异。迁犍为武阳令，诛疾强豪，以公去官。部广汉别驾、治中从事，辟司空府侍御史、御史中丞，督使徐扬二州，讨贼范容、朱生、徐凤、马勉、张婴等，坐迫州郡进兵正法。复辟司徒府、廷尉左监正、治书侍御史、广汉属国都尉、陇西太守，坐问吏辜旬不分去官。以羌骇动，为四府所表，复家拜陇西太守，上病，辟同产弟。征议郎，复治书侍御史、尚书、辽东太守、廷尉、大常、车骑将军，南征五溪蛮夷黄加少、高相法氏、赵伯潘鸿等，斩首万级，没溺以千数，降者十万人，收逋賨布卅万匹，不费官财，振旅还师。临当受封，以谣言奏河内太守中常侍左悺弟，坐逊位，拜将作大匠、河南尹，复拜廷尉，表荆州刺史李隗、南阳太守成晋、太原太守刘瑱不宜以重论，坐正法作左校。后诏书特贳，拜屯骑校尉，复廷尉。奏中臣子弟不宜典牧州郡，获过左右，逊位。永康元年十二月薨，一要金紫、十二银艾、七墨绶。

将军体清守约，既来归葬，遗令坟茔取藏形而已，不造祠堂，可谓履真者矣。恐后人不能纪知官所更历，故刊石表绩，以愍来世。孝桓皇帝以命将军讨此夷强，有桓桓烈□之姿，因谥为桓。

河东郡

卷三十三《郑弘传》：

字巨君，会稽山阴人也。……弘师同郡河东太守焦贶，楚王英谋反发觉，以疏引贶，贶被收捕，疾病，于道亡没，妻子闭系诏狱，惊考连年。诸生故人惧相连及，皆改变名姓，以逃其祸，弘独髡头负铁锧诣阙上章，为贶讼罪，显宗觉悟，即赦其家属。弘躬送贶丧及妻子还乡里，由是显名。

卷四十三《乐恢传》：

恢长好经学，事博士焦永。永为河东太守，恢随之官，闭庐精诵，不交人物。后永以事被考，诸弟子皆以通关被系，恢独皎然不污于法，遂笃志为名儒。（明帝时）

卷六十四《史弼传》（《北堂书钞》三七引谢承《后汉书》、《太平御览》四二〇引司马彪《续汉书》略同）：

字公谦，陈留考城人也。……（桓帝时）迁河东太守，被一切诏书多举孝廉，弼知多权贵请托，乃豫敕断绝书属。中常侍侯览果遣诸生赍书请之，并求假盐税，积日不得通。生乃说以他事谒弼，因而达览书，弼大怒曰："太守忝荷重任，当选士报国，尔何人而伪诈无状！"命左右引出，楚捶数百，府丞、掾史十余人皆谏于庭，弼不对，遂付安邑狱，即日考杀之。侯览大怒，遂诈作飞章下司隶，诬弼诽谤，槛车征，吏人莫敢近者，唯前孝廉裴瑜送到崤渑之间，大言于道旁曰："明府摧折虐臣，选德报国，如其获罪，足以垂名竹帛，愿不忧不惧。弼曰："'谁谓荼苦，其甘如荠。'昔人刎颈，九死不恨。"及下廷尉诏狱，平原吏人奔走诣阙讼之，又前孝廉魏劭毁变形服，诈为家僮，瞻护于弼，弼遂受诬，事当弃市。劭与同郡人卖郡邸行赂于侯览，得减死罪一等，论输左校。时人或讥曰："平原行货以免君，无乃蚩乎？"陶丘洪曰："昔文王羑里，闳、散怀金，史弱通患，义夫献宝。亦何疑焉。"于是议者乃息。

注引《青州先贤传》：

（陶丘）洪牢子林，平互人也。清达博辩，文冠当代，举孝廉不行，辟太尉府。年三十一卒。

又引《先贤行状》：

（裴）瑜字雄琪，聪明敏达，观物无滞。清论所加，必为成器；丑议所指，没齿无怨。

卷六十四《赵岐传》：

……为皮氏长。会河东太守刘祐去郡去部，而中常侍左琯兄胜代之，岐耻疾宦官，即日而归。

卷六十七《党锢·刘祐传》：

字伯祖，中山安国人也……迁河东太守。时属县守令长率多中官子弟，百姓患之。祐到，黜其权强，平理冤结，政为三河表。

卷七十七《酷吏·樊晔传》：

（建武初）迁河东都尉……及之郡，诛讨大姓马适匡等，盗贼清，畏之。

卷七十八《宦者列传》：

（中常侍单）超弟为河东太守……为所在蠹害。

京兆尹

卷四十一《第五伦传》：

字伯鱼，京兆长陵人也。其先齐诸田，诸田徙园陵者多。故以次第为氏。伦少介然有义行。王莽末，盗贼起，宗族闾里争往附之，伦乃依险固筑营壁，有贼，辄奋厉其众，引强持满以拒之。铜马、赤眉之属数十辈皆不能下。伦始以营长诣郡尹鲜于褒。褒见而异之，署为吏，后褒坐事左转高唐令，临去，握伦臂诀曰："恨相知晚。"

伦后为乡啬夫，平徭役，理怨结，得人欢心……数年，鲜于褒荐之于京兆尹阎兴，兴即召伦为主簿，时长安铸钱多奸巧，乃署伦为督铸钱掾，领长安市，伦平铨衡，正斗斛，市无阿枉，百姓悦服。

注引《东观记》：

时长安市未有秩，又铸钱官奸轨所集，无能整齐理之者。兴署伦督铸钱掾，领长安市。其后小人争讼，皆云："第五掾所平，市无奸枉。"（按：卷三十五《郑玄传》、卷七十六《循吏·第五访传》、八十下《文苑·高彪传》都有关于京兆第五氏的记载）

卷四十三《乐恢传》：

仕本郡吏。太守坐法诛，故人莫敢往，恢独奔丧行服，坐以抵罪。归，复为功曹，选举不阿，请托无所容。同郡杨政数众毁恢，后举政子为孝廉，由是乡里归之。（注引《东观记》：京兆尹张恂召恢，署户曹史。）

卷五十八《盖勋传》：

（灵帝时）拜京兆尹。

时长安令杨党，父为中常侍，恃势贪放，勋案得其赃千余万，贵戚为之请，勋不听，具以事闻，并连党父，有诏穷案，威震京师。时小黄门京兆高望为尚药监，幸于皇太子，太子因蹇硕属望子为孝廉，勋不肯用。或曰："皇太子副主，望其所爱，硕帝之宠臣，而子违之，所谓三怨成府者也。"勋曰："选贤所以报国也。非贤不举，死亦何恨！"

《北堂书钞》七六引张璠《后汉纪》中平五年条：

盖勋迁京兆尹，赏罚折衷，刑名不乱，奸慝弭息。

卷六十四《赵岐传》：

字邠卿，京兆长陵人也……仕州郡，以廉直疾恶见悼。……桓帝时，京兆尹延笃以为功曹。先是，中常侍唐衡兄玹为京兆虎牙都尉，郡人以玹进不由德，皆轻侮之。岐及从兄袭又数为贬议，玹深毒恨。延熹元年，玹为京兆尹，岐惧祸及，乃与从子𢧵逃避之，玹果收岐家属宗亲，尽杀之。（注引《决录注》：岐长兄磐，州都官从事，早亡，次兄无忌，字世卿，部河东从事，为玹所杀。）

《北堂书钞》七六、《文选》五三陆机《辩亡论》注引谢承《后汉书》：

延笃迁京兆尹，正身率下，忧官如家，恤民如子，民不忍欺。

《太平御览》二五三引袁山松《后汉书》：

延笃字叔坚，南阳人也，为京兆尹，正身率下，民不忍欺。

《北堂书钞》七六引谢承《后汉书》：

延笃迁京兆尹。劝民农桑，遂增户口，谷食丰饶，邻郡老少归之。

延笃为京兆尹，三辅资其政教。

卷二十九《郅恽附子寿传》：

三迁尚书令，朝廷每有疑义，常独进见，肃宗奇其智策，报为京兆尹。郡多强豪，奸暴不禁，三辅……皆怀震悚，各相检敕，莫敢干犯。寿虽威严，而推诚下吏，皆愿效死，其有欺者，以公事免。

卷七十八《宦者·侯览传》（《辑注》引司马彪《续汉书·宦者传》略同）：

（滕）延字伯行，北海人，后为京兆尹，有理名，世称为长者。

览兄参为益州刺史，民有丰富者，辄诬以大逆，皆诛灭之，没入财物，前后累亿计。太尉杨秉奏参。槛车征，于道自杀。

京兆尹袁逢于旅舍阅参车三百余两，皆金银锦帛珍玩，不可胜数。

《文选》三八傅季友《为宋公球加赠刘前军表》注引谢承《后汉书》：

滕延为京兆尹，旌善为务。

《辑注》引司马彪《续汉书》：

李燮拜京兆尹，诏发西园钱，燮上封事，遂止不发，爱敬，乃谣曰："我府君，道教举，恩如春，威如虎，刚不吐，柔不茹，爱如母，训如父。"

卷六十四《史弼传》注引《续汉书》：

（弼父）敞为京兆尹，化有能名，尤善条教，见称于三辅。

《太平御览》五三一引谢承《后汉书》：

（邓禹）因守十二帝神主，以故高庙郎来辅守高庙令，行京兆尹，承事按行，扫除诸园陵，为置卒吏奉守焉。遣辅奉主诣京师。

《杨秉传》注引谢承《后汉书》：

京兆尹袁逢于长安市客舍中，得（侯）参重车三百余乘，金银珍玩，不可称记。

《隶释》卷二《西岳华山庙碑》：

《周礼·职方氏》：河南山镇曰华，谓之西狱。《春秋传》曰：山岳则配天。乾坤定位，山泽通气，云行雨施，既成万物，《易》之义也。《祀典》曰：日月星辰，所昭卬也。地理山川，所生殖也。功加于民，祀以报之。《礼记》曰：天子祭天地及山川，岁遍焉。自三五迭兴，其奉山川，或在天子，或在诸侯，是以唐虞畴咨四岳，五岁一巡狩，皆以四时之中月，各省其方，亲至其山，柴祭燔燎。夏、商则未闻所损益。周鉴于二代，十有二岁，王巡狩殷国，亦有事于方岳，祀以圭璧，乐奏《六歌》。高祖初兴，改秦淫祀，大宗承循，各诏有司，其山川在诸侯者，以时祠之。孝武皇帝修封禅之礼，思登假之道，巡省五岳，禋祀丰备，故立宫其下，宫曰集灵宫，殿曰存仙殿，门曰望仙门。仲宗之世，重使使持节者祀焉，岁一祷而三祠。后不承前，至于亡新，浸用丘虚，讫今垣趾，营兆犹存。建武之元，事举其中，礼从其省，但使二千石以岁时往祠，其有风旱，祷请祈求，靡不报应。自是以来，百有余年，有事西巡，辄过享祭，然其所立碑石，刻纪时事，文字摩灭，莫能存识。延熹四年七月甲子，弘农太守安国亭侯汝南袁逢，掌华岳之主，位应古制，修废起顿，闵其若兹，深达和民事神之义，精通诚至，衿祭之福，乃案经传所载，原本所由，铭勒斯石，垂之于后。其辞曰：

岩岩西岳，峻极穹苍。奄有河朔，遂荒华阳。触石兴云，雨我农桑。资粮品物，亦相瑶光。崇冠二州，古曰雍梁。冯于崏岐，文武克昌。天子展义，巡狩省方。玉帛之贽，礼与岱亢。六乐之变，舞以致康。在汉中叶，建设宇堂。山岳之守，是秩是望。侯惟安国，兼命斯章。尊修灵基，肃共坛场。明德惟馨，神歆其芳。遏穰凶札，揫敛吉祥。岁其有年，民说无疆。

袁府君肃恭明神，易碑饰阙，会迁京兆尹。孙府君到，钦若嘉业，遵而成之。延熹八年四月廿九日甲子就。

袁府君讳逢，字周阳，汝南女阳人。孙府君讳璆，字山陵，安平信都人。时令朱颉，字宣得，甘陵鄃人，丞张昂，字少游，河南京人。左尉唐佑，字君惠，河南密人。主者掾华阴王苌，字德长。

京兆尹敕监都水掾霸陵杜迁市石，遗书佐新丰郭香察书。刻者颖川邯郸公修苏张工□君□

《全后汉文》卷七十四《京兆樊惠渠颂》：

《洪范》八政，一曰食，《周礼》九职，一曰农，有生之本，于是乎出，货殖财用，于是乎在。九土上沃为大田多稔，然而地有堉堵，川有垫下，溉灌之便，形趋不至，明哲君子，创业农事，因高卑之宜，驱自行之势，以尽水利，而富国饶人，自古有焉。若夫西门起邺，郑国行秦，李冰在蜀，信臣治穰，皆此道也。阳陵县东，厥地衍隩，土气辛螫，嘉谷不植，草莱焦枯。而泾水长流，溉灌维首，编户齐氓，庸力不供。牧人之吏，谋不暇给，盖常兴役，犹不克成。

光和五年，京兆尹樊君讳陵字得云，勤恤民隐，悉心政事，苟有可以惠斯人者，无闻而不行焉。遂咨之郡吏，申于政府，佥以为因其所利之事者，不可已者也。乃命方略大吏麴遂、令五琼揣度计虑，揆程经用，以事上闻，副在三府。司农遂取财于豪富，借力于黎元，树柱累石，委薪积土，基趾功坚，体势强壮，折湍流，款旷陂，会之于新渠，流水门，通窬渎，洒之于畎亩，清流浸润，泥潦浮游，曩之卤田，化为甘壤，粳黍稼穑之所入，不可用胜算。农民熙怡，悦豫且康，相与讴谈疆畔，斐然成章，谓之樊惠渠云尔。其歌曰：

我有长流，莫或阏之。我有沟浍，莫或达之。田畴斥齿，莫修莫治。饥馑困瘁，莫恤莫思。乃有樊君，作人父母。□□□□，立我畎亩。黄潦膏凝，多稼茂止。惠乃无疆，如何勿喜。我壤既营，我疆斯成，泯泯我人，既富且盈。为酒为酿，烝畀祖灵，贻福惠君，寿考且宁。

《全后汉文》卷七十五蔡邕《京兆尹樊陵颂碑》：

前汉户五万，口有十七万，王莽后十不存一。永初元年，羌戎作虐，至光和，领户不盈四千。园陵蕃卫，粢盛之供，百役出焉。民用匮乏，不堪其事。

於显哲尹，诞德孔彰，膺帝休命，谓笃不忘。爰纳忠式，规悟圣皇，钦崇国邑，大孝允光，九命车服，昭示采章，轩轺四牡，承祀蒸尝，多士时贡，繇役永息，进路孔夷，民（《文选·魏都赋》注作人）清险棘，同体诸旧，兆萌蒙福，惠垂无疆，守以罔极。

（左）冯翊

《职官分纪》三八引谢承《后汉书》：

邓道字子渊，天性通敏，以清廉正直为行，又严毅，不畏强御，宜治三辅，出为左冯翊。

《北堂书钞》七五引谢承《后汉书》：

邓道出为左冯翊，下车治豪族大姓，号为豪强所病。

《北堂书钞》五四引华峤《汉后书》：

郑众字众师，为左冯翊，征为大司农。

卷四十一《第五伦传》注引华峤《汉后书》：①

盖延代鲜于褒为冯翊，多非法，伦数切谏，延恨之，故滞，不得举。

卷二十七《张湛传》：

字子孝，扶风平陵人也……建武初，为左冯翊，在郡修典礼，设条教，政化大行。

右扶风

卷二十五《鲁丕传》：

字叔陵。（扶风平陵人）性沉深，好学孳孳不倦，遂杜绝交游，不达候问之礼，士友常以此短之，而丕欣然自得。遂兼通五经，以鲁诗、尚书教授，为当世名儒。后归郡，为督邮、功

---

① 《辑注》：《北堂书钞》七四引华峤《汉后书》："孟延为左冯翊，视事四岁，民敬其威。"周天游按：《东观》诸书无孟延其人。范书《盖延传》注引《续汉书》："视事四年。人敬其威信。"两载文同，则"孟"系"盖"之误无疑，华书既言延"多非法"，不当复言"民敬其威"，《北堂书钞》引书误书"续书"为"华书"矣。

曹。所事郡将，无不师友待之。

卷七十六《循吏·王涣传》：

永初二年，邓太后诏曰："……昔大司农朱邑、右扶风尹翁归，政迹茂异，令名显闻，孝宣皇帝嘉叹愍惜，而以黄金百斤策赐其子。（注：前书云，翁归字子况，河东平阳人。拜东海太守，以高第入守右扶风，元康四年卒，宣帝制诏："御史右扶风翁归，廉平向正，早夭不遂，朕甚怜之。其赐翁归子黄金百斤，以奉其祭祀。"

《华阳国志》卷十中《广汉士女》：

王堂，字敬伯，郪人也。……徙任右扶风，政教严明。帝舅车骑将军阎显、大将军窦宪、中常侍江京等嘱托，辄拒之。白鹿见象，不以为祥。

弘农郡

卷十四《北海靖王兴传》：

（建武中）迁弘农太守，亦有善政。

注引司马彪《续汉书》（《北堂书钞》七五引略同）：

弘农县吏张申有伏罪，兴收申案论，郡中震栗。时年旱，分遣文学循行属县，理冤狱，宥小过，应时甘雨降澍。

卷五十四《杨震传》：

（安帝延光三年，杨震自杀）弘农太守移良樊丰等旨，遣吏于陕县留停震丧，露棺道侧，遣震者子代邮行书，道路皆为陨泣。

卷七十九《儒林·刘昆传》（《北堂书钞》七五引谢承《后汉书》略同）：

字桓公，陈留东昏人……（建武中）迁弘农太守。先是，崤黾驿道多虎穴，行旅不通，昆为政三年，仁化大行（或无"仁"字），虎皆负子渡河，帝闻而异之。

《隶释》卷二《西岳华山亭碑》(参《全三国文》卷二十八):

惟光和元年,岁在戊午,名曰咸池,季冬己巳,弘农太守河南樊君讳毅字仲德下车之初,恭肃神祀,西岳至尊。诏书奉祠,躬亲自往。省从劳谦,即事有渐。散斋华亭,斋室逼窄。郡县官属,法无无处。尊卑错总,精诚不固。畏天之威,逢斯瘅怒。时雨不兴,甘澍弗布。念存黔首,惧阙旷素。于是与令巴郡朐忍先悦公谋,图议缮故,断度捊廓,立室异处。左右趣之,莫不竞慕。二年正月己卯兴就,既成有宂,休嘉启瘩。各得竭情,福禄是顾。刻兹碑号,吏辛侠路。其辞曰:

岩岩西岳,五镇次宗。绪德之尊,大华优隆。皇帝永思,祀典孔明。高神肯宴,珪璧贽通。赫赫在上,以畜万邦。惟岳降神,实生群公。卿士百辟,缵业攸蒙。帝命不违,岁事报功。后辟命卿,散斋外亭。敬恭明祀,以奉皇灵。处所逼窄,屑窣有声。神乐其静,儵䎡无形。尊卑有序,洁心致诚。因缮旧室,整顿端平。在其板屋,孰不加精?天人同道,万祚是迎。既受帝祉,延于后生。为龙为光,显人王庭。为公为侯,福禄来成。刻石纪号,永亨利贞。府丞勃海刘固叔长、功曹史杨儒寻先、主簿湖馗伯冯、工曹掾杨基伯载、史陕许礼文化、县丞陇西彭和伯怡、左尉陇西甄璆叔宁、临典者门下掾□瑗伯先、主记史柏览文进、户曹掾魏尝威、长史田胳文祖、将作掾曹鉴孔明、任就幼成、史吴武丙昌。

《隶释》卷二《樊毅复华下民租田口算碑》(参《全三国文》卷二十八):

光和二年十二月庚午朔十三日壬午,弘农太守臣毅顿首死罪上尚书:臣毅顿首顿首,死罪死罪。谨案文书,臣以去元年十一月到官,其十二月奉祠西岳华山,省视庙舍及斋衣祭器,率皆久远有垢。故鲁不修大室,《春秋》作讥。臣以神岳至尊,宜加恭肃，辄遣行事苟斑与华阴令先说，以渐缮治，成就之后，仍雨甘雪，濊润宿麦，惠滋黎庶。臣即日以诏书斋祠，雪未消泽，时日清和，神欢民喜，诚圣朝劳神日昃，广被四表，覆毓之德，神人被施，遐迩大小，莫不幸甚！臣毅顿首顿首、死罪死罪。

说又书言：县当孔道，加奉尊岳，一岁四祠，养牲百日，常当充肥。用谷稿三千余斛，或有请雨斋祷，役费兼倍。每被诏书，调发无差。山高听下，恐近庙小民，不堪役赋，有饥寒之窘，违宗神之敬，乞差诸赋，复华下十里以内民租田口算，以宠神灵，广祈多福，隆中兴之祚。臣辄听行，尽力奉宣诏书，思惟惠利，增异复上。臣毅诚惶诚恐、顿首顿首、死罪死罪。上尚书。掾臣条、属臣淮、书佐臣谋，弘农太守上祠西岳，乞县赋发差，复华下十里以内民租田口算状。

《隶释》卷二《樊毅修华岳碑》：

《山经》曰："泰华之山，削成四方，其高五千仞，广十里。"《周礼·职方氏》："华谓之西岳，祭视三公者，以能兴云雨，产万物，通精气，有益于人，则祀之。"故帝舜受尧历数，亲自巡省，设五鼎之奠，柴燎瘞埋，致敬神祇，艾用昭明，百谷繁殖，犁民时雍，鸟兽率舞，凤皇来仪。暨夏殷周，未之有改也。其德休明，则有祯祥。荒淫臊秽，笃灾必降。秦违其典，壁遗鄗池，二世以亡。

汉祖应运，礼遵陶唐。祭则获福，亦世克昌。亡新滔逆，鬼神不享。建武之初，彗扫顽凶。更率旧章，敢用玄牡，牲牷必充。天惟醇祐，万国以康。光和二年，有汉元舅，五侯之胄，谢阳之孙，曰樊府君，讳毅，字仲德，承考让国，家于河南，究职州郡，辟公府，除防东长、中都令，诛强魃，抚瘠民，二鄙以清，命守斯邦。威隆秋霜，恩逾冬日，景化既宣，由复夕惕。惟宠禄之报,顺民之则。孟冬十月,斋祠西岳。以传窄狭,不足处尊卑,庙舍旧久,墙屋倾亚,世室不修,春秋作讥。特部行事苟斑与县令先谠,以渐补治,设中外馆,图珍琦画,怪兽岳渎之精,所出祯秀,役不干时,而功已著。暂劳久逸,神永有凭。自古泰山,邴邑由存,五岳尊同。哀此勤民,独不赖福。乃上复十里内工商农赋,克厌帝心,嘉瑞仍答,风雨应时,瀸润品物。君举必书,兄乃盛德,惠及神人,可无述焉?于是功曹郭敏、主簿魏袭、户曹史许礼等,遂刊玄石,铭勒鸿勋,垂曜亿龄,永有昭识。其辞曰:

两仪剖判,清浊始分。阳凝成山,阴积为川。泰气雍容,洪波浥臻。尧命伯禹,决江开汧。坤灵既定,□□兆民。乃列祀典,辨于群神。因渎祭地,岳以配天。世主遵修,永亨历年。赤锐煌煌,受兹介福。京夏密清,殊俗宾服。令问不违,可谓至德。德音孔昭,实为我后。出自中兴,大汉之舅。本枝繁昌,延庆长久。俾守西岳,达奉神礼。改傅饰庙,灵则有济。降瑞答胙,景风凯悌。惟风及雨,成我稷黍。稽民用章,康艾室宇。刊铭纪诵,克配梁甫。

《华阳国志》卷十下《汉中士女》:

陈纲,字仲卿,成固人也。……拜弘农太守。初至,有兄弟自相讼责,引退,是后无讼者。在官九年卒。天子痛惜,赐家钱四十万。

冀州刺史部

魏郡

卷二十六《冯勤传》:

曾祖父扬……有八子。皆为二千石,赵魏间荣之,号曰"万石君"焉。……初为太守姚期功曹,有高能称。期常从光武征伐，政事一以委勤。勤同郡冯巡等举兵应光武，谋未成而为豪右焦廉等所反，勤乃率将老母兄弟及宗亲归期，期以为腹心，荐于光武，初未彼用，后乃除为郎中，给事尚书。（注引《东观记》：魏郡太守范横上书荐勤，然始除之。）

卷四十五《张酺传》：

和帝初，迁魏郡太守，郡人郑据时为司隶校尉，奏免执金吾窦景。景后复位，遣掾夏猛私谢酺曰："郑据小人，位所侵冤，闻其儿为吏，放纵狼藉，取是曹子一人，足以惊百。"酺大怒，即收猛系狱，檄言执金吾府："疑猛与据子不平，矫称卿意，以报私仇。"会有赎罪令，猛乃得出。

卷五十六《陈球传》：

阳嘉中，举孝廉，稍迁繁阳令（在魏郡），时魏郡太守讽县求纳货赂，球不与之，太守怒而挝督邮，欲令逐球，督邮不肯，曰："魏郡十五城，独繁阳有异政，今受令逐之，将致议于天下矣。"即太守遂止。

卷八十《文苑·黄香传》：

字文强……延平元年，迁魏郡太守。郡旧有内外园田，常与人分种，收谷岁数千斛，香曰："《田令》'商者不农'，《王制》'仕者不耕'。伐冰食禄之人，不与百姓争利。"乃悉以赋人，课令耕种。时被水年饥，乃分俸禄及所得赏赐班赡贫者，于是丰富之家各出义谷，助官案贷，荒民获全。后坐水潦事免。

《北堂书钞》七四引谢承《后汉书》：

黄香为魏郡太守，到官，不遣吏归乡，摘发奸邪，立决词讼。

《艺文类聚》一九、《太平御览》四六五引谢承《后汉书》（《太平御览》二六〇、《北堂书钞》三五、六七等引司马彪《续汉书》同）：

岑晊(《太平御览》作眰)迁魏郡太守,人歌之曰:"我有枳棘,岑君伐之,我有蟊贼,岑君遏之。狗吠不惊,足下生氂,含哺鼓腹,焉知凶灾。我嘉我生,独丁斯时,美哉岑君,於戏在兹。"

钜鹿郡

卷二十五《魏霸传》:

字乔卿,济阴句阳人也。世有礼义……和帝时为钜鹿太守,以简朴宽恕为政。掾史有过,霸先诲其失,不改者乃罢之,吏或相毁诉,霸辄称它吏之长,终不及人之短,言者怀惭,谮讼遂息。

袁宏《后汉纪·孝和帝纪》永元十六年条:

(霸为钜鹿太守)为政宽恕而已,不求备于一人。掾史有过,辄私责改,不改休罢之,终不暴扬其恶。吏有相诉者,辄叹息曰:"某甲贤者也,不及人短,太守以是重之。"其人惭责,自引退,郡中化之,皆和睦。

《初学记》一七、《太平御览》五二、《类林杂说》引谢承《后汉书》:

魏霸……为钜鹿太守,临郡,终不遣吏归乡里,妻子不令到官舍。常念兄嫂在家勤苦,己独尊荣,故常服粗粝,不食鱼肉之味,妇亲蚕桑,子躬耕,与兄弟同苦乐,不得自异,乡里慕其行,化之。

卷三十二《樊宏附子准传》:

(永初中)拜钜鹿太守。时饥荒之余,人庶流进,家户且尽,准课督农桑,广施方略。期年间,谷粟丰贱数十倍,而赵、魏之郊数为羌所钞暴,准外御寇虏,内抚百姓,郡境以安。

卷七十八《宦者列传》:

(灵帝时)南宫灾,(张)让、(赵)忠等说帝,令敛天下田,亩税十钱，以修宫室。……刺史、二千石及茂才、孝廉迁除，皆责助军修宫钱，大郡至二三千万，余各有差。当之官者，皆先至西圜谐价，然后得去。有钱不毕者，或至自杀。其守清者，乞不之官，皆迫遣之。

时钜鹿太守河内司马直新除，以有清名，减责兰百万。直被诏，怅然曰："为民父母，而反割剥百姓，以称时求，吾不忍也。"辞疾，不听。行至孟津，上书极谏当世之失，古今祸败之戒，既吞药自杀。书奏，帝为暂绝修宫钱。

《北堂书钞》七五引谢承《后汉书》：

（谢夷吾肃宗时）迁钜鹿太守，临发陛见，赐车马剑革带，敕曰："钜鹿剧郡，以君有拨烦之才，故特授任。当如刺史，勿毁前政也。"

谢夷吾迁钜鹿太守，郡吏称善，省奢从约，事从清俭。

卷八十二《方术·谢夷吾传》：

（夷吾于钜鹿太守任上）以行春乘柴车，从两吏，（注：柴车，贱车也。）冀州刺史上其仪序失中，有损国典，左转下邳令。

《北堂书钞》一三九引谢承《后汉书》：

董昆字文通，初为司农帑丞，得迁钜鹿太守，载三车钱谷，所出给见在券，薛臣自随。论者咸为主内实贪秽，外求虚名，连车重载，此必不空。诏书后覆大司农帑藏钱谷，前主者有出入。征见昆，讨板悉载三车蒯，诸官无他物。章帝嘉之，擢为楚郡太守。

《全后汉文》卷九十八《漳河神坛碑》：

河内修武县张导，字景明，以建和三年为钜鹿太守，漳津泛滥，土不稼穑，导披按地图，与丞彭参、掾马道嵩等，原其逆顺，揆其表裏，修防排通，以正水路。功绩有成，民用嘉赖。

《全后汉文》卷七十七蔡邕《太尉桥玄碑阴》：

征拜议郎、司徒长史。循王悝，桓帝同产，以怀逆谋，黜封瘿陶王，以公长于襟带，拜钜鹿太守。悝畏怖明宪，检于静息。

河间国

卷五十九《张衡传》：

永和初，出为河间相。时国王骄奢，不遵典宪；又多豪右，共为不轨，衡下车，治威严，整法度，阴知奸党名姓，一时收擒，上下肃然，称为政理。视事三年，上书乞骸骨，征拜尚书。

卷六十四《吴祐传》（《艺文类聚》六五、《太平御览》八二四引谢承《后汉书》略同）：

（梁）冀遂出祐为河间相，因自免归家，不复仕，躬灌园蔬，以经书教授。

卷六十三《李固传》注引谢承《后汉书》：

赵戒顺帝时为河间相，以冀部难理，整厉威严。

卷六十七《党锢·蔡衍传》：

字孟喜，汝南项人也。……迁冀州刺史……劾奏河间相曹鼎赃罪千万。鼎者，中常侍腾之弟也。腾使大将军梁冀为书请之，衍不答，鼎竟坐输作左校。

《北堂书钞》七五引谢承《后汉书》：

沈景为河间相，拜为二千石，妻子不历官舍，五日一炊。

《北堂书钞》一四七、《太平御览》八六〇引谢承《后汉书》：

沈景字张，为河间相，恒食干糒。

卷五十五《河间孝王传》：

顺帝以侍御史吴郡沈景有强能称，故擢为河间相，景到国谒王（刘政），王不正服，箕踞殿上，景峙不为礼，问王所在。

虎贲曰:"是非王邪?"景曰:"王不服,常人何别?今相谒王,岂谒无礼者邪?"王惭而更服,景然后拜,出住宫门外,请王傅责之曰:"前发京师,陛下见受记,以王不恭,使相检督,诸君空受爵禄,而无训导之义!"因奏治罪。诏书让政而责傅,景因捕诸奸人,上案其罪,杀戮尤恶者数十人,出冤狱百余人,政遂为改节,悔过自修。

卷六十三《李固传》注引谢承《后汉书》:

赵戒字志伯,蜀郡成都人也。……迁河间相,以冀部难理,整厉威严。

《全后汉文》卷七十七蔡邕《太尉桥玄碑阴》:

拜尚书令。时河间相盖升,以朝廷在藩国时邻近旧恩,历河南太守、太中大夫,在郡受取数亿以上,创毒深刻。公表升贪放狼藉,不顾天纲,损辱国家,为上招怨,当肆市朝,以谢兆民。幸遇赦令,罪除恶在,可免升官,禁锢终身,没入财赂非法之物,以充帑藏,惩戒群下。连表上不纳,而升迁为侍中。

赵国

卷十四《赵孝王良传》:

元初五年,赵相奏乾(赵王刘乾)居父丧私聘小妻,又白衣出司马门,坐削中丘县。

卷二十五《鲁丕传》:

元和元年征,再迁,拜赵相,门生就学者常百余人,关东号之曰:"五经复兴鲁叔陵。"赵王尝欲避疾,便时移住学官,丕止不听,王乃上书自言,诏书下丕,丕奏曰:"臣闻礼:诸侯薨于路寝,大夫卒于嫡室。死生有命,未有逃避之典也,学官传五帝之道,修先王礼乐教化之处,王欲废塞以广游琪,事不可听。"诏从王言,王从此惮之。其后帝巡狩之赵,特被引见,难问经传,厚加赏赐。在职六年,嘉瑞屡降,重之(章帝时)。

卷八十一《独行·向栩传》：

字甫兴，河内朝歌人。……拜赵相。……及到官，略不视文书，舍中生蒿莱。

《辑注》引谢承《后汉书》：

（汝南）李敬迁赵国相。其奴仆常于舍内鼠空穴中，得系臂珠及珰悬珥相连。即出阁，问主簿，白言："前相后夫人，诸侯女也。昔亡珠玑，不知处所，疑子妇窃之，去妇杀婢。"即遣吏送珠付前相，相惭，乃还去妇。

《隶释》卷十二《赵相雍劝阙碑》：

（雍）劝，字叔□，孝廉……赵国相。……至赵国府君在官五载，莅政清平，有甘棠之化，年（四十）五卒于官……

常山国　常山郡

卷三十六《循吏·刘矩传》：

字叔方，沛国萧人也。……性亮直，不能谐附贵势，以失大将军梁冀意，出为常山相，以疾去官。

卷七十九《儒林·伏恭传》：

字叔齐，琅邪东武人也。……（建武中）迁常山太守，敦修学校，教授不辍，由是北州多伏氏学。

《北堂书钞》七四引司马彪书：

（邓）晨为常山太守。上发兵信都，晨欲固从，上曰："卿以一身助我，不如以一郡为我北州主人也。"

《隶释》卷三《三公山碑》：

□□分气，建立乾坤。乾为物父，坤为物母，运生六子，□□为□，以土为山，□□风雨。天有九部，地有八极。天地通□，神明别序。州有九山，丘□成土，北□之山□升□阻上为祈首含□阴宝南号三公。厥体嵩厚，峻极于天。鼎足帝□，二郡宗祀，□奉□□，□公嘉佑，□为形兆，触石□云，不崇而雨，阴□氛廓，莫不□□，德配五岳，王公所绪。四时珪璧，月醮酒脯。□公降灵□□□□□□得志列□群后，或在王庭，辅翼圣主。飏雨时降，和其寒暑。年丰岁稔，分我稷黍。仓府既盈，以谷士女。□□得进，陈其鼎俎。黄龙白虎，伏在山所，禽兽□□，亿两为耦。草木畅茂，巨仞不数。下民知禁，顺时而取。皆受德化，非性能者。愿明公垂恩罔极，保我国君，群黎百姓，□受元恩。光和四年，岁在辛酉，四月□亥朔二日甲子，元氏左尉上郡白土樊玮字子义，玮要□，□陵侧陋，出从幽谷，迁于乔木，得在中州，尸素食禄。□以弱□归於□族□明□谨□以□足观听□□道无拾遗。消捍□难，路无怨讟，得应廉选，贡名王室，灵祇福祚，施之□册。于是感恩□□立铭勒石。乃作颂曰：

俨俨明公，民所赡兮。山□窈窕，石岩岩兮。高仓□□，侯群神兮。兴云致雨，除民患兮。长吏肃恭，□□心兮，四时奉祀，黍稷□兮。□用□□□□□兮。百姓家给，国富殷兮。仁爱下下，民附亲兮。遐迩携负，来若云兮。或有薪采，投辐檀兮。或有□鬼，阻出□兮。或有□□，□□耘兮。或有隐遁，辟语言兮。或有恬淡，养皓然兮。或有呼吸，求长存兮。跂行喙息，皆□恩兮。□佑樊玮，出谷迁兮。封侯食邑，传子孙兮。刻石纪德，示后昆兮。永永不□，亿载年兮。

举将南阳冠军君姓冯，讳巡，字季祖，□修六经之要，析□□之历，受命北征，为民父母，攘去寇凶，□用无□，奸□越竟，民移俗改。恭肃神祇，敬而不息。皇灵□佑，风雨时节。农□执耜，或耘或耔。童妾壶饁，敬而宾之。稼穑穰穰，谷至□钱。叔粟如火，咸怀仁心。君姿前哲，乔札季文。笃□粮秀，不为苛烦。愍俗陵迟，□□咨□，山无隐士，薮无逸民。怀道以德，慕此□□，百姓讴歌，得我惠君。功参周、邵，受禄于天。长履景福，子子孙孙。

《全后汉文》卷九十八《祀三公山碑》：

元初四年，常山相陇西冯君到官，承饥衰之后，□惟三公御语山，三条别神，向在领西，吏民祷祀，兴云肤寸，偏雨四维。遭离羌寇，蝗旱鬲我，民流道荒，醮祠希罕，□莫不行，由是之来，和气不臻，乃来道要，本祖其原，以三公德广，其灵尤神，处幽道艰，存之者难，卜择吉□治，东就衡山，起堂立坛，双阙夹门，荐牲纳礼，以宁其神。神熹其位，甘雨屡降，报如景响，国界大丰，谷斗三钱，民无疾苦，永保其年。长史鲁国颜浼、五官掾阎祐、户曹史纪受、将作掾王策，元氏令茅匡、丞吴音、廷掾郭洪、户曹史翟福、工宋高等刊石纪焉。

《隶释》卷三《无极山碑》：

光和四年□月辛卯朔廿二日壬子，太常臣耽、丞敏顿首上尚书。谨案文书：男子常山盖高、上党范迁诣□□□为元氏三公神□。本初元年二月癸酉、光和二年二月戊子诏书，出其县钱，给四时祠具。去年五月，常山相巡遣吏王勋三□弘褒诣三公山请雨，山神即使高传言，令勋褒归□雨可得，三公山即与龙灵山、无极山共兴云交雨。国相巡、元氏令王翊各白芉塞神山，复使高与迁及县吏和卞，令俱诣大常，为无极山神索法食，比三公山。臣疑高、迁言不实，辄移本国□核，今常山相书言，部督邮书掾成熹参讯实问，熹县令翊各言，无极山与天地俱生，从上至体，可三里所，立石为体，二丈五尺所，政南□上□青下黄白色，前政平可布两大席，山周匝廿余，在西南卅里，县界有名山，其三公封、龙灵山皆得法食。每长吏祈福，吏民祷告，如言有验，乞合无极山比三公封龙灵山，祠□七牲，出用王家钱。小费蒙大福，尊神以珪璧为信。臣愚以为如巡言，为民来福，以祠祀为本。请少府给珪璧，本市祠具，如癸酉、戊子诏书故事报。臣耽愚戆，顿首顿首，上尚书。制曰：可。大尚承书从事，（上缺）□月十七日丁丑尚书令忠雒积阳宫。光和四年八月辛酉朔十七日丁丑，尚书令忠下。光和四年八月辛酉朔十七日丁丑，大常耽、丞敏下常山相□从事下承□用者如诏书。书到言：昔在礼典，国有名山，能异材用，兴云出雨，为民来福，除央则祀。元氏县有先时三公封、龙灵山，已得法食，而独未。光和四年二月，所子大男盖高、上党迁奏记大常，大常下郡国相南阳冯府君，咨之前志，□问耆叟，佥以为实神且明，每国县水旱，及民疾病，祷祈辄应时有报，又有终南之敦物，屯岱崇之松，及杨越之杬□条荡焉，材用于是乎出，官民于是乎给。在礼秩祀，有功必报，今时无极山应法食，诚其宜耳。于是言大常，奏可。其年八月丁丑诏书，听其九月更造神庙，恢拓祠官，置吏牺牲从制，月醮时祠，礼与三山同。乃立碑铭德，颂山之神焉。其辞曰：

岩岩无极，厥体巍巍。嵩□万常，尧□□梯。浚谷千仞，窈窕曲隈。茂林葱青，仓气蔚伊。□埤则碍，隗□阶淮。遥望俨然，即就有威。触石肤寸，兴云祁祁。雨我公田，遂及我私。百谷用成，家有其资。祷禳请祈，应速不迟。鸟兽草木，番茂隆□，□□□猥，神为之哀。钦案礼典，咨古遗则。功加于民，官报其德。今备七牲，珪璧法食。改馆兴庙，恢拓宇室。增益吏役，恭君下职。月醮时祀，肃桠齐壶。□必傅硕，酒必嘉藥。粢盛馨香，如礼不失。愿君歆享，降福孔□。官民祷祈，佥□密勿。有以禳解，报应可必。□□法食，将祐我君。我君高□，众多子孙，君其遗庆，副称愿云。

常山相南阳冠军冯巡字季祖，长史颍川□申屠熊□字□□，元氏令京兆新丰王翊字元辅，丞河内□□□□□，左尉上郡白土□□，祠祀掾□贤廉香□掾和□□□□□祠仁德掾樊淑，史吴宜，小吏吴黑。

《隶释》卷三《白石神君碑》：

盖闻经国序民，莫急于礼。礼有五经，莫重于祭。祭有二义，或祈或报，报以章德，祈以弭害。古先哲王，类帝禋宗，望于山川，遍于群神，建立兆域，修设坛屏，所以昭孝息民，辑宁上下也。白石神君居九山之数，参三条之壹，兼将军之号，秉斧钺之威，体连封龙，气通北岳，幽赞天地，长育万物，触石而出，肤寸而合，不终朝日，而澍雨沾洽。前后国县，屡有祈请，指日刻期，应时有验，犹自抱损，不求礼秩。县界有六名山，三公、封龙、灵山先得法食，去光和四年，三公守民盖高等，始为无极山诣大常求法食，相县以白石神君道德灼然，乃具载本末，上尚书，求依无极为比，即见听许。于是遂开拓旧兆，改立殿堂。营宇既定，礼秩有常，县出经用，备其牺牲，奉其珪璧，洁其粢盛，旨酒欣欣，燔炙芬芬，敬恭明祀，降福孔殿。故天无伏阴，地无鲜阳，水无沈气，火无灾燀，时无逆数，物无害生，用能光远宣朗，显融昭明，年谷岁熟，百姓丰盈，粟升五钱，国界安宁，尔乃陟景山，登峥嵘，采玄石，勒功名。其辞曰：

岩岩白石，峻极大清。皓皓素质，因体为名。惟山降神，髦士挺生。济济俊乂，朝野充盈。灾害不起，五谷熟成。乃依无极，圣朝见听。遂兴灵宫，于山之阳。营宇之制，是度是量。卜云其吉，终然允臧。匪奢匪俭，率由旧章。华殿清闲，肃雍显相。玄图灵像，穆穆皇皇。四时禋祀，不愆不忘。择其令辰，进其馨香。牺牲玉帛，黍稷稻粮。神降嘉祉，万寿无疆。子子孙孙，永永番昌。

光和六年，常山相南阳冯巡字季祖，长史颍川申屠熊□□□，元氏令京兆新丰王翊字元辅，丞河南李邵，左尉上郡白土樊玮，祠祀掾吴宜，史解微，石师王明。

中山国　中山郡

卷八十三《戴封传》：

（约和帝永元中）迁中山相。时诸县囚四百余人，辞状已定，当行刑，封哀之，皆遣归家，与刺期日，皆无违者，诏书策美焉。

《北堂书钞》七六司马彪：

邓晨拜中山太守，请约，吏民称之，常为冀州高第。

卷六十七《党锢传》注引谢承《后汉书》（《北堂书钞》七三、一〇四、《太平御览》九六四引略同）：

刘祐字伯祖，中山安国人。……仕郡为主簿，郡将小子尝出钱付之，令市买果实，祐悉以买笔墨书具与之，因白郡将，言："郎君年可入小学，而但傲佷（同"很"），远近谓明府无过庭之教，请出授书。"郡将为使子就祐受经，五日一试，不满程限，白决罚，遂成学业，阖郡称美。

博陵郡

《隶释》卷八《博陵太守孔彪碑》：

君讳彪，字元上，孔子十九世之孙，颍川君之元子也。君少履天姿自然之正，帅礼不爽，好恶不愆，考衷度衷，修身践言，龙德而学，不至于谷，浮游尘埃之外，□爵焉氾而不俗。郡将嘉其所履，前后聘召，盖不得已，乃翻尔束带，玄论穷理，直道事人，仁必有勇，可以托六授命，如毛诺则不宿，美之至也，莫不归服。举孝廉，除郎中、博昌长，疾病留宿。□迁□京府丞，未出京师，遭大君忧，泣逾皋鱼，丧过乎哀，谨畏旧章。服竟还署，试拜尚书侍郎，无偏无党，遵王之素，荐可黜否，出□□度，日恪位佇，所在祗肃。拜治书御史，膺皋陶之廉恕，□参之□□□□□律祗用既平□博陵太守。郡阻山□□□以饥馑斯多草窃,罔不□贼刘曼、张丙等,白日攻剽,坐家不命。君下车之初,□五教以博□,削四凶以胜残,乃□□□爱尚桓桓,折马蠋害,丑类已殚,路不拾遗,斯民以安。发号施宪,每合天心。□之所恶,不以强人,义之所欲,不以□□,□姓乐政,而归于德,望如父母,顺如流水。迁下邳相、河东太守,举此□□,君子风也。未怒而惧,不令而从,云行雨施,□□大和,海内归公,卿之任矣。劳而不伐,有实若虚,固执谦需,以病辞官去位。阃□以孝竭□余暇俾倛弹琴击磬□□□之味而不改其静。上帝棐谌,天秩未究,将据师辅,之纪□纲,而疾弥流,乃陨乃。年卅九,建宁四年七月辛未□□□哀哉。魂神超迈,家兮冥冥,遗孤忉绝,于嗟想形,□□哀远,念不欲生。群臣号咷,靡所复逞。夫逝往不可追兮,功□□□识,惟君之轨迹兮,如列宿之错置。《易》建八卦,揆爻系辞,述而不作,彭祖赋诗,皆赞所见。于时颂□□是□吏崔□□□王沛等伏信好古,敢咏显□。乃刊斯石,钦铭洪基,昭示后昆,申锡鉴思。其辞曰:

穆穆我君,大圣之胄。惇懿允元,睿其玄秀。惟岳降精,诞生忠良。奉应郡贡,亮彼我□。克明王道,辩物居方。周□□□□也正名。朝无秕政,直哉惟清。出统华夏,化以典成。□猾殄进,贤倚□庭。帝重乃勋,自□□□征。所临如神,□□□□□□之翰,先民是程。宜乎三事,金铉利贞。而洁白驹,俾世愤恻。当享眉耇,莫匪尔极。大□□□,遄矣不意。于嗟悲兮,□□□息。漫漫庶几,复焉所力。咨乎不朽,没而德存。伊尹之休,格于皇天。惟我君绩,表于丹青。永永无沂,与日月并。於嗟□□,於以慰灵。

清河郡　清河国

卷三十一《苏章传》(《北堂书钞》三七引司马彪《续汉

书》同）：

顺帝时，迁冀州刺史。故人为清河太守，章行部案其赃罪，乃请太守，为设酒肴，陈平生之好甚欢，太守喜曰："人皆有一天，我独有二天。"章曰："今夕苏孺文与故人饮者，私恩也；明日冀州刺史案事者，公法也。"遂举正其罪。

甘陵国

卷七十三《刘虞传》：

字伯安，东海郯人也……中平初，黄巾作乱，攻破冀州诸郡，拜虞为甘陵相，绥抚荒余，以蔬俭率下。（《集解》引惠栋：《吴书》云虞为甘陵相，甘陵大治……）

安平国

《隶释》卷十《安平相孙根碑》：

府君讳根，字元石，司空公之伯子，乐安太守之兄子，汉阳太守、侍御史之兄。乘氏令之考，厥先出自有殷，玄商之系，子汤之苗。至于东邻，大虐戕仁，圣武定周，封干之墓，胤裔分析，避地匿轨，姓曰孙为□□□□各以文宪将相诸国，君其胄也。於君权舆，发基有巖，受性明睿，闻一知十，诵《诗》习籍，研综其真，讲□□□，童冠以营，发愤临川，教诲不倦，节操慷慨，眈毅仲行。束髻立朝，政事敏通，心小志大，日宵在公。□□□□，琦其分□，式叙在位，极骥之路，察孝抱疢，中司乃就，匡鼎以忠，三事归称。迁邯长，兴吏所好，去□□□，□奂有成。迁雍奴令，先施博爱，威而不猛。换元氏、考城令，以塞延伫后我之望，圻甫考绩，圣朝简□□□议大夫升降阎闼，天子是神。谠言未列，遭公夫人忧，憔悴消形，齿不见口。服阕，征拜议郎谒者，□□□□济济衍蓍不挠。迁荆州刺史，蠢尔獫狁，□手稽颡，德泽远征，速于置邮。圣上贪暖，征拜议郎，御□□□□坐无双。辅弼唐虞，上稽□古，功纪宗彝，无善不章。迁安平相，遵修前列，五教□访，赫赫之誉，虩□□□温之仁，以宁土疆。求己不媚，以疾去官，阖门守家，不竞时荣，养育孤稚，以保寿年。上乾弗佑，获疾固□□□七十有一，以光和四年十二月乙巳卒，呜呼有哀。孝嗣凤夜，不舍严父，孝孙临殡，礼服承后，忉怛有感。□惟古圣，孔尼丧鲤，赢缩有命，不可增损。于是握粟，卜葬中垌，冠□奔赴，充街塞庭。同胞恻怆，涕泪交零。呱呱竖子，号咷失声。故吏门生邦人咸曰：令问弗铭□勒，孰睹孰闻？乃立石碑，昭名不朽。其辞曰：

皇矣府君，含德厚纯。恢郭术艺，以道莅民。行行义勇，无猾不宾。抑抑珪质，光容有晖。绥强以□，□弱以仁，罚恶以威，赏善□恩。仲伯拨乱，蔡足谲权。岩恪色正，不犯子养。珉化与产，配哉九域。相彼大国，东营俭不损晏。宣慈惠和，柔不可诎。桓桓烈烈，刚不可折。□□□城□□□□其□□□□父□□□祚子孙□不□

信都郡

《辑注》引司马彪《续汉书》：

光武师蓟，南行，（信都）太守任光开门出迎。

幽州刺史部

涿郡

卷五十四《杨震传》：

后转涿郡太守。性公廉，不受私谒。子孙常蔬食步行。故旧长者或欲令为开产业，震不肯，曰："使后世称为清白吏子孙，以此遗之，不亦厚乎？"

卷六十四《卢植列传》，《三国志》卷二十二《卢毓传》注引司马彪书略同：

建安中，曹操北伐柳城，过涿郡，告守令曰："故北中郎将卢植，名著海内，学为儒宗，士之楷模，国之祯幹也……亟令巫橡除其坟墓，存其子孙，并致薄酹（《说文》：祭酹也），以彰厥德。"

上谷郡

卷八十二《方术·公沙穆传》注引谢承《后汉书》：

穆子孚，字允慈，亦为善士。举孝廉，尚书侍郎，召陵令，上谷太守。

《全后汉文》卷七十七蔡邕《太尉桥玄碑阴》：

征拜上谷太守。民有父子俱行，凶人恶言当道，晓之不止，其子杀人。公捕得，见其侮辨，不举文书，以遇赦令。蕃县有帝舜庙，以故事斋祠。户曹史张机有惩罚，货祠巫自托，以舜命约公，云不得遣。公觉其奸态，收考首伏，即日伏辜。

渔阳郡、国

卷三十一《郭伋传》：

（建武五年）转为渔阳太守。渔阳既离王莽之乱，重以彭宠之败，民多猾恶，寇贼充斥。伋到，示以信赏，纠戮渠帅，盗贼销散。时匈奴数抄郡界，边境苦之，伋整勒士马，设攻守之略，匈奴畏惮远迹，不敢复入塞，民得安乐。在职五岁，户口增倍。

《张堪传》：

字君游，南阳宛人也。为郡族姓。……（建武时）拜渔阳太守，捕击奸猾，赏罚必信，皆乐为用。匈奴尝以万骑入渔阳，堪率数千骑奔击，大破之，郡界以静。乃于狐奴开稻田八千余顷，劝民耕种，以致殷富。百姓歌曰："桑无附枝，麦无两岐，张君为政，乐不可支。"视事八年，匈奴不敢犯塞。（《艺文类聚》八八、《太平御览》九五五引谢承《后汉书》亦载此歌，《北

堂书钞》七六引华峤《汉后书》,"麦无两岐"作"麦秀两歧",于义为胜)

卷三十三《朱浮传》:

……(建武初,为幽州牧)浮年少,有才能,颇欲厉风迹,收士心,辟召州中名宿涿郡王岑之属以为从事,及王莽时故吏二千石,皆引致幕府。乃多发诸郡仓谷,案赡其妻子。渔阳太守彭宠以为天下未定,师旅方起,不宜多置官属以损军费,不从其令。

卷八十一《独行·刘茂传》:

延平中,鲜卑数百余骑寇渔阳,太守张显率吏士追出塞,遥望虏营烟火,急趣之。兵马掾严授虑有伏兵,苦谏止,不听。显览令进,授不获已,前战,伏兵发,授身被数十创,殁于阵,显拔刃追散兵,不能制。虏射中显。主簿卫福、功曹徐咸速赴之,显遂堕马,福以身拥蔽,虏并杀之。朝廷愍授等节,诏书褒叹,厚加赏赐,各除子一人为郎中。

《初学记》一一、《太平御览》二一二引谢承《后汉书》:

钟离意字子阿,明帝征为尚书。交阯太守坐赃伏法,以资物簿入大司农,诏班赐群臣……

《太平御览》九七六引谢承《后汉书》:

彭城刁曜字子卿,为渔阳相,前相所种菜,悉付还外。

《全汉文》卷七十六蔡邕《太尉李咸碑》:

公讳咸,字元卓,汝南西平人。……拜渔阳太守,还迁度辽将军。协德魏绛,和戎绥边。

辽西郡

《三国志》卷八《公孙瓒传》:

公孙瓒字伯珪,辽西令支人也。为郡门下书佐。有姿仪,大音声,侯太守器之,以女妻焉(注引《典略》曰:瓒性辩慧,每白事不肯梢入，常总说数曹事，无有忘误，太守奇其才），遣诣涿郡卢植读经。后复为郡吏。刘太守坐事征诣廷尉，瓒为御车，身执徒养。及刘徙日南，瓒具米肉，于北芒上祭先人，举觞祝曰："昔为人子，今为人臣，当诣日南。日南瘴气，或恐不还，与先人辞于此。"再拜慷慨而起，时见者莫不歔欷。刘道得赦还。

《北堂书钞》七三引谢承《后汉书》：

公孙瓒为郡主簿，太守遭徙日南，瓒举觞北芒上，泣辞于母墓，曰："昔为人子，今为人臣。太守遭事，远送日南。日南多瘴气，惧不得还。"太守会赦。

辽东郡

《北堂书钞》三五引张璠《后汉纪》：

祭肜为辽东守，及卒，（鲜卑、乌桓）过冢拜谒，仰天号哭。

辽东属国

卷八十二下《方术·公沙穆传》：

（公沙穆）迁辽东属国都尉，善得吏人欢心，年六十六卒官。

并州刺史部

云中郡

《北堂书钞》一一六司马彪《续汉书》：

（廉）范为云中太守。匈奴大入塞，范自率士卒拒之。虏众盛，不敌，乃令军士卒各交缚两炬，三头爇火。虏遥见火多，谓汉兵救至。待旦且退，范令军中蓐食，晨往赴之，斩首数百级。虏自此不敢入云中。

太原郡

卷三十下《襄楷传》注：

> 刘瓆字文理，平原人，迁太原太守。郡有豪强，中官亲戚，为百姓所患。瓆深疾之，到官，收其魁帅杀之，所藏匿主人，悉坐伏诛。桓帝征诣廷尉，以瓆宗室，不忍致之于刑，使自杀。

雁门郡

《北堂书钞》七五引谢承《后汉书》：

> 石□迁雁门太守，广宣恩惠，怀柔殊俗，远方皆服其德。

定襄郡

《北堂书钞》引谢承《后汉书》：

> 陈翔迁定襄太守，宽猛俱济。

武原（五原？）郡

《北堂书钞》七五引华峤《汉后书》：

> 廉范为武原太守，下车申明赏罚，诛锄奸猾，表用良吏。

刺史部

南海郡

卷六十四《吴祐传》（《太平御览》四五二引司马彪《续汉书》、《北堂书钞》一○四、《太平御览》六○六引张璠《后汉纪》略同）：

> 吴祐字季英，陈留长垣人也。父恢，为南海太守。祐年十二，随从到官。恢欲杀青简以写经书，祐谏曰："今大人逾越五领，远在海滨，其俗诚陋，然旧多珍怪，上为国家所疑，下为权戚所望。此书若成，则载之兼两。昔马援以薏苡兴谤，王阳以衣囊徼名。嫌疑之间，诚先贤所慎也。"恢乃止，抚其首曰："吴氏世不乏季子矣。"及年二十，丧父，居无檐石，而不受赡遗。常牧豕于长垣泽中，行吟经书。遇父故人，谓曰："卿二千石子而自业贱事，纵子无耻，奈先君何？"祐辞谢而已，

守志如初。

合浦郡

《辑注》引谢承《后汉书》：

> 孟尝迁合浦太守，郡不产谷，而海出珠宝，旧采珠以易米食。宰守贪求，使民采珠，积以自入，不知纪极，珠遂渐徙于交阯。行旅不至，民皆饿死。尝革易前弊，不逾岁而去珠皆还。上闻，征之。尝归，民吏攀车恋之也。

苍梧郡

《辑注》引谢承《后汉书》：

> 陈临字子然，为苍梧太守。人遗腹子报父怨，捕得系狱，令其妻入狱，遂产得男。人歌曰："苍梧陈君恩广大，令死罪囚有后代，德参古贤天报施。"

> 陈临为苍梧太守，推诚而理，导人以孝悌。临征去后，本郡以五月五日祠临东城门上，令小童洁服舞之。

日南郡

《北堂书钞》七五引谢承《后汉书》：

> 虞国迁日南太守，每行县，有雁恒飞翔，随车止国府，常在厅事中庭。国病卒，雁飞随丧到葬地，葬后栖于墓前树上，二年乃去，时人嘉之。

九真郡

《北堂书钞》三九引司马彪《续汉书》：

> 任延字长孙，为九真太守，教民牛耕，铸作田器，民以利之，产子多名曰"任"。

《北堂书钞》七四引华峤《汉后书》：

> 任延拜九真太守，民俗不好田作，不知其耕。延使郡内人铸田器，教民以牛耕，置吏循行。

七五引华峤《汉后书》:

任延拜九真太守,民俗嫁娶无媒,延至移书长史已下,各有俸禄,为酒肉,时定婚者二千余人,号曰"任君",名子曰"任"。

四、东汉令长表

司隶校尉部

河南尹

洛阳

卷四《孝和帝纪》:

永元六年秋七月,京师旱。……丁巳,幸洛阳寺,录囚徒,举冤狱。收洛阳令下狱抵罪,司隶校尉、河南尹皆左降,未及还官而澍雨。

卷三十四《梁冀传》:

永和元年,拜河南尹。冀居官暴恣,多非法。父商所亲洛阳令吕放颇与商言及冀之短,商以让冀,冀即遣人于道刺杀放……商薨,未及葬,顺帝乃拜冀为大将军,弟侍中不疑为河南尹。

卷三十七《桓荣传》注引谢承《后汉书》:

何汤字仲弓,豫章南昌人也。……后拜郎中,守开阳门侯。……建武十六年夏旱,公卿皆暴露请雨,洛阳令著车盖出,门候汤将卫士钩令车收案。有诏令官,拜汤虎贲中郎将。上尝叹曰:"赳赳武夫,公候干城,何汤之谓也。"

卷七十六《循吏·王涣传》:

字稚子,广汉郡人也。……永元十五年,从驾南巡,还为洛阳令。(《集解》引惠栋:袁宏纪云,涣为政循名责实,抑强扶弱，并官职，史辄兼书佐，小史无事，辄令读《孝经》。以平正居身，得宽猛之宜。其冤嫌久讼，历政所不能断，法理所难平者，莫不曲尽情诈，压塞群疑。又能以诱数发摘奸伏。京师称叹，以为有神算。元兴元年病卒，百姓市道莫不咨嗟，男女老壮皆相与赋敛，致奠醊以千数。

涣丧西归，道经弘农，民庶皆设桨按于路，吏问其故，咸言"平常持米到洛，为卒司所钞，恒亡其半；自王君在事，不见侵枉，故来报恩"，其政化怀物如此，民思其德，为立祠安阳亭西，每食辄弦歌而荐之。

永初二年，邓太后诏曰："……故洛阳令王涣，秉清修之节，蹈羔羊之义，尽心奉公，务在惠民，政业未遂，不幸早世，百姓追思，为之立祠，自非忠爱之至，孰能若斯者乎？今以涣子石为郎中，以劝劳勤。"

注引《古乐府歌》曰：

孝和帝在时，洛阳令王君，本自益州，广汉蜀人，少行宦学，通五经论，明知法令，历代衣冠。从温补洛阳令，化行致贤，外行猛政，内怀慈仁，移怨子姓名五，篇著里端，无妄发赋，念在理冤，清身苦体，宿夜劳动，化有能名，远近所闻。天年不遂，早就奄昏，为君作祠，安阳亭西，欲令后代，莫不称传也。

《华阳国志》卷十中《先贤士女总赞中》：

王涣……征拜侍御史、洛阳令。聪明惠断，公正廉平，抑强扶弱，化行不犯，发奸摘伏，忽若有神，京华密静，权豪畏敬。元兴元年卒。百姓痛哭，二县吊丧（王涣曾为河内密县令，故云二县），行人商旅，莫不祭之。贾胡左威，遭其清理，制服三年。洛阳弦歌之，为立祠。天子悼惜，每下诏书德令，必赐后嗣，与卓茂等为伍。

《北堂书钞》七八引司马彪《续汉书》：

王涣为洛阳令，履正。病卒，百姓哀痛，老少随车致祠，昼夜号泣。

卷七十六《循吏·王涣传》：

永元中，以剧令任竣补之（洛阳令）。竣擢用文武吏，皆尽其能，纠剔奸盗，不得旋踵，一岁断狱，不过数十。威风猛于涣，而文理不及之。竣字叔高，终于太山太守。

卷四十下《班固传》：

固不教学诸子，诸子多不遵法度，苦之。初，洛阳令种兢尝行，固奴干其车骑，吏捶呼之，奴醉骂，兢大怒，畏窦宪，不敢发，心衔之，及窦氏宾客皆逮考，兢因此捕系固，遂死狱中，时年六十一。诏以谴责兢，抵主者抵罪。（和帝永元四年）

卷六十七《孔昱传》：

字元世，鲁国鲁人也。……灵帝即位，公车征，拜议郎。补洛阳令，以师丧去官，卒于家。

卷七十七《酷吏·周纡传》：

（肃宗时）征拜洛阳令。下车，先问大姓主名，吏数闾里豪强以对，纡厉声怒曰："本问贵戚若马窦等辈，岂能知此卖菜佣乎？"于是部吏望风旨，争以激切为事，贵戚跼蹐，京师肃然。皇后弟黄门郎窦笃从宫中归，夜至止奸亭，亭长霍延遮止马，笃苍头与争，延遂拔剑拟笃，而肆詈恣口。笃以表闻，诏召司隶校尉、河南尹诣尚书遣问，遣剑戟士收纡送廷尉诏狱。数日贳出，帝知纡奉法疾奸，不事贵戚，然苛惨失中，数为有司所奏。八年，遂免官。

《董宣传》（《艺文类聚》卷五○、《太平御览》卷二六六引司马彪《续汉书》略同）：

后特征为洛阳令。时湖阳公主苍头白日杀人，因匿主家，吏不能得。及主出行，而以奴骖乘，宣于夏门亭候之，乃驻车叩马，以刀画地，大言数主之失，叱奴下车，因格杀之。主即还宫诉帝，帝大怒，召宣，欲箠杀之。宣叩头曰："愿乞一言而死。"帝曰："欲何言？"宣曰："陛下圣德中兴，而从奴杀良人，将何以理天下乎？臣不须箠，请得自杀。"即以头击楹，流血被面。帝令小黄门持之，使宣叩头谢主，宣不从，强使顿之，宣两手据地，终不肯俯。主曰："文叔为白衣时，臧亡匿死，吏不敢至门。今为天子，威不能行一令乎？"帝笑曰："天子不与白衣同。"因敕强项令出。赐钱三十万，宣悉以班诸吏。由是搏击豪强，莫不震慄。京师号为"卧虎"。歌之曰："枹鼓不鸣董少平。"

卷八十一《独行·索庐放传》：

字君阳，东郡人也。以《尚书》教授千余人……建武六年，征为洛阳令，政有能名。以病乞身。

卷四十三《乐恢传》：

洛阳令李阜与窦宪厚善，纵舍自由。恢数劾奏……

卷五十一《庞参传》：

字仲达，河南缑氏人也。……（永建四年）以参为太尉，录尚书事。……后参夫人疾前妻子，投于井而杀之。参素与洛阳令祝良不平，良闻之，率吏卒入太尉府案实其事，乃上参罪，遂因灾异策免。有司以良不先闻奏，辄折辱丞相，坐系诏狱，良能得百姓心，洛阳守阙请代其罪者四万余人，诏乃原刑。（注引谢承《后汉书》曰：良字邵平，长沙人。聪明博学有才干，以廉平见称）

《艺文类聚》三五引谢承《后汉书》：

长沙祝良为洛阳令。常侍樊丰妻杀侍婢，置井中，良收其妻，杀之。

《三国志》卷五十四《周瑜传》：

（周瑜）父异，洛阳令（当在东汉时）。

《太平御览》二六七、四八〇引谢承《后汉书》：

方储字圣明……为洛阳令。功曹是（窦）宪客，为宪所讽，夜杀人，断头着盦中，置厩门下，欲令储去官。储摩死者耳边问谁所杀，有顷曰："死人言，为功曹所杀。"收功曹，拷竟具服。

《北堂书钞》九〇、《太平御览》五二七引谢承《后汉书》：

（方）储，丹阳人，善天文，为洛阳令。章帝欲出南郊，储上言当有疾风暴雨，乘舆不可出。上疑其妄，令储饮鸩而死。果有大雨暴风，洛中昼暝。

《全后汉文》卷九十八《洛阳上东门桥右石柱铭》：

阳嘉四年乙酉壬申诏书，"以城下漕渠，东通河济，南引江淮，方贡委输，所由而至。使中谒者魏郡清渊马宪监作石桥梁柱，敕敕工匠，尽要妙之巧，攒立重石，累高周距，桥工路博，流通万里"云云。河南尹邳崇瘣，丞渤海重合双福，水曹掾中牟任防，史王荫，史赵兴，将作吏睢阳申翔，道桥掾成皋卑国，洛阳令江双，丞平阳降，监掾王腾之主，石作右北平山仲，三月起作，八月毕成。

荥阳

卷三十九《赵咨传》：

夏拜东海相。之官，道经荥阳，令敦煌曹暠，咨之故孝廉也（注：咨为敦煌太守时，荐咨为孝廉），迎路谒候，咨不为留，暠送至亭次，望尘不及，谓主簿曰："赵君名重，今过界不见，必为天下笑！"乃至东海谒咨毕，辞归家。

原武

卷七十九《儒林·欧阳歙传》:

更始立,为原武令。光武平河北,到原武,见歙在县修政,迁河南都尉,后行太守事。(钱表收,时间误)

中牟

卷八一《独行·缪彤传》:

字豫公,汝南召陵人也。……(安帝时)辟公府,举尤异,迁中牟令,县近京师,多权豪,彤到,诛诸奸吏及托名贵戚宾客者百余人,威名遂行,卒于官。

卷二十五《鲁恭传》(《艺文类聚》五〇、《太平御览》二六七、《北堂书钞》七八引司马彪《续汉书》略同):

(肃宗时,太傅赵)熹复举恭直言,待诏公车,拜中牟令。恭专以德化为理,不任刑罚,讼人许伯等争田,累守令不能决,恭为平理曲直,皆退而自责,辍耕相让。亭长从人借牛而不肯还之,牛主讼于恭,恭召亭长,敕归牛者再三,犹不从。恭叹曰:"是教化不行也。"欲解印绶去,掾史涕泣,共留之。亭长乃惭悔还牛,诣狱受罪,恭贳不问,于是吏人信服。(《集解》引惠栋曰:袁宏纪,民李勉为母所言,恭召就责问,因为陈父母恩德,勉惭悔返)建初七年,郡国螟伤稼,犬牙缘界,不入中牟,河南尹袁安闻之,疑其不实,使仁恕掾亲往廉之(注:仁恕掾主狱,属河南尹,见《汉官仪》。廉,察也)。恭随行阡陌,俱坐桑下,有雉过,止其傍,傍有童儿,亲曰:"儿何不捕?"儿言:"雉方将雏。"亲瞿而起,与恭诀曰:"所以来者,欲察君之政迹耳。今虫不犯境,此一异也;化及鸟兽,此二异也;竖子有仁心,此三异也。久留,徒扰贤者耳。"还府,具以状白安。是岁,嘉禾生恭便坐廷中。安因上书言状,帝异之,会诏百官举贤良方正,恭举中牟名士王方,帝即征方诣公车，礼之，与公卿所举同。方致位侍中。恭在事三年，州举尤异，会遭母丧去官，吏人思之。

注引《续汉书》：

恭谦，不矜功，封以言府，府即奏上，尹以檄劳曰："君以名德，久屈中牟，物产之化流行，天降休瑞，应行而生，尹甚嘉之。"

《北堂书钞》七八引谢承《后汉书》：

鲁恭为中牟令，使民信者也。

引司马彪《续汉书》：

鲁恭为中牟令，为陈父母恩德（周天游按：当指李勉事）。

鲁恭为中牟令，以德化人，不任刑罚。

鲁恭为中牟令，有亭长息牛不还，主讼之。恭敕令还牛，亭长仍不还。恭叹曰："化不行也。"解印绶而去。掾吏泣留，亭长惭，还牛不敢欺也。

卷六十九《何进传》：

（灵帝）中平四年，荥阳贼数千人群起，攻烧郡县，杀中牟县令，诏使（何）进弟河南尹苗出击之。

缑氏

卷十四《北海王兴传》：

建武二年……试守缑氏令，为人有名略，善听讼，甚得名称。

成皋

卷三十一《杜诗传》：

（建武间）拜成皋令。视事三岁，举政尤异。

《隶续》卷十五《成皋令任伯嗣碑》：

□□□字伯嗣，南郡编人也。其先人盖任座之苗胄。君少履岐嶷，醇懿之□□□□仁而有威，仕极州郡。举孝廉，除郎中、蜀郡府丞、江州令，以服去官。辟□□筑阳侯相。延熹五年七月迁来临县，正身帅下，赏恭罚否，存恤寒苦，□□□右，官朝家静，奸轨捡手，繇赋平均，黔庶不扰，期月有成，政由豹、产。邦□□□，七州喉□，衢路委蛇，郏河阻凶，崩陁亏啮，峻峭危难。君发弘谋，虑斯□□，□南移北，徙狭就宽，直枉正曲，以险为安。隤高夷窊，显敞平端。功业广□，□□悦欢。然后乃探□索隐，厉贞礼孝，兴文偃武，修序畔校，善著恶消，顽□易操，威恩并行，□□□□□□□□□□□□□南蛮跋扈，荆部□□□周迁君桂阳，衔□□□□□□□□□□□□□□夫织妾，仿惶道□，□予何英，追送随慕。君未到郡，先腾檄告，论以信义，绳以宪度，狂狡丑类，□□畏怖，或豫降服，或走逃窜，居民安业，商旅通济。不战而寇息，罚未加如□□，斯可谓德应神祇，获水□之助，垂曜于无穷者已。是以都邑谣咏，慕昔□□，甄勒勋绩，永昭于后。乃作颂曰：

□惟任君，政不世出。慈宽惠恕，刚猛桀掘。应期济时，来牧我国。体仁垂义，种□□德。伸屈润槁，理冤省结。受施既浃，升舆南翔。西征东怨，万民攸望。镌表□颂，亿载弥彰。

京

《贾琮传》：

字孟坚，东郡聊城人也。举孝廉，再迁为京令，有政理迹。

卷三十二《樊鯈传》：

鯈弟子九江夏勤字伯宗，为京、宛二县令，零陵太守，所在有理能称。安帝时位至司徒。

新城

卷八十二上《方术·李郃传》：

> 郃弟子历,字季子,清白有节,博学善交,与郑玄、陈纪等相结。为新城长,政贵无为,亦好方术。时天下旱,县界特雨,(按:涿郡"北新城长"条已收,《华阳国志》以为"新城令")

偃师

卷二十《祭肜传》：

> （光武帝）以肜为偃师长……有权略。视事五岁,县无盗贼,课为第一。

《艺文类聚》五〇、《北堂书钞》七八、《太平御览》二六七引司马彪《续汉书》：

> 祭肜除偃师长,视事五年,县无盗贼,州课第一。

新郑

《三国志》卷十五《贾逵传》引《魏略·杨沛传》：

> 字孔渠,冯翊万年人也,初平中,为公府令史,以牒除为新郑长。兴平末,人多饥穷,沛课民益畜干椹,收㯂豆,阅其有余,以补不足,如此积得千余斛,藏在小仓。会太祖为兖州刺史,西迎天子,所将千余人皆无粮,过新郑,沛谒见,乃皆进干椹。太祖甚喜。

河内郡

温

卷七十六《循吏·王涣传》：

> 州举茂才,除温令。县多奸猾,积为人患,涣以方略讨击,境内清夷,商人露宿于道,其有放牛者,辄云以属稚子,终无侵犯。在温三年,迁兖州刺史。

《北堂书钞》七八引司马彪《续汉书》：

王涣为河南温县令，土俗豪强。涣到，举贤诛猾，民开门，皆放牛于野。

《华阳国志》卷十中《广汉士女》：

王涣，字稚子，郪人也。初为河内温令，路不拾遗，卧不闭门。民歌之曰："王稚子，世未有，平徭役，百姓喜。"迁兖州刺史，部中肃清。征拜侍御史、洛阳令。聪明惠断，公平廉正，抑强扶弱，化行不犯，发奸擿伏，忽若有神，京华密静，权豪畏敬。元兴元年卒。百姓痛哭，二县吊丧，行人商旅，莫不祭之。贾胡左咸，遭其清理，制服三年。洛阳弦歌之，为立祠。天子悼惜，每下诏书德令，必赐后嗣，与卓茂等为伍。

怀

卷二十六《赵熹传》：

（建武初）拜怀令，大姓李子春先为琅邪相，豪猾并兼，为人所患。熹下车，闻其二孙杀人事未发觉，即穷诘其奸收考，子春二孙自杀，京师为请者数十，终不听。时赵王良疾病将终，车驾亲临王问所欲言，王曰："素与李子春善，今犯罪，怀令赵熹欲杀之，愿乞其命。"帝曰："吏奉法律，不可枉也。更道它所欲。"王无复言，既薨，帝追感赵王，乃贳出子春。其年迁平原太守。

《艺文类聚》五〇、《太平御览》二六七引司马彪《续汉书》：

胡绍为河内怀令，三日一视事，十日一诣仓受俸米，于阁外炊作干饭食之，不设釜灶。得一强盗，问其党与，得数百人，皆诛之。政教清平，为三河表。

朝歌

卷五十八《虞诩传》（《辑注》引司马彪《续汉书》同）：

字升卿，陈国武平人也。……朝歌贼宁季等数千人攻杀长吏，屯聚连年，州郡不能禁，乃以诩为朝歌长。故旧皆吊诩曰："得朝歌何哀。"（《集解》引惠栋曰：袁纪作"可哀"）诩笑曰："志不求易，事不避难，臣之职也。不遇盘根错节，何以别利器乎？"始到，谒河内太守马棱，棱勉之曰："君儒者，当谋谟庙堂，反在朝歌邪？"诩曰："初除之日，士大夫皆见吊勉，以诩诗之，知其无能为也，朝歌者，韩魏之郊。背太行，临黄河，去敖仓百里，而青冀之人流亡万数，贼不知开仓招众，劫库兵，守成皋，断天下右臂，此不足忧也。今其众新盛，难与争锋。兵不厌权，愿宽假辔策，勿令有所拘阂而已。"及到官，设令三科，以募求壮士，自掾史以下，各举所知，其攻劫者为上，伤人偷盗者次之，带丧服不事家业为下，收得百余人。诩为飨会，悉贳其罪，使入贼中，诱令劫掠，乃伏兵以待之，遂杀贼数百人。又潜遣贫人能缝者佣作贼衣，以采綖缝其裾为帜，有出市里者，吏辄禽之，贼由是骇散，咸称神明。……（永和初）临终，谓其子恭曰："吾事君直道，行己无愧，所悔者，为朝歌长时杀贼数百人，其中何能不有冤者？自此二十余年，家门不增一口，斯获罪于天也。"

《隶释》卷三《张公神碑》：

惟和平元年正月□□，朝歌长郑郴造□张公建□良□之山，运置墓阳，刊凿琢摩，立左右阙，表神道，□竖碑庙堂之前，到五月□□乃成，长□□之，铭勒神懿，光祕后昆。其辞曰：

於穆张公，含和泰清，受符皇极，乾刚川灵，何天之休，元亨利贞，无□□贵，神耀洞□，□度□泉，殷商北坰，岳朝墓阳，厥土敞平，芝草茂木，溥溥滋荣，群萌勋炙，激川通□，□□怀□，□□□□庙，克俭损盈，诏命有司，祭以中牲，岁聿再庆，公其飨零，兴来亿载，历数万君，□□□□，□□□太，□□显犹，昭拂英勋，□锡令福，惠此吏民。国无灾寇，屡获丰年。

皇帝眉寿，干禄于天，牧守皆升，握台辅辰，长与丞尉，超迁相因，休□烈烈，无□□□，监犂阳营，谒者李君，畏敬公灵，好郑长文，彻奉佐工，悃愊殷勤，□吏□□，□熹且惶，作歌九章，达李君□，颂公德芳。其辞曰：

藁水汤汤扬清波，东流□折□于河，□□□□朝歌，县以洁静无秽瑕，公□守相驾蜚鱼，往来悠忽遂熹娱，佑此兆民宁厥居。

出自藁□□□□，松柏郁茂兰公□，□神往来乘浮云，种德收福惠斯民，家饶户富无□贫，疆界寂静和睦□。

朝歌荡阴及黎阳，三女所处各殊方，三门鼎列推其乡，时携甥幼归侯公，夫人□□□容□，□□□□飨□觞。穆风屑兮起坛旁，乐吏民兮永未央。

鹿呦呦兮□□庭，文乐乐兮□□□，饮清泉兮□□□，见□伏兮不骇惊，惟公德兮之所宁，上陵庙兮助三牲，天时和兮干露泠，日番□兮无亏倾。

□□蜚兮朱鸟栖，□□荣兮鸣喈喈，□鹄勤兮乳徘徊，给御卵兮献于西，惟公德兮之所怀。

池水□兮钓台粲，四角栖兮临深涧，鱼炭炭兮踊跃见，振麟尾兮游旰旰，时钓取兮给享献，惟公德兮之所衍。

栗萧廿聚兮铺陈，新美萌兮香苾芬，蕙草生兮满园田，竞苔茗兮给万钱。惟公德命之所□。

门堂郁兮文耀光，公神赫兮坐东方，明暴视兮俨印印，夫人□女兮列在旁，陈君处北兮从官□，车骑骆驿兮交错重，秉锐轺兮驾飞龙，骖白鹿兮从仙僮，游北岳兮与天通。

玄碑既立，双阙建兮，□□□□，大路畔兮。亭长阇□，□扞难兮，列种槐梓，方茂烂兮，天下远近，□不见兮，公神日著，声洞遍兮，□□乾巛，传亿万兮。

监犁阳营谒者豫章南昌李朝伯、丞左冯翊夏阳赵宠德雅、朝歌长颍川阳城郑郴伯林、左尉京兆（下缺）并□□阳里郭虞子□扶风安陵□□邵公、处士魏郡□封□仲举、处士魏郡黎阳□□□□。

荡阴

参东郡"谷城"条《全后汉文》卷一百五《汉故谷城长、荡阴令张君表颂》。

修武

卷六十七《宗慈传》：

字孝初，南阳安众人也。举孝廉，九辟公府，有道征，不就。后为修武令。时太守出自权豪，多取货赂，慈遂弃官去。

汲

卷三十七《桓鸾传》，又见注引《东观记》：

鸾曾为汲县令，甚有名迹。

卷四十四《张禹传》：

（新莽前）父歆初以报仇逃亡，后仕为淮阳相，终于汲令，禹性笃厚节俭，父卒，汲吏人赙送前后数百万，悉无所受。

注引《东观记》：

歆守皋长，有报父仇贼自出，歆召囚诣阁，曰："欲自受其辞。"既入，解械饮食，便发遣，遂弃官亡命，逢赦出。由是乡里服其高义。

又引：

歆坐（得罪淮阳王）左迁为汲令。

卷五十二《崔瑗传》：

举茂才，迁汲令。在事数合便宜，为人开稻田数百顷，视事七年，百姓歌之。

《集解》引惠栋曰：崔鸿《崔氏家传》：

> 瑗为汲令。有泽田不殖五谷，瑗为开渠浍，与造稻田萑蒲之利，更为沃壤，民赖其利，长老歌之曰："上天降神君，赐我仁慈父，临民布德泽，恩惠施以序，穿沟广灌溉，决渠作甘雨。"

野王

《北堂书钞》五二、《初学记》——引华峤《汉后书》：

> （王）梁字君严，为野王令。《赤伏符》曰："王梁主卫作玄武。"光武以野王本卫地，玄武水神，司空水土之官，于是擢王梁拜大司空。

河东郡

安邑

卷二十七《郑均传》：

> 元和元年诏曰："……又前安邑令毛义，躬履逊让，淳洁之风，东州称之。"（按：此诏书乃分别颁于庐江太守和东平相，令其旌褒名德。据本传，已知郑均乃东平人，则毛义为庐江郡人无疑。）

卷五十三《周黄徐姜申屠列传序》：

> 太原闵仲叔者（注：谢承《后汉书》曰：闵贡字仲叔。），世称节士之洁清，自以弗及也，建武中，应司徒侯霸之辟，投劾而去。……客居安邑，老病家贫，不能得肉，日买猪肝一片，屠者或不肯与。安邑令闻，敕吏常给焉。仲叔怪而问之……曰："闵仲叔岂以口腹累安邑邪？"遂去。

蒲坂

卷七十九上《孔僖传》：

> 元和二年东，拜临晋令（属左冯翊）……在县三年，卒官，

遗令即葬。二子长彦、季彦并十余岁，蒲坂令许君然劝令反鲁。对曰："今载柩而归，则违父命；舍墓而去，心所不忍。"遂留华阴。

皮氏

卷六十四《赵岐传》：

> 举理剧，为皮氏长。（注引《决录》：岐为长，抑强讨奸，大兴学校）会河东太守刘祐去部，而中常侍左悺兄胜代之。岐耻疾去官，即日西归。

闻喜

卷六十三《陈寔传》：

> 司徒黄琼辟选理剧，补闻喜长。旬月，以期丧去官。

《全后汉文》卷一百三《闻喜长韩仁铭》：①

> 熹平四年十一月甲子朔廿二日乙酉，司隶（下阙）河南尹校尉空阙，典统非任，素无绩勋，宣善（下阙），仁前在闻喜，经国以礼，刑政得中，有子产君子（下阙）尉表上，迁槐里令。除书未到，不幸短命，丧身为（下阙）祀则祀之，王制之礼也。书到，郡遣吏以少牢祠，（下阙）勒异行，勖厉清惠，以旌其美。竖石讫成，表言如律。（下阙）□□十一月廿二日乙酉，河南母君丞熹谓京写（下阙）坟道头讫成，表言，会月卅日，如律令。

临汾

《三国志》卷二十三《常林传》注引《魏略·清介传》：

> 吉茂字叔畅，冯翊池阳人也，世为著姓。……（汉献帝建安年间）州举茂才，除临汾令，居官清静，吏民不忍欺。

---

① 钱大昕《潜研堂金石文跋尾》："汉世重吏治，而仁在闻喜，刑政得中，碑额循吏，贤之也。仁自闻喜迁槐里令，除书未到而卒，故额不云槐里令也。仁既殁，司隶校尉悯其短命，下河南尹祠以少牢，竖石以旌其美，于此见善政之效，而校尉讽劝长吏之愈，亦可尚也。"

大阳

《三国志》卷十一《管宁传》注引《魏略》：

（焦）先字孝然。中平末，白波贼起。时先年二十余，与同郡侯武阳相随。武阳年少，有母，先与相扶持接，避白波，东客扬州取妇。建安初，来西还，武阳诣大阳占户，先留陕界。至十六年，关中乱，先失家属，独窜于河渚间，食草饮水，无衣履，时大阳长朱南见之，谓为亡士，欲遣船捕取。武阳语县"此狂痴人耳"，遂注其籍，给廪日五升。后有疾病，人多死者，县常使埋藏，童儿竖子皆轻易之。

绛邑

同卷：

（贾逵）初为郡吏，守绛邑长。郭援之攻河东，所经城邑皆下，逵坚守，援攻之不拔，乃召单于，并军攻之。城将溃，绛父老与援要不害逵。"绛人既溃，援闻逵名，欲使为将，以兵劫之，逵不动，左右引逵，使叩头，连叱之曰："安有国家长吏为贼叩头！"援怒，将斩之，绛闻将杀逵，皆乘城呼曰："负要杀我贤君，宁俱死耳。"左右义逵，多为请，遂得免。

弘农郡
陕

《三国志》卷六《董卓传》注引《献帝纪》曰：

初，议者欲令天子浮河东下，太尉杨彪曰："臣弘农人，从此以东，有三十六滩，非万乘所当从也。"刘艾曰："臣前为陕令，知其危险，有师犹有倾覆，况今无师？太尉谋是也。"

弘农

卷八十二下《公沙穆传》：

迁弘农令。郡县有螟虫食稼，百姓惶惧，穆乃设坛谢曰：

"百姓有过，罪穰之由，请以身祷。"雨水暴雨，既霁而螟虫自销，百姓称曰神明。永寿元年，霖雨大水，三辅以东莫不湮没，穰明晓占候，乃预告，令百姓居高地，故弘农人独得免害。

黾池

卷七十九《儒林·周泽传》：

  字稺都，北海安丘人也。……中平末，迁黾池令，奉公克己，矜恤孤羸，归爱之。永平五年，迁右中郎将。

陆浑

《三国志》卷十一《管宁传》：

  ……颖川胡昭，字孔明，亦养志不仕。……昭乃转居陆浑山中，躬耕乐道，以经籍自娱，闾里敬而爱之。建安二十三年，陆浑长张固等被书调丁夫，当给汉中，百姓恶惮远役，并怀扰扰。民孙狼等因兴兵杀县主簿，作为叛乱，县邑残破，固率十余吏卒，依昭住止，招集遗民，安复社稷。狼等遂南附关羽，羽授印给兵，还为寇贼，到陆浑南长乐亭，自相约誓，言："胡居士贤者也，一不得犯其部落。"一川赖昭，咸无休惕。

京兆尹

长安

卷十七《冯异传》：

  （建武初）异自以久在外，不自安，上书思慕阙廷，愿亲帷幄，帝不许。后人有章言异专制关中，斩长安令，威权至重，百姓归心，号为咸阳王，帝以章示异，异惶惧，上书谢曰……

卷五十八《盖勋传》：

  （灵帝时为京兆尹）时长安令杨党，恃势贪放。勋案得其赃千余万。贵戚为之请，勋不听，具以事闻，并连党父，有诏穷案，威震京师。

长陵

卷三十六《张楷传》：

字公超，通严氏《春秋》、古文《尚书》，门徒常数百人。……司隶举茂才，除长陵令，不之官。……汉安元年，顺帝特下诏告河南尹曰："故长陵令张楷行慕原宪，操拟夷齐……"

卷七十九上《儒林·尹敏传》：

字幼季，南阳堵阳人也……（建武五年）迁长陵令。永平五年，诏书捕男子周虑。虑素有名称，而善于敏，敏坐系免官，及出，叹曰："瘖聋之徒，真世之有道者也，何谓察察而遇斯患乎？"

《太平御览》三八四引司马彪《续汉书》：

乐恢字伯奇，京兆长陵人。父为县吏，得罪，令收，将杀之。恢时年十一，常于府寺门昼夜号泣。令闻之，即解出父。

《三国志》卷二十三《常林传》注引《魏略·清介传》：

初，（吉）茂同产兄黄，以（建安）十二年中从公府掾为长陵令。是时科禁长吏擅去官，而黄闻司徒赵温薨，自以为故吏，违科奔丧，为司隶钟繇所收，遂伏法。

郑县

《三国志》卷十六《杜畿传》：

字伯侯，京兆杜陵人也……年二十，为郡曹，守郑县令，县囚系数百人，畿亲临狱，裁其轻重，尽决遣之。虽未悉当，郡中奇其年少而有大意也（建安前）。

《隶释》卷二《殽阮君神祠碑》：

天地定位，山□□□□□□岳渎诸侯□事其细□《祭法》曰："山林川谷，有益于民。"□□在祀典。夫中条之山者，盖华岳之体也。石堤树谷，南通商雒，以属熊耳。百川钟集，充崖满谷。时有盛雨，彭濞涌溢，乘高趋下，扬波跳沫。于是毂阮以为之窬，承写其流，北注诸渭，蠲渫潗暴，使不为害。前世通利，吏民兴贵。有御史大夫，将军牧伯，故为立祠，以报其功。自亡新已来，其祀堕废，阮稍堙塞，堤防沮溃，漂没田畴，浸败亭市。神怒民怨，县遂以衰贱，仕宦失官，踣弊不震。迄光和四年作峈之岁，令河东闻熹□君讳□字君□，为政以德，五教时序，肃恭明神，敬奉埋祀，勤恤民隐，而除其害。愍一县之陵迟，惧□至之无备，追惟伯禹遏治之利，乃复浚治毂阮，通利其水，绍修旧祀，弘拓其祠，使民报祈，视于社稷。其有征拜，州郡辟召，皆常来辞，大小有差，毂阮君尚飨，后之人是遵是奉，神必据焉。光和四年六月辛未造。

阳陵

卷六十五《段颖传》：

初举孝廉，为……阳陵令，所在有能政。

湖

《艺文类聚》一〇〇引谢承《后汉书》：

许季长为湖令，州郡皆被蝗灾，过湖县，飞去不入。

左冯翊

莲勺

卷三十六《郑兴传》：

（建武九年）侍御史举奏兴奉使私买奴婢，坐左迁莲勺令，是时丧乱之余，郡县残荒，兴方欲筑城郭，修礼教以化之，会以事免。

重泉

《太平御览》卷二六七引《东观汉纪》：

王阜字世公，为重泉令，向化，鸾鸟集止学宫，阜使校官橡长涉叠为张雅乐击磬，鸟举足垂翼，应声而舞，翱翔复止县庭屋十余日而去。

《华阳国志》卷十上《先贤士女总赞上》：

王阜字世公，成都人也。太守第五伦察举孝廉，为重泉令，有鸾鸟集于文学十余日。

郃阳

《全后汉文》卷一百五《郃阳令曹全碑》：

君讳全，字景完，敦煌效谷人也。其先盖周之胄，武王秉乾之机，翦伐殷商，既定尔勋，福禄攸同。封弟叔振铎于曹国，因氏焉。秦汉之际，曹参夹辅王室，世宗廓土斥竟，子孙迁于雍州之郊，分止右扶风，或在安定，或处武都，或居陇西，或家敦煌，枝分叶布，所在为雄。

君高祖父敏，举孝廉、武威长史、巴郡朐忍令、张掖居延都尉。曾祖父述，孝廉谒者、金城长史、夏阳令、蜀郡西部都尉。祖父凤，孝廉、张掖属国都尉丞、右扶风、隃麋侯相、金城西部都尉、北地太守。父琫，少贯名州郡，不幸早世，位不副德。

君童龀好学，甄极毖纬，无文不综，贤孝之性，根生于心。收养季祖母，供事继母，先意承志，存亡之敬，礼无遗阙。是以乡人为之谚曰："重亲致欢曹景完。"易世载德，不陨其名。及其从政，清拟夷、齐，直慕史鱼，历郡右职，上计掾史，仍辟凉州。常为治中别驾，纪纲万里，朱紫不谬。出典诸郡，弹枉纠邪，贪暴洗心。同僚服德，远近惮威。建宁二年，举孝廉，除郎中，拜西域戊部司马。时疏勒国王和德，弑父篡位，不供职贡。君兴师征讨，有吮脓之仁，分醪之惠，攻城野战，谋若涌泉，威牟诸贲，和德面缚归死。还师振旅，诸国礼遗且二百万，悉以薄官。迁右扶风槐里令，遭同产弟忧弃官。续遇禁网,潜隐家巷七年。光和六年,复举孝廉。七年三月,除郎中,拜酒泉禄福长。讫贼张角起兵,幽冀兖豫荆扬同时并动,而县民郭家等,复造逆乱,燔烧城寺,万民骚扰,人怀不安,三郡告急,羽檄仍至。于时圣主咨诹,群僚咸曰:"君哉!"转拜郃阳令,收合余烬,芟夷残迸,绝其本根,遂访故老,商量俊艾王敞、王毕等,恤民之要,存慰高年,抚育鳏寡,以家钱钱籴米粟,赐癃盲大女桃斐等,合匕纪首药神明膏,亲至离亭,部吏王宰、程横等赋与有疾者,咸蒙瘳悛,惠政之流,甚于置邮,百姓缠负,反者如云。戢治墙屋,市肆列陈,风雨时节,岁获丰年,农夫织妇,百工戴恩。县前以河平元年遭白茅谷水灾,害退,于戌亥之间,兴造城郭,是后旧姓及修身之士官位不登,君乃悯缙绅之徒不济,开南寺门,承望华岳,乡明而治,庶使学者李儒、栾规、程寅等,各获人爵之报。廊广听事官舍廷曹廊阁,升降揖让,朝觐之阶,费不出民,役不干时。门下掾王敞、录事掾王毕、主簿王历、户曹掾秦尚、功曹史王颛等,嘉慕奚斯、考甫之美,乃共刊石纪功。其辞曰:

懿明后,德义章。贡王庭,征鬼方。威布烈,安殊荒。还师旅,临槐里。感孔怀,赴丧纪。嗟逆贼,燔城市。特受命,理残圮。艾不臣,宁黔首。缮官寺,开南门。阙嵯峨,望华山。乡明治,惠沾渥。吏乐政,民给足。君高升,极鼎足。中平二年十月丙辰造。

栎阳

《太平御览》八一八引谢承《后汉书》:

汝南周躬为栎阳令,功曹万良为父报仇,自械诣狱,躬解械放。良赍缣五百饷,闭门不受。

下邽

《三国志·魏志·华歆传》注引华峤《汉后书》：

> （华歆）少以高行显名，为下邽令。

高陵

《华阳国志》卷十下《汉中士女》：

> 景毅，字文坚，梓潼人也。太守丁羽察举孝廉，司徒举治剧，为沈阳侯相、高陵令，立文学，以礼让化民。迁侍御史，上计吏守阙请之，三年不绝。……久之，拜武都令，迁益州太守。上事吏民涕泣送之，至沮者七百人，白水县者三百人。

万年

《华阳国志》卷十上《先贤士女总论》上：

> 罗衡字仲伯，郫人也……为万年令，路不拾遗，人家牛马皆系道边，曰："属罗公。"三府争辟，拜广汉长，二县皆为立祠。

右扶风

安陵

《三国志》卷二十三《杨俊传》：

> 字季才，河内获嘉人也……举茂才，安陵令，迁南阳太守。宣德教，立学校，吏民称之。

平陵

卷五十六《王允传》：

> （李）傕乃收（王）允及（宋）翼、〔王〕宏，并杀之。……天子感恸，百姓丧气，莫敢收允尸者，唯故吏平陵令赵戬弃官营丧。

《三国志》卷二十三《裴潜传》注：

> 严幹字公仲，李义字孝懿，皆冯翊东县人也。……（建安初）义留京师，为平陵令（属右扶风）。

郪

卷八十一《独行·王忳传》：

> 字少林，广汉新都人也。……仕郡功曹、州治中从事，举茂才，除郪令。到官，至䣛亭。……女子乃前诉曰："妾夫为涪令，之官，过宿此亭，亭长无状，贼杀妾家十余口，埋在楼下，悉取财货。"

《华阳国志》卷十中《广汉士女》：

> 王忳，字少林，新都人也。……辟举茂才，除郪令。宿䣛亭中，数有人为鬼所杀。忳上楼，夜半有女子称冤，曰："妾，涪令妻也，当之官，宿此，枉为亭长所杀，大小二十口埋在楼下，夺取财物。"忳曰："汝何故以恒杀人？"女子曰："妾不得白日，惟依夜愬，人眠不肯应，恚，故杀之。"初来时，言无衣，忳以衣衣之，言讫投衣而去。旦召游徼诘问，具服。即收同谋十余人杀之，送涪令丧还乡里。当世称之。

陈仓

卷五十四《杨赐传》：

> 字伯献，（弘农华阴人也）……辟大将军梁冀府，非其好也。出为陈仓令，因病不行。公车征，不至。

卷七十六《循吏·张玄传》：

> 字君夏，河内河阳人也……建武初，举明经，补弘农文学掾，迁陈仓县丞，清静无欲，专心经书，方其讲问，乃不食终日。乃有难者，辄为张数家之说，令择从所安。诸儒皆伏其多通，著录千余人。
>
> 玄初为县丞，尝以职事对府，不知官曹处，吏白门下责之。时右扶风琅邪徐业，亦大儒也，闻玄诸生，试引见之。与语，大惊："今日相遇，真解矇矣。"遂请上堂，难问极日。

美阳

卷三十一《苏不韦传》：

（扶风平陵人也）父谦，初为郡督邮。时魏郡李暠为美阳令，与中常侍具瑗交通，贪暴为民患，前后监司畏其势援，莫敢纠问。及谦至，部案得其赃，论输左校。

《华阳国志》卷十上《先贤士女总赞上》：

柳宗，字伯骞，成都人也。初结九友共学，号"九子"。及为州郡右职，务在进贤，拔致求次方、张叔辽、王仲曾、殷智孙等，终至牧守。州里为之谚曰："得黄金一筒，不如为伯骞所识。斤举茂才，为美阳令。"

兖州刺史部
陈留郡
陈留

卷四十一《第五伦传》：

（肃宗时）代牟融为司空。……伦虽峭直，然常疾俗吏苛刻。及为三公，值帝长者，屡有善政，乃上书褒称盛美，因以劝成风德，曰："……诏书每下宽和而政急不解，务存节俭而奢侈不止者，咎在俗敝，群下不称故也。光武承王莽之余，颇以严猛为政，后代因之，遂成风化。郡国所举，类多辨职俗吏，殊未有宽博之选以应上求者也。陈留令刘豫、冠军令驷协，并以刻薄之资，临人宰邑，专念掠杀，务为严苦，愁怨，莫不疾之。而今议者反以为能，违天心，失经义，诚不可不慎也。非徒应坐豫、协，亦当宜谴举者，务进仁贤，以任时政，不过数人，而风俗自化矣。臣尝读书记，知秦以酷急亡国，又目见王莽亦以苛法自灭，故勤勤恳恳，实在于此。"

圄

《隶释》卷十一《圄令赵君碑》:①

君讳□,字□,建□□□□慕脩其绪,温良恭俭,敦诗□□□□□积而能散,菲薄其身,博施□□□□□□□芬芳旸于诸夏,郡仍优署五官掾功曹,州辟从事。司徒杨公(洪适按:杨赐)辟,以兄忧不至。其后司徒袁公(洪适按:袁滂)仍辟□□,除新□长,迁圄令。播德二城,风曜穆清。当□□□□□□□□会被疾去官,年六十有八,以中平五年十一月壬寅卒。□□□□□□□□□□□□□□斯咏□□□□□□□□□□□□□□□纪伐以愍后昆。其辞曰:天寔高,唯圣同,戏我君,羡其踪,所临历,有休功,追景行,亦难双,刊金石,示万邦。

卷三十五《曹襃传》:

字叔通,鲁国薛人也。……(肃宗时)迁圄令。以礼理人,以德化俗。时它郡盗徒五人来入圄界,吏捕得之,陈留太守马严闻而疾恶,风县杀之。襃赦吏曰:"夫绝人命者,天亦绝之。皋陶不为盗制死刑,管仲遇盗而升诸公,今承旨而杀之,使逆天心,顺府意也,其罚重矣。如得全此人命而身坐之,吾所愿也。"遂不为杀。严奏襃软弱,免官归郡,为功曹。

《北堂书钞》七八引司马彪《续汉书》:

曹襃迁陈留圄令,爱民救死,为太守马严疾恶,免官,百姓涕泣。

考城

卷七十六《循吏·仇览传》:

字季智,一名香,陈留考城人也。少为书生淳默,乡里无

---

① 洪适按语:"灵帝熹平五年十月,司徒袁隗罢。十一月,杨赐为司徒,六年十二月杨赐免,光和元年袁泚为司徒。此碑先杨而后袁,则杨赐、袁滂也。两相镵之,或推之不过一县令,吹嘘而上九天,良不易云。"

知者。年四十县召捕吏，选为蒲亭长。劝人生业，为制科令，至于果菜为限，鸡豕有数。农事既毕，乃令子弟群居，还就黉学。其剽轻游恣者，皆役以田桑，严设科罚。躬助丧事，赈恤穷寡。期年称大化。览初到亭，人有陈元者，独与母居，而母诣览，告元不孝。览惊曰："吾近日过舍，庐落整顿，耕耘以时，此非恶人，当是教化未及至耳。母守寡养孤，苦身投老，奈何肆忿于一朝，欲致子于不义乎？"母闻，感悔涕泣而去。览乃亲到元家，与其母子饮，因为陈人伦孝行，譬以祸福之言。元卒成孝子。乡邑为之谚曰："父母何在在我庭，化我鸱枭哺所生。"时考城令王涣，政尚严猛，闻览以德化人，署为主簿，谓览曰："主簿闻陈元之过，不罪而化之，得无少鹰鹯之志邪？"览曰："以为鹰鹯不若鸾凤。"涣谢，遣曰："积棘非鸾凤所栖，百里岂大贤之路？今日太学曳长裾，飞名誉，皆主簿后耳，以一月奉为资，勉卒景行。"（当在桓帝之世）

东昏、雍丘

卷七十六《循吏·刘矩传》：

举孝廉，稍迁雍丘令。以礼让化之。其无孝义者，皆感悟自革。民有争讼，矩常引之于前，提耳训告，以为忿恚可忍，县官不可入，使归更寻思。讼者感之，辄各罢去。其有路得遗者，皆推寻其主。在县四年，以母忧去官。

外黄

卷四十八《爰延传》：

字季平，陈留外黄人也，清苦好学，能通经教授。性质态，少言辞，县令陇西牛述好士知乃礼请延为廷掾，范丹为功曹，濮阳潜为主簿，常共言谈而已。后令史昭以为乡啬夫，仁化大行。人但闻啬夫，不知郡县。在事二年，州府礼请，不就。

卷五十三《申屠蟠传》：

字子龙，陈留外黄人也，九岁丧父，哀毁过礼。服除，不进酒肉十余年。每忌日，辄三日不食。同郡缑氏女为父报仇，杀夫氏之党，吏执玉以告外黄令梁配，配欲论杀玉。蟠时年十五，为诸生，进谏曰："玉之节义，足以感无耻之孙，激忍辱之子。不遭明时，尚当表旌庐墓，况在清听，而不加哀矜？"配善其言，乃为谳，得减死之论。乡人称美之。

卷八十下《高彪传》：

字义方，吴郡无锡人也。……后迁外黄令。……彪到官，有德政，上书荐县人申屠蟠等，病卒于官，文章多亡。

《隶释》卷十《外黄令高彪》碑：

……迁外黄令，圣朝宗虔，特加礼馈，□以刀祖钱三万，□□□□□□咏到官。古，讥今奢烦，刑不妄滥，恩如皓春，狱犴生草，邦无怨声，百工□□，咸列厥所，中和之化，洞乎皇亚，三单密，莫与比踪。州郡表政，采称纪功，垂当监典，为牧为守，人鬼之谋，唉期朝暮，君举将颍川太守南阳文府君征诣廷尉，君感纲纪，捐官赴义。吏民攀车，解衔脱轨，遂志确然，终不反顾。皇行载驱，不日系路，饥不及餐，至以生疢。光和七年龙在困敦月次鹑火六月丙申卒，邦丧桢干，家失栋梁，僚党感动，凡百切伤，梓柩旋归，故吏门生，奔赴相随，盈道充涂，如云如□□旗翩翩，靡不哀摧，痛兮陨没，不待耇耋，昭德于铭，其辞曰：

光光高君，命世作蕃，流化外黄，陨替堇檀。当□州尹，□理阴阳，□□申甫，稽功阿衡。笃礼崇义，忽于官荣，□□逝将，节行邈然。何天助顺，而不祐焉，迺痼不永，朝失鲠臣。孤嗣□绝，潜□无声，百僚叹伤，圣朝愍怆。□□令德，亡有神魂，身殁名纪，阐于万祀。

惟中平二年龙游奋若，月次皇纪，郡守庐江龙舒范府君假公侯之尊，来典鄙郡，慎终追远，惟旧恩（下缺）

卷八十下《文苑·张升传》：

字彦真，陈留尉氏人，富平侯敖之孙也……仕郡为纲纪，以能出守外黄令，吏有受赇者，即论杀之。或讥升："守领一时，何足趋明威戮乎？"遇党锢去官，后竟见诛。年四十九。

卷八十三《逸民·陈留老父传》：

陈留老父者，不知何许人也，桓帝世，党锢事起，守外黄令陈留张升去官归乡里，道逢友人，共班草而言，升曰："吾闻赵杀鸣犊，仲尼临河而反；覆巢竭渊，龙凤逝而不至。今宦官日乱，陷害忠良，贤人君子其去朝乎？夫德之不建，人之无援，将性命之不免，奈何？"因相抱而泣。老父趣而过之，太息言曰："吁！二大夫何泣之悲也！夫龙不隐鳞，凤不藏羽，网罗高悬，去将安所？虽泣何及乎？"二人欲与之语，不顾而去，莫知所终。

《太平御览》四二〇引谢承《后汉书》：

张俭为东郡督邮。时中常侍侯览残暴百姓，俭举劾览，遏绝章奏，并不得通。遂上书告俭与同郡二十四人为党。俭得亡命，止李笃家。外黄令毛钦操兵到门，笃引钦谓曰："张俭知名天下，而亡非其罪，纵俭可得，宁忍执之乎？"钦因起抚笃曰："蘧伯玉耻独为君子，足下如何自专仁义？"笃曰："笃虽好义，明廷今日载其半矣。"钦叹息而去。

《华阳国志》卷十上《先贤士女总论》上：

杨班字仲桓，成都人也，罗衡字仲伯，郫人也，俱师征士何幼正。班为不韦、茂陵令，治化浃洽。徙西城、阆中令，号时名宰。衡为万年令，路不拾遗，人家牛马皆系道边，曰："属罗公。"三府争辟，拜广汉长，二县皆为立祠。

小黄

《艺文类聚》一〇〇引谢承《后汉书》：

> 吴郡徐栩，为小黄令。时陈留遭蝗，过小黄，飞逝不集。刺史行部，责栩不治，栩弃官，蝗应声而至。刺史谢，令还寺舍，蝗即皆去。

酸枣

《隶释》卷五《酸枣令刘雄碑》：

> 君讳雄，字孟□，广陵海西人也。……既练州郡，卷舒委随，忠贞□效官□□□出省杨土，流化南城，政犹北辰，众星所从。三祀有成，来臻我邦，循东□之惠抑□礼官赏进厉顽，约之以礼，博之以文，政敦始初，慎征五典，勤恤民殷，□心顾下□□仁恩如冬日，威猛烈炎夏，贪究革情，清脩劝慕，德惠潜流，邕芳旁布，尤憨县□济济之仪，孜孜之逾，帅厉后学，致之雍泮，草上之风，莫不响应，悦悔日新，砥□□素，七业勃然而兴，咸居今而好古，虽未尽道善，必有所由处。民之秉彝，寔我刘父其人，鲁无君子，斯焉取斯？允我刘父，言善诱人，讲礼习聆，匪徒丰学，屡获有年，□载克成，神民协欣，两不相伤，故德友归焉。自古在昔，先民有伦，洪勋则甄，盛德□刻，表诸来世，垂之罔极。襃贤表善，扬幽拔微，式序在位，量能授宜，官无旷事，□□为正，以卒为更，慇念烝民，劳苦不均，为作正弹，造设门更，富者不独逸乐，贫者□顺四时，积和感旸，岁为丰穰。赋税不烦，寔我刘父，吏民爱若慈父，畏如神明，悔□令德，清越孤竹，德牟产奇，诚宜襃显，照其宪则，乃相□咨度诹询，采摭谣言，刊（缺）诗三章，其辞曰：

> 清和穆铄，寔惟乾坤，惟岳降灵，笃生我君，服膺睿圣，允钟厥醇，诞生岐嶷，言协□坟，懿德震燿，孝行通神，动履

规绳，文彰彪缤，成是正服，以道德民。

有父子然后有君臣，理财正辞，束帛戋戋，□梦刻像，鹤鸣一震，天临保汉，寔生□勋，明试赋授，夷夏已亲，嘉锡来抚，潜化如神，其神伊何，灵不伤人。

猗歟明哲，秉道之枢，养□之福，惟德之偶，渊乎其长，涣乎成功，□暇民豫，新我□通，用行则达，以诱我邦，赖兹刘父，用说其蒙，泽零年丰，黔首歌颂。

东郡

顿丘

《隶释》卷九《司隶校尉鲁竣碑》：

君讳竣，字仲严，山阳昌邑人……体纯和之德，秉仁义之操，治鲁《诗》，兼通《颜氏春秋》，博览群书，无物不采，学为儒宗，行为士表。汉□始往佐职牧守，敬恪恭俭，州里归称。举孝廉，除郎中谒者、河内太守丞，丧父如礼，辟司徒府，举高第，侍御史、东郡顿丘令，视事四年，比踪豹、产，化行如流。

参"东汉太守表""九江太守条"之《全后汉文》卷一百二《汉故司隶校尉忠惠父鲁君碑》（参《隶释》卷九）

东阿

《三国志》卷十四《程昱传》：

字仲德，东郡东阿人也。……黄巾起，县丞王度反，应之，烧仓库，县令逾城走，负老幼东奔梁丘山，昱使人侦度，度等得空城，不能守，出城西五六里止屯。昱谓县中大姓薛房等曰："今度等得城郭不能居，其势可知，此不过欲掳掠财物，非有坚甲利兵攻守之志也，今何不相率还城而守之？且城高厚，多谷米，今若还求令，共坚守，度必不能久，攻可破也。"房等以为然,不肯从,曰:"贼在西,但有东耳。"昱趣房等曰:"愚民不可计事。"乃密遣数骑举幡于东山上,令房等望见,大呼曰:"贼已至。"便下山趣城,奔走随之,求得县令,遂共城守。度等来攻城,不能下乃去。昱率开城门急击之,度等破走,东阿由此得全。

博平

卷七十七《酷吏·周纡传》:

(永平中)迁博平令,收考奸赃,无出狱者。

阳平

卷七十七《李韦传》:

字第公,河内怀人也。……光武即位,拜阳平令。时赵魏豪右往往屯聚,清河大姓赵纲遂于县界起坞壁,缮甲兵,为在所害,章到……手剑斩纲……因驰诣坞壁,掩击破之。遂安。

卫国

卷四十一《第五种传》:

字兴先,(京兆长陵人)少厉志义,为吏,冠名州郡……以能转为卫相,初,种为卫相,以门下掾孙斌贤,善遇之,及(种)当徙斥(朔方),斌具闻越谋(害种),乃谓其友人同县闾子直及高密甄子然曰:"盖盗憎其主,从来旧矣。第五使君当投裔土,而单超外属为彼郡守,夫危者易仆,可为寒心。吾今方追使者,庶免其难,若奉使君以还,将以付子。"二人曰:"子其行矣,是吾心也。"于是斌将侠客夜追种,及之于太原,遮险格杀送吏,因下马与种,斌自步从,一日一夜行四百余里,遂得托归。

《全汉文》卷七十六蔡邕《太尉李咸碑》:

公讳咸,字元卓,汝南西平人。……迁卫国公相,授高密令,勤恤民隐,政成功简。……拜渔阳太守,还迁度辽将军。

协德魏绛,和戎绥边。

谷城

卷三十一《王堂传》:

初举光禄茂才,迁谷城令,治有名迹。

《全后汉文》卷一百五《汉故谷城长、荡阴令张君表颂》:

君讳迁,字公方,陈留己吾人也。君之先出自有周。周宣王中兴,有张仲,以孝友为行,披览诗雅,焕知其祖。高帝龙兴,有张良善用筹策,在帷幕之内,决胜负千里之外,析珪于留。文景之间,有张释之建忠弼之谟,帝游上林,问禽狩所有,苑令不对。更问啬夫,啬夫事对,于是进啬夫为令,令退为啬夫。释之议为不可,苑令有公卿之才,啬夫喋喋小吏,非社稷之重。上从言。孝武时,有张骞,广通风俗,开定畿宇,南苞八蛮,西羁六戎,北震五狄,东勤九夷,荒远既殡,各贡所有。张是辅汉,世载其德。爰既且于君,盖其缠绻,缵戎鸿绪,牧守相系,不殒高问,孝弟于家,中謇于朝。治《京氏易》,聪丽权略,艺于从畋。少为郡吏,隐练职位,常在股肱,数为从事,声无细闻。征拜郎中,除穀城长。蚕月之务,不闭四门,腊正之际,休囚归贺。八月筭民,为烦于乡,随就虚落,存恤高年,路无拾遗,犁种宿野。黄巾初起,烧平城市,斯县独全,子贱孔蔑,其道区别。《尚书》五教,君崇其宽。《诗》云恺悌,君降其恩。东里润色,君垂其仁。邵伯分陕,君懿于棠。晋阳珮玮,西门带弦,君之体素,能双其勋,流化八基。迁荡阴令,吏民颉颃,随送如云。周公东征,西人怨思。奚斯赞鲁,考父颂殷。前哲遗芳,有功不书,后无述焉。于是刊石竖表,铭勒万载。三代以来,虽远犹近。《诗》云旧国,其命惟新。於穆我君,既敦既纯,雪白之性,孝友之仁,纪行来本,兰生有芬,克岐有兆,绥御有勋,利器不觌,鱼不出渊。国之良干,垂爱在民。币沛棠树,温温恭人,乾道不缪,唯淑是亲。既多受祉,永享南山,干禄无疆,子子孙孙。惟中平三年,岁在摄提,二月震节,纪日上旬,阳气厥析,感思旧君。故吏韦萌等,佥然同声,赍师孙兴,刊石立表,以示后昆,共享天祚,亿载万年。

乐平

《三国志》卷十一《管宁传》:

> 钜鹿张至存……少游太学,学兼内外,后归乡里,袁绍前后辟命,不应,移居上党。并州牧高干表除乐平令,不就,徙遁常山。

范

《北堂书钞》三六引谢承《后汉书》:

> 嵇诏字文肃,为范令,不入内舍,常卧厅事上。

东平国

寿张

卷八十二上《方术·谢夷吾传》:

> 举孝廉,为寿张令……所在爱育人物,有善绩。

须昌

卷七十六《循吏·童恢传》:

> 弟翊(琅邪姑幕人也),字汉文,除须昌长。化有异政,生为立祠,闻举将丧,弃官归。

宁阳

卷五十八《虞诩传》:

> 先是,宁阳主簿诣阙诉其县令之枉,积六七年不省。主簿乃上书曰:"臣为陛下子,陛下为臣父。臣章百上,终不见省,臣岂可北诣单于以告怨乎?"帝大怒,持章示尚书,尚书遂劾以大逆。

东平

卷二十七《郑均传》：

字仲虞，东平人也。……（均）不应州郡之命。郡将欲必致之，使县令谲将诣门，既至，卒不能屈（时在建初之前）。

任城国

任城

卷四十五《袁安传》：

（明帝时）除……任城令，所在畏而爱之。

卷六十七《党锢·刘祐传》：

除任城令，兖州举尤异，迁扬州刺史。

济阴郡

成阳

《隶释》卷一《成阳灵台碑》：

惟帝尧母，昔者庆都，兆舍穹精，氏姓曰伊。体兰石之操，履规矩之度，则乾坤之象，通三光之曜。游观河滨，感赤龙交，如生尧。厥后尧来祖统，庆都告以河龙。尧历三河，有龙授图，躬行圣政，以育苗萌。火阳之盛，先暗后明，遂以侯伯，恢践帝宫。庆都仙殁，盖葬于兹，欲人莫知，名曰灵台。上立黄屋，尧所奉祠。下营以水，神龙所熹。灵龟隐形，汾踊波流。比目鲶鱼，濯鳞通泉。玄砾蒐芦，生延台涯。贯长历久，崇如不颓。三代改易，荒废不修。五运精还，汉受濡期。兴灭继绝，如尧为之。承祠基年，鲶鱼复生。故有灵台啬夫，鱼师卫仕，驿宪鲶鱼，服之延寿。□□之际，道小衰沮，遂遭亡新，礼祠绝矣。于是故廷尉仲定深惟大汉隆盛德，被四表，大平未至，灵瑞未下，四夷数侵，军甲数扰，匪皇启居，日稷不夏。案经考典，河洛秘奥，汉感赤龙，尧之苗胄，当修尧祠，追远复旧，复

（治）黄屋，推原圣意。灾生变见，天以遣告。前后奏上，陈叙大义，招祥塞咎，为汉来祚。朝廷克省，帝纳其谋，岁以春秋，奉大奥祠。时廷尉选位，连自表奏。诏英嘉命，遂见听□为大中大夫，归治黄殿。令月吉日，茔立规，兴业会工，厥处夷平。上合天意，下应□□□□饰五色华精，上阙通天，户向少阳，前设大殿，侯神之堂。地致石□单，其下清凉，可舞几□以□大章。

时济阴太守魏郡审晃、成阳令博陵菅遵，各遣大掾，辅助仲君，经之营之，不日成之。神灵精气，依怙于人，废之则亡，存之则神。复帅群宗，贫富相均，共慕市碑，著立功训，□勒石铭，中门之表，卜择元日，齐革精诚，先荐毛血，谨慎牺牲，祈祠获福。神享其灵，甘雨时降，百谷孰成，幽荒率服，徐方来庭，万国蒙社，黎元赖荣，莫不被德，咸歌颂声。其辞曰……

成阳令博陵蠡吾菅君讳遵字君台，从东明门司马来；丞颍川新汲尹茂字伯举，迁下邳丞；尉颍川襄城杨调字君举。

惟仲阿东年在元冠，幼有中质，遵矩蹈规，上好仁义，见群从无者，代出钱万以立碑。大意翻然，君子善之，思加骨□，乡朝所称。县令管君启即请署门下议生都市掾，官未可测矣。

仇福字仲渊，累世同居，州里称术慈孝。大圣立祠，时令管君欲造皇屋殿庑，来索忠良咸白福间葵溢□□离□。周理字文机，□□□□□严萌将作，福更县掾功曹，府诸曹吏，守尉。

《隶释》卷五《汉成阳令唐扶颂》：

君讳扶，字正南，颍川鄢人也。其先出自庆都，感赤龙生尧，王有天下，大号为唐。治臻雍熙，尊天重民，禅位虞□，光受茅土，通天三统，苗胄枝分，相土脉居，因氏唐焉。累世含胙，受天之怙，胤嗣弥光，为汉台辅。君父孝廉、郎中，早卒。季父蜀郡，蜀郡从弟会稽，会稽从弟南阳君，从兄东莱太守。南阳弟司空公，在朝逶随，正色竭忠，为国讨暴。六侯俱封，受土袭爵，金缯十三。

君继厥绪，少有岐嶷，耽道好古，敦《书》咏《诗》，综纬《河》、《雒》，底究群典。戈纽士进，守舞阳丞。弱冠，守昆阳尉、颍阳令，隐练州郡，所临有迹。帝嘉其德，特拜郎中。察能治剧，除豫章鄡阳长，夷粤跋扈，忮强难化，君奋威飏武，视以好恶，蛮貊振叠，稽颡帅服，□上前逋千有余万，盗贼衰息，境界晏然。

三载有成，州郡诤表，迁成阳令。承先圣之弘轨，见赞像之高踪，遂兴无为之治，优贤飏历，表善绌恶，遵九德以绥民，崇晏晏之惠康，风移俗易，莫不革心，朝有公卓，家有参、骞，分邾之治，优隆于君。追惟尧德广被之恩，依陵亳庙，造立授堂。四远童冠，抠衣受业，著录千人，朝益莫习，衎衎闾闾，尼父授鲁，曷以复加？灵祇瑞应，木连理生，白菟素鸠，游君园庭，荡荡之治，莫能名焉。三司察功，朝廷审真，以君威恩并流，文武兼兴，东莱海滨，须君以宁，诏书换君昌阳令。吏民慕恋，士女惟艰，捼牵君车，轮不得行。君臣流涕，道路琅玕。迫有诏命，靡由复还。于是故从事仲宇、仲授、张躬、万龙、督邮仲规、郡掾间葵□仲瑝、处士王□、董额、间葵斑等，乃共刊石树颂，歌君之美。其辞曰：

赫赫唐君，帝尧之苗。氏族不一，各任所安。本同末异，盖谓斯焉。君体焕炳，有芬有馨。如山如成，嵩如不倾。如□如海，澹如不盈。惟直如矢，秉铨据衡。在朝肃肃，闺门雍雍。廉逾伯叔，洁如珪璋。赋政于外，爱及鬼方。汇夷来降，寇贼进亡。黎庶攸宁，黔首欢康。以德绥抚，宣恩六阳。以仁恤弱，以义抑强。恩由春夏，威如秋霜。赏罚分审，白黑著明。忧者闵稚，不侮寡矜。耽乐道述，咀嚼七经。五六六七，训导若神。接下施与，投财如捐。吏服其德，民归其恩，父父子子，君君臣臣。不帅自举，不拘不烦。囹圄空虚，国无佞民。德及草虫，泽流无垠。蜎飞蠕动，咸赖我君。显显令称，德音常存。

光和六年二月壬午朔廿五日丙午，处士间葵斑恋念唐君，为立碑□。斑字宣高，修《春秋严氏》。大子让公谦袭斑业，次龚叔谦治《尚书欧阳》，次廉仲洁《小夏侯》。耽经史兮履仁义，内和睦兮外奔赴，以家财兮赞君号，诸学□兮相埤助，垂后世兮不之誉。

山阳郡
高平
《三国志》卷二十六《满宠传》：

守高平令。县人张苞为郡督邮，贪秽受取，干乱吏政。宠因其来在传舍，率吏卒出收之，诘责所犯，即日考竟，即弃官归。

湖陆
卷七十九上《儒林·杨伦传》：

顺帝即位……是时邵陵令任嘉在职贪秽，因迁武威太守。后有司奏嘉赃罪千万，征考廷尉，其所牵连将相大臣百有余人。伦乃上书曰："……往者湖陆令张叠、萧令驷贤、徐州刺史刘福等，叠秽既然章，咸伏其诛，而豺狼之吏至今不绝者，岂非本举之主不加之罪乎？"

（南）平阳侯国
卷六十四《延笃传》：

……举孝廉，为（南）平阳侯相。到官，表龚遂之墓，立铭祭祠，擢用其后于畎亩之间。（注：前书龚遂山阳南平阳人，为勃海太守。）

瑕丘

卷四十一《钟离意传》：

后除瑕丘令。吏有檀建者，盗窃县肉。意屏人问状，建叩头服罪，不忍加刑，遣令长休。建父闻之，为建设酒，谓曰："吾闻无道之君，以刃残人；有道之君，以义行诛。子罪，命也。"遂令建进药而死。

《集解》引惠栋曰：

《意别传》：意迁东平瑕丘令。男子倪直勇悍有力，便弓弩，飞射走兽，百不脱一，桀悖好犯长吏。意到官，召署捕盗掾，敕谓之曰："令昔破三军之众，不用尺兵；尝缚暴虎，不用尺绳，但以良谋为之耳。掾之气势安若？宜慎之。"因复召直子涉署门下将，游徼私出入寺门，无所关白，收涉鞭之。直走至寺门，吹气大言，言无上下。意敕直能为子屈者，自缚谢令，不则鞭杀其子，直果自缚。意告曰："令前告汝，尝缚暴虎，不用尺绳，汝自视何如，虎自缚耶？"敕狱械直父子，连结其头，对榜欲死。掾史陈谏，乃贷之。由是相率为善。

卷八十一《独行·李善传》：

字次孙，南阳淯阳人，本同县李元苍头也。建武中疾疫，元家相继死没，唯孤儿续始生数旬，而赀财千万，诸奴婢私共计议，欲谋杀续，分其财产。善深伤李氏而力不能制，乃潜负续逃去，隐山阳瑕丘界中。亲自哺养，乳为生湩，推燥居湿，备尝艰勤。续虽在孩抱，奉之不异长君，有事则长跪请白，然后行之。闾里感其行，皆相率脩义。续年十岁，善与归本县，修理旧业，告奴婢于长吏，悉收杀之。时钟离意为瑕丘令，上书荐善行状。光武诏拜善及续并为太子舍人。

金乡

《隶释》卷八《金乡长侯成碑》:

君讳成,字伯盛,山阳防东人也。其先出自齮岐,周文之后,封于郑。郑共仲赐氏曰侯,厥胤宣多,以功佐国,要盟齐鲁,嘉会自郲,因以为家焉。汉之兴也,侯公纳䇲,济太上皇于鸿沟之厄,谥曰安国君,曾孙酺封明统侯。光武中兴,玄孙霸为临淮大守,拥兵从光武平定天下,转拜执法右刺奸、五威司命、大司徒公,封于陵侯,枝叶繁茂,或家河涓,或邑山济。君则上党太守之弟,幼履慈孝之德,长执忠謇之操,治《春秋经》,博综书传,以典籍教授,滋滋履真。安贫乐道,忽于时荣。敬上接下,温故知新。翘节建志,冠于君伦。孝友内著,仁义外宣。郡请署主簿、督邮、五官掾功曹,守金乡长,即家假印绶,君介心如石,不易其志。刺史嘉其高名,辟部东平、泰山治中从事。君睿精谦虚,委蛇衡门,以礼盘桓,名德可尊。行显身隐,县舆养神。圣人制命,曰仁常存。今胡不然,丧此国伟。君年八十一,建宁二年,岁在己酉,四月二日癸酉,遭疾而卒,呜呼哀哉。于是遐迩士仁,祁祁来庭,集会如云,号哭发哀,泣涕泛兰。将去白日,归彼玄阴,同盟必至,缟素填街。存有显名,终有遗勋,魂如有灵,嘉斯宠荣。于是儒林众俊,惟想形景,乃树立铭石,以扬淑美。其辞曰:

於穆君德,姿履正平。乾皇所挺,应符如生。耽艺乐术,恬忽世荣。虚位礼请,介然不倾。寿非南山,不俟河清。梁木圯颓,鸿仪催零。昆嗣切剥,哀恸感情。乃铭乃勒,亿载永宁。夫人以延熹七年,岁在甲辰,十一月三日庚午遭疾终。

防东

《隶续》卷一《郎中王政碑》:

君讳政,字季酺。……守防东长,威□双行,帅下以俭,决讼明□，民无□□，淫佚革弹，闾里□□，风化宣流，家□□施。

泰山郡
嬴
《太平御览》四一九引谢承《后汉书》：

韩韶字仲黄，颍川人。韶为嬴长，嬴邻境岁饥，多被寇，废耕桑，其民流入县界，求索衣粮者众。韶愍其饥困，开仓赈之，所廪赡万余户。主者争谓不可，韶曰："长活沟壑之民，而以此伏罪，可含笑入地也。"

莱芜
《天中记》四八引华峤《汉后书》：

范丹为莱芜长，去官无被，空囊自随。

《艺文类聚》六、《太平御览》七五七、三七引谢承《后汉书》：

范丹字史云，为莱芜长，遭党锢。所居单陋，有时绝粮。闾里歌之曰："甑中生尘范史云，釜中生鱼范莱芜。"

徐州刺史部
东海郡　东海国
襄贲
卷二十《祭肜传》（《艺文类聚》五○、《北堂书钞》七八、《太平御览》二六七引司马彪《续汉书》略同）：

（光武时）迁襄贲令。时天下郡国尚未悉平，襄贲盗贼白日公行。肜至，诛破奸猾，殄其支党。数年，襄贲政清。

兰陵
卷七十一《朱儁传》：

后（会稽）太守徐珪举儁孝廉，再迁，除兰陵令，政有异能，为东海相所表。

下邳

卷七十八《宦者列传》：

……徐璜，下邳良城人……璜兄子宣为下邳令，暴虐尤甚。先是，求故汝南太守下邳李暠女，不能得。及到县，遂将吏卒至暠家，载其女归，戏射杀之，埋诸寺内。时下邳县属东海，汝南黄浮为东海相，有告言宣者，浮乃收宣家属，无少长皆考之。掾史以下固谏争，浮曰："徐宣国贼，今日杀之，明日坐死，足以瞑目矣。"即案宣罪弃市，暴其尸以示百姓，郡中震慄（按，由此段材料可知，下邳县此时属东海国，钱表系于下邳国，误）。

琅邪国　琅邪郡

缯

卷八十二下《方术·公沙穆传》：

字文乂，北海胶东人也。……后举孝廉，以高第为主事，迁缯相。时缯侯刘敞，东海恭王之后也，所为多不法，废嫡立庶，傲很放恣。穆到官，谒曰："臣始除之日，京师咸谓臣曰'缯有恶侯'，以吊小相，明侯何因得此丑声之甚也？幸承先人之肢体，传茅土之重，不战战兢兢，而违越法度，故朝廷使臣为辅。愿改往修来，自求多福。"乃上没敞所侵官民田地，废其庶子，还立嫡嗣。其苍头客犯法，皆收考之，因苦辞谏敞。敞涕泣为谢，多从其所规。

莒

《三国志》卷八《陶谦传》注引谢承《后汉书》：

赵昱字元达（琅邪国人）……国相檀谟、陈遵共召，不起，或兴盛怒，终不回意。举孝廉，除莒长，宣扬五教，政为国表。会黄巾作乱，陆梁五郡，郡县发兵，以为先办。徐州刺史巴祇表功第一，当受迁赏。昱深以为耻，委官还家。

彭城国

彭城

卷三十上《杨厚传》：

（杨统）建初中为彭城令。一州大旱，统推阴阳消伏，县界蒙泽。太守宗湛使统为郡求雨，亦即降澍。

本传注引袁山松《后汉书》曰：

统在县，休征时序，风雨得节，嘉禾生于寺舍，人庶称神也。

卷六十七《党锢·魏朗传》：

初辟司徒府，再迁彭城令。时中官子弟为国相，多行非法，朗与更相章奏，幸臣忿疾，欲中之。会九真贼起，乃共荐朗为九真都尉。

菑丘

卷三十九《刘平传》：

字公子，楚郡彭城人也。……王莽时为郡吏（守菑丘长），政教大行。

济南郡　济南国

东平陵

卷七十六《循吏·刘宠传》：

字祖荣，东莱牟平人也。……父丕，博学，号为通儒。宠少受父业，以明经举孝廉，除东平陵令，以仁惠为所爱。母疾，弃官去，百姓将送塞道，车不得进，乃轻服遁归。

《艺文类聚》卷五十引司马彪《续汉书》（《三国志·吴志·刘繇传》注，《太平御览》二七六、《北堂书钞》七八等引略同）：

刘宠除东平陵令。是时民俗奢泰，宠到官躬俭，训民以礼，上下有序，都鄙有章。视事数年，以母病弃官归，百姓士女攀车拒轮，充塞道路，车不得前，乃轻服潜遁。

菅

《三国志》卷十二《司马芝传》：

> 字子华，河内温人也。……太祖平荆州，以芝为菅长。时天下草创，多不奉法。郡主簿刘节，旧族豪侠，宾客千余家，出为盗贼，入乱吏治。顷之，芝遣节客王同为兵，掾史据白："节家前后未尝给繇，若至时藏匿，必为留负。"芝不听，与节书曰："君为大宗，加股肱郡，而宾客不与役，既众庶怨望，或流声上闻。今调同等为兵，幸时发遣。"兵已集郡，而节藏同等，因令督邮以军兴诡责县，县掾史穷困，乞代同行。芝乃驰檄济南，具陈节罪。太守郝光素敬信芝，即以节代同行。青州号芝"以郡主簿为兵"。

青州刺史部

北海国

淳于

《隶释》卷八《淳于长夏承碑》：

> 君讳承，字仲充，东莱府君之孙，大尉掾之中子，右中郎将弟也。……除淳于长，到官正席，流恩褒善，纠奸示恶，旬月化行，风俗改易。轓轩六辔，飞跃临津，不日则月。皓天不吊，殃此良人，年五十有六，建宁三年六月癸巳淹疾卒官，呜呼痛哉！臣隶辟踊，悲动左右，百姓号咷，若丧考妣，孩孤愤泣，忉怛伤摧，勒铭金石，惟以告哀。其辞曰：
>
> 於穆皇祖，天挺应期。佐时理物，绍纵先轨。积德勤约，燕于孙子。君之群戚，并时繁祉。明明君德，令问不已。高山景行，慕前贤列。庶同如兰，意愿未止。中遭冤夭，不终其纪。

夙世贾祚，早丧懿宝。抱器幽潜，永归蒿里。痛矣如之，行路感动。党魂有灵，垂后不朽。

剧

卷七十九《儒林·伏恭传》：

　　字叔齐，琅邪东武人……建武四年，除剧令，视事十三年，以惠政公廉闻青州举为尤异。

高密侯国

《三国志》卷十一《王脩传》：

　　字叔治，北海营陵人也。……初平中，北海孔融以为主簿，守高密令。高密孙氏素豪侠，人客数犯法。民有相劫者，贼入孙氏，吏不能执。脩将围之，孙氏拒守，惮，不敢近。脩令："敢有不攻者与同罪。"孙氏惧，乃出贼。由是豪强慑服。……时胶东多贼寇，复令脩守胶东令。胶东人公沙庐宗强，自为营堑，不肯应发调。脩独将数骑径入其门，斩庐兄弟，公沙氏惊愕，莫敢动，脩抚慰其余，由是寇止。（孔）融每有难。脩虽休归在家，无不至，融常赖脩以免。

　　袁绍又辟脩除即墨令。

卷四十四《胡广传》注引谢承《后汉书》：

　　（李）咸字元卓，汝南西平人。……三府并辟，司徒胡广举茂才，除高密令，政多奇异，青州表其状。

胶东县　侯国

卷三十七《桓鸾传》：

　　年四十余，时太守向苗有名迹，乃举鸾孝廉，迁为胶东令。始到官而苗卒。鸾即去职奔丧，终三年然后归。淮汝之间高其义。

卷六十四《吴祐传》（《艺文类聚》卷六五、《太平御览》卷

八二四引谢承《后汉书》略同):

> 以光禄四行为胶东侯相。时济北戴宏,父为县丞。宏年十六,从在丞舍,祐每行园,常闻讽诵之音,亦与为友。卒成儒宗,知名东夏。

《北堂书钞》卷七四引谢承《后汉书》:

> (吴)祐为胶东相,政事清净,以身率下,褒贤赏善。

七五引:

> 吴祐迁胶东相,民有词讼,先令三老以孝悌喻解,祐身至闾里和之,吏民不忍欺。

《北堂书钞》卷七五引谢承《后汉书》:

> 吴祐迁胶东相,有男子母丘长与母俱行,道遇贼,奸辱其母,遂杀之。追捕得长,祐问有子乎,曰有妻未有子,召长妻至狱,解桎梏,使同宿,遂孕,至冬行杀,长齿指断,含血誓:"若生男,名曰吴生,以报吴君也。"

平原郡　平原国

平原

卷六十三《杜乔传》:

> (杜)乔故掾陈留杨匡……迁平原令。时国相徐曾,中常侍璜之兄也,匡耻与接事,托疾牧豕去。

《艺文类聚》九七引谢承《后汉书》:

> 杨章为杜乔所辟,为平原令。弃官归,闻(李)固、(杜)乔暴尸,星行赴洛,著散衣赤帻,守其尸,驱护蝇虫。天子嘉其忠义,听其殡殓。

高唐

卷四十一《第五伦传》:

> 王莽末……(京兆尹鲜于褒)坐事左转高唐令。临去,握

伦臂，诀曰："恨相知晚。"

《三国志》卷三十二《先主传》：

（灵帝末，献帝初）为高唐尉，迁为令，为贼所破，往奔中郎将公孙瓒，瓒表为别部司马。

卷七十七《酷吏·阳球传》：

出为高唐令。以严苛过理，郡守收举。会赦见原。

祝阿

《三国志》卷二十七《王昶传》：

（任）嘏，乐安博昌人也……父旟，字子旗，以至行称。……州郡并招举孝廉，历……祝阿令。

乐安国

临济

卷八十上《文苑·崔琦传》：

字子玮，涿郡安平人，济北相瑗之宗也。……后除为临济长，不敢之职，解印绶去，冀遂令刺客阴求杀之。

东莱郡

不其

卷七十六《循吏·童恢传》：

字汉宗，琅邪姑幕人也。……除不其令。有犯违禁法，辄随方晓示。若吏称其职、人行善事者，皆赐以酒肴之礼以劝厉之。耕织种收，皆有条章。一境清静。牢狱连年无囚，比县流人归化，徙居二万余户。民尝为虎所害，乃设槛捕之，生获二虎。恢闻而出呪虎曰："天生万物，唯人为贵，虎狼当食六畜，而残暴于人！王法杀人者死，伤人则论法，汝若是杀人者，当垂头伏罪，自知非者当号呼称冤。"一虎低头闭目，状如震惧，即时杀之；其一虎视恢鸣吼，踊跃自奋，遂令放释。为之歌颂，青州举尤异。

《集解》引惠栋曰：

> 《齐民要术》云：恢为不其令，率民养一猪、雌鸡四头，以供祭祀，买棺木。

同传注、《艺文类聚》九九、《太平御览》九二二、《事类赋注》一九引谢承《后汉书》：

> 琅邪董种为不其令，赤雀乳厅事前桑上，民为作歌颂。

临淄

卷三十九《江革传》：

> 字次翁，齐国临淄人也。……（建武末）乡里称之曰"江巨孝"。

注引华峤《汉后书》：

> 临淄令杨音高之，设特席，显异巨孝于稠人广众中，亲奉钱以助供养。

卷五十一《桥玄传》，王先谦《集解》引惠栋（引文具见《太平御览》四八一引谢承《后汉书》）：

> 玄迁齐国相，有孝子为父报仇，系临淄狱，玄愍其至孝，欲上谳减罪，县令路芝酷烈苛暴，因杀之，惧玄收录，佩印绶欲走，玄自以为深负孝子，捕得芝，束缚械系以还，笞杀以谢孝子冤魂。《太尉桥公庙碑》：临淄令路芝赃多罪正，受鞠就刑，没齿无怨，竟以不先请免官。栋按：合二书观之，玄虽以其杀孝子，仍坐赃罪而刑之也。

广陵郡

堂邑

卷四十一《钟离意传》：

> （建武）二十五年，迁堂邑令。县人防广为父报仇，系狱，

其母病死，广哭泣不食。意怜伤之，乃听广归家，使得殡殓。丞掾皆争，意曰："罪自我归，义不累下。"遂遣之。广殓母讫，果还入狱。意密以状闻，广竟得减死论。

《北堂书钞》七六引司马彪《续汉书》：

钟离意迁堂邑令，慎刑轻罚，抚顺百姓，如视赤子。

七八引华峤《汉后书》：

钟离意除堂邑令，民其市肆，起工兴役。意祝曰："兴工，令也，百姓无罪。如有祸，令自当之。"吏民皆感之也。

《隶释》卷九《堂邑令费凤碑》：

惟熹平六年岁格于大荒无射之月，堂邑令费君寝疾卒。呜呼哀哉。于是夫人元弟故□□□守卜胤追而诔之。其辞曰：

君体履柔和，温其如玉。修孝友乎闺阃，执忠謇于王室。立迹州郡，仕更右职。举直错枉，强御□傤。贡孝三署，励誉有则。出宰近甸，民怀厥德。色斯轻翔，翻然高洁。王人述职，分□班爵。台□□招，助鼎调物。退己进弟，不营荣禄。栖迟历稔，项领滞畜。鄣土不庭，黔民作虐，命君□□，政化□行，徙善迁恶，三期致道，有耻且格，牧守旌功，转左堂邑。垂拱不言，而民帅伏。三时之间，卒以□洽。旻天不吊，命也早殁。春秋六十六。梨仪瘁伤，泣涕连漉。岂爱我躬？命不可赎。临终迷□□内发。祖业良田，亩直一金。推予弟息，辞位让财。行义高邵，卓不可及。名实相副，有始有卒。□□人善，痛兮切恻。故吏鄡施业字世坚，义民堂邑咸忠，忠年十有一，慈考早陨丧，以备于礼制，蓬首而□□□坏而消辟地□□□行母氏以□□□□而悼伤，服□菲五五，缞杖其未除。广陵之郡守，东海□□闻寝疾而终卒。凡百普悲□□□□舜化比屋之余庆，随□棺柩车哀以而逆之，祖载已毕迄，还返其故乡。君□其节操，悲其有□□□每以□□其老亲，忠□君顾德，念君之仁恩，闻君之陨隧，剥断而辛酸，复截麻杖□君之柩棺，扶号而竭□泣涕其□□□□□□□甫于岐山□□其从之迷君而到官上书而荐君，尽禽息之□□□君之□□□君□三□□于山□列种嘉奇树，特为之润鲜，忠业与□□犹君恩使。虽君有大化，孰能尔者难。子丧之终□□□思其颜，而□死可赎，不爱□□人。今君□于彼。卓谲而超伦，吏氏慕高踪，来者其如雨。伟名建磐石，垂示于□□。

另参《隶释》卷十一《梁相费汎碑》。

东阳

《三国志》卷七《陈登传》注引《先贤行状》：

登忠亮高爽，沈沉有大略，少有扶世济民之志，博览载籍，雅有文艺，旧典文章，莫不贯综。年二十五，举孝廉，除东阳长，养耆恤孤，视民如伤。

下邳国

东城

《太平御览》二六七引华峤《汉后书》：

刘永国字叔儒，为东城令。民闻其名，枉者更直，浊者强清，肃然无事，唯以著作为事。

下邳

《太平御览》二六七引《东观汉纪》：

韩稜字伯归，颍川人也，为下邳令。视事为期，爱慕。时临县皆雹伤稼，唯下邳界独无。

《琱玉集》引无名氏《后汉书》：

韩稜字伯归，后汉颍川舞阳人也。为下邳令，甚有仁敏，政不偏颇。临县皆雹，伤苗稼，独不入下邳县界。

豫州刺史部

汝南郡

平舆

卷二十六《韦义传》：

兄顺字叔文，平舆令，有高名。

《隶续》卷一《平舆令薛君碑》：

惟延熹六年春二月，平舆令辟君卒，乌虖哀哉！吏民其咨，咨君之德，乃建碑石于墓之侧。其辞曰：

於皇降德，于兹我君。我君肇祖，官有世功。乃侯于薛，苗胤枝分。作汉卿尹，七世相承。君之懿德，性此淑真。如冰之洁，如玉之坚。靡术不综，周礼不遵。忻忻之至，三族以敦。英名委质，宣昭令闻。升州入宰，晒乎其勋。莅政已吾，烂而有成。迁典平舆，匪威匪仁。宽猛以济，藐矣惟清。化未期月，遭此竺旻，吏民穆卜，尝祷屏营。旻天不吊，不惬遗君，奄忽薨徂，命不可攀，国人巷哭，若丧厥亲。鬓白号怛，童稚唫呻。嗟嗟酷痛，如何昊乾。灵柩旋归，卜此穸窆，哀哀士俊，恻尔酸辛。姻族毕至，素缟填庭。於是吏民，乃复追叹。君初举孝，三署播名。爱佐戎□，来临汝南。剖符之贰，千里同尘。料拣真实，好此徽声。贡奇达异，迥酎清英。遗风令歌，永矢不愃。云君回轸，谁不怀欢。□意迷流，乃陨乃颠。如可赎也，人百其身。昔邵临国，民谓之父。今也薛君，追蹈厥绪。身殁言存，是谓不朽。于我吏民，悲慕周已。刊石纪铭，永昭于后。

西平

卷二十九《郅恽传》：

字君章，汝南西平人也。……（建武初）恽遂辞归乡里，县令卑身崇礼，请以为门下掾。恽友人董子张者，父先为乡人所害，及子张病将终，恽往候之。子张垂殁，视恽，欷歔不能言，恽曰："吾知子不悲天命，而病仇不复也。子在，吾忧而不手；子亡，吾手而不忧也。"子张但目击而已。恽即起将客遮仇人，取其头以示子张，子张见而气绝。恽因而诣县以状自首，令应之迟，恽曰："为友报仇，吏之私也；奉法不阿，君之义也；亏君以生，非臣节也。"趋出就狱。令跣而追恽，不及，遂自至狱。令拔刀自向以要恽，曰："子不从我出，敢以死明心。"恽得此乃出。因病去，久之，太守欧阳歙请为功曹。

上蔡

卷十九《耿国传》：

国曾任上蔡令，所在称之。

卷四十一《宋均传》：

字叔庠，南阳安乐人也。……建武中，迁上蔡令。时府下记，禁人丧葬不得侈长。均曰："夫送终踰制，失之轻者。今有不义之民，尚未循化，而遽罚过礼，非政之先。"竟不肯施行。

均性宽和，不喜文法……

《初学记》十七，《太平御览》四一六引谢承《后汉书》：

李鸿字奉逊，礼信仁孝，友于兄弟。弟育为人所侮辱，育后阴结客报怨，为执法吏所得，当伏罪，时未有立嗣。鸿为太尉掾，在京师。伤育以义刷耻，门户断绝，因欲代育，遂刻印还归，欲过家，恐见妻子，亏移其意，到县北亭，预作记，乞代育，通记，便饮鸩而死。县令省记，怛然惊感矣。

《太平御览》四一四引《汝南先贤传》：

李鸿字太孙，上蔡人，闺门孝友。弟仲为从父报仇，系狱欲。鸿便割发，诣县通记，乞代弟，即自杀。仲得减罪。

汝阴

卷七十九《宋登传》（《艺文类聚》六五引华峤《汉后书》同）：

子叔阳，京兆长安人也。……少传欧阳《尚书》，教授数千人，为汝阴令。政为明能，号称"神父"。

《辑注》引谢承《后汉书》：

汝南尹昆为汝阴功曹。令新到官，问曰："园中有桑，以饭蚕如何？"昆曰："非初政所务。"令嘉其言。

尹昆字□渊，为侍御七日，特拜尚书仆射，诏曰："惟君功曹时，以太守之术，克奖王室，其有录台事，勿令谬误！"

新息

卷六十四《吴祐传》：

长子凤，官至乐浪太守。少子恺，新息令。凤子冯，（鲖阳侯相）。皆有名于世。

卷六十七《贾彪传》：

字伟节，颍川定陵人也。……初仕州郡，举孝廉，补新息长。小民困贫，多不养子，彪严为其制，与杀人同罪。

新蔡

卷六十四《吴祐传》：

（雍丘黄）真后亦举孝廉，除新蔡长，世称其清节。

卷二十九《郅恽传》注引谢承《后汉书》（《辑注》同）：

郑敬字次卿，汝南人。闲居不修人伦。新迁都尉逼为功曹。厅事前树时有清汁，以为甘露。敬曰："明府政未能致甘露，此清木汁耳。"辞病去（注：新迁即新蔡，王莽所改）。

《全后汉文》卷一百一《青陂碑》：

青陂在县坤地，源起桐柏淮川，别流入于潺溪，径新息墙陂，衍入褒信界，灌溉五百余顷。（《水经·汝水注》："建宁三年，新蔡长汝南缑氏李言，上请修复青陂，司徒臣训，尚书臣袭，奏可，于洛阳宫青陂东塘南树碑。"）

慎

卷六十七《巴肃传》：

字恭祖，勃海高城人也。初察孝廉，历慎令……以郡守非其人，辞官去。

《隶释》卷八《慎令刘修碑》：

君讳修，字伯麟……迁慎令，行无为之政，崇澹泊以惠利。素苦风痹，到官期月，见臣吏，敕儿子人命噂吸，不欲烦扰吏民，欲生见旧土，归终于家。百姓追逐，扣马攀轮，遂不复还。年六十七，建宁四年五月甲戌卒。二弟龙纯，恋哀孔怀。孤生儁协邰，长号恩慕，立此碑铭，以表景行。其辞曰：

於惟君德，忠孝正直。至行通洞，高明柔克。鬼神富谦，受兹介福。知命不延，引舆旋归。忽然轻举，志敫拔葵。人皆有亡，贵终誉兮。殁而不朽，垂名著兮。

固始县（侯国）、期思

《隶释》卷三《楚相孙叔敖碑》：

楚相孙君讳饶，字叔敖，本是县人也。六国时期思属楚，楚都南郢，南郢即南郡江陵县也。君受纯灵之精，怀绝世之才，有大贤次圣之质。少见歧首蛇，对其母泣："吾将死。"母问其故，曰："吾闻见歧首蛇者死。今日见之。"母曰："若奈之何？""吾杀。行数十步，念独吾死可，空复令他人见之死为，回埋掩其形。"母曰："若无忧焉。"其阴德玄善，遂为父母九族所异。及其为相，布政以道，考文象之度，敬授民时。聚藏于山，殖物于薮，宣导川谷，波障源泉，溉灌坂泽，堤防湖浦，以为池沼。钟天地之美，收九泽之利，以殷润国家，家富人喜，优谣乐业。拭序在朝，野无螟蝛，丰年蕃庶，人有曾、闵贞孝之行，四民美好，从容中节，高椢改币，一朝而化。其忧国忘私，乘马三年，不别牝牡，继高阳、重黎、五举、子文之统。

其忠信廉勇，礼乐文章，轨仪同制。其富国充民，明天时，尽地力，霆坚禹稷，不能逾也。专国权宠而不荣华，一旦可得百金，至于没齿而无分铢之蓄。破玉玦，不以宝财遗子孙，终始若矢。去不善如绝弦，辟患害于无形。狷节高义，敦良奇分，自曹臧、孤竹、吴札、子罕之伦，不能骖也。生于季末，仕于灵王，立涸浊而澄清，处幽昏而照明，其遗武余典，恨不与戏皇帝代同世。世为列姬，国在朝廷，其意常墨，墨若冠章甫而坐涂炭也。病甚临卒，将无棺椁，令其子曰："优孟曾许千金贷吾。孟，楚之乐长，与相君相善，虽言千金，实不负也。"卒后数年，庄王置酒以为乐，优孟乃言孙君相楚之功，即慷慨商歌，曲曰："贪吏而可为，而不可为，廉吏而可为，而不可为。贪吏而不可为者，当时有污名；而可为者，子孙以家成。廉吏而可为者，当时有清名，而不可为者，子孙困穷，披褐而卖薪。贪吏常苦富，廉吏常苦贫，独不见楚相孙叔敖，廉洁不受钱。"涕泣数行，若□首王。王心感动觉悟，问孟，孟具列对。即求其子而加封焉。子辞："父有命，如楚不忘亡臣，社稷□而欲有赏，必于潘国，下湿埆垧，人所不贪。"遂封潘乡。潘即固始也。三九无嗣，国绝祀废。

固始令段君梦见孙君，则存其后，就其故祠，为架庙屋，立石铭碑，春秋烝尝，明神报祚，即岁迁长掖大守，及期思县宰。段君讳光，字世贤，魏郡邺人。庶慕先贤，体德允恭，笃古尊旧，奉履宪章，钦翼天道，五典兴通，文籍祭祠，祗肃神明，临县一载，志在惠康，坐枯禀乏，爱育藜蒸，讨扫丑类，鳏寡是矜，杜伪养善，是忠表仁。感想孙君，乃发嘉训，兴祀立坛，勤勤爱敬，念意自然，刻石铭碑，千载表绩，万古标记，福佑期思，县兴士炽，孙氏蒙恩。汉延熹三年五月廿八日立。

《孙叔敖碑阴》：

> 延熹三年，岁在□□，中夏之节，政在封表，期思长光视事一纪，访问国中耆年旧齿，素闻孙君楚时良辅，本起此邦，垂名于后，博求遗苗，曾玄孙子，考龟吉辰，五月辛卯，宜以存废，可立碑祀。招请诸孙都会国右郭西道北，处所显好，兴上罕祭，倡优鼓舞，式序其胄，授之端首。光以不肖，贪追贤烈，以自荣宠。时丞左冯翊姓如讳武、尉京兆周陵，详集共造，户曹掾哀腾，令史许松。

西华

卷八十一《独行·戴封传》(《初学记》卷二"积薪"条引谢承《后汉书》述戴封求雨事略同)：

> 字平仲，济北刚人也。……迁西华令。时汝颍有蝗灾，独不入西华界。时督邮行县，蝗忽大至，督邮其日即去，蝗亦顿除，一境奇之。其年大旱，封祷请无获，乃积薪坐其上以自焚，火起而大雨暴至。于是远近叹服。

细阳

卷三十三《虞延传》(《艺文类聚》卷五十引司马彪《续汉书》略同)：

> 字子大，陈留东昏人也。……建武初，仕执金吾府，除细阳令。每岁时伏腊，辄休遣徒系，各使归家。并感其恩德，应期而还。有囚于家被病，自载诣狱，既至而死。延率掾史殡于门外，百姓感悦之。

《北堂书钞》七八引谢承《后汉书》：

> 虞延除细阳令，岁时伏腊，遣徒系各使还家，并感之，应期而归。

卷八十一《独行·陈重传》：

> 字景公，豫章宜春人也。……后举茂才，除细阳令，政有

异化，举尤异。

朗陵县（侯国）

《后汉纪》卷二十一《桓帝纪上》：

> 永兴二年二月，颍川荀淑对策讥切贵幸，为梁冀所忌，出为朗陵侯相，敬爱，称为神君焉。淑字季和，弃官隐居，以寿终。

卷五十二《荀淑传》（《三国志·魏志·荀彧传》注引司马彪《续汉书》同）：

> ……出补朗陵侯相，莅事明理，称为神君。顷之，弃官归，闲居养志。

《三国志》卷二十三《赵俨传》：

> 字伯然，颍川阳翟人也。……太祖以俨为朗陵长。县多豪猾，无所畏忌。俨取其尤甚者，收缚案验，皆得死罪。俨既因之，乃表府解放。自是恩威并著。

《三国志》卷二十六《田豫传》：

> 字国让，渔阳雍奴人也。……太祖召署为丞相军谋掾，除……朗陵令……所在称治。

召陵

卷八十一《独行·缪肜传》：

> 字豫公，汝南召陵人也。……仕县为主簿。时县令被章见考，吏皆畏惧自诬，而肜独证据其事。掠考苦毒，至乃体生蛆虫。因复转换五狱，喻涉四年，令卒以自免（和帝时）。

卷八十二《方术·公沙穆传》注引谢承《后汉书》：

> 穆子孚，字允慈，亦为善士。举孝廉，尚书侍郎，召陵令，上谷太守。

召陵县(侯国)

卷七十七《酷吏·周纡传》:

(肃宗时)迁召陵侯相。廷掾惮纡严明,欲损其威,乃晨取死人断手足立寺门,纡闻便往,至死人边,若与死人共语状,阴察视口眼有稻芒,乃密问守门人曰:"悉谁载藁入城者?"门者对:"唯有廷掾耳。"又问铃下:"外颇有疑令与死人语者不?"对曰:"廷掾疑君。"乃收廷掾考问,具服"不杀人,取道边死人"。后人莫敢欺者。

征羌

卷六十七《党锢·范滂传》:

字孟博,汝南征羌人也。……建宁二年,遂大诛党人,诏下急捕滂等,督邮吴导至县,抱诏书伏床而泣,滂闻之曰:"必为我也。"即自诣狱,县令郭揖大惊,出解印绶,引与俱亡。曰:"天下大矣,子何为在此?"

城父

《三国志》卷十二《何夔传》:

字叔龙,陈郡阳夏人也。……(建安二年后)出为城父令。(注引《魏略》曰:自刘备叛后,东南多变。太祖以陈群为酂令人,夔为城父令。诸县皆用名士以镇抚之,其后稍定。)

汝阳

卷四十五《袁安传》:

字邵公,汝南汝阳人也。……为人严重有威,见敬于州里。初为县功曹,奉檄诣从事,从事因安致书于令,安曰:"公事自有邮驿,私请则非功曹所持。"辞不肯受,从事惧然而止。

《三国志》卷第六《刘表传》注引《傅子》:

(蒯)越,蒯通之后也。……求出为汝阳令,佐刘表平定境内,表得以疆大。

安阳

卷三十九《刘平传》:

中兴,庐江毛义少节,家贫,以孝行称。南阳人张奉慕其名,往候之。坐定而府檄适至,以义守令。义奉檄而入,喜动颜色。奉者,志尚士也,心贱之,自恨来,固辞而去。及义母死,去言行服。数辟公府,为县令,进退必以礼。(注引《东观记》曰:义为安阳尉。府檄到,当守令。)

吴房

《三国志》卷六《董卓传》注引谢承《后汉书》:

(汝南)伍孚字德瑜。少有大节,为郡门下书佐。其本邑长有罪,太守使孚出教,敕曹下督邮收之。孚不肯受教,伏地仰谏曰:"君虽不君,臣不可不臣。明府奈何令孚受教,敕外收本邑长乎?更乞授它吏。"太守奇而听之。

颍川郡

阳翟

卷十九《耿国传》:

字叔虑,建武四年入侍……后历……阳翟令……所在称之。

襄城

卷三《肃宗孝章帝纪》:

元和二年春正月乙酉。诏三公曰:"……安静之吏,悃愊无华,日计不足,月计有余。如襄城令刘方(注:方字伯况,平原人),同声,谓之不烦,虽未有它异,斯亦殆近之矣。间敕二千石各尚宽明,而今富奸行赂于下,贪吏枉法于上,使有罪不论而无过被刑,甚大逆也。夫以苛为察,以刻为明,以轻为德,以重为威,四者或兴,则下有怨心。吾诏书数下,冠盖接道。而吏不加理,人或失职,其咎安在?勉思旧令,称朕意焉。"

卷七十六《循吏·卫飒传》：

> 河内修武人也。……建武二年，辟大司徒府，举能案剧，除侍御史、襄城令，政有名迹。

郾

《隶释》卷七《山阳太守祝睦后碑》：

> （祝睦）以孝廉举，赞拜王庭，除北海长史、颍川郾令，化行如风，民应如草。三载考绩，名登明堂，色斯举矣，复身衡门，童冠翔集，耽经乐术，潜身默然，与俗殊好。

卷四十五《周荣传》：

> （荣章帝或和帝时）自郾令擢为尚书令。……所历郡县，皆见称纪。

舞阳、昆阳、颍阳

《隶释》卷五《汉成阳令唐扶颂》：

> 君讳扶，字正南，颍川郾人也。守舞阳丞，弱冠守昆阳尉、颍阳令。隐练州郡，所临有迹。

《全后汉文》卷一百三《豫州从事尹宙碑》：

> 君讳宙，字周南。其先出自有殷，乃迄于周世作师尹，赫赫之盛，因以为氏。吉甫相周宣，勋力有章，文则作颂，武襄猃狁。二子著诗，列于风雅。及其玄孙言多世事景王，载在史典。秦兼天下，侵暴大族，支判流迁，或居三川，或徙赵地。汉兴，以三川为颍川，分赵地为钜鹿，故子心腾于杨县，致位执金吾，子孙以银艾相继。在颍川者家于鄢陵，克缵祖业，牧守相亚。君东平相之玄，会稽太守之曾，富波侯相之孙，守长社令之元子也。君体温良恭俭之德，笃亲于九族，恂恂于乡党，交朋会友，贞贤是与。治《公羊春秋经》，博通书传。仕群历主簿、督邮、五官掾功曹，守昆阳令。州辟从事，立朝正色，进

思尽忠，举衡以处事，清身以寓时，高位不以为荣，卑官不以为耻，含纯履轨，秉心惟常。京夏归德，宰司嘉焉。年六十有二，遭离寝疾，熹平六年四月己卯卒。于是论功叙实，宜勒金石，乃作铭曰：

於铄明德，於我尹君。龟银之胄，奕世载勋。纲纪本朝，优劣殊分。守摄百里，遗爱在民。佐翼牧伯，诸夏肃震。当渐鸿羽，为汉辅臣。位不福德，寿不随仁。景命不永，早即幽昏。名光来世，万祀不泯。

颍阴

卷六十二《荀淑传》：

初，荀氏旧里名西豪。颍阴令渤海苑康以为昔高阳氏有才子八人，今荀氏亦有八子，故改其里曰"高阳里"。

许

卷六十二《陈寔传》：

字仲弓，颍川许人也。……少作县吏，尝给事厮役，后为都亭佐，而志好学。坐立诵读，县令邓诚试与语，奇之，听受业太学。后令复召为吏，乃避隐城山中。时有杀人者，同县杨吏以疑寔，县遂逮系，考掠无实，而后得出。及为督邮，乃密托许令，礼召杨吏。远近闻者咸叹服之。

鄢陵

卷二十六《宋弘附子则传》：

字元矩，为鄢陵令，亦有名迹。拔同郡韦著，扶风法真，称为知人。则子年十五，与苍头共弩射，苍头弦断矢激，误中之，即死。奴叩头就诛，则察而恕之。颍川荀爽深以为美，时人亦服焉。

父城

卷十七《冯异传》:

> 字公孙,颍川父城人也。……汉兵起,异以郡掾监五县,与父城长苗萌共城守,为王莽拒汉。……(异)谓苗萌曰:"今诸将皆壮士屈起,多横暴,独有刘将军所到不掳掠,观其言语举止,非庸人也,可以归身。"苗萌曰:"死生同命,敬从子计。"……及光武为司隶校尉,道经父城,异即开门奉牛酒迎。光武署为主簿,苗萌为从事,异因荐邑子铫期、叔寿、段建、左隆等,光武皆以为掾史,从至洛阳。

郏

卷三十三《冯鲂传》:

> 字孝孙,南阳湖阳人也。……为郡族姓。……迁郏令。后车驾西征隗嚣,颍川盗贼群起,郏贼延褒等众三千余人,攻围县舍,鲂率吏七十许人力战连日,弩矢尽,城陷,鲂乃遁去。帝闻郡国反,即驰赴颍川,鲂诣行在所,帝案行斗处,知鲂力战,乃嘉曰:"此健令也!"所当讨击,勿拘州郡。褒等闻帝至,皆自髡剔,将其众请罪。帝且赦之,使鲂转降诸聚落,县中平定,诏乃悉以褒等还鲂诛之。鲂责让以军法,皆叩头曰:"今日受诛,死无所恨。"鲂曰:"汝知悔过伏罪,今一切相赦,听各反农桑,为令作耳目。"皆称万岁。是时每有盗贼,并为褒等所发,无敢动者。县界清静。十三年,迁魏郡太守。

长社

《三国志》卷十五《贾逵传》注引《魏略·杨沛传》:

> 及太祖辅政,以沛为长社令。时曹洪宾客在县界,征调不肯如法。沛先挝折其脚,遂杀之。由此太祖以为能。

定陵

《北堂书钞》三八、《艺文类聚》七三、《太平御览》七九五引谢承《后汉书》：

> 豫章宋度字叔平，为定陵令，素杯食麦饭，饮酒。

《北堂书钞》九八、《事类赋注》二七、《太平御览》九六四引谢承《后汉书》：

> 豫章宋度拜定陵令。县民杜伯夷清高不仕，度数就与高谈，致枣栗而已。伯夷感德，诣县，县署功曹。

《全后汉文》卷九十八《嵩岳太室石阙铭》：

> 惟中岳□□，崇高神君，冢土□□，岱气最纯，春生万物，肤寸起云，润施源流，洪濛沛宣，竝天四海，莫不蒙恩。圣朝肃敬，众庶所尊，斋试奉祀，戢栗尽勤，以颂功德，刻石纪文，垂显□□，以传后贤。元初五年四月，阳城□长左冯翊万年吕常始造作此石阙。

梁国

下邑

《三国志》卷四十九《刘繇传》，又见于同书卷七《臧洪传》：

> 字正礼，东莱牟平人也。……举孝廉，为郎中，除下邑长（建安时期）。时郡守以贵戚脱之，遂弃官去。

睢阳

卷七十六《循吏·任延传》：

> （建武五年左右）征诣洛阳，以病稽留，左转睢阳令。九真生为立祠。

虞

卷三十三《冯鲂传》：

> 建武三年，征诣行在所，见于云台。拜虞令。为政敢杀罚，

以威信称。

蒙

卷六十七《党锢·檀敷传》：

> 字文有，山阳瑕丘人。……灵帝即位，太尉黄琼举方正。对策和时宜，再迁议郎，补蒙令。以郡守非其人，弃官去。

无考

《太平御览》四二〇、三七〇引谢承《后汉书》：

> 梁国车章为本县功曹，令黄奉为人所诬，章证其无罪，当下笔立辞，乃以手斫右手五指，闭口死于狱中。

沛国　沛郡

沛

卷六十一《黄琼传》：

> （永兴七年，黄琼上书谏曰）尚书周永，昔为沛令，素事梁冀，幸其威势，坐事当罪，越拜令职。见冀将衰，乃阳毁示忠，遂因奸计，亦取封侯。

丰

卷二十六《牟融传》：

> 字子优，北海安丘人也。以司徒茂才为丰令。视事三年，县无狱讼，为州郡最（永平二年左右）。

《艺文类聚》五〇、《太平御览》二六七、《北堂书钞》七八引司马彪《续汉书》：

> 牟融举茂才，为丰令，视事三年，政化流行，县无狱讼，吏畏而爱之，治有异迹，为州郡最。

蕲

卷六十三《杜乔传》：

> 乔故掾陈留杨匡……补蕲长。

卷七十九上《欧阳歙传》：

　　陈留陈弇，字叔明，亦受欧阳《尚书》于司徒丁鸿，仕为蕲长。（注引《续汉书》曰：弇以《尚书》教授，躬自耕种，常有黄雀飞来，随其翱翔。）

太丘

《三国志》卷二十二注引《魏书》：

　　陈寔德冠当时……为太丘长。遭党锢，隐居荆山，远近宗师之。

卷六十二《陈寔传》（《北堂书钞》七八引谢承《后汉书》同）：

　　复再迁太丘长，修德清静，百姓以安。

铚

卷六十六《陈蕃传》：

　　蕃（被诛后）友人陈留朱云，时为（铚令），闻而弃官哭之，收葬蕃尸，匿其子逸于甘陵界中。

萧

参《东汉太守表》"梁国"条之《隶释》卷十一《梁相费汎碑》。

竹邑国

《隶释》七《竹邑侯相张寿碑》：

　　君讳寿，字仲吾。……迁竹邑侯相，明德慎罚，县奉采土。遭江杨剧贼，上下□征，役赋弥年，萌于□戈，杼轴罄殚。君下车崇尚俭节，躬自菲薄，储偫非法，悉无所留。并官相领省仓□小府御吏，朝无奸官，野无淫寇，教民树艺，三农九谷，稼穑滋殖，国无灾祥，岁聿丰穰。皤白之老，率其子弟，以修仁义，蛑贼不起，厉疾不行，视事年载，黔首乐化，户口增多，国宁民殷，功刊王府，将授镣邦，对扬其勋。功曹周怜，前将放滥，君微澄清，怜顾愆悔过。督邮周纮，承会表问，君常怀色斯，舍无宿储，遂用高逝，老弱相携，攀援持车，千人以上。

沛相名君，骆驿要请，君捐禄收名，固执不顾。民无所卬，国违所赖，上下同戚。州郡闻知，旌弓礼招，复为从事，耽耽虎视，不折其节。辟司徒府，进退以礼，含弘内光，颐□皓尔，旻天不吊，遘疾无瘳，年八十，建宁元年五月辛酉卒。呜呼哀哉！夫积修纯固者，为天人所钟，功假于民者，叙在铭典，于□俊□访诸儒林，刊石树碑，式昭令徽。其辞曰：

亮元德，於我君。膺清茂，体懿纯。超三署，垂令□，甄声号，□宪台。矫王业，弼紫微。弹群司，清公□。缓薄赋，牧邦畿。黎烝殷，罔荒饥，感良臣，哀其灵。揭轻举，□来征。民叹思，暨舆人。宰府命，遂返□。名振射，□弥阐。垂令纪，永不刊。于胥德，流后昆。

鲁国

驺

卷三十三《郑弘传》：

（永平中）拜为驺令。政有仁惠，民称苏息。

本传注引谢承《后汉书》（《艺文类聚》八三、《太平御览》二六七、八〇二引并同）：

（郑弘字巨君，为驺令）勤行德化。部人王逢等得路遗宝物，悬于道衢，求主还之。鲁国当春大旱，五谷不丰，驺独致雨偏熟。永平十五年，蝗起泰山，流被郡国，过驺界不集。郡因以状闻，诏书以为不然，遣使案行，如言。

《艺文类聚》五〇引司马彪《续汉书》：

郑弘为县令，政化大行。民王逢得路遗宝物，悬于衢道，求主还之。

陈国

陈

卷二十六《韦义传》：

字季节……京兆杜陵人焉。……太傅桓焉辟举理剧，为广都长（属蜀郡），甘陵（属清河国）、陈二县令，政甚有绩，官曹无事，牢狱空虚。数上书顺帝，陈宜依古典，考功黜陟，征集名儒，大定其制。又讥切左右，贬刺窦氏。言既无感，而久抑不迁，以兄顺丧去官。比辟公府，不就。广都为生立庙。及卒，三县吏民为义举哀，若丧考妣。

任城

卷三十九《周磐传》，事又见《太平御览》一八一引谢承《后汉书》：

字坚伯，汝南安成人也。……和帝初，拜谒者，除任城长，迁阳夏（属淮南郡）、重合（属勃海郡）令，频历三城，皆有惠政。后思母，弃官还乡里。

新平

《隶释》卷九《费凤别碑》：

君舅家中孙城陵石勋，字子才，载驰载驱，来奔于丧庭，肝摧意悲，感切伤心，瞻彼碑诔，怀之好音。司马慕蔺相，南容复白圭，仰之以弥高，钻之而弥坚，不堪哀且思，叙诗之一篇，庶几昔子夏，起夫子之所言。其辞曰：

君讳凤，字伯萧，梁相之元子，九江太守之长兄也。世德袭爵，银艾相亚，恢遐祖之鸿轨，拓前代之休纵，邈逸越而难继，非群愚之所颂。仁义本于心，慈孝著于性，言不失典术，行不越矩度。清洁皦尔，泥而不滓。恤忧矜厄，施而不记，由近及远，靡不覆载。故能阐令名而云腾，扬盛声而风布。践郡右职，三贡献计，辟州式部，忠以卫上。汉安二年，吴郡太守东海郭君，以君有委蛇之节，自公之操，年三十一，举孝廉，拜郎中，除陈国新平长，神化风靡，惠以流下。静而为治，匪烦匪扰。乾乾日稷，矜此黔首。功成事就，色斯高举。宰司委职位，思贤以自辅。玄懿首谦虚，白驹以逐陧。丹阳有越寇，洄□□□□命君讨理之。试守故鄣长，盖危乱有不让。又畏此之菲罔。□□而□牧爰止其师旅，鸢若飞鹰鹞，锐若夫虓虎。强者绥以德，弱者以仁抚。简在上帝心，功训而特纪。轓舆宰堂邑，朞月而致道。视□□□□遂据于卿尹。中表之恩情，兄弟与甥舅，枢与女萝性，乐松之茂好。闻君显令名，举宗为欢喜。不悟奄忽终，藏形而匿景。耕夫释耒耜，桑妇投钩莒。道阻而且长，望远泪如雨。英马循大路，褰裳而涉洧，悠悠歌《黍离》，黄鸟集于楚。惴惴之临穴，送君于厚土。嗟嗟悲且伤，每食□不绝。夫人笃旧好，不以存亡改。文平感渭阳，凄怆益以甚。诸姑咸擗踊，爰及君伯姊。孝孙字元宰，生不识考妣。追惟厥祖恩，蓬首斩缞杖。世所不能为，流称于乡党。见吾若君存，剥裂而不已。一别会无期，相去三千里。绝翰永慷慨，泣下不可止。

益州刺史部

汉中郡

安阳

《汉碑集释·石门颂》：

王府君闵谷道危难，分置六部道桥，特遣行丞事西成韩朗字显公，督邮掾南郑巍整字伯玉，后遣赵诵字公梁，案察中曹卓行造作石祝，万世之基。或解高格，下就平易，行者欣然焉。伯玉即日徙署行丞事，守安阳长。

蜀郡

青衣

《隶释》卷四《青衣尉赵孟麟羊窦道碑》：

羊窦道旧故南上高山，下入深谷，危骏回远，百姓患苦。永初六年，青衣尉南安赵孟麟更易由此道，滨江平泽无盗贼，差近廿里，骑马儋负，水弱得过，除去危难，行人万姓，莫不蒙恩，传于无究乎！

维世青衣尉赵君，故治所书佐、郡督邮，随牒除，到官六日，郡召守蜀铁官长，积四月，治状分明，徙守成都，今复还归尉官，羊窦故道高危，君更穿崖易道，盗贼征止，老弱往来无患，时典主通道者，积绐故吏梁（水巴），捕盗贼王留，百姓过者皆蒙恩，君延寿万年，书此盛巨。永年十一月九日。

成都

《华阳国志》卷十上《先贤士女总赞论》：

禽坚，字孟由，成都人也。父信，为县使越巂，为夷所得，传卖历十一种。去时，坚方妊六月，生，母更嫁。坚壮，乃知父湮没，黾力佣赁，得碧珠，以求父。一至南中，三出徼外，周旋万里，经六年四月，突瘴毒狼虎，乃至夷中得父，父相见悲感。夷徼哀之，即将父归，迎母致养。州郡嘉其孝，召功曹，辟从事，列上东观。太守王商追赠孝廉。令李苾为立碑铭，至今祠之。

《华阳国志》卷三《蜀志》：

成都县。……名难治。汉时广汉冯颢为令，而太守京兆刘宣不奉法，颢奏免之。立文学，学徒八百人。实户口万八千，开稻田百顷，治有尤异。后有广汉刘宠为令。大姓恣纵，诸赵倚公，故多犯法。濮阳太守赵子真，父子强横，宠治其罪，莫不震肃。郫民杨伯侯奢侈，大起冢茔，因宠为郫令，伯侯遂徙占成都；宠复为成都，豪右敬服。

《华阳国志》卷十中《广汉士女》：

> 刘宠，字世信，绵竹人也。出自孤微。以明《公羊春秋》上计阙下，见除成都令，政教明肃。时诸县多难治，乃换宠为郫令，又换鄪、安汉，皆垂绩。还在成都，迁牂牁太守。

郫

《三国志》卷四十五《邓芝传》：

> 字伯苗，义阳新野人，汉司徒禹之后也。……先主定益州，芝为郫邸阁督。先主出至郫，与语，大奇之，擢为郫令……所在清肃有治绩。

广柔

卷八十二上《方术·杨由传》：

> 字哀侯，蜀郡成都人也。少习《易》，并七政元气，风云占候，为郡文学掾。时有大雀夜集于库楼上，太守廉范以问由，由对曰："此占郡内当有小兵，然不为害。"后二十余日，广柔县蛮夷反，杀伤长曼，郡发库兵击之。

严道

《华阳国志》卷十上《先贤士女总论》上：

> 李磐，字文寺，严道人也，为长章表主簿。旄牛夷叛，入攻县，表仓卒走，锋刃交至。磐倾身捍表，谓虏曰："乞杀我，活我君。"虏乃杀之，表得免。太守嘉之，图象府庭。

广汉郡

绵竹

《华阳国志》卷三《蜀志·广汉郡》：

> 绵竹县，刘焉初所置。……汉时，任定祖（年代不详，当是绵竹令）以儒学教，号侔洙泗，有多士，秦、杜为首祖也。

《华阳国志》卷十下《汉中士女》:

> 阎宪,字孟度,成固人也。名知人。为绵竹令,以礼让为化,民莫敢犯。男子杜成夜行,得遗物一囊,中有锦二十五匹,求其主还之,曰:"县有明君,何敢负其化。"童谣歌曰:"阎尹赋政,既明且昶。去苛去辟,动以礼让。"迁蜀郡,吏民涕泣,送之以千数。

什邡

卷七十九《儒林·杨仁传》:

> 字文义,巴郡阆中人也。……肃宗初立,诸马共谮仁刻峻,帝知其忠,愈善之,拜什邡令。宽惠为政,劝课掾史子弟,悉令就学,其有通明经术者,显之右署,或贡之朝。由是义学大兴,垦田千余顷。行兄丧去官。

雒

卷六十三《李固传》:

> 字子坚,汉中南郑人,司徒郃之子也。……(顺帝阳嘉二年)公卿举固对策……出为广汉雒令。至白水关,解印绶,还汉中,杜门不交人事。

新都

卷七十六《循吏·第五访传》:

> 仕郡为功曹,补新都令。政平化行,三年之间,邻县归之,户口十倍。

梓潼、广都

《三国志》卷四十一《王连传》:

> 字文仪,南阳人也。刘璋时入蜀,为梓潼令。先主起事葭萌,进军来南,连闭城不降,先主义之,不强逼也。及成都既平,以连为什邡令,转在广都,所居有绩。

卷二十六《韦义传》:

曾为广都长……政甚有绩，官曹无事，牢狱空虚。

巴郡

宕渠

卷四十一《第五伦传》：

（永平七年）拜为宕渠令，显拔乡佐玄贺。贺后为九江、沛二郡守，以清洁称，所在化行，终于大司农。

阆中

卷七十九下《儒林·杨仁传》：

仁后为阆中令，卒于官。

《华阳国志》卷十上《先贤士女总赞上·蜀郡士女》：

杨班，字仲桓，成都人也。……徙阆中令，号时名宰。

临江

《隶释》卷十一《都乡孝子严举碑》：

延熹七年五月辛未朔十一日辛巳，临江长恺、基杜谓□言，孝子严举，为父行丧，服制蹲礼，追思慕义，□表门间。有书贤明，宰卿□应，风生，是以。天□仁人，孝弟之至，通洞神祇，盖淑□赏则庶民劝，今□书到□□勉加劳来，以究言如诏书。

《隶续》卷十一《都乡孝子严举碑》：

都乡都里孝子严君，父讳马，字子顺。结发治身，非义不行。□郡入州，居□□孝，位至蕃车。产生三女，绝嗣无男。愤然□恐，□户孤寒。宗族□□，收集孤□，□以作后。礼，为人后则为人子，举□□□□□□□□□尤勤和颜□以□终制□行□忉怛愤泣，憔悴消躬。□乱不□不□□□□□□母老□□□，请然后为，稽然后行。□□□□□□□□孝顺行则闺门□积行慎心。德刑州里，莫不称□歌□□慈仁其□□

前世官贤有秩，长思褒大其义，造□□□□□□□□善慕类君子之伦，共立碑表，勒石述叹，以章其芬。颂曰：

□□□□炎翟隆恭。徂德配神，广彼明察。化及黔首，施流润□□□□□□□慈顺博爱，九族和睦。事继若真，行为表式。殊性爵异，曾□□□克谐□勋，无德不□勒石示后，后生惟则。乱曰：

休哉休哉，□□君□□□施□□兆民勒石表义□□□仁□□□□□□镇。君明臣孝，行著成兮。玄丘报德，奂焕荣兮。贯洞祇灵，永□只兮。□示万基，□施□兮。

延熹七年五月辛未朔十一日辛巳，临江长恺、丞杜谓都□言，孝子严举，为父行丧，服制逾礼，追思慕义，□表门闾，有书贤明，宰卿□应，风生是以。天□仁人，孝弟之至，通洞神祇。盖淑□赏则庶民劝。今□书到□□勉加劳来，以究言如诏书。

犍为郡
南安

《隶续》卷十一《南安长王君平乡道碑》：

维平乡明高大道，北与武阳、西与蜀郡青衣、越嶲通界。□制由涪山上，随沿回曲。几□危经随□险，登高望天，车马不通。□□不□虫□□周古古□□□磨民吏莫能自□二有□□难□□□崖易之遭□不进磐崖横道，临大江□□危□□□□或堕不止陷□复为民害。永元七年十月，南安长右扶风□仓（按：当为陈仓）王君□民兴利除害，遣掾何童、史道兴，与有秩□道家□因民力□崖平硙，及泊潭山□格通达平直，广大道□长及畸□灰贼盗区止，车马驰驱，无所畏难商市□□□□平□□□□□□百姓如愿，开□采石，今□□刻石之功，恩及子孙，去危就安，万世无患，永永无穷□后因□□□□□□□□□掾桥义，尉曹史任政、杨莫，丞什邡王卿江元，尉绵竹杨卿，掾杨弘，主泊山史□易子□永元八年四月十日，兼户曹掾何童、史道兴造书崖，师朱仲、王回左□大□□䀹皆富昌□□□明下立□□□□驯孝□□□□王前南长□方主。

汉安

《隶续》卷十五《汉安长陈君阁道碑》：

永建五年，孟春下旬，汉安长蜀郡青衣陈君到官，□□□□□约垂意惠民，施无为之政，行不言之教。德化流行，盗贼□少，五谷丰茂，百姓晏然，各得其所。君思所以利民，大小悉备。此道本有极阁二百余丈。□□□穿陷坏绝，车马强顿，常以农时，发民□治，岁岁造更，直世卅余万。君躬自案行，以眳思省去极阁，令就土著，长无劳费，为万世基。百姓行人，欢悦歌咏，邮亭掾尹厚□□臣有述群之义，故勒此石，以示后贤。其辞曰：

惟此故道，险阻危难，极阁陇□，临江缘山。秋雨水潦，□□陷穿，车马强顿，修隧陨颠，行旅创苦，发赋加民，乃至于今，遭我陈君，舍道施德，蹈义履仁，治合中和，化行若神，清过夷齐，行同参骞，以身率下，非礼不言，思惟俭约，所以利民，追哺□饭，露宿草□，百姓安乐，不劳不烦，又省此阁，就乎平便，民无经赋，行人离患，时丞冯卿，廉约勤勤，好施乐□，钦承奉宣，掾史遵宪，各建忠□，咸□百福，子子孙孙。时道桥掾董□□。

益州郡

不韦

《华阳国志》卷十上《先贤士女总论》上：

杨班字仲桓，成都人也……为不韦、茂陵令，治化浃洽。

徙西城、阆中令，号时名宰。

冀州刺史部
魏郡
繁阳

《隶释》卷九《繁阳令杨君碑》：

（上缺二十九字）弟富波侯之少子也。生姿令喆，长履忠孝，立仁行道，实体弥隆，世授《尚书》，为国师辅。君述而好古，少传祖业，兼苞载籍，靡不周览，英儒仰则，景附其高。应礼州郡，仍奉贡觐，寮类假尔，金服归称，大驾省方，为郡功曹，召见专对，克压帝心。擢拜郎中，除右都侯，闲整官卫，闱闼肃焉。迁繁阳令，崇德尚简，以兴政化，和毓威恩，以移风俗，挚无奸回，宿不命闾，教学吏士，精横侍者，常百余人，咸训典诲，帅导以□，邻远归怀，爰集疆场，州郡嘉异，并上绝迹。大司农刘佑特复表列，将有表授，会叔父太尉公薨，委荣轻举，投黻如遗。吏民攀辕，老弱轫轮，追幕跋涉，盖二千余人，续留守阙，上书历年，运谷万斛，助官振贫，以乞还君，自非慈爱，孰能若兹？有司眢昧，莫能识察。君洁己以仕，不愉禄求趋，功显弗有，退入于林，处靖衡门，童冠如云，故乃名问俞高，休声益著，三府竞辟，五入宰朝，常登茂御，复绍祖烈。旻穹不惠，年五十一，熹平三年三月乙丑卒。国失其良，民望永绝，京忧凡百，靡不愍悼，故吏臣隶，叫天诉地，嗟乎何及，哀矣摧伤，感惟既殁，德之隆者，莫盛不朽，迺共追录厥勋，镌石示后，俾延亿轮，垂不翳坠。其辞曰：

惟岳降灵，於我明君，膺天钟庆，诞德孔醇，温恭博敏，贞皦藐伦，帝嘉忠懿，乃诏宠光，俾侯禁官，夙夜是勤，命出作宰，清风穆神，委蕆成勋，赴义长逝，民思遗爱，奔告于王，顾不审真，莫肯慰扬。栖迟乐志，缙绅仰从，二公并招，当为国晖，寿不□□，早弃陨林，朋徒潺湲，士女怆悲，愿百其身，皇不我予，铭颂玄石……

《隶释》十《太尉陈球碑》：

君讳球，字伯真，有虞氏之裔也。……迁繁阳令，宽以□温而（下缺）不□遗迹邈而不□丧母去官。

同卷《陈球后碑》（参《全后汉文》卷七十七）：

迁繁阳令，养老长孤，救灾匡困，化恶以善，援逆以（下阙）牡，厥泽鸿醇，则百姓敬之如神祇，爱之如慈亲矣。暨于考绩，遭继母忧。

《后汉书》卷五十六《陈球传》：

字伯真，下邳淮浦人也。……少涉儒学，善律令。阳嘉中，举孝廉，稍迁繁阳令。时魏郡太守讽县求纳货贿，球不与之，太守怒而挝督邮，欲令逐球。督邮不肯，曰："魏郡十五城，独繁阳有异政，今受命逐之。将致议于天下矣。"太守乃止。

《北堂书钞》七八引司马彪《续汉书》：

陈球迁繁阳令，清高不动。

槀

《隶释》卷五《槀长蔡湛颂》：

君讳湛，字子德，河内修武人也。其先□周封叔□□叶文王采食蔡□□□□□则其氏。历世卿尹，有功王室。迄于大汉，继践繁隆，内任台翼，外作股肱。元初之□□□扰攘，君考衔诏，东扫其难，宰化□符守吴郡，再在□□复牧青州，风声所加□□□布爱树之美。湛则其中子也。少耽七典□□硕材□□州郡，名宝乡党，州辟从事，上□□举孝廉，以疾辞让，应司徒府，除广川长。公事去官，复辟太尉，以熹平四年六月乙卯诏书除□□，□□政也，躬清洁以革秽，班五礼以齐众，官则不劳,民亦无事。于斯□□孝龠习而帅□□□萧涤而云消尔,乃来幽秀于岩列,啸□□于间阎,钦耆贤以□命,□齐俗以殊礼,□□□良□足而思节,为恶迎化而移心,□风清和而琬琰,时雨应气而投间。嘉祥臻□,□□□生,年谷丰储,岁有其成,远邻附就,户口增前。视事三年,迁高邑令。吏民追思如□,□□朝夕思焉。夫播礼以正俗,少律以摘奸,无为而称治,荡荡有功□飞陶唐氏,其孰能□□□乎?郑产密豹之徒,殆不及矣。盖良君兴爱,□民桀铭树,古今之通义也。于是吏□□□栗尹等相与台会,立碑起颂,刊斯石焉。其辞曰:

穆穆蔡君,国之俊纲。应礼□□,不降其光。乃就台鼎,厉足高□。协英公门,衮职是望。□赋广川,不挫其芳。乃旋色厉,更迹惟良。舒羽来临,我国是煌。靡□不□,网祷不通,民用宁□,风俗以康。三载勋最,功蹬王府。命作高邑,临拜州□。吏民追思,乃铭其叙。昭示□裔,亦孔之表。君德含洪,有君子道四焉。圣朝明哲,以爵宠贤。光和四年十二月甲□诏书拜并州刺史。光和四年七月七日丁□□□

黎阳

《隶释》卷八《冀州从事张表碑》:

君讳表,字元异。系帝高辛,爱暨后稷。张仲孝友,雅艺攸载,天挺留侯,应期佐治,与汉龙兴,诞发神谋,君其胤也。懿烈纯德,继踵相承,于来我君,亦邦之雄,兼才伯知,高朗令融,该览群纬,靡不究穷。初仕郡为督邮,鹰撮霆击,威德日隆,纠剔苛忒,抵拂顽洵,属城祗肃,千里折中。入为主簿,含谟吐忠,委蛇公门,謇謇匪躬。将美匡丑,对飏休光。历五官掾功曹、山□时行。贡真绌伪,遏渐防萌。后臧其勋,俾守黎阳,正身帅下,神化□通,方伯术职,嘉君义纲。旌命骩任,北国用宁。遂播芳誉,有馥其馨,当陟台阶,注纪王庭,规矩未合，实命不同。度时否泰，盘桓利贞，□归斯服，舍之则藏，退攸陶父，怡志岳阳。恬静湛泊，匪偟时荣。春秋六十四，以建宁元年三月癸巳寝疾而终，其年十有一月丙寅克葬。佥以为洪德宜演述，亿载弥以新，功烈不赞纪，后来无所闻，于是刊石勒铭，以示后昆。其辞曰：

於穆君兮焕流芳，阐洪轨兮休烈彰。令德攸兮宣重光，仕郡州兮迪民康。宜王臣兮为栋梁，旻不淑兮降沦霜。雕芝华兮歼彦良，伊哲人兮寿不将。世虽短兮名悠长，位虽少兮功悠扬。伐松柏兮构斯堂，镂金石兮琼不亡，万子孙兮永烝尝。

钜鹿郡

瘿阳

卷三十一《贾琮传》：

黄巾新破……琮为冀州刺史。……百城闻风，自然竦震，其诸臧过者，望风解印绶去，唯瘿阳长济阴董昭、观涛长梁国黄就当官待琮，于是州界翕然。

南和

《三国志》卷二十三《常林传》：

字伯槐，河内温人也。……林宰南和，治化有成，超迁博陵太守。

杨氏

《后汉纪》卷二三《孝灵帝纪》：

钜鹿孟敏，字叔达。客居太原，未有知名。叔达尝至市买甑，荷担堕地，径去不顾。时适遇林宗，林宗异而问之："甑破可惜，何以不顾？"叔达曰："甑既已破，视之无益。"林宗以为有分决。与之言，知其德性，谓必为善士，劝使读书。游学十年，知名当世。

其宗人犯法，恐至大辟，父老令至县请之。叔达曰："犯法当死；不应死，自活。此明理也，何请之有？"有父老董敦之，曰："倘其死者，此大事也。奈何以宜适而不受耶？"叔达不得已，乃行，见杨氏令，不言而退。令曰："孟征君高雅绝世，虽其不言，吾为原之矣。"

河间国
济阳令
卷四十一《寒朗传》：

建初中，肃宗大会群臣，朗前谢恩。诏以朗纳忠先帝，拜为易长。岁余，迁济阳令，以母丧去官，百姓追思之。章和元年，上行东巡狩，过济阳，三老吏人上书陈朗前政治状。

高阳
《隶释》卷十一《高阳令杨著碑》：

□□□□□□□□□之情，穷七道之奥□综书籍□□□贤仕郡，历五官掾功曹、司隶从事，仍辟太尉，迁定颍侯相。特以儒学，诏书敕留，定经东观，顺玄丘之指，蠲历世之疑。天子异焉，擢拜议郎，迁高阳令。德以柔民，刑以威奸，是以黎庶爱若冬日，畏如秋旻，恩洽化布，未期有成。顾甫班爵，方授银符，闻母氏疾病，孝烝内发，释荣投黻，步出城寺，衣不暇暖，车不俟驾，载驰□□，躬亲尝祷，追踪曾参，继迹乐正，百行之主，于斯为盛。复辟司徒，举治剧，拜思善侯相。遭从兄沛相忧，笃义忘宠，飘然轻举，位淹名显，敷闻于下，宜干帝室，作国辅臣，上天不惠，不我愁遗，年五十有三□□□年十月廿八日壬寅卒。凡百陨涕，缙绅摧伤，门徒小子，丧兹师范，悲将焉告，仰叫穹苍，感三成之义，惟铭勒之制，皆所已纪盛德、传无穷者也。若兹不刊，后哲曷闻？故树斯石，以昭厥勋。其辞曰：

玄乾钟德，于我杨君。其德伊何？如玉如莹。烝烝其孝，恂恂其仁。躬尚节俭□□□□□□□□□文纲纪典谟□□□□

赵国
邯郸
卷六十七《党锢·尹勋传》：

字伯元，河南巩人也。家世衣冠。……州郡连辟，察孝廉，三迁邯郸令，有异绩。

常山国
南行唐
卷七十七《酷吏·周纡传》：

永平中，补南行唐长。到官，晓吏人曰："朝廷不以长不肖，使牧黎民，而性仇猾吏，志除豪贼，且勿相试。"遂杀县中尤无状者数十人，吏人大震。

蒲吾
卷二十一《耿纯传》：

（建武初）世祖曰："……军营进退无常，卿宗族不可悉居军中。"乃以纯族人耿伋为蒲鲁长，悉令将亲属居焉。

真定
卷四十六《陈宠传》：

皇后弟窦宪，荐真定令张林为尚书。帝以问宠，宠对："林虽有才能，而素行贪浊。"宪以此深恨宠。

上艾
《三国志》卷二十一《徐幹传》注引《先贤行状》：

幹清玄体道，久行修备，聪识洽闻，操翰成章，轻官忽禄，不耽世荣。建安中，太祖特加旌命，以疾休息。后除上艾长，又以疾不行。

中山国
望都

卷四十上《班彪传》：

后察司徒廉为望都长，吏民爱之，建武三十年，年五十二，卒官。

卢奴

《三国志》卷七《臧洪传》注引谢承《后汉书》：

（臧洪）有干事才，达于从政，为汉良吏。初从徐州从事辟司徒府，除卢奴令，冀州举尤异。

渤海郡
高成

卷三十一《陆康传》：

字季宁，吴郡吴人也。……除高成令。县在边垂，旧制：令户一人具弓弩以备不虞，不得行来。长吏新到，辄发民缮修城郭。康至，皆遣罢，百姓大悦。以恩信为治，寇盗亦息，州郡表上其状。光和元年，迁武陵太守。

安平国
信都

卷二十一《万脩传》：

字君游，扶风茂陵人也。更始时为信都令，与太守任光、都尉李忠共城守，迎世祖。拜为偏将军，封造义侯。

荆州刺史部

南阳郡

宛

卷三十二《樊儵传》：

　　字长鱼……（以公羊严氏春秋章句教授，弟子九江夏勤）字伯宗，为京、宛二县令，零陵太守，所在有理能称。

卷三十四《梁冀传》：

　　（元嘉元年后）下邳人吴树为宛令。之官辞（梁）冀。冀宾客遍在县界，以情托树。树对曰："小人奸蠹，比屋可诛。明将军以椒房之重，初上将之位，宜崇贤善，以补朝缺。宛为大都，士之渊薮，自侍坐以来，未闻称一长者，而多托非人，诚非敢闻。"冀嘿然不悦。树到县，遂诛杀冀客为人害者数十人，由是深怨之。

卷四十三《乐恢传》注引华峤《汉后书》：

　　（颍川杜）安擢为宛令，以病去。章帝行过颍川，安上书，召拜御史，迁巴郡太守。而恢在家，安与恢书通问。恢告吏口谢："为宛令不合志，病去可也；干人主以窥觎，非也。违平生之操，故不报。"

卷五十六《种拂传》：

　　子颖伯，初为司隶从事，拜宛令。时南阳郡吏好因休沐，游戏市里，为百姓所患。拂出逢之，必下车公谒，以愧其心，自是莫敢出者。政有能名，累迁光禄大夫。

《北堂书钞》七八引谢承《后汉书》：

　　种拂迁宛令。吏好因暇游戏，饮乐市廛，为百姓所患。拂见之，必下车公谒之。

卷七十七《酷吏·黄昌传》：

　　字圣真，会稽余姚人也。……后拜宛令，政尚严猛，好发奸伏。人有盗其车者，昌出无所言，后乃密遣亲客至门下掾贼曹家掩取得之，悉收其家，一时杀戮。大姓战栗，皆称神明。

顺阳

卷五十七《刘陶传》：

（桓帝时）除顺阳长[①]，县多奸猾。陶到官，宣募吏民有气力勇猛能以死易生者，不拘亡命奸臧。于是剽轻剑客之徒过宴等十余人，皆来应募，陶责其先过，要以后效。便各结所厚少年，得数百人，皆严兵待命。于是覆案奸轨，所发若神。以病免。吏民思而歌之曰："邑然不乐，思我刘君。何时复来，安此下民。"

酂

《三国志》卷二十四《王观传》：

字伟台，东郡廪丘人也。少孤贫，励志。太祖召为丞相文学掾，出为高唐、阳泉、酂、任令，所在称治。

棘阳

卷十七《岑彭传》：

字君然，南阳棘阳人也。王莽时守本县长。[②] 汉兵起，攻拔棘阳。彭将家属奔前队大夫甄阜。阜怒彭不能固守，拘彭母妻，令效功自补。

平氏

卷三十八《法雄传》：

字文强，扶风郿人也。……除平氏长。善政事，好发奸擿伏，盗贼稀，吏人畏爱之。南阳太守鲍得上其理状，迁宛陵令。

[①] 《艺文类聚》卷十九引谢承《后汉书》作"枞阳长"，卷五十、《太平御览》二百六十七引《续汉书》作"滇阳长"。
[②] 钱表收入《后汉令长表》，时代有误。今为归类方便计，暂且也视同后汉令长。

泚阳

卷二十九《鲍昱传》:

字文泉。……(建武中)为泚阳长,政化仁爱,境内清静。

注引《东观记》曰:

泚阳人赵坚杀人系狱,其父母诣狱,自辞七十余,唯有一子,适新娶妇,今系狱当死,长无种类,涕泣求哀。昱怜其言,令将妻入狱,解械止宿,遂任身有子。

《北堂书钞》七八引司马彪《续汉书》:

鲍昱为泚阳长,盗贼省减。

鲁阳

卷三十一《杜诗传》:

字君公,河内汲人也。(建武七年)迁南阳太守。……诗雅好推贤,数进知名士清河刘统及鲁阳长董崇等。……视事七年,政化大行。

冠军

卷四十一《第五伦传》:

(肃宗初,伦为三公)曰:"……陈留令刘豫、冠军令驷协,并以刻薄之姿,临人宰邑,专念略杀,务为严苦……"

叶

《后汉书》卷八十二上《方术·王乔传》:

王乔者,河东人也。显宗世,为叶令。乔有神术,每月朔望,常自县诣台朝。帝怪其来数,而不见车骑,密令太史伺望之。言其临至,辄有双凫从东南飞来。于是候凫至,举罗张之,但得一只舄焉。乃诏上方视,则四年中所赐尚书官属履也。每当朝时,叶门下鼓不击自鸣,闻于京师。后天下玉棺于堂前,吏人推排,终不摇动。乔曰:"天帝独召我邪?"乃沐浴服饰寝其中,盖便立覆。宿昔葬于城东,土自成坟。其夕,县中牛皆流汗喘乏，而人无知者。百姓乃为立庙，号叶君祠。牧守每班录，皆先谒拜之。吏人祈祷，无不如应。若有违犯，亦立能为祟。帝乃迎取其鼓，置都亭下，略无复声焉。或云此即古仙人王子乔也。

《华阳国志·先贤士女总论》：

任昉，字文始，成都人也。初为叶令，治理奸贼七十余人。

新野

卷二十五《鲁丕传》：

字叔陵，（南阳宛人）……建初元年……迁新野令，视事期年，州课第一。擢拜青州刺史，务在表贤明，慎刑罚。

西鄂

卷六十四《延笃传》：

字叔夜，南阳犨人。少从颍川唐溪典受左氏传。（注引《先贤行状》：典字季度，为西鄂长）

比阳

《隶释》卷九《北军中侯郭仲奇碑》：

君讳□，字仲奇，元城君之第四子。其先盖周之胄绪，虞郭建国，享土受胙，政衰道失，晋克其邦。遭嬴项之际，高祖初起，运天符命，斥秦摛楚，遂定汉基。枝叶云布，列于国郡，或颍川、冯翊，公卿校尉，将相州郡，令问休贵，自东郡卫国，家乎河内，彼亦世载德，以臻于君。君惠兄竹邑侯相，次尚书侍郎，次济北相，顺弟临沂长，次徐州刺史，次中山相，次雒阳令。咸以孝廉，公府茂选，贞亮皦白，翼翼瑛彦，配周之八，为国桢干。君幼有岐嶷天然之资，长有明肃弘雅之操，刚毅多略，有山甫之踪，沈懿敦笃，为万夫之望。□为郡五官掾功曹、司隶中都官从事，虎视眈眈，鹰侍电击，贵戚肃承，莫不畏惮。三辟将军府，征书粲粲，贞亮直方，睿睿衎衎，忠信可结，义然后谏。举廉，比阳长，五教加仁，施于惠康，焉于之武，以抑于强，改邑移风，遗爱不忘，闻兄疾病，率尔逝将，衮职有阙，赖君□匡。复辟司徒，拜军中侯，当授□城，万里腾扬，念妨弟路，逊位恬荣。修黄老之术，谦守足之让。禄有不究，命有短长。□临孔明，残陨贞良。卒被氛气，掩忽徂亡。年六十有六，建宁四年九月丙子卒，五年三□□□□孝孤忉乎，悲痛剥裂，行路泣血，辟踊伤绝，凡百君子，靡不哀恻，丧国之镇，朝失模式，□□奂乎，位未副德，刊石甄表，以昭罔极。其辞曰：

铄明德，穆郭君。外忠洁，内资亲。烈桓桓，焕有文。所临□，□□风。崇和陆，垂以仁。赫斯发，威若神。动规矩，礼义遵。徽纵显，功加民。感兄疾，电捐官。妙□□，□海闻。亮矣清，寡匹伦。爵不副，命乖分。士歔欷，惜增叹。孝流涕，痛伤肝。魂灵怆，号有荣。□□□，□永存。勒金石，示后昆。

南郡

江陵

卷七十六《儒林·刘昆传》（《艺文类聚》五〇引司马彪《续汉书》同）：

字桓公，陈留东昏人。……光武闻之，即除为江陵令。时县连年火灾，昆辄向火叩头，多能降雨止风。

巫

《太平御览》九五五引谢承《后汉书》：

陈晔为巫令，有惠政，桑生二万余株，民以为给。

《稽瑞》引无名氏《后汉书》：

陈□字文钟，为巫令，有政能。桑橹生三万余株，民已温饱。

江夏

沙羡

《三国志》卷六十一《潘浚传》：

> 字承明，武陵汉寿人也。……年为三十，荆州牧刘表辟为部江夏从事。时沙羡长赃秽不修，浚按杀之，一郡震竦。后为湘乡令，治甚有名。

零陵郡

重安

《三国志》卷五十一《孙贲传》：

> 时太常潘浚掌荆州事，重安长陈留舒燮有罪下狱，浚尝失燮，欲寘之于法。论者多为有言，浚犹不释，（孙）邻谓浚曰："舒仲膺兄弟争死，海内义之，以为美谭，仲膺又有奉国旧恩。今君杀其子弟，若天下一统，青盖北巡，中州人士必问仲膺继嗣，答者云潘承明杀燮，于事何如？"浚意即解，燮用得济。

参桂阳曲红条之《隶释》卷十一《绥民校尉熊君碑》。

灌阳

参桂阳曲红条之《隶释》卷十一《绥民校尉熊君碑》。

桂阳郡

渍阳

《艺文类聚》五〇、《太平御览》卷二六七引司马彪《续汉书》：

> 刘駼（袁山松《后汉纪》、范晔《后汉书》作"陶"、《御览》作驹綯称"駼骆"）为渍阳（范晔《后汉书》陶本传作"顺阳"，谢承《后汉书》作"枞阳"）长，政化大行，道不拾遗，以病去官，童谣歌之曰："邑然不乐，思我刘君，何时复来，安此下民？"（按：钱表此事归于刘陶，地作"慎阳"，未知何据）

曲红

《隶释》卷十一《绥民校尉熊君碑》：

君讳□，字子□，其先盖帝高阳氏之苗裔。周有天下，成王建国，熊绎封楚，庆祚□□□于□□亦世载德卅余代。君高祖父筹，自汝南吴□□□□□子灵王玄孙，大汉龙兴，□举乡□□拜议郎，南巡郡国，封龙平□□□。祖父旻举□□大司马郊隧□曾祖父范督邮、守长，州辟元□□□□□君□□□□应上计□祖父师□□上计掾君□乔字汉举，更督邮、主簿、五官□□三奏辟，颐志皓首，不肯应就。君立迹唯仁，与□□□□□□□□□祖父□□治《欧羊尚书》，六日七分。少仕州郡，临朝謇鄂。孔甫之操，以忠孝称。更诸曹□□贼曹主记史、督邮、主簿、五官功曹、州□□□□□□举孝廉、上计掾。

兴平元年八月二十八日壬寅，诏书除补桂阳曲红长，既敦文武，为政果达，临化宣惠，所去遗绩。视事六载，荆□□□□□□□奔□掩迫之害，罹灾致寇，□郡溃乱，镇南将军荆州牧侯山阳刘君讳表字景升，以君禀纯履正，出自帝宇，缅荣轻举，厉志疾邪，牧侯□算□为民所安，命还拜绥民校尉，领曲红长。复莅五年，政隆上古，流移归怀，缃负而至，吏民作诵曰：彼熊父兮，解我患害，安我□移。遭母忧□□去官。阳九应会，王室威□，君功显宿著，海内咨美。拜骑都尉，受命立灌阳县，督长六载，无为而治，稽则先民，□□附容，无怨旷声。君春秋七十有一，以廿一年三月廿七日丙寅卒官。吏民怀慕，官属五从黄郭□□奚汤□扶送灵□哀如雕伤，顾见农夫，泣泪路隅，皆怀凄怆，哀我惠君。

君同产弟望季公，质性慷慨，史鱼之直，吏功曹、列掾、督邮、都梁长，早终。君长子称孝存，姿操敦良，耽志好学，博览雅艺，□□曹列□三奏辟召于州终。昔周文公作颂，宋成考父，公子奚斯，追羡遗绩，纪述前勋。于是刊碑，以示后绲。其词曰：

赫赫熊君，迁基□宇。汉兴伐项，巡行南土。显封受爵，遂尔延祖。累叶休隆，君胤其绪。克明盛德，字牧城社。所在有绩，龟银之祚。河雒挺录，为国毗辅。懿懿其操，穆穆其姿。光光其行，桓桓其威。清虚澹泊，后嗣式序。冠秩之应，实赖厥后。昊天忽然，枕荣终祐。丧我良则，国失良辅。其存也荣，其亡也哀。铭勒金石，没而不朽。灵也有知，祐福子孙。支干相生，吉而无咎。《诗》云："嘉乐君子，显显令德。"延于无极。

追叙君兮怀纯精，名称于州里兮枢机发动。执忠贞兮涠乱而不惑，不柱身事汙君兮捐土爵而进退。崇礼约行兮举动而不跌，遭浊而自靖兮泥而不滓秽。呜呼君兮匪石是为，州郡礼遇兮名贯于四表。德称并宣先贤比于前列，邻皋之叹岐兮束修稷。由文武兮兴后叶，子孙殖兮世享禄。龙潜体于枯木兮就生存，是以刊石兮为君立碑。揽瑛雄之迹兮以□来哲，嗣长基而广宇兮后世无废违。

故长沙荼陵长文春字季秋，质操贞良，慈仁氾爱，治天官、日度、风角、列宿，明知圣术，在宫修德，民歌遗风。春秋七十，以道殒迁，宗胤不纪，故为宣昭。

故桂阳阴山豫章□长重安侯相社晖字慈明，体质弘亮，敦仁好道，治《易梁丘》、《春秋公羊氏》，综览百家，无所不甄。典历三城，居官清惠，遗爱在民。春秋六十终族后□术，故因显德，以示来胤。

建安廿一年十□月丙寅朔一日丙寅大岁丙申，碑师春陵程福造。

武陵郡

耒阳

《三国志》卷三十七《庞统传》：

　　字士元，襄阳人也。……先主领荆州，统以从事守耒阳令。在县不治，免官。吴将鲁肃遗先主书曰："庞士元非百里才也，使处治中、别驾之任，始当展其骥足耳。"诸葛亮亦言之于先主。先主见与善谭，大器之，以为治中从事。

辰阳长

卷四十一《宋均传》：

　　字叔庠，南阳安众人也。……（建武初）二十余，调补辰阳长，其俗少学者而任巫鬼，均为立学校，禁绝淫祠，人皆安之。以祖母丧去官。

长沙郡

临湘

《太平御览》卷二百六十六引华峤《汉后书》：

　　周规除临湘令，长沙太守程徐二月行县，敕诸县治道。规以方春向农，民多剧务，不欲夺人民时。徐出督邮，规即委而去。徐怃然有愧色，遣功曹赍印绶檄书谢，请还。规谓功曹曰："程府君爱马蹄，不重民力。"径逝不顾。

茶陵

参桂阳"曲红"条之《隶释》卷十一《绥民校尉熊君碑》。

安成

《事赋类注》二〇、《太平御览》八九一引谢承《后汉书》：

　　豫章刘陵字孟高，（约在和帝时）为长沙安成长。先时多虎，百姓患之，皆徙他县。陵之官，修德政，逾月，虎悉出界去，民皆还之。

桂阳郡
临武

卷四《和帝纪》元兴元年九月：

旧南海献龙眼、荔支，十里一置，五里一候，奔腾险阻，死者继路。时临武长汝南唐羌，县接南海，乃上书陈状。帝下诏曰："远国珍羞，本以荐奉宗庙，苟有伤害，岂爱民之本？其敕太官，勿复受献。"由是遂省焉。

注引谢承《后汉书》：

唐羌字伯游，辟公府，补临武长。县接交州，旧献龙眼、荔支及生鲜，献之，驿马昼夜传送之，至有遭虎狼毒害，顿仆死亡不绝。道经临武，羌乃尚书谏曰："臣闻上不以滋味为德，下不以贡膳为功，故天子食太牢为尊，不以果实为珍。伏见交趾七郡献生龙眼等，鸟惊风发，南州土地，恶虫猛兽不绝于路，至于触犯死亡之害，死者不可复生，来者犹可救也。此二物升殿，未必延年益寿。"帝从之，章报。羌即弃官还家，不应征召。著《唐子》三十余篇。

扬州刺史部
九江郡
全椒

卷三十九《刘平传》：

字公子，楚郡彭城人。……（建武年间）拜全椒长。政有恩惠，百姓怀感，人或增赀就赋，或减年从役。刺史太守行部，狱无系囚，人自以得所，不知所问。唯班诏书而去。

《北堂书钞》七八引司马彪《续汉书》：

刘平为全椒长。先是，县多虎为害，平到，政术治民，虎皆南渡江去。

《太平御览》卷二六七引华峤《汉后书》：

平为全椒令，掾史五日一朝，罢门阑卒署，各使就农。

《后汉纪》：

平使掾吏卒五日一来治，所余日令各就农桑，官闲事简，民人怀感，盗贼屏息。

下蔡

《三国志》卷十六《郑浑传》：

字文公，河南开封人也。……迁下蔡长……天下未定，民皆剽轻，不念产殖：其生子无以相活，率皆不举。浑所在，夺其渔猎之具，课使耕桑；又兼开稻田，重去子之法。民初畏罪，后稍丰给，无不赡，所育男女，多以郑为字。

阜陵

《三国志》卷五十一《孙贲传》注引《博物志》曰：

（舒）仲膺名邵。初，仲膺亲友为人所杀，仲膺为报怨。事觉，兄弟争死，皆得免。袁术时，邵为阜陵长。

寿春

《三国志》卷二十三《常林传》注引《魏略·清介传》：

时苗字德胄，钜鹿人也。少清白，为人疾恶。建安中，入丞相府。出为寿春令，令行风靡。扬州治在其县，时蒋济为治中，苗以初至，往谒济，济素嗜酒，适会其醉，不能见苗。苗恚恨，还，刻木为人，署曰"酒徒蒋济"，置之墙下，旦夕射之。州郡虽知其所为不恪，然以其履行过人，无若之何。又其始之官，乘薄軬车，黄牸牛，布被囊。居官岁余，牛生一犊，及其去，留其犊，谓主簿曰："令来时，本无此犊，犊时淮南所生有也。"群吏曰："六畜不识父，自当随母。"苗不听。时人皆以为激，然由此名闻天下。

合肥

卷五十二《顾雍传》:

　　字元叹，吴郡吴人也。……弱冠为合肥长，后转在娄、曲阿、上虞，皆有治迹。孙权领会稽太守，不之郡，以雍为丞，行太守事，讨除寇贼，郡界宁静，吏民归服。

丹阳郡

宛陵

《辑注》引谢承《后汉书》：

　　（黄）昌为宛陵令，严毅好发奸伏。有盗车盖者，昌不言，密令人至贼家，掩取之，悉收一家，一时杀之，百姓战惧，咸称明也。

芜湖

《三国志》卷五十五《徐盛传》：

　　字文向，琅玡莒人也。遭乱，客居吴，以勇气闻。……（孙）权以为校尉、芜湖令。

同书卷五十五《蒋钦传》：

　　初，钦屯宣城，尝讨豫章贼。芜湖令徐盛收钦屯吏，表斩之，权以钦在远，不许。盛由是自嫌于钦。

湖孰侯国

同书卷五十六《吕范传》：

　　字子衡，汝南细阳人也。……后从（孙）策破庐江，还，俱东渡，到横江、当利，破张英、于麋，下小丹杨、湖孰，领湖孰相。

溧阳

《隶释》卷五《溧阳长潘乾校官碑》（参《全后汉文》卷一百四）：

盖汉三百八十有七载，□□□于□□□□铭功，著斯金石，畀诔曰：

溧阳长潘君讳乾，字元卓，陈国长平人，盖楚太傅潘崇之末绪也。君禀资南□之□□□□德之绝操，髫髦□敏□学典谟，祖讲《诗》《易》，剖演奥艺，外览百家，众□挚圣，抱不测之谋，秉高世之介，屈私趋公，即仕佐上。郡位既重，孔武赳著，疾恶义形，从风征暴，执讯获首，除曲阿尉，禽奸弋猾，冠息善欢。履菰竹之廉，蹈公仪之洁。察廉除兹，初厉清肃，赋仁义之风，□□□之迹，垂化放虖岐周，流爱双虖□□，亲贤宝智，进直退愿，布政优优，令仪令色，狱无呼嗟之冤，野无叩匈之结。矜孤颐老，表孝贞节，重义轻利，制户六百，省无正繇，不责自毕，百姓心欢，官不失实。于是远人聆声景附，乐受一廛，既来安之，复役三年。惟泮宫之教，反失俗之礼，构修学官，宗懿招德，既安且宁，干侯用张，笾豆用陈。发彼有的，雅容□闲，钟磬县矣，于胥乐焉。乃作叙曰：

翼翼圣慈，惠我黎烝。贻我潘君，平兹溧阳。彬文赳武，扶弱抑强。□刘髖雄，流恶显忠。咨疑元老，师贤作朋。修学童冠，琢质绣章。实天生德，有汉将兴。尚旦在昔，我君存今，即此龟艾，遂尹三梁。永世支百，民人所彰。子子孙孙，畀尔炽昌。

丞沛国铚赵勋字蔓伯，左尉河内汲董并字公房，右尉豫章南昌程阳字孝遂。

时将作吏名：户曹掾杨淮，议曹掾李就，议曹掾桓桧，户曹史贺□，从掾位侯祖，主记史吴超，门下史吴训，门下史吴翔，门下史时球。光和四年十月己丑朔廿一日己酉造。

故障

参《东汉令长表》陈国"新平"条之《隶释》卷九《费凤别碑》

宣城

卷三十八《度尚传》：

……（长沙太守抗）徐字伯徐，丹阳人，乡邦称其胆智。初，试守宣城长，悉移深林远薮椎髻鸟语之人置于县下，由是境内无复盗贼。

庐江郡
枞阳

《艺文类聚》卷十九引谢承《后汉书》：

刘騊駼除枞阳长，以病免。吏民思而歌之，曰："悒然不乐，思我刘君，何时复来，安此下民？"

会稽郡
剡

《三国志》卷六十《贺齐传》：

字公苗，会稽山阴人也。少为郡吏，守剡长。县吏斯从轻侠为奸，齐欲治之。主簿谏曰："从，县大族，山越所附，今日治之，明日寇至。"齐大怒，便立斩从。从族党遂相纠合，众千余人，举兵攻县。齐率吏民，开城门突击，大破之，威震山越。后太末、丰浦民反，转守太末长，诛恶养善，期月尽平。

永宁、松阳

《三国志》卷六十《贺齐传》注引虞预《晋书》：

（贺）齐父辅，永宁长。

建安元年，孙策临郡，察齐孝廉。时王朗奔东冶，候官长商升为朗起兵。策遣永宁长韩晏领南部都尉，将兵讨升，以齐为永宁长。晏为升所败，齐又代晏领都尉事。……候官既平，而建安、汉兴、南平陵乱，齐进兵建安，立都尉府，是岁八年也。郡发属县五千兵，各使本县长将之，皆受齐节度。……齐以贼众兵少，深入无继，令松阳长丁蕃留备馀汗。蕃本与齐邻城，耻见部伍，辞不肯留。齐乃斩蕃，于是军中震栗，无不用命。

上虞

卷三十八《度尚传》：

　　字博平，山阳湖陆人也。家贫，不修学行，不为乡里所推举。积困穷，乃为宦者同郡侯览视田，得为郡上计吏，除为上虞长。为政严峻，明于发擿奸非，吏人谓之神明（《太平御览》二六七，《北堂书钞》七八、三六引司马彪《续汉书》作"上党长"，误）。

注引谢承《后汉书》曰：

　　尚进善爱人，坐以待旦。擢门下书佐朱儁，恒叹述之，以为有不凡之操。儁后官至车骑将军，远近奇尚有知人之鉴。

卷七十一《朱儁传》：

　　字公伟，会稽上虞人也。少孤，母尝贩缯为业。儁以孝养知名，为县门下书佐。好义轻财，乡间重之。……本县长山阳度尚见而奇之，荐于太守韦毅，稍历郡职。

《后汉书集解》引沈钦韩：

　　袁宏《纪》：尚初为上虞长。县民故洛阳市长淳于翼学问渊深，大儒旧名，常隐于田里，希见长吏。尚往候之。晨到其门，翼不即相见，主簿白还，不听，停车待之。翼晡乃见尚，尚宗其道德，极谈而退，其优贤表善皆此类也。案以续汉书、谢承书及袁纪，核尚为人，非不修学行者也，未有己无学行而能优贤表善者也。

卷七十一《朱儁传》：

　　字公伟，会稽上虞人也。……本县长山阳度尚见而奇之，荐于太守韦毅。

《隶释》卷七《荆州刺史度尚碑》：

君讳尚，字博平，其先出自颛顼，与楚同姓，熊严之后，□亦世掌位，统国法度。秦兼天（下阙）和之纯质，秉黄中之正性，智含渊薮，仁隆春煖，义高秋云，行洁冰霜，慷慨壮厉，临（下阙）休，誉固已著矣。及其典牧，必招振贤才，抽拔幽逸，选召所任，极当世之秀士。养民有（下阙）令闻弥崇，晖光日新，可谓盛德者已。初奉岁计，拜郎中，除上虞长，五化潜洞，百姓（下阙）数县，恩信并宣，令行禁止，以从父忧去官。更举孝廉，为右校令。是时南蛮蠢动，擢拜（下阙）丑殊俗宾服，远人用绥。封右乡侯，迁辽东太守，旬月之间，秽貉宁辑。

《太平御览》卷四一五"孝女"条引《会稽典录》：

孝女曹娥者，上虞人。父盱，能弦歌为巫。五月五日，于县溯江涛迎婆娑神，溺死，不得尸骸。娥年十四岁，乃缘江号，昼夜不绝声，旬有七日，遂投江而死。县长改葬娥于道傍，为立碑焉。

余姚

卷七十一《朱桓传》：

字休穆，吴郡吴人也。……除余姚长，往遇疫疠，谷食荒贵，桓分部良吏，隐亲医药，飨粥相继，士民感戴之。

鄞

卷八十一《独行·戴封传》：

字平仲，济北刚人也。年十五诣太学，师事鄞令东海申君。申君卒，送丧到东海，道当经其家，父母以封当还，豫为娶妻，暂过拜视，不留而去。还京师卒业。

章安

卷八十二《徐登传》：

（赵）炳东入章安，百姓未之知也。炳乃故升茅屋，梧鼎而爨，主人见之，惊惧。……百姓神服，从者如归。章安令恶其惑众，收杀之。

句章

《太平御览》二六七、四八〇引谢承《后汉书》：

方储字圣明，晓风角占候，为句章长。时人田还，置余粟一石及刀锄于田陌，明日求，亡去，疑其旁家。储曰："此人非偷。"自呼县功曹，谓曰："君何取人粟，置家后积茭中？"功曹款服。

吴郡

吴

《三国志》卷六十《吕岱传》：

……孙权统事，岱诣幕府，出守吴丞。权亲断诸县仓库及囚系，长丞皆见，岱处法应问，甚称权意，召署录事。

卷三十下《郎𫖮传》（《北堂书钞》一三五、《太平御览》七一一引谢承《后汉书》略同）：

字雅光，北海安丘人也。父宗，字仲绥。学京氏《易》，善于风角星算，六日七分，能望气占候吉凶，常卖卜自奉。安帝征之，对策为诸儒表。后拜吴令。时卒有暴风，宗占知京当有大火，记识时人，遣人参候，果如其言。诸公闻而表上，以博士征。宗耻以占验见知，闻征书到，夜悬印绶于县廷而去，终身不仕。

《隶释》卷六《议郎元宾碑》：

（上阙）字元宾。……迁吴令，宪春阳以加惠，则阴□击有乔宰郑见思之歌。视事二稔，民用宁康，以不媚□云之高翻羲色斯。……年卅八，延熹二年二月□□卒。天子闵□咨嗟，使者临吊，赗勋特加。于是族旧门人，莫不伤瘁，□立铭以咏君德。其辞曰：……

乌程

卷八十二上《方术·谢夷吾传》：

字尧卿，会稽山阴人也。少为郡吏，学风角占候。太守第五伦擢为督邮。时乌程长有臧衅，伦使收案其罪。夷吾到县，但望阙伏哭而还，一县惊怪，不知道所为。及还，白伦曰："窃以占候知长当死，近三十日，远不过六十日，游魂假息，非刑所加，故不收之。"伦听其言。至月余，果有驿马赍长印绶，上言暴卒。伦以此益礼信之。

富春

《三国志》卷五十七《虞翻传》：

字仲翔，会稽余姚人也。……（孙策时）出为富春长。策薨（引者按：建安五年），诸长吏并欲出赴丧，翻曰："恐邻县山民或有奸变，远委城郭，必致不虞。"因留，制服行丧。诸县皆效之，咸以安宁。

凉州刺史部

酒泉郡

禄福

《汉碑集释·曹全碑》：

……光和六年，复举孝廉，七年三月，除郎中，拜酒泉禄福长。妖贼张角起兵幽冀，兖豫幽扬，同时并动，而县民郭家等复造逆乱，燔烧城寺，万民骚扰，人怀不安。三郡告急，羽檄仍至。于时圣主咨诹，群僚咸曰"君哉"，转拜郃阳令……

卷八十四《列女·庞淯母传》,《三国志》卷十八《庞淯传》:

> 初,淯外祖父赵安为同县李寿所杀,淯兄弟三人同时病死,寿家喜。淯母娥自伤父雠不报,乃帏车袖剑,白日刺寿于都亭前。讫,徐诣县,颜色不变,曰:"父雠已报,请受戮。"禄福长尹嘉解印绶纵娥。娥不肯去,遂强载还家,会赦得免。州郡叹贵,刊石表闾。

金城郡

破羌

《三国志》卷十八《庞淯传》:

> 字子异,酒泉表氏人也。初以凉州从事守破羌长。会武威太守张猛反,杀刺史邯郸商,猛令曰:"敢有临商丧,死不赦。"淯闻之,弃官,昼夜奔走,号哭丧所。诣猛门,衷匕首,欲因见以杀猛。猛知淯义士,敕遣不杀。由是以忠烈闻。

同书注引《魏略》曰:

> 猛兵欲来缚淯,猛闻之,叹曰:"猛以杀刺史为罪,此人以至忠为名。如有杀之,何以劝一州履义之士邪?"遂使行服。

天水郡

清水

《艺文类聚》五〇、《太平御览》二六七引谢承《后汉书》:

> 公孙述补清水长。太守以其能,使兼治五县。政事循理,奸盗不发,郡中谓有神明。

武威郡

姑臧

《北堂书钞》七八引司马彪《续汉书》:

> 孔奋守姑臧长,治有异道。时天下扰乱,河西独安,而姑臧市日四合,为河西富县。每前长居官数月,辄致赀产,奋在

姑臧积四岁，财产不增。奋素孝，自来为长时，供养至谨。在姑臧，惟目极膳，妻子饮食但葱韭。

孔奋守姑臧长，时天下未定，或曰："置脂膏中，不能自润。"

孔奋守姑臧，天下知其清廉。

孔奋守姑臧长，以仁义为治，抑强扶弱。

（孔奋）守姑臧长，太守梁统敬奋，每以事至府，不以官属礼之，常迎送，敬以师友。

《职官分纪》引华峤《汉后书》：

孔奋字君鱼，守姑臧长，治有异政，以仁义折强扶弱，好恶分明，匈奴不敢犯塞。

并州刺史部
太原郡
界休

卷六十八《郭泰传》注引谢承《后汉书》：

（贾）淑为舅宋瑗报仇与县中，为吏所捕，系狱当死。泰与语，淑恳恻流涕。泰诣（界休）县令应操，陈其报怨蹈义之士。被赦，县不宥之，郡上言，乃得原。

祁

卷三十上《杨厚传》注引《益部耆旧传》曰：

（杨）统字仲通。曾祖父仲续举河东方正，拜祁令，甚有德惠，人为立祠。

待考

《隶释》卷八《孝廉柳敏碑》：

> 故孝廉柳君，讳敏，字愚卿，其先盖五行星仲廿八舍柳宿之精也。放像为用，县设为道。□商家而禅□□□而主或闻生柳惠国大夫，而流俗称焉。君父以孝廉除郎中，□部府丞君追祖继体，历职五官功曹，守宕渠令。本初元年，太守蜀郡□君复察举君□命失年。君清节俭约，厉风子孙，固穷守陋，不□□□堂无文丽，墓无碑识。建宁元年，县长同岁犍为属国赵台公愤然念素帛之义，其二年十月甲子为君立碑，传于万基。因勒铭叹之。厥辞曰：
>
> 惟斯柳君，天资鲠□。袭祖□风，行无遗阙。授政股肱，谏争匡弼。奋威外梱，属城震栗。宰守伯烦，垂名所立。表贡王庭，望极爵位。何辜穹苍，官宠不遂。予惟三六，庶昔延季。建竖期碑，传于万世。子孙繁昌，永不漫灭。呜呼哀哉，呜呼哀哉。
>
> 辞曰：
>
> 山陵玄室，□斯邦兮。先人修质，尚约清兮。汶饬不雕，奥处臧兮。季子信旧，带树松兮。侨俗追殁，激□扬兮。亡而像存，乐嘉灵兮。宗子于集，喈其鸣兮。四祀烝尝，不废荒兮。（按：何县不明）。

《隶释》卷四《广汉长王君治石路碑》：

> 表惟右部官，国之珍宝，冲路危险，侠石磐岩□道，人马□行，为民隆害，历世弥久，靡有留心。长广汉王君，建和二年冬，任掾杨□攻治破壤，又从涂□谿平□□□井间道至别监，得去危就安，功夫九百余日，成就通达，永传亿岁无穷记。弟子杨子钦奉为作□定远□□□□□□造（按：何县不明）。

《北堂书钞》七八引司马彪《续汉书》：

乐恢为守阳（东汉无守阳县）令，在职刚直，守清者也（按：传世史籍无守阳县名）。

《太平御览》二六四、《北堂书钞》七七引谢承《后汉书》：

李寿聪明智达，有俊才。太守黄谠高其名德，召署功曹。每进见，常荐达郡中善人有异行者，谠辄序用。寿虽见优礼愈隆，寿意益下，其所致达，未尝伐见功美（按：黄谠曾任会稽太守和吴郡太守，这条史料，未能确定在何任上）。

《太平御览》四七四引袁山松《后汉书》：

周璆字孟玉，为乐城令（按：《北堂书钞》卷三六引作"高唐令"，未知孰是），逍遥无事，县中大治。

卷四十四《张禹传》注引《东观记》：

歆守皋长，有报父仇贼自出，歆召囚诣阁，曰："欲自受其辞。"既入，解械饮食，便发遣，遂弃官亡命，逢赦出。由是乡里服其高义。（按：传世文献未见皋县地名，属何郡不详）

综合

以下四条史料，因每条均有多个地方长吏任职记录，且多有对此类经历的综合评价，故未一一按政区划分，而是全部照录：

《全后汉文》卷九十八《严䜣碑》：

惟汉中兴，卯金休烈，和平元年，岁治东宫，星属角房，月建朱鸟，中吕之均，万物慈躬，华泽青应，蚑行蠕动，咸守厥常，人物同授，独遭灾霜，颠霣徂落，寿不宽弘，经设三命，君获其央，年六十有九，礼胜蚤夭，咨嗟痛兮，呜呼悲伤。故著名诔，噌叹歔欷，发愤授笔，舒虑嚖嘈，其辞曰：

伊叹严君，讳䜣，字少通，兆自楚庄，祖考相承，招命道术，治《严氏春秋》、《冯君章句》，众书渊□，靡不□

览。君体性慈仁，常容□□，忠妥清白，好善博爱，有文有武，□□兼备。幼为郡掾史，会稽诸暨尉，守乌程（按：吴郡，属扬州刺史部）、毗陵（同上）、余暨（按：会稽郡，属扬州刺史部）、章安（按：同上）、山阴长（按：同上），以疾去官，后为丹阳陵阳丞（按：丹阳郡，属扬州刺史部），守春谷长（按：同上），举廉，迁东牟侯相（按：东莱郡，属青州刺史部），□□□□（赵作"下邳"东海郡，属徐州刺史部）祝（按：汉有祝其县，属东海郡，徐州刺史部，有祝阿县，属平原郡，青州刺史部，未知孰是）长。典牧十城，所在若神，宣布政声，□□甘棠，贫细随附，贤士敬名，行旅歌谣，谣慎于所□□□□郑实与相似，恩泽奂曷□□□□名臧文，威如哮虎，仙南□□，德配公刘，□□宣为二□风□□，至今不灭，年□□□□□何亿掩忽摧藏□□□于是官□□□□□□送君，莫不悲哀舒气喭□□后官贵人，上□□君魂□灵柩□□□□农夫桑妇，□叹欲□□人僮优□目□□□哀□嗟君□□□□云斯□洒□□□□□□身甘复□□□□□次子□□昔先子女斯□□□有命不可追留。呜呼哀哉，□何棠所宰临十城，布化垂光明，功名休赫，盛巍难敞障，今歌于道□□□甘棠。君不享黄耇寿，贾没归□窆且于中岳玄照洞仓弘高显□□□□刻画文胳堂列种诸奇树窈何□，灵魂审有知，福祚遗子□。

《隶续》卷十九《封丘令王元宾碑》（《隶释》卷二十二有《王元赏碑》，洪适按语所述内容略同）：

君讳□，字元宾，御史君之孙，茂材君之子也。其先出自周室，历秦及汉，有国有家，宰相牧守，踵武相袭，皆能输力尽规，纪功载籍。迄君之身，天钟其美，体兹明迹，不器之量，温慈惠和，行以忠恕，弱冠丧父，以孝立称，敦书悦礼，□心术艺，土阶环堵，兼业并授，门徒云集，盛于洙泗。学优而仕，位极州郡，察孝廉，郎、谒者、考工，宛陵（按：丹阳郡，属扬州刺史部）、叶（按：南阳郡，属荆州刺史部）、封丘（按：陈留郡，属兖州刺史部）令，经国以礼，帅下以德，黎庶有耻，莫□用□，蚌贼远屏，奸轨埽迹，以母忧去官。服祥，辟司空府，补阙□衔，好是正直，旻穹不吊，降兹□氛，年卅有八，延熹四年五月辛酉遭命而终。国陨柱石之佐，世丧英彦之士，远近□嗟，莫不伤焉，咸以为绝美殊勋，宜在金石，垂示无穷，乃作铭曰：

於穆王君，穹天生德，明允笃诚，小心祇翼，永言孝思，闺庭允敕，济济学徒，来宗来式，牧守加礼，班叙志职，□贡皇国，宿卫帝侧，王用锡命，抚临三国，三国克宁，乃大明服，□颂君□，永垂罔极。

《隶释》卷八《卫尉衡方碑》：

府君讳方，字兴祖，肇先盖尧之苗，本姓□□则有伊尹，在殷之世，号称阿衡，因而氏焉。□□□土家于平陆，君之烈祖，少以儒术，安贫乐道，履该颜、原，兼修季、由，闻斯行诸，砥仁疠□□□土。阶夷愍之贡，经常伯之寮，位左冯翊，先帝所尊，垂名竹帛。考庐江太守，兄雁门太守□□□孝长发其祥，诞降于君，天资纯懿，昭前之美，少以文塞，敦庞允元，长以钦明，耽《诗》悦《书》。□□□秋仕郡辟州，举孝廉，除郎中，即丘侯相（东海国，属徐州刺史部）、胶东令（应属胶东国，属青州刺史部），尊尹铎之导，保彰二城，参国起按，班叙□□，□本肇末，化速邮置。州举尤异，迁会稽东部都尉（按：会稽郡，属扬州刺史部），将继南仲邵虎之轨，飞翼轸之旌，操参□□□绥来王之蛮，会丧太夫人，感背人之凯风，悼蓼仪之勤劳，寝阁苫块，仍□上言。倍荣向哀。扎服祥除，征拜议郎、右北平太守（按：属幽州刺史部），寻李广之在边，恢魏绛之和戎，戎戢士佚，费省巨亿。怀□□□静有绩，迁颍川太守（按：属豫州刺史部），修清涤俗，招拔隐逸，光大茅茹，国外浮谖，淡界缪动气泄狂□□□□归来洙泗，用行舍藏。征拜议郎，迁大医令、京兆尹（按：属司隶校尉部）。旧都余化，诗人所咏，并有亡新，君□□□隆宽栗，鹑火光物，陨霜剿奸，振滞起旧，存亡继绝，恩降乾泰，威肃剥坤，本朝录功，入登卫□，□翼紫宫。凤夜惟寅，祎隋在公，有单襄穆，□谟之风。诏选贤良，招先逸民，君务在□，先顺其文，举已从政者，退就敕巾。永康之末，君卫孝桓，建宁初政，朝用旧臣，留拜步兵校尉，处六师之帅，维时假阶，将授绳职，受任浃旬，庵离寝疾，年六十有三，建查元年二月五日癸丑卒。诏遣使□□吊赙礼，百寮临会，莫不失声。其年九月十七日辛酉葬。盖《雅》《颂》兴而《清庙》肃，《中庸》起而祖宗□，故仲尼既殁，诸子缀论，《斯干》作歌，用昭于宣，谥以旌德，铭以勒勋。于是海内门生故吏，□□□采嘉石，树灵碑，镌茂伐，秘将来。其辞曰：

峨峨我君，懿烈孔纯，高朗神武，历世忠孝，冯隆鸿轨，不悉前人。宽猛不主，德义是经。韬综颐□，温故前呈。揽英接秀，踵迹晏平。初据百里，显显令闻，济康下民。曜武南会，边民是镇。惟□□□，忧及退身。参议帝室，剖符守藩，北靖□□，有□有声。旋守中岳，幽滞以荣，迈种旧京。□□□□，含泽戴仁。□□□□□攸宁。克长克君，不虞不阳。维明维允，燿此声香。能哲能惠，克亮天功。入统□□，赳赳光光。法言稽古，道而后行。兢兢业业，素丝羔羊。阊阊侃侃，颙颙昂昂。何规履槩，金玉其相。睿睿王臣，群公宪章。乐旨君子，□□无疆。铭勒金石，□□□□问□□万世是传。

《隶释》卷十二《太尉杨震碑》：

□□字伯起，□□□□□□□□□□□□□□□□□氏焉。圣汉龙兴，杨熹佐命，克项于垓，锡□□□公侯之胄，必复其始。是以神祇降祚，乃生于公，实履忠贞，恂美且仁，博学甄微，靡道不该。又有《尚书欧阳》，河洛纬度，穷神知变，与圣同符。鸿渐衡门，群英云集，咸共饮酌其流者，有逾三千。至德通洞，天爵不应，贻我三鱼，以章懿德，远近由是知为亦世继明而出者矣。州郡虚己，竞以礼招。大将军辟，举茂才，除襄城令（颍川郡，属豫州刺史部），迁荆州刺史、东莱（属青州刺史部）、涿郡太守（属幽州刺史部），所在先阳春以布化，后秋霜以宣威，宽猛惟中，五教时序，功洽三邦，闻于帝京。征旋本朝，历太仆、太常，遂究司徒、太尉。立朝正色，恪勤竭忠，无德不旌，靡恶不形，将训品物，以济大清。而清蝇嫉正，丑直实繁，横共构谮，慷慨暴薨。於时群后卿士。凡百黎萌，靡不欷歔垂涕，悼其为忠获罪。乾监孔昭，神鸟送葬，王室咸寤，奸佞伏辜。公功乃伸，追录元勋，策书慰劳，赗勋有加。除二子郎中，长子牧富波侯相（汝南郡，属豫州刺史部），次让赵常山相（属冀州刺史部），次秉实能缵修，复登上司，陪陵京师，次奉黄门侍郎。牧子统，金城太守（属凉州刺史部），沛相（豫州刺史部）；让子著，高阳令（琅邪郡，属徐州刺史部），皆以宰府为官，奉遵先训，易世不替，天钟嘉祚，永世罔极。统之门人汝南陈炽等，缘在三义一，颂有《清庙》，故敢慕奚斯之追述，树玄石于坟道。其辞曰：

穆穆杨公，命世而生。乃台吐耀，乃岳降精。明明天子，实公是匡。冥冥六合，实公是光。睿睿其直，睿睿其清。懿矣盛德，万世垂荣。勒勋金石，日月同炯。

《隶续》卷十一《司隶校尉杨淮碑》：

故司隶校尉杨君，厥讳淮，字伯邳。举孝廉、尚书侍郎、上蔡（汝南郡，属豫州刺史部）、雒阳令（河南尹，属司隶校尉部）、将军长史、任城（属兖州刺史部）、金城（属凉州刺史部）、河东（属司隶校尉部）、山阳（兖州刺史部）太守、御史中丞□为尚书尚书令、司隶校尉、将作大匠、河南尹。伯邳从弟讳弼，字颖伯，举孝廉、西鄂（南阳郡，属荆州刺史部）长，伯母忧去官，复举孝廉、尚书侍郎，迁注丞、冀州刺史、太医令、下邳相（属徐州刺史部）。元弟功德牟盛，当究三事，不幸早陨，国丧名臣，州里去覆。二君清颂，约身自守，俱大司隶孟文之元孙也。

黄门同郡卞玉字子珪，以熹平二年二月廿一日谒归过此，追述勒铭，故财表纪。

编者简介

邱立波，山东高密人，学者。现为华东师范大学政治学系教师。曾出版《大学之理念》、《汉代社会结构》、《科耶夫的新拉丁帝国》、《法权现象学》、《古典诗文绎读》和《论柏拉图的会饮》等译著多种，发表讨论中国与世界文明—历史的论文多篇。

治道文丛（第二辑）

道统与宪法秩序　姚中秋 著

制度儒学　干春松 著

民本自由说——黄宗羲法政思想再研究　时亮 著

礼法与国体：两汉政治的历史与经验　邱立波 著

法政文丛（第二辑）

宪制道路与中国命运：中国近代宪法文献选编（1840—1949）（上卷）
　　赖骏楠 编著

宪制道路与中国命运：中国近代宪法文献选编（1840—1949）（下卷）
　　徐辰 编著

政治宪法学研讨会实录（上）

政治宪法学研讨会实录（下）